평생교육론

LIFELONG EDUCATION

신용주 저

학지사

평생교육론

머리말

그동안 몇 권의 평생교육 관련 교재를 출간하면서 항상 평생교육에 대하여 더 많이, 더 널리 알리고자 했던 마음이 이제 가장 기본적인 입문서인 이 책의 출간으로 다시 새로워지는 느낌이다. 돌이켜 보면 미지의 분야여서 많은 호기심과 기대와 가능성이 교차되던 평생교육이라는 학문 영역의 신선함은 때로는 생소함으로, 때로는 모호함으로, 때로는 방대함으로 인해서 더 많은 탐구와 논의가 필요하였던 것 같다.

그 사이 평생교육은 우리에게 사뭇 친숙한 용어가 되었고, 법적으로나 학문적으로 널리 알려지며 자리 잡았을 뿐만 아니라 일반인의 삶 속에서도 상당히 접근 가능해졌다. 엄청나게 빠르게 변화하는 세상의 속도에 맞추며 살기 위해서 무언가 새롭게 알고 싶고 시도해 보고 싶은 것이 많아진 현대인은 배우고 싶은 것도 많아졌기 때문일 것이다. 이제는 학습에 대한 접근 방식이 예전보다 너무나 다양해져서 누구나 마음만 먹으면 쉽게 학습을 실천할 수 있다. 교육기관이나 센터를 찾을 수도 있지만 교육의 시기나 기간, 내용, 방식 등에서 자유롭고 유연하게 접근해서 배우며 원하는 것을 이룰 수 있게 된 것이다. 누구나 자기계발은 물론, 자기가 선호하는 경로를 통해 마음껏 배우고 자격증을 따거나 학점을 수강하고 학위를 취득할 수도 있다.

또한 무엇이든 궁금하고 알고 싶은 것은 즉시 검색하여 알 수 있는 세상이 되었다. 더 나아가 눈부신 속도로 줄곧 변화하는 사회에서 살아가며 알아야 할 것도, 배워야 할 것도, 숙달해야 할 것도 점점 늘어 간다. 무엇보다 계속 약진하는 AI의 등장으로 우리의 삶은 더욱 새로운 차원으로 확장되며, 교육과 학습에 있어서도 상상도 못하였던 가능성들이 현실화되고 있다. 따라서 너무나도 편리해진 새로운 세상에 대해 감탄함과 동시에 그 속도와 규모에 불안함마저 느끼는 사람이 늘고 있다. 이렇게 급변하는 세계 속에서 중심을 잡고 제대로 기능하려면 반드시 배워야 한다. 배움을 통해 바로 적응력이 상승되고, 삶의 만족도가 향상되고, 우리 사회가 발전함을 경험할 수 있다. 여기에 바로 평생교육의 기본 이념이 자리하고 있는 것이다. 늘 새롭게 대두되는 도전과 변화 속에서 평생교육의 역할과 기능은 더욱 확장될 것이다.

이 책은 총 4부, 12장으로 구성되어 있다. 제Ⅰ부는 '평생교육의 이해'로 우리 시대 평생학습사회의 모습과 평생교육의 이념과 철학, 국제기구의 동향을 살펴보았다. 아울러 평생교육 관련 용어를 비교하여 개념의 명확한 이해를 돕는 것을 목표로 하였다. 제Ⅱ부는 '평생교육의 이론적 기초'로 안드라고지, 자기주도학습, 전환학습 등 평생교육의 주요 이론 틀을 소개하였다. 아울러 평생교육을 담당하는 교수자, 평생교육의 주요 대상자인 성인학습자에 대하여도 구체적으로 살펴보았다. 또한 평생교육의 주요 영역 중 하나인 성인학습에 대한 이론적 토대와 성인의 평생교육 참여 유형 및 요인에 대해서도 알아보았다. 제Ⅲ부에서는 '평생교육의 법과 주요 제도'를 분석하고, 평생교육사 양성제도 및 학점은행제, 독학학위제, 평생학습계좌제와 같은 평생학습인정 관련 제도들을 소개하였다. 끝으로, 제Ⅳ부는 '평생교육의 실제'를 다루었다. 평생교육 프로그램 개발의 원리와 유형을 알아보았고, 평생교육의 영역으로는 대표적으로 문해교육을 살펴보았다. 평생교육의 대상으로는 노인, 학부모, 장애인을 선정하여 프로그램 실시 현황과 주요 정책 및 향후 과제를 알아보았다.

이 책은 평생교육의 입문서로 평생교육에 대해 안내하는 역할을 하게 될 것이다. 저자는 독자들이 평생교육이라는 학문 분야에 친숙해지기를 바라는 마음으로 저술하였다. 평생교육의 가장 기본적 이론과 실제를 가능한 한 알기 쉽게 전달하려 노력하였다. 이 책이 평생교육을 처음 접하는 분들에게 좋은 길잡이가 되었으면 한다.

이 책의 출판을 위해 많은 지원을 해 주신 학지사 김진환 사장님, 그리고 편집과 출판 과정을 꼼꼼하게 챙겨 주신 김지예 님을 비롯한 편집부 직원들께 깊은 감사를 드린다. 끝으로, 집필하는 동안 내내 따뜻한 격려를 아끼지 않은 사랑하는 가족에게 고마움을 전한다.

2024년 9월

신용주

평생교육론

차례

제Ⅱ부 평생교육의 이론적 기초

제Ⅲ부 평생교육의 법과 주요 제도

평생교육의 이해

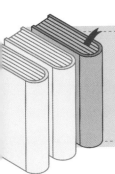

제1장
평생학습사회와 평생교육

1. 평생학습사회의 진화

1) 4차 산업혁명시대와 평생교육

우리나라에서 교육의 의미는 각별히 중요하다. 우리나라의 경제성장에 필요한 수준 높은 인력을 양성하는 데 크게 기여한 동력으로 교육의 역할은 매우 컸으며, 특히 계층 이동을 가능하게 해 주는 중요한 기제였다. 그러나 교육의 긍정적 측면이 부정적으로 바뀌며 교육의 근본적 기능에 대한 비판과 함께 새로운 교육에 대한 필요성이 대두되었다. 입시위주 학교교육의 문제점, 특히 창의력이나 문제해결 능력, 리더십과 같은 근본적인 역량을 제대로 키우지 못하는 것에 대한 반성이 있어 왔다. 지식이 무섭게 팽창하는 현대사회에서는 대학교육을 마쳤더라도, 필요한 지식기반을 갖추고 최신 기술을 누리며 역량을 발휘하기에는 미흡한 것으로 인식된다.

지금의 우리 사회는 누구에게나 평생학습이 생활화되고 있는 사회이다. 수십 년 전부터 들어오던 '평생교육(lifelong education)'이라는 용어는 누구나 전 생애 동안 원하는 학습을 받을 수 있다는 긍정적인 의미로 익숙해져 왔다. 모든 연령의 학습자가 평생교육에 참여할 기회를 가질 수 있다는 인식이 증가하고 있는 것이다. 또한 개인이 성장·발달을 위해 추구하는 다양한 형태의 학습에 대한 국가의 제도적인 인정과 지원도 가능해졌다. 학교교육이 가지지 못한 확장성과 유연성을 가진 평생교육에 대한 접근이 증가하고 있으며, 교육에서 일어나는 혁신의 많은 부분은 평생교육을 포함하는 형태로 전개되고 있다.

이제 전 세계는 온난화를 비롯한 기후변화로 인해 과거에 경험하지 못했던 수준의 환경재해를 겪고 있으며, 이러한 기후위기에 대한 대응 전략을 개발 중이다. 또한 4차 산업혁명이 숨가쁘게 진행되며, 지식정보사회가 심화되고 있다. 저출산·고령화로 인한 평균 수명 연장 관련 문제 및 효율적 노동력의 공급 문제가 제기되고 있으며, 코로나19로 인한 팬데믹과 함께 변모한 일상에서 직면하는 여러 가지 개인적·사회적 문제에 대처하기 위하여 평생교육이 더욱 중요해지고 있다. 누구나, 비록 생애의 초기 단계에서 학교교육을 잘 마쳤더라도, 삶의 나머지 기간 동안 안정된 삶을 보장받을 수 없으므로 기술혁신과 계속 새롭게 증가하는 지식을 따라잡기 위해서 계속적인 학습을 추구하게 되었다.

2) 디지털 시대와 평생교육

디지털 시대로의 전환, 인공지능(AI)의 급속한 발달과 같은 새로운 변화는 우리에게 예측 불가능한 미래에 대비하기 위한 전략이 필요함을 보여 준다. 이 시대를 사는 사람에게는 평생교육을 통한 재교육이나 훈련이 필요하며, 이것은 이제 모두의 삶에서 필수적인 사항이 되었다. 특히 팬데믹 이후 첨단 디지털 기기의 보급과 함께 증가한 비대면 교육은 새로운 교수-학습 형태로 교육 현장의 모습을 더욱 다양하게 변모시키고 있다. 또한 혁신적 기술은 취약계층 학습자에게 교육의 형평성과 포용성을 확대할 수 있다. 그러나 첨단기술 발전의 혜택이 모든 계층에 골고루 돌아가는 것은 아니며, 오히려 기술 발전의 부정적 측면은 사회적 약자계층과 소외집단에 더욱 심각하게 나타나기도 한다(신용주, 2021a). 현대사회의 '교육받을 권리'에는 모든 학습자가 맥락이나 상황에 관계없이 자신의 잠재력을 발휘할 수 있도록 기술을 통한 효과적인 지원도 포함되어야 한다(유네스코한국위원회, 2023). 아울러 디지털 시대에 심화되는 학습격차를 완화하고 계층 이동의 사다리를 복원하기 위한 평생교육의 역할도 더욱 강조되고 있다. 기술 발전의 과실을 모든 계층이 함께 누리도록 지원하는 평생교육 정책 개발에 관한 논의도 진행 중이다.

디지털 기술 도입은 교육과 학습에 많은 긍정적 변화를 일으켰으며, 디지털 기술 없이는 교육이 제대로 이루어질 가능성도 낮다. 그러나 한편으로는 AI를 비롯한 첨단 디지털 기술을 교육에 적용할 때 충분한 검토나 적절한 규제 또는 로드맵 등의 준비 없이 교육에 바로 적용하는 것에 대한 우려가 제기되고 있다. 유네스코가 발표한 『2023 세계 교육 현황 보고서 요약본—교육 분야에서의 기술: 누구를 위한 도구인가?(Global education monitoring report summary, 2023—Technology in education: a tool on whose terms?)』에서는 교육에 대한 기술의 적용 문제를 다루고 있다. 즉, 디지털 기술과 같은 일부 교육 기술은 특정 유형의 학습을 증진시킬 수 있으며, 교수 및 학습 자원에 대한 접근성을 크게 확대할 수 있다. 그럼에도 불구하고, 디지털 기술의 부적절하거나 과도한 사용은 해로운 영향을 미칠 수 있다고 경고한다. 빠르게 진보하는 기술은 교육 시스템이 적응하는 데 부담을 주며, 교사들도 기술을 사용한 교육에 대한 준비가 충분히 이루어지지 않은 경우가 많다는 것이다. 또한 폭증하는 온라인 콘텐츠의 품질 관리에 대한 규제가 충분치 않아 유해한 내용을 걸러 내기가 여의치 않다.

2021년에는 전 세계에서 2억 2,000만 명 이상의 학생이 대규모 온라인 공개수업을 수강하여, 고등교육은 디지털 기술로 인한 영향을 가장 크게 받는 영역이 되었다(유네스코한국위원회, 2023). 그러나 디지털 플랫폼으로 인해 대학의 역할은 도전받고 있으며, 구독 계약이나 회원 데이터 등과 관련된 규제 및 윤리적 문제도 제기된다. 따라서 새로운 기술을 교육부문에 그대로 적용하는 것에 대한 우려가 커지고 있다. 학습자가 디지털 기기에 많이 노출되어 사람들 간의 상호작용이 적어지고, 디지털 중독이나 주의력 결핍, 문해력 저하 등 여러 교육적 문제가 발생할 수 있다는 것이다. 교육에서의 기술 사용이 유익하고 해를 끼치지 않도록 하기 위해서는 분명한 목표와 원칙이 필요하다. 첨단 디지털 기술이 교육에 미치는 긍정적 영향을 효과적으로 활용하되, 충분한 준비와 구체적 가이드라인의 적용을 통해 기술을 교육에 더욱 신중하게 도입하는 것은 평생교육을 비롯한 미래의 모든 교육부문의 과제가 되었다.

3) 페레니얼과 평생교육

글로벌 트렌드와 국제 비즈니스 전략 분야의 세계적인 권위자 마우로 기엔(Mauro Guillén) 미국 와튼스쿨 교수는 2023년에 출간한 그의 저서 『멀티제너레이션, 대전환의 시작(The Perennials: The Megatrends Creating a Postgenerational Society)』에서 여러 세대가 공존하게 될 멀티제너레이션(multi-generation) 사회, 즉 다세대 사회를 예고한다. 미국의 경우, 알파 세대(2013년 이후 출생자), Z세대(1995~2012년생), 밀레니얼 세대(1980~1994년생)를 포함해 기성세대인 X세대(1965~1979년생), 밀레니엄 세대(1980~1994년생), 베이비붐 세대(1946~1964년생), 침묵의 세대(1925~1945년생), 가장 위대한 세대(1910~1924년생) 등 여덟 세대가 공존하고 있다고 주장하며, 다세대가 함께 어우러져 살아가야 한다고 주장한다. 또한 특정 연령과 세대에게 기대되는 전형적인 행동 양식에서 벗어나 끊임없이 배우고 성장하는 '페레니얼(perennial)적' 사고방식을 가질 것을 제안한다. 그는 포스트 제너레이션 혁명과 페레니얼의 부상을 통해 생활, 학습, 노동, 은퇴, 상속, 소비의 추세에 일어나는 변화에 대해서 설명하면서, 100세 시대로 진입하며 평균 수명은 계속 늘어나고 있으나 우리가 배운 지식과 기술은 시간이 지날수록 점점 그 쓸모가 적어지고 있다고 말한다. 이에 대한 대응 전략으로 끊임없이 배우고 성장하는 세상을 페레니얼이라는 용어로 설명한다(Guillén, 2023).

페레니얼은 원래 일년생 식물이 아닌 '다년생 또는 여러 해 계속해서 사는 식물'을 뜻하는 단어로, 자신이 속한 세대의 생활 방식에 얽매이지 않고 세대를 뛰어넘어 살아가는 사람들을 의미한다. 즉, 페레니얼적 사고방식은 모든 세대에게 도움이 되는 세대초월의 개념으로, 페레니얼이 새로운 사회적 규범이 된다고 믿는다. 기엔은 세계적인 고령화와 출산율 감소, 인구변화, 수명 연장, 급속한 기술 발전에 따른 지식의 노후화가 결합하면서 학교에서 열심히 공부한 후 고소득 전문직을 얻어 돈을 벌고 이를 바탕으로 안락한 노후를 누릴 수 있다는 소위 '학교-일터-은퇴'로 이어지는 전통적인 인생의 주기 모형은 더 이상 유효하지 않다고 주장한다. 누구나 더 길어진 인생에서 여러 가지 경력과 직업을 추구하고, 다양한 개

퍼레니얼 사고방식

우리가 살아가고 배우고 일하고 소비하는 방식에 대해 어느 세대이건 퍼레니얼에 대해 깊이 생각하는 것이 합리적이다. 우리 문화와 사회에서 순차적 인생모형이 얼마나 깊게 뿌리내리고 있는지 퍼레니얼 사고방식은 …… 낡은 가정에 도전하는 방법이다.

희망적인 소식 중 하나는 수명 연장이 은퇴자뿐만 아니라 모든 단계의 사람들에게 긍정적 의미를 지닌다는 점이다. 하지만 그것은 정부와 기업과 수많은 조직이 순차적 인생모형에서 벗어나야만 가능하다. 만약 사람들이 '나이에 어울리는' 활동의 압제에서 스스로를 해방시키고 퍼레니얼이 될 수 있다면, 하나가 아닌 다수의 경력과 직업을 추구하고, 각각의 경험에서 서로 다른 개인적 성취를 이룰 수 있을 것이다. …… 은퇴로 이어지는 전환뿐만 아니라, 인생의 다양하고 복합적인 전환을 위해 계획을 세우고 결정을 내릴 수 있다.

예컨대, 퍼레니얼 사고방식이 지배하는 포스트제너레이션 사회에서는 10대가 더 이상 공부나 장래의 일자리를 위한 최선의 진로를 놓고 고민할 필요가 없는데, 수명 연장 덕분에 상황에 따라 진로 수정과 새로운 지식과 기술 습득, 경력 전환의 기회가 풍부해지기 때문이다. 한 번 택하면 돌이킬 수 없고 평생 동안 그 굴레에서 벗어날 수 없는 운명적 결정을 내릴 필요가 없어질 것이다. 여러 세대가 함께하는 활동에 참여하면서 오랜 시간에 걸쳐 훨씬 다양한 기회를 경험하게 될 것이다.

…… 기술 발전은 우리의 지식과 경험을 낡은 것으로 만들 수 있지만 배우는 단계와 일하는 단계를 더 유연하게 반복하도록 해 줄 것이다. 원격근무와 학습을 위한 플랫폼이 확산됨에 따라 우리는 나이나 거리에 구속받지 않는 사회에서 다양한 세대와 늘 상호작용하며 한 번의 인생에서 서로 다른 삶을 여러 번 살게 될 것이다. 이러한 잠재력을 이해하는 개인과 기업과 정부가 삶과 학습, 노동, 소비의 제약이 없는 새로운 시대로 진입할 것이다. 그리하여 인생의 모든 단계에 있는 사람들이 새로운 기회의 우주, 진정한 포스트제너레이션 사회를 맞이할 것이다.

출처: Guillén(2023: 19-20).

인적 성취를 이룰 수 있으며, 첨단기술로 인해 평생교육이든 평생직업이든 더 많은 것이 가능해진다고 보았다. 이처럼 한 사람이 생애를 통해 여러 번 학습에 도전하는 퍼레니얼적 사고방식은 끊임없이 배우는 평생교육을 통해 실현될 수 있을 것이다.

4) 생존을 위한 평생교육: 뉴러너 vs. 희생자

이제 우리나라의 평생교육은 매우 다양하게 전개되고 있으며, 평생교육에 대한 요구와 기대도 과거에 비해 훨씬 다양해졌다. 여기서는 특히 변화에 적응하며 생존하려 노력하는 새로운 학습자가 되자는 주장, 그리고 생존에 필요한 문해력을 갖춰 이 세상에서 희생자가 되지 않도록 하자는 두 가지 주장을 최근 평생교육에서 참고해야 할 사례로 소개하고자 한다.

자기계발 관련 인기 강사인 김미경(2020)은 그녀의 저서 『김미경의 리부트』에서 열심히 새로운 것을 학습하는 사람을 '뉴러너(new learner)'라 부르며, 가까운 미래에 대비해 미리 공부하고 이를 바로 적용하는 새로운 학습자로 설명하고 있다. 또 엄청난 속도로 변하는 디지털 전환기에 계속 공부하지 않으면 무용 계급이 된다고 주장하며, 세상의 변화를 따라잡기 위해 뉴러너가 될 것을 설명하고 있다. 여기서 뉴러너는 필요한 것은 즉시 교육으로 대비하여 즉시 적용하는 사람으로, 평생교육에 참여하는 학습자의 모습이라 할 수 있다.

뉴러너

······ 빅데이터, 로봇, 인공지능, 블록체인, 나노 기술, 사물 인터넷, 5G 통신, 3D 프린팅, 자율 주행차, 드론, 여기에 생명공학, 우주공학, 환경공학 등 셀 수 없이 많은 디지털 기술이 금융, 국가, 기업과 서로 경쟁하고 융합하면서 미친 속도로 세상을 바꾸고 있다. 그 규모가 전 지구적이고 속도도 빠르다 보니 개인들은 무슨 일이 벌어지고 있는지 잘 알아채지 못한다 ······ 지금과 같은 디지털 전환기에는 공부하지 않으면 '무용 계

급'으로 전락하기 쉽다. 대학 졸업장 하나로 평생 먹고살았던 과거와 달리 변화가 빠른 시대에는 빨리 배우고 바로 적용하는 '즉시 교육'이 필요하다. 즉시 교육으로 가까운 미래를 미리 공부하고 자기 일에 즉시 적용하는 사람을 나는 '뉴러너'라고 부른다. 온통 모르는 것뿐이더라도 얼마든지 즉시 교육으로 따라잡을 수 있으니 겁먹지 않아도 된다. …… 분야별로 저마다 티핑 포인트를 맞이하여 우리는 되돌릴 수 없는 새로운 표준, 즉 '뉴 노멀(new normal)' 시대를 맞이하고 있다. …… 다가올 미래를 위해 '무엇을 준비해야 할까?'를 물어야 할 시간이다. 먹고살고, 배우고, 나누는 일상을 누리기 위해 다른 삶의 방식을 훈련해야 한다.

출처: 김미경(2020: 22).

이처럼 개인적 측면에서도 평생교육은 개인의 성장을 넘어 생존과 관련될 정도로 매우 중요한 의미를 갖는다. 그러기에 국가적 차원에서도 교육부가 온국민평생배움터를 구축하는 등 온라인 평생교육훈련 콘텐츠를 제공하고 관리하고 있다. 평생교육 관련한 여러 쟁점 중 근래 문해력에 대한 사회적 논의가 있었다. 문해가 읽고 쓰고 셈하기가 가능한 것이라고 생각해 왔다면, 이제는 과거와 달리 훨씬 확장된 문해의 의미와 함께 디지털 정보체계와 디지털 기술을 활용할 줄 아는 디지털 리터러시(digital literacy)로 연결된다. 어쩌면 인간은 문해력을 통해 AI와 차별화되는 것이라는 주장도 있다(김은호, 2022).

장강명(2022) 작가의 다음 글에는 왜 우리가 계속 읽고 배우면서 문명사회의 지식을 익히고 문해력을 키우며 살아가야 하는가에 대한 그의 생각이 잘 나타나 있다. 장강명은 '사흘' '심심(甚深)' 같은 개념어까지 모르는 사람이 너무 많아 논란이 되는 현실에서, 길고 어려운 글을 읽기 위한 문해력을 키우는 것은 곧 자신을 지키는 것이라 말한다. 그는 페터 비에리(Peter Bieri)를 인용하여, 이 사회에서 희생자가 되지 않기 위해서 우리는 반드시 문해력을 키워야 한다고 주장한다. 이 주장은 비단 문해력뿐만 아니라 이 세상에서 배우고 익히며 살아남기 위한 노력으로서 평생교육의 중요성을 일깨워 준다.

희생자가 되지 않기 위해

지식의 바다에서 잡아야 할 물고기는 너무 많고, 끝없이 늘어난다. 물고기 잡는 법을 가르치는 게 최선이다. 그렇다면 물고기는 왜 잡아야 하나. 왜 문해력을 키워 어려운 글을 읽어야 하는가.

철학자이자 소설가인 페터 비에리는 지식을 익혀야 하는 이유에 대해 '희생자가 되지 않기 위해서'라고 설명하였다. "뭔가를 알고 있는 사람은 불빛이 반짝거리는 곳으로 무작정 홀릴 위험이 적고, 다른 사람들이 그를 이익 추구의 도구로 이용하려고 할 때 자신을 지킬 수 있습니다."(『페터 비에리의 교양 수업』, 14쪽)

우리는 문명사회에서 산다. 문명은 지식의 구조물이다. 부동산 매매 계약서, 멋진 자동차, 향기로운 커피 아래 「민법」, 기계공학, 국제 교역처럼 글자로 적은 긴 매뉴얼이 있다. 그 아래에는 「헌법」, 물리학, 자본주의 같은 더 거대한 매뉴얼이 있다. 문명을 누리고 싶다면 그 매뉴얼에서 벗어날 수 없다. 그리고 사용 설명서를 아는 사람이 당연히 더 잘 사용한다.

사용 설명서를 모르면 딱 그만큼 남에게 운명을 맡겨야 한다. 다행히 사람들이 서로 믿고 의지하게끔 규약을 정하는 방법까지 누군가 매뉴얼로 만들어 주긴 하였다. …… 그들의 도구가 되지 않으려면 알아야 한다. 다시 말해 긴 글을 읽어야 한다.

출처: 장강명(2022. 9. 27.). 조선일보.

2. 평생교육의 개념과 특성

1) 평생교육의 개념과 정의

2007년 개정된 「평생교육법」에서 규정한 평생교육은 학교교육을 제외한 모든 조직적 교육 활동을 지칭하므로 이는 과거 「사회교육법」에서 규정한 사회교육의 정의와 일치한다. 즉, 평생교육의 법적·제도적 정의가 좁은 의미로 규정되었음을 의미한다. 그러나 일반적 의미의 평생교육은 보다 넓은 범위로 평생교육의 개념을 인식하고 있다. 즉, 학교를 중심으로 한 정규교육과정이 아닌 다른 모든 형태의 조직적 교육 활동이나 교육 경험이 포함되는 것으로 본다. 왜냐하면 우리나라의 교육 맥락을 규정하는 다른 관련법들, 예를 들어「초·중등교육법」이나「고등교육법」과 법적 해석에서 갈등을 일으키지 않는다면 학교가 평생교육의 장이 되지 못한다고 규정하기는 어렵기 때문이다. 따라서 학교 역시 평생교육의 장이 될 수 있다는 의미로 해석됨을 알 수 있다.

더 나아가 넓은 의미의 평생교육의 정의는 학교교육이라는 영역을 초월하여 한 개인의 삶의 모든 시기와 공간 영역에서 형식의 제한을 받지 않고 참여하는 교육을 포괄적으로 의미한다. 따라서 평생교육은 교육의 시기와 공간 및 교육 형식에서 자유롭고 유연하게 통합적 접근을 추구하는 교육이라는 것이 가장 보편적 정의일 것이다. 교육이라는 개념에서 출발하여, 모든 연령과 계층을 뛰어넘는 학습자의 평등성, 어디서나 가능하며 사이버 공간까지 포함하는 교육의 공간적인 자유로움, 시간 제약이 없으며 인생의 어느 시기에도 가능한 교육 시기의 비제한성, 또한 형식과 비형식을 뛰어넘는 개방성을 토대로 다양한 양태의 교육참여가 이루어지는 교육이라 하겠다. 따라서 인생의 어떤 시기든, 어느 때든, 온라인이든, 오프라인이든, 학교와 가정과 사회는 물론 다양한 집단과 조직에서 교육에 참여할 수 있다는 점에서 교육 기회의 무한 확대를 이끌고 있다고 할 수 있다.

〈표 1-1〉에는 평생교육을 좁은 의미인 법적 정의 및 넓은 의미의 이념적 정의로 비교한 내용이 제시되어 있다.

일반적으로 평생교육은 언제, 어디서나, 누구나, 태어나서 죽을 때까지, 가정, 학교, 사회를 포함한 모든 생활공간에서 이루어지는 형식적·비형식적·무형식적 활동을 의미한다. 언제든지 자신이 원하는 학습을 할 수 있는 새로운 교육이념인 것이다. 출생에서 죽음까지의 수직적 통합의 개념, 그리고 가정과 학교 및 사회라는 모든 생활공간을 망라하는 수평적 통합의 개념을 포괄적으로 수용하는 개념이다. 또한 교육의 주체와 대상, 그리고 내용과 방식 등에서 유연하고 자유로운 학습자의 자발적 학습과 자아실현을 강조하며, 평등한 교육 기회를 추구하는 민주적 사회를 지향하는 혁신적 개념이라 하겠다.

〈표 1-1〉 **평생교육의 정의**

법적 정의(협의)	이념적 정의(광의)
• 개정 「평생교육법」(2007) 제2조제1항에 명시된 평생교육의 정의	• 시간적 차원(전 생애 및 모든 시간)
	• 공간적 차원(모든 공간)
	• 영역적 차원(모든 영역)
• 과거 「사회교육법」에서 규정된 사회교육의 정의와 동일	가정
	학교
	사회
• 학교 정규교육과정을 제외한 학력보완교육, 성인기초·문자해득교육, 직업능력향상교육, 인문교양교육, 문화예술교육, 시민참여교육 등 모든 형태의 조직적 교육 활동	• 형식적 차원(모든 형식)
	형식 교육
	비형식 교육
	무형식 교육
	• 사회교육, 성인교육, 생애교육, 계속교육, 직업교육, 회귀교육 등

출처: 신용주(2017: 23).

2) 유네스코 평생교육의 개념

평생교육(lifelong education)의 개념이 알려지기 시작한 것은 20세기 후반으로 유네스코와 관련이 깊다. 유네스코(United Nations Educational, Scientific, and Cultural Organization: UNESCO)는 국제연합(UN) 산하의 교육과학문화기구로 교육, 과학, 문화 영역에서 국제적 발전과 협력을 추구한다. 평생교육은 랑그랑(Lengrand)이 1965년 프랑스 파리에서 개최된 유네스코의 성인교육 발전 국제위원회(International Committee for the advancement of Adult Education)에서 '평생교육'이라는 용어를 처음 사용하며 새롭고 통합적인 교육체제의 필요성을 주창한 것에서 비롯되었다. 초창기 평생교육의 이념은 유네스코를 중심으로 랑그랑, 포레(Faure), 들로르(Delors) 등 여러 학자의 이론을 중심으로 소개되었다.

이러한 학자들의 제안에 기초하여 유네스코는 평생교육을 평생을 통해 이루어지는 계속적인 교육을 의미하며, 특정 연령에 해당하는 사람들을 대상으로 하는 학교교육 및 학교교육 이외의 모든 교육자원을 효율적으로 활용하여 교육능력을 극대화하는 종합적인 노력으로 설명하였다(UNESCO, 2002). 오늘날 대부분의 국가가 지향하는 혁신적 교육체제는 이러한 평생교육의 이념을 반영하고 있다고 할 수 있다.

(1) 랑그랑

랑그랑(Lengrand)은 출생부터 죽음에 이르는 전 생애에 걸쳐 교육받을 권리를 기본으로 하는 평생교육의 이념을 제시하였다. 이후 유네스코는 랑그랑의 건의를 받아들여 평생교육을 1970년 제정한 '세계교육의 해(International Year of Education)'의 기본 교육 사업으로 선정하였다.

랑그랑(1988)이 유네스코에 제시한 평생교육의 제안은 다음과 같이 요약할 수 있다.

- 요람에서 무덤까지 한 개인 일생을 통한 교육 기회가 제공되어야 한다.
- 개인의 발달단계에 적합한 조화롭고 통합된 교육이 이루어져야 한다.
- 기업에서는 평생교육이 실현되도록 노력해야 한다.
- 초등 · 중등 · 고등 교육기관도 지역사회의 교육 및 문화의 장으로 기능해야 한다.
- 평생교육의 이념을 교육 현장에 정착시키기 위해 노력해야 한다.

(2) 포레

이후 유네스코가 '모든 이를 위한 교육(education for all)'과 '학습할 권리(right to learn)' 등을 선포함에 따라 평생교육의 이념이 더욱 알려지고 확대되었다(UNESCO, 1997).

랑그랑 이후 포레(Faure)는 '포레 보고서'로 불리는 「존재를 위한 학습: 세계 교육의 현재와 미래(Learning to Be: The World of Education Today and tomorrow)」(1972)를 통해서 '학습사회(learning society)'의 개념을 제시하며 개인이 모든 영역

에서 인간답고 조화롭게 성장할 수 있도록 민주적인 교육체제를 모색할 것을 주
창하였다. 또한 모든 선진국과 개발도상국에서 평생교육을 실시해야 한다고 강조
함으로써 평생교육의 개념이 전 세계의 교육과 훈련이 실천되는 방식에 큰 영향
을 미치는 계기가 되었다.

(3) 데이브와 겔피

데이브(Dave, 1976)는 평생교육이 개인과 집단의 삶의 질을 향상시키기 위해 개
인의 전 생애를 통하여 개인적 · 사회적 · 직업적 발달을 성취하는 과정이라고 하
였다. 그는 확장과 혁신 및 통합의 개념으로 평생교육의 이념을 제시하였다. 한
편, 랑그랑의 후임자인 겔피(Gelpi, 1979)는 인간억압을 탈피하기 위한 개혁적 활
동으로서의 평생교육을 강조하였으며, 학교교육과 학교 외 교육의 통합으로 개인
과 지역사회가 함께 문화적 · 교육적 성취를 추구하는 것을 강조하였다.

(4) 들로르

들로르(Delors)가 주도하는 21세기 세계교육위원회(International Commission on
Education for the Twenty-first century, 1996)에서는 「학습: 그 속의 보물(Learning:
The Treasure Within)」이라는 보고서를 간행하고, 보물처럼 감춰져 있는 평생학습
의 가치를 통해 인간 본연의 잠재력을 발현할 수 있음을 강조하였다. 이를 실현하
기 위한 네 가지 학습 유형으로 알기 위한 학습(learning to know), 행하기 위한 학
습(learning to do), 함께 살아가기 위한 학습(learning to live together), 존재를 위한
학습(learning to be)을 제시하였다(신용주, 2017). 이 네 가지 학습유형의 특징을 알
아보면 다음과 같다.

첫째, 알기 위한 학습은 누구나 학습할 수 있는 능력을 개발하도록 돕는 것을
강조한다. 학습할 수 있는 능력을 배우는 것(learn how to learn)을 통해 인간으로
서의 존엄을 표명하며 사회에 적응할 수 있다. 따라서 학습할 능력과 권리를 보장
받는 '학습권(right to learn)'의 이념과 일맥상통한다.

둘째, 행하기 위한 학습은 개인의 노동시장 참여 능력에 초점을 맞추며, 계속

근로하면서 삶을 유지할 수 있도록 재화를 확보하도록 해 주는 학습의 역할을 중시한다. 직업 교육과도 관련되며, 또한 삶을 즐길 수 있도록 해 주는 여가의 중요성과 함께 사회적 역량의 배양도 강조한다.

셋째, 함께 살아가기 위한 학습은 더욱 글로벌화, 다문화 되어 가는 현대사회에서 다양한 인종과 언어, 신념, 가치, 행동 양식을 가진 사람들과 교류하면서, 서로 간의 차이를 수용하고 존중하며, 협력하여 포용적 가치를 실현하기 위한 학습이다.

넷째, 존재를 위한 학습은 개별적 인간의 존재의 중요성에서 출발한다. 즉, 개인의 고유하고 독특한 특성을 인정하고 배려하는 학습 기회가 공평하게 주어져서 개인의 성장 · 발달을 지원해야 한다고 본다. 즉, 인류 공동체 속에서 개인의 고유성이 존중되며 함께 진보할 수 있다는 믿음에 근거한다.

이 네 가지 유형의 학습은 각각 별도로 기능하는 것이 아니라 함께 평생교육을 이끌어 나가기 위해 상호 지원하는 협력적 체계라 할 수 있다.

평생교육 개념의 확대에는 이들 초창기 학자들의 공헌과 함께 유네스코의 영향이 가장 컸다. 누구나 항상 배우면서 살아갈 권리를 추구하는 평생교육은 기존 교육의 한계를 보완하는 새롭고 포용적인 이념으로 더욱 광범위하게 진화해 왔음을 알 수 있다. 이후 유네스코가 '모든 이를 위한 교육'과 '학습할 권리' 등을 선포함에 따라 평생교육의 이념이 더욱 알려지고 확대되었다(UNESCO, 1997).

평생학습 및 기술 개발은 경제 및 사회 개발뿐만 아니라 개인 및 직업 성장에도 중요하다. 평생학습은 일생 동안 지식, 기술, 태도를 습득하는 과정이며, 기술 개발은 개인이 직업 생활과 관련된 특정 기술을 습득하고 향상하는 과정이다. 평생학습 및 기술 개발의 중요성은 기술 및 사회 변화의 속도가 가속화되고 업무 성격이 진화함에 따라 21세기에 점점 더 강화되고 있다. 오늘날의 지식기반 경제에서 개인은 경쟁력을 유지하고 사회에 기여하기 위해 자신의 기술을 업그레이드해야 한다. 이를 위해서는 개인과 사회 차원 모두에서 평생학습 및 기술 개발에 대한 헌신이 필요하다(이현상, 2023).

3) 평생교육의 특성

평생교육은 인간의 삶의 질을 향상시키는 것을 근본 목적으로 한다. 평생교육은 평생을 통해 확대되면서, 가능한 모든 수단을 사용하여 지식과 기술은 물론 태도, 가치, 행동양식의 변화를 모색하고 모든 개인이 추구하는 완전한 인성개발을 이룰 수 있도록 기회를 제공하는 데 의의가 있다. 학습은 교실에서만 일어나는 것이 아니며, 교실에서 학습하는 사람만이 학습자는 아니다. 평생교육의 주 대상은 자신을 개발하여 스스로의 삶을 향상시키려는 성인학습자들이다. 따라서 이들의 학습요구를 충족시키면서 사회 발전을 이끄는 역할을 하는 것이 평생교육의 주요 기능이 된다. 이러한 다원적이며 포괄적인 평생교육의 이념은 근래 학습의 시대(the learning age)를 맞아 더욱 보편화되며 확장되어 왔다.

학습사회에서 지식은 더 이상 고정되어 있지 않다. 지식은 너무도 빠르게 발전하므로 이를 단순히 배우고 암기할 것이 아니라 적절한 때에 떠올리고 활용할 수 있어야 하며, 특히 창의성의 개발과 연관되어야 한다. 따라서 우리 모두가 항상 무언가를 배우고 있다는 사실이 학습사회의 근간을 이루는 동시에 평생교육의 명제가 되는 것이다.

지식기반사회를 사는 현대인은 매일의 삶에서 느끼는 필요에 의해, 또는 도전에 봉착하였을 때나 새로운 도약을 원하는 등 다양한 이유로 학습에 참여한다. 평생교육은 인류의 발전과 인간정신의 자유와 풍요로움을 추구하며, 평등하고 민주적인 학습사회를 만드는 데 기여한다. 개인 학습자는 평생 동안 교육에 참여하며 자신의 잠재력을 실현할 수 있게 된다. 삶에서 매일 부딪히는 위기에 대처하고, 성장을 모색하면서 새로운 배움을 실천하게 된다. 우리는 어디에서 무엇을 하고 있든지 간에 항상 배우고 성장하고 실천하는 평생교육에 참여함으로써 개인적으로 더 충만한 삶을 살게 되고 사회적으로 훨씬 더 깨어 있는 시민이 될 수 있다. 또한 어린 시절의 교육부터 은퇴 무렵 및 그 이후까지 적극적으로 평생교육을 실현하는 것은 미래의 고용, 경제 발전, 민주주의와 사회통합을 모색하는 중요한 동력이 될 것이다.

전 세계적으로 변화 대응기제로서의 평생교육의 잠재력은 중요하게 인식되어 왔다. 우리나라에서도 평생교육은 자신의 삶을 향상시킬 수 있는 의미 있는 수단으로 인식되고 있다. 특히 급격한 사회 변화에 따른 여러 가지 적응 문제에 대한 보다 기능적인 접근을 가능케 하는 기제로서의 역할이 더욱 강조되고 있다. 날로 복잡·다양해지는 현대사회에서 개인이 더 나은 삶을 추구하도록 지원하는 체제로서 평생교육에 대한 기대가 커지는 것이다.

평생교육의 특성은 넓은 의미의 평생교육의 정의를 반영하여 크게 다음의 세 가지로 설명할 수 있다(김한별, 2010; 신용주, 2012).

첫째, 교육 시기의 개방성이다. 전통적 교육체계에서는 유치원, 초등학교, 중학교, 고등학교, 대학교 등 모두 학교교육을 중심으로 교육이 진행되는 것으로 인식하였다. 그러나 인생의 특정 시기에만 이루어지는 위계적이고 경직된 학교교육으로는 평생교육을 실현할 수 없다. 직업이나 기술의 혁신은 물론 개인의 전 생애에 걸쳐 나타나는 교육 요구를 충족시키기 위해서는 훨씬 확대된 시간 개념의 도입이 필요하다.

아동이나 청소년을 주 대상으로 삼았던 교육과정에서 탈피해 성인기 및 노년기의 교육도 평생교육의 주요 영역으로 더욱 확대되어야 한다는 인식의 전환이 이루어지고 있다. 실제로 평균 수명 연장으로 인해 노년기가 크게 연장됨에 따라 성인기와 노년기의 교육은 개인의 삶의 질을 효과적으로 유지하는 데 필수적 요소가 되었다. 따라서 평생교육의 시간 개념도 전 생애 발달단계상에서 언제나 평생학습 기회를 얻을 수 있도록 더욱 확장되었다.

둘째, 교육 공간의 개방성이다. 평생교육에서는 학교를 중심으로 한 공교육의 현장에서 벗어나 교육의 공간 개념이 더욱 확대되어야 한다는 점이 강조된다. 일반적으로 학습자는 교실 안에서 형식적인 정규교육에 참여하는 사람을 지칭하는 것으로 알려져 왔다. 그러나 학교가 가장 중요한 교육의 공간으로 여겨져 왔던 것에서 점차 탈피하며, 이제는 개인이 속할 수 있는 모든 영역인 가정과 학교 및 사회에서 교육이 가능한 것으로 인식되고 있다. 이처럼 교실이라는 한정된 공간을 뛰어넘어 학습이 일어날 수 있다는 개념은 매우 고무적이다.

교육이 일어나는 공간의 개념은 확장을 거듭하여, 단순한 물리적 차원을 초월해 크고 작은 조직과 기관은 물론 IT 기술과 통신망의 발달로 SNS(Social Network Service)를 비롯한 가상의 세계로까지 계속 확대되고 있다. 실제로 외국의 유명 강좌나 기술의 시범, 문화나 예술의 감상 및 현장학습도 전 세계적으로 실시간 접근과 공유가 가능할 정도로 스마트한 교육환경은 폭넓은 진화를 계속하고 있다(신용주, 2012). 따라서 현대사회에서 평생교육을 향유할 수 있는 교육 공간의 개방이라는 의미는 매우 혁신적이다. 한 개인이 직업적 발전이나 기술 향상을 필요로 하거나 새로운 것을 배우기를 희망할 때, 또는 개인적 자아실현이나 여가활용 등을 원할 때 표출되는 다양한 교육 요구를 공간의 제약 없이 참여하여 충족시킬 수 있기 때문이다.

셋째, 교육 형식의 개방성이다. 교육에서 형식적 교육(formal education)은 주로 학교교육을 지칭하는 것으로 인식되어 왔다. 초등학교, 중학교, 고등학교, 대학교를 중심으로 하는 구조화된 형식적 교육체계에서는 교육 기회를 얻기 위하여 일정한 조건을 충족시켜야 한다. 또 사회적으로 권위를 부여받은 교육 전문가들에 의해 이미 개발되어 운영되고 있는 교과과정을 통해 교육을 받은 후 공인된 학위나 자격을 취득하는 것이 특징이다. 근래 전 세계적으로 일반적인 학령기에 속하지 않는 성인들이 학교교육 기회를 갖고 입학하여 교육을 받는 사례가 많이 증가하였다. 이들은 비전통적 학습자로 불리며 근래 가장 빠르게 증가하는 학습자 집단으로 파악된다.

한편, 비형식적 교육(nonformal education)은 제도적으로 구축되어 있는 형식적 교육체계가 아닌 다른 교육체계에서 일어나는 교육 활동이다. 즉, 학교 외의 다양한 기관이나 조직 또는 시설, 예를 들면 평생교육기관, 지역사회 주민 시설, 기업이나 종교 단체, 박물관이나 도서관, 문화센터 등에서 제공되는 교육 프로그램이 주를 이룬다. 이러한 프로그램은 형식적 교육에서보다는 교수자 자격요건이나 학습자 자격 제한이 비교적 유연하며, 학습자의 교육 요구가 더 신속하게 반영될 수 있다. 또한 교과과정이나 교육 활동의 운영도 형식적 교육에 비해서는 획일적이지 않으며 덜 경직되어 있다. 그러나 일반적으로 이러한 비형식적 교육의 결과물로서

취득한 학위나 자격은 사회에서 크게 인정을 얻지 못하는 것이 특징이다.

무형식적 학습(informal education)이란 계획된 교육 설계나 교육 목표 등 형식적 틀에 따르는 것이 아닌 무계획적이고 우연적으로 발생하는 학습을 의미한다(신용주, 2012). 우리는 거리의 광고 전단이나 무심코 듣게 된 이야기에서, 신문이나 TV를 보다가, 또는 특별한 의도 없이 만난 사람들에게서도 무엇인가를 알게 되고 배우게 된다. 우리 삶에서 발생하는 학습의 많은 부분은 계획되지 않은 채 우연적으로 일어난다. 이처럼 특별히 의도하지 않았던 상황에서 일어나는 무형식적 학습은 많은 성인이 매일의 삶의 현장에서 자주 경험하는 학습 형태이다.

3. 평생교육 관련 용어

1) 평생학습

평생학습(lifelong learning)은 학습자 관점에서 주체적인 학습을 중시하게 되면서 그 의미가 강조되기 시작하였다. 허친스(Hutchins, 1968)나 놀즈 등(Knowles et al., 1980)은 객체로서의 학습자가 아니라 자발적인 학습의 주체로 전환되는 개념으로 평생학습을 제시하였다. 유네스코(1985)는 평생학습은 기존 교육체제의 재구조화와 교육체제 외부의 교육 잠재력 개발을 목적으로 하는 전면적인 계획을 추구하며, 이러한 계획 내에서 개인은 사고와 행동의 계속적인 상호작용을 통해 자기 교육의 대행자가 된다고 하였다. 자기 교육의 대행자가 된 평생학습자는 학습의 주도권을 가지고 전반적인 학습 사항을 결정하고, 학습을 진행하며, 학습결과를 평가하는 학습자 중심의 자기주도학습을 수행한다.

평생학습의 개념에는 크게 세 가지가 포함된다. 첫째, 학습자의 권리로서의 평생학습이다. 이는 평생학습의 권리를 인권의 일부로 인식하는 것이다. 둘째, 교양 증진을 위한 평생학습이다. 주로 교양, 취미, 문화, 여가활동 등을 추구하는 평생학습이다. 개인의 성장발달과 자아실현을 도모하는 것이라 할 수 있다. 끝으로,

직업교육적 평생학습이다. 이는 시장과 기업의 요구에 부응하며 성인 학습자의 직업적 소양을 증진하기 위한 재교육을 모색하는 평생학습이다.

2) 성인교육

유네스코(1976)에 따르면, 성인은 자신이 속한 사회에서 능력을 개발하고, 지식을 확장시키며, 기술적 · 전문적 자질을 향상시켜 행동과 태도를 새로운 방향으로 변화시킬 수 있는 존재이다. 대부분의 사회에서는 보통 법적으로 16~20세의 사람들을 성인으로 인식하지만 사실 특정 나이로만 성인을 규정하지는 않는다. 크게 보면 성인교육(adult education)은 어떤 사회에서 성인으로 간주되는 사람들을 대상으로 하는 교육이며, 중등교육 이후의 활동이 주를 이룬다 할 수 있다. 널리 알려진 정의로는 성인교육을 넓은 의미의 성인학습의 과정으로 인식하는 놀즈(1980: 25)의 정의가 있다. 좀 더 구체적으로 성인교육을 "사회적 역할을 수행하는 성인들이 지식 · 태도 · 가치 · 기술을 변화시킬 목적으로 체계적 · 지속적인 학습 활동을 수행하는 과정"(Darkenwald & Merriam, 1982: 9)으로 보기도 한다. 이들 성인교육의 정의에는 대학을 비롯한 다양한 평생교육기관에서 이루어지는 교육이 모두 포함된다.

주요 선진국 중 영국과 미국의 성인교육의 정의를 살펴보면, 영국에서는 전통적으로 직업교육과는 차별화되는 자유 교양교육(liberal education)에 방점을 두어 왔으며(Jarvis, 2004), 크게 인문교양교육과 직업교육의 두 가지로 분류하는 추세를 보여 왔다. 미국의 경우, 1727년에 벤자민 프랭클린(Benjamin Franklin)이 필라델피아에서 매주 금요일 저녁에 모여 함께 시사문제 토론을 실시한 준토우(Junto)가 성인교육의 시작으로 알려져 있다. 그 후 성인들이 토론 등 상호학습을 진행한 라이시움(Lyceum)의 활동이 이어졌고, 린드만(Lindman, 1926)은 학령기 이후에도 자신과 이웃, 더 나아가 지역사회로 연계되는 성인학습 참여의 중요성을 강조하였다. 1966년에는 「성인교육법(Adult Education Act)」이 제정되어 제도적인 성인교육의 틀이 이루어지기 시작하였다. 우리나라에서는 성인교육이라는 용어가 활발하게 사용되지 않았으며, 1997년에 한국성인교육학회가 설립되어 학문적 연구가 시작되었다.

3) 계속교육

계속교육(continuing education, further education)은 어떤 교육을 받은 이후에도 계속 이어지는 교육을 의미한다. 의무교육을 마친 후나 중등교육을 수료한 이후에도, 또 고등교육 이후에도 계속 교육활동에 참여하는 것이며, 주로 학교교육을 마친 후에 계속 학습활동을 이어 가는 것을 말한다. 영국에서는 「1944년 교육법(1944 Educational Act)」 제정 후 초등 · 중등 이후 계속교육으로 운영되는 제도적 틀을 실시해 왔다. 즉, 의무교육 연령을 넘긴 사람에게 다양한 교육 프로그램을 전일제 및 정시제로 운영하는 것을 말한다. 영국의 계속교육은 컬리지를 통해 대학교육을 받거나, 일반적으로 직업교육, 교양교육, 문화 및 여가 교육 중심으로 실시된다.

미국을 비롯한 북미에서는 계속교육이 주로 성인 및 계속 교육(adult and continuing education)으로 불리며, 주로 직업적 차원의 교육으로 인식되었다. 미국에서는 「1965년 고등교육법(Higher Education Act of 1965)」 제정 후 성인교육의 일환으로 대학의 교육자원을 활용한 계속교육 프로그램을 통해 지역사회에 대한 적극적 봉사를 강조해 왔다. 특히 계속교육은 과학기술 발전에 따른 사회경제적 변화 속에서 사회와 기업, 조직에서 요구하는 직업 역량을 높이기 위한 교육으로 인식된다. 또한 계속교육은 새롭고 경쟁력 있는 지식과 기술을 비롯한 전문성 향상을 위한 직업교육의 일환으로 재교육, 보수교육, 자격증 취득, 인증 프로그램 등 다양한 형태로 실시되고 있다(Merriam & Brockett, 1997).

4) 사회교육

사회교육(social education)은 보통 학교 밖에서 일어나는 교육을 지칭한다. 사회라는 공간에서 이루어지는 교육이라는 개념은 매우 광범위하다. 이규환(1982)은 사회교육을 학교 외에서의 정규교육을 제외한 모든 조직적인 교육활동으로 보았고, 황종건(1983)은 보다 구체적으로 의무교육을 마치고 난 후에 정규학교를 다니지 않는 청소년과 일반 성인을 위한 조직적인 교육 프로그램과 활동으로 규정하였다. 따라서 넓게 보면 모든 교육기관과 모든 사람이 그 대상이 될 수 있지만, 대개는 정규교육기관은 제외되며, 또한 유·아동과 청소년은 제외되는 경향이 있다. 사회교육은 일제 강점기부터 사용되어 온 오래된 용어이지만, 그 광범위함과 모호성 때문에 사회교육의 개념은 1982년 「사회교육법」이 제정되고 1999년 「평생교육법」이 공포됨으로써 평생교육의 개념으로 온전히 흡수 통합되었다고 볼 수 있다.

5) 지역사회교육

지역사회교육(community education)은 일정한 단위의 지역에서 학교나 다른 교육관련 기관에서 그 지역사회 내의 개인이나 집단을 대상으로 지역사회의 공동체의식을 함양하거나 지역사회개발을 위하여 실시하는 일체의 교육활동으로 볼 수 있다(정지웅, 김지자, 2000). 더 나아가 지역사회 교육은 특정 지역사회를 중심으로 그 지역사회의 자원을 동원하여 문제해결을 도모하고, 지역 주민의 삶의 질 향상을 목표로 시행되는 교육 활동을 강조한다. 1970년대 우리나라의 대표적인 지역사회운동인 새마을 운동에서도 지역사회개발과 함께 지역사회 주민의 생활수준 향상을 위해 적극적인 지역사회교육을 실시하였다.

미국에서도 지역사회교육은 주로 지역사회에 거점을 둔 지역대학(community college)이나 지역학교를 통해 교육 프로그램을 실시하며 지역 주민 누구나 참여할 수 있다는 것이 특징이다. 교육 내용도 학문적 분야뿐만 아니라 건강, 여가, 문화, 복지 등은 물론 직업과 관련된 교육 프로그램도 포함된다.

6) 순환교육

순환교육(recurrent education)은 우리의 생애에서 전통적으로 이루어지던 '교육 (education)-일(work)-은퇴(retirement)'의 경직된 연속모형의 주기에서 벗어나, 교육과 일이라는 인생의 두 가지 주요 요소가 전 생애에 걸쳐 순환되는 것이다. 즉, 누구나 배우는 과정이 끝나면 직업을 가지고 일을 하며, 그후에 은퇴하는 과정을 벗어나, 교육기가 끝난 이후에도 교육이 전 생애에 걸쳐 진행되는 체제라 할 수 있다. 순환교육 모형에서 교육체제는 교육, 노동, 은퇴가 여러 가지 순서로 조합되는 새로운 패턴을 모색하며 다음의 세 가지 교육 전략이 제시된다. 첫째, 의무교육 후의 학교교육이다. 둘째, 민간 기업을 중심으로 한 현장교육(On the Job Training: OJT)이다. 셋째, 일반교육 중심의 다양한 성인교육 등을 통합하고자 하는 통합적 교육 전략이다(차갑부, 2016).

순환교육은 경제협력개발기구(OECD, 1973)가 평생학습을 실현하는 방안으로 소개한 개념이다. 정규교육과정을 마치고 취업한 근로자들에게 재교육을 제공하는 방안으로, 산업체 현장이나 기업에서 요구되는 지식과 기술을 익히기 위한 교육활동이 주로 포함된다. 기업의 사내 연수, 대학이나 기관에서의 위탁교육을 제공하거나, 또는 교육받을 기간 동안 유급휴가를 주고 다시 복귀하도록 지원하기도 한다.

7) 문해교육

원래 문해교육(literacy education)은 학습을 위한 기초능력인 소위 3R, 즉 읽기 (Reading), 쓰기(Writing), 셈하기(Arithmetic)의 능력을 양성하는 교육이다. 글자와 숫자를 읽고 쓸 줄 하는 것은 가장 기본적인 문해의 개념이다. 문해의 의미는 시대와 사회적 맥락을 따라 점차 다원화되고 있으며, 지식과 기술의 급속한 발전이 일어나는 현대사회에서는 문해가 단순히 글을 읽고 쓸 안다는 문맹의 반대 개념이 아니라, 아이디어 창출이나 문제해결 및 효과적 의사소통으로 바람직한 사회생활을 누리는 데 활용 가능한 능력으로 확장되고 있다. 이러한 개념의 문해가 기능문해(functional literacy)의 의미에 포함된다고 할 수 있다. 또한 근래 첨단 지식과 기술의 발전으로 디지털 사회가 도래하면서 컴퓨터와의 소통능력 및 디지털 기술과 정보 시스템을 이해하고 활용할 수 있는 능력인 디지털 문해, 디지털 리터러시(digital literacy)라는 용어도 자주 사용되고 있다. 디지털 문해에는 정보처리, 거짓정보 판별, 의사소통 및 협업, 콘텐츠 창출, 문제해결 및 자료 제작 능력 등도 포함된다(신용주, 2021a).

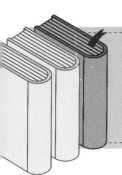

제2장
평생교육의 기초: 이념과 철학

1. 평생교육의 이념적 기초

평생교육의 근본적 목적은 스스로 학습을 추구하고 지속적으로 실천하는 사람을 키움으로써 개인의 삶의 질을 향상함과 동시에 이를 토대로 더 바람직한 사회를 건설하는 것이다. 평생교육은 학습사회의 건설을 통한 새롭고 역동적인 교육체제를 지향한다. 학습사회란 '언제, 어디서나, 누구나, 무엇이든, 어떠한 방식으로든 자유롭게 배울 수 있는 이상적인 교육이 이루어지는 사회'이다. 학습자는 자기주도적으로 학습을 수행하며, 학습자와 교수자는 서로 수직적 위계관계가 아닌 학습의 동반자로서 함께 상호작용을 하면서 학습을 이끌어 나간다.

평생교육은 교육제도, 특히 학교교육이 지향하는 혁신의 방향을 제시하는 교육이념으로 그 성격은 상당히 개혁적이다. 평생에 걸친 교육의 개념을 처음 소개한 랑그랑의 제안 이후 유네스코가 주도해 온 평생교육은 20세기 후반에 이르러 전세계적으로 많은 국가가 새롭게 설계하는 교육체제의 기틀이 되는 새로운 이념으로 자리 잡았다. 또한 21세기에 들어서서는 평생학습사회로 점차 더 진화해 가는 모습을 보이고 있다.

1) 유네스코와 평생교육의 이념

유네스코는 세계적으로 교육, 과학, 문화 부문의 발전 방향과 협력을 주관하는 국제연합 산하의 전문기구이다. 유네스코는 설립 당시부터 전 세계적으로 충분한 교육의 기회를 얻지 못하는 사람들이 마땅히 기본 인권으로 누릴 수 있는 교육의 권리를 누릴 수 있도록 교육적 지원을 제공해야 한다고 강조해 왔다. 교육받지 못함으로 인해 불평등이 발생하며, 소외된 집단에게 제공되는 필수적인 기초교육은 자유로운 인간의 정체성을 부여할 수 있다고 보았다. 요람에서 무덤까지 전 생애 동안의 평생교육의 이념을 제시한 랑그랑 이후 평생교육의 이념은 이후 포레, 데이브, 들뢰르 등의 학자들에 의해 더욱 진화하며 계승되었다.

평생학습에 대한 유네스코(1985)의 다음과 같은 정의는 평생교육이 지향하는 이념과도 연계된다. "평생학습은 기존 교육체제의 재구조화와 교육체제 외부의 교육 잠재력 개발을 목적으로 하는 전면적인 계획을 추구한다. 이러한 계획 속에서 개인은 사고와 행동의 계속적인 상호작용을 통해 자기 교육의 대행자가 된다. 교육과 학습은 평생을 통해 확대되어야 하고, 모든 기술과 지식을 포함해야 하며, 가능한 모든 수단을 사용하여 모든 사람의 완전한 인성개발이 가능할 수 있도록 기회를 제공해야 한다." 이후로도 유네스코는 계속적으로 세계성인교육회의(CONFINTEA) 등을 개최하여 평생교육의 새로운 지향점을 제시하며 국제협력을 격려해 왔다(제3장 참조).

유네스코는 문해교육 및 지속가능발전목표(Sustainable Development Goals: SDGs)의 달성을 위한 양질의 교육 제공을 강조해 왔다. "양질의 교육은 형평성, 포용성, 관련성 및 우수성의 원칙에 기반한 교육이며, 학습자가 지역사회에 참여하고 잠재력을 최대한 발휘하는 데 필요한 지식, 기술 및 가치를 제공해야 한다." (이현상, 2023) 지속가능발전교육(Education for Sustainble Development: ESD)는 지속가능한 발전의 원칙, 가치, 관행을 교육과 학습의 모든 측면에 통합한 교육을 의미한다. 최근에도 유네스코는 첨단 디지털 기술을 충분한 준비나 매뉴얼 없이 교육 현장에 그대로 수용하는 것의 문제점 등 여러 쟁점에 대한 논의를 주도하며 평생교육의 전환기를 준비하고 있다.

2) 쾰른 헌장과 평생교육의 이념

　평생교육은 학교교육을 비롯한 모든 교육제도의 개혁과 혁신을 추구하는 교육이념으로, 평생교육의 이념은 많은 국가가 21세기 지식기반사회를 대비하는 새로운 교육체제의 설계를 위한 기초가 되었다. 1999년 독일 쾰른에서 개최된 G8 정상회담에서는 '평생학습의 목표와 희망(Aims and ambitions for lifelong learning)'이라는 주제로 「쾰른 헌장(Köln Chapter)」의 선언이 이루어졌다. 교육은 경제적 성공, 사회적 책임, 사회적 일체감의 실현에 있어서 필수불가결한 요소이며, 국민이 유동적이며 급변하는 세상에서 살아남기 위해서는 교육과 평생학습이 뒷받침되어야 하며, 국가는 교육과 평생학습의 기회를 보장해야 한다는 것이다. 따라서 모든 국가는 학습사회를 건설하고 교육체계를 재정립하여 국민으로 하여금 21세기에 활용할 지식, 기술, 능력을 갖추도록 하기 위해서 인적자원에 대한 투자를 장려하고, 누구에게나 교육과 평생학습의 기회를 보장해야 한다는 것이다. 「쾰른 헌장」의 주요 내용은 다음과 같다.

쾰른 헌장

　모든 국가가 현재 직면해 있는 과제는 국민에게 다음 세기에 활용할 지식, 기술, 능력을 제공하고 학습사회를 건설하는 것이다. 경제와 사회가 점차 지식기반화하고 있기 때문이다. 따라서 지식기반사회에서 교육과 기술은 경제성장과 사회 단결을 위해 필수불가결한 요소이다. 또한 '유동성'과 '변화'가 다음 세기를 좌우할 것이다. 특히 어느 때보다도 유동성에 대한 요구가 커질 것이다.

　사회·경제적 목표를 달성하기 위해서는 평생학습에 대한 투자를 새롭게 인식해야 한다. 정부는 모든 레벨의 교육·훈련을 향상시키기 위해 투자해야 하며 …… 개인도 각자의 능력과 경력을 개발하기 위한 노력을 게을리해서는 안 된다.

　…… 21세기에는 지식에 대한 접근성(access to knowledge)이 삶의 질과 소득을 결정하는 가장 중요한 요소가 될 것이다. 이를 위해 인적자원 투자를 장려하는 인센티브가 어느 때보다 필요하다. …… 인적자원에 대한 투자를 보다 확충하기 위해서는 다음 세 가지 원칙을 바탕에 두어야 한다.

첫째, 모든 사람이 학습과 훈련을 동등하게 받을 수 있어야 한다.
둘째, 모든 사람이 평생 동안 학습할 수 있는 기회를 가져야 한다.
셋째, 개발도상국이 보다 포괄적이고 현대적이며 효과적인 교육 시스템을 설립할 수 있도록 도와주어야 한다.

출처: 매일경제(1995. 7. 5.).

3) 평생교육의 이념

　한준상(2000)은 평생교육을 "배우는 동물인 학습인간의 학습본능을 실현하는 교육이념"이며, 모든 이를 위한 내용을 제공하는 교육활동을 총칭하는 교육이념으로 보았다. 평생교육의 이념은 개인의 자아실현과 성장을 돕고, 사회의 발전과 진보를 지원하는 목표를 실현하는 것이며, 민주적이며 유연하고 상호 연계된 통합적 교육을 추구하는 것이다. 평생학습은 일생 동안 지식, 기술, 태도를 습득하는 과정이며, 평생학습사회를 건설하는 것이 바로 평생교육의 이념이라 할 수 있다. 학습사회란 학습자가 주체가 되며, 학습자와 교수자 간에 수평적인 상호 학습이 이루어지고, 학습자의 적극적 참여를 전제로 교육의 장이 이루어지는 사회로서 "언제, 어디서나, 누구나, 누구에게나, 무엇이든, 어떠한 방식으로든 자유롭게 배움을 주고받는 교육의 이상향적 사회상"(차갑부, 2016)을 의미한다. 지금까지 논의한 평생교육의 이념을 다음과 같이 종합적으로 제시할 수 있다.

　첫째, 혁신성이다. 평생교육은 학교교육 중심의 교육제도에 개혁적 변화를 주도하고, 혜택받은 일부를 위한 교육이 아닌 모든 이를 위한 교육을 실천한다는 점에서 개혁적이다. 또한 항상 새로운 정보와 기술 발전을 교육에 적용하려 노력한다는 점에서 혁신적이다.

　둘째, 계속성이다. 평생교육은 한 개인의 출생에서 죽음에 이르는 전 생애주기 동안, 즉 평생을 통해 지속적으로 이루어지는 교육이다. 아동이나 청소년을 주 대상으로 삼아 온 학교교육뿐만 아니라 훨씬 더 긴 기간인 성인기와 노년기에 있는 학습자 역시 교육의 대상으로 포함되어야 하며, 전 인생주기를 관통하며 계속되어야 하는 교육이다.

둘째, 평등성이다. 모든 인간은 태어나서 죽을 때까지 평생에 걸쳐 교육받을 권리가 보장되어야 하며, 기본적인 교육 기회는 누구에게나 균등하게 주어져야 한다. 유네스코는 전 세계적으로 불평등은 배우지 못한 것에서 비롯되므로, 교육을 받지 못하고 소외된 사람들로 하여금 존엄성을 갖고 자유롭게 교육의 혜택을 누리도록 할 것을 강조하였다. 또 인간의 기본권인 교육의 기회가 주어지도록 각국과 국제적인 지원이 필요하다고 보았다.

셋째. 통합성이다. 평생교육은 인간이 태어나서부터 죽을 때까지의 시간에 걸친 수직적 통합과, 학교 및 학교 밖에서 일어나는 사회 및 생활 공간의 수평적 통합을 전제로 하며, 아울러 모든 형식적·비형식적·무형식적 교육을 모두 포괄한다.

넷째, 다양성이다. 평생교육은 지금까지 학교 중심으로 전개되어 온 교육의 경험을 한층 다변화하여, 교육의 주체와 교육 대상은 물론 교육 장소나 교육 내용, 교육 방법에 있어서 획일적이며 경직된 전통적 틀에서 벗어나 새롭고 도전적인 차원으로 교육 경험을 전개한다.

다섯째, 개방성이다. 평생교육은 기존의 학교교육 중심의 교육체제가 갖는 경직성과 폐쇄성의 극복을 추구하며, 다양한 교육체제 간의 개방성과 상호 연계성을 향상시킨다. 개방성의 확대로 변화하는 교육 요구에 더욱 효과적으로 부응하며 교육체제를 더욱 유연하게 기능하도록 할 수 있다.

여섯째, 확장성이다. 평생교육은 교육 경험의 시공간적·물리적인 한계를 넘어 새로운 차원으로 확장하며 교육을 진보시킨다는 점에서 확장성을 갖는다.

2. 평생교육의 철학적 기초

1) 인문주의

(1) 주요 개념

인문주의(liberalism) 철학은 서구 철학의 역사상 가장 오랜 전통을 가진 철학으로, 합리적이며 지적인 교육을 추구한다. 인문주의 철학은 고대 그리스의 소피스트 철학과 토마스 아퀴나스, 소크라테스, 플라톤, 아리스토텔레스 등의 고전적 철학에서 비롯되었다. 플라톤 아카데미로부터 시작해 아직까지 존속되고 있는 미국의 고전읽기 프로그램과 같은 인문학습의 원조도 인문주의 철학이라 할 수 있다. 휴머니즘, 인문교육, 전인교육 등으로 이어져 왔으며, 고등교육이나 대학교육을 추구하는 성인들에게도 영향을 미쳤다(Elias & Merriam, 1995).

인문주의는 지식, 논리, 도덕과 윤리 등으로 대표되는 이상적인 불변의 진리, 즉 절대 진리를 탐구하며, 또한 역사적으로 시대를 관통해 계승되어 온 인류의 보편적 가치를 학습하는 것이 교육의 과제임을 강조한다. 또한 현실, 지식, 가치에 대한 인식이나 사회변화를 보는 태도 등에서 고유한 특성을 갖는다. 인간을 이성적 · 도덕적 · 정신적 존재로 보는 인문주의는 인간은 현실적인 가치추구가 아닌 초월적이고 불변의 진리를 깨달을 때 인간으로서 큰 기쁨과 행복을 얻을 수 있다고 보았다. 이 절대 진리란 시대나 사회문화적 상황에 따라 달라지는 인간의 삶을 초월하는 경지에 존재하는 보편적 윤리, 도덕, 논리, 지식 등을 말한다. 따라서 인문주의 교육은 세대를 관통하여 인류의 역사적 전통에서 항상 가치 있는 것으로 존중되어 온 내용들을 학습하고 이해하는 것을 핵심적 과업으로 인식하였다. 인간은 현세적인 가치를 뛰어넘는 영원불변한 진리를 탐구하여 깨달아 가면서 인간다움과 행복을 추구할 수 있다는 것이다.

인문주의 교육은 좋은 시민의 자질을 양성하는 것을 중요하게 여겼으며, 인간의 지혜 및 지적 능력의 토대를 쌓아 이성적 사고를 육성하는 것을 강조하였다.

그리하여 능력과 가치관을 바로 정립한 인간을 키우고 그들로 하여금 건설적인
사회를 세우도록 해야 한다고 주장하였다. 또한 인문주의 교육에서는 전통적으로
교양교육을 중시해 왔다. 역사, 수학, 자연과학, 예술, 철학 등 인류가 오랜 시간에
걸쳐 축적해 온 문화적 유산인 고전을 통해서 영원한 진리를 깨달을 수 있기 때문
이다(권대봉, 2001).

(2) 주요 철학자

소크라테스, 플라톤, 아리스토텔레스는 지적 교육의 중요성과 함께 도덕교육
을 강조하였다. 교육의 목적을 선하고 도덕적인 인간(the good and virtuous man)
을 키워 내고 좋은 시민을 양성하는 데 두었다(기영화, 2002). 고대의 인문주의 학
자들은 귀족 학습자를 주 대상으로 논리적 사고의 발달을 촉진하고 인간으로서의
행복한 삶을 위한 학습을 중시하였다. 반면에 실생활에 필요한 생산적이고 실용
적인 지식과 기술을 배우고 익히는 것의 중요성은 그다지 크게 인식되지 않았다.
현실적·실용적 학습보다는 인간으로서의 본연의 가치를 모색하는 인문주의적
입장은 지적 활동이 가능한 사람들을 주 대상으로 하였기 때문에 지나치게 엘리
트 중심적이라는 비판을 받기도 하였다. 직업교육이나 공리주의에 대한 관심보다
는 인문학적 소양과 도덕성의 고양에 초점을 맞추었다. 이러한 인문주의적 교육
은 주로 지적 교육과 함께 아리스토텔레스는 도덕적 미덕은 검약, 정의, 절제, 인
내 등이라고 제시하였고, 플라톤은 이들을 모두 정의라는 미덕의 하나로 보았다.
플라톤은 특히 참(眞)인 것과 가치있는 것을 잘 알고, 그 원리에 따라 통치하는 철
인왕(哲人王, the philosopher king)의 육성을 중시하였다. 이처럼 인문주의 철학이
지도계급을 위한 교육을 중시한 점 때문에 20세기에 들어서서 듀이(Dewey)와 같
은 진보주의 학자들로부터 비판을 받기도 하였다(기영화, 2002).

지적 능력의 개발과 자유로운 학습을 추구하는 인문주의 철학은 후대의 학자들
에게도 적지 않은 영향을 미쳤다. 15세기에서 19세기까지 팽배했던 서구의 고전
적 인본주의 철학에도 큰 영향을 주어, 새로운 시대상에 적합한 교양 있는 신사나
학자의 양성을 추구하였다. 또한 인간의 이성능력을 향상시키는 지적 훈련을 강

조하는 합리주의 계몽사상가인 칸트나 헤겔에게도 영향을 미쳤으며, 허친스나 아들러 등 현대의 학자들도 인문주의에 대해 큰 관심을 가졌다(기영화, 2002).

(3) 평생교육에 미친 영향

인문주의 교육자들에 따르면, 모든 가치는 위대한 철학이나 문학 또는 예술 작품과 깊고 긴밀한 교감을 갖게 될 때 형성된다(기영화, 2002). 이러한 전제는 평생교육에 큰 영향을 미친다. 즉, 누구나 살아가면서 인간다움을 지향하며, 스스로의 가치관을 형성해 가면서 자아실현을 추구하도록 하는 교육의 역할이 중시되는 것이다. 더 나아가 한 인간이 자유롭게 평생에 걸쳐 지적·도덕적 기초 및 가치관을 형성하고, 예술과 문화를 향유하는 시민으로서 평생학습에 참여할 수 있기 때문이다. 인문주의 평생교육은 학습자가 도덕성과 교양을 갖춘 인간다운 삶을 영위하도록 지적 능력을 개발하고, 기본 학습역량을 키울 수 있도록 하는 의미 있는 기회를 제공하였다. 이를 위해 사회에서 인간답게 살아갈 수 있도록 지원하는 문해교육과 기초학력교육의 발전에 기여하였다. 또한 대학에 입학하는 성인학습자들을 대상으로 한 인문학 관련 교육 프로그램의 증가와 교회, 기업, 산업체 등에서 제공하는 많은 프로그램 개발에도 영향을 미쳤다. 진보주의 철학의 발전으로 실천적 교육 프로그램이 많은 인기를 얻게 되었음에도 불구하고 인문학 교육에는 여전히 많은 학습자가 꾸준히 참여하고 있다. 그 이유는 인문철학을 배움으로써 시대적 변화를 겪으면서도 결코 변하지 않고 지속되는 불변의 가치와 인류의 위대한 철학적 유산을 접하게 됨으로써 자유로운 인간다움을 만끽하게 되기 때문이다.

프리덴버그(Friedenberg, 1955)는 그의 논문 『인문주의 교육과 실패에 대한 두려움(Liberal Education and the Fear of Failure)』에서 인문주의 교육이 가지고 있는 기능에 대해서 설명하였다. 우선 인문주의 교육은 자유의 가치와 활용능력을 배우게 해 주며, 인간으로서 경험할 수 있는 범위를 확대시킨다고 하였다. 아울러 시민의 자질을 향상시키고, 자아의식을 개선시킴으로써 인간의 존엄성을 깨닫도록 돕는다고 하였다. 결론적으로, 아무리 사회가 급변하고 교육의 목적과 내용이 바뀌어도 변하지 않는 것은, 불변의 진리를 탐구하고 아름다운 문화예술에 공감하

며 바른 가치관과 도덕성, 교양을 갖추고 한 사회의 시민으로서 살아가는 것이라
고 할 수 있다. 이것을 인간의 품성과 소양이라고 할 때, 이러한 덕목의 양성을 추
구하는 인문주의 평생교육이 우리에게 주는 의미는 오늘날에도 여전히 매우 새롭
다고 할 수 있다.

2) 진보주의

(1) 주요 개념과 학자

진보주의(progrssivism) 철학은 앞서 제시한 인문주의 철학과는 상반되게 실용
적인 면을 강조한다. 개인의 도덕성과 지적 능력 개발을 통한 자아실현을 추구하
는 인문주의와는 달리 과학적 · 실용적 탐구를 통해 지식을 얻는 데 주력한다. 무
엇보다 개인의 현실의 실생활과 관련된 문제해결을 위한 실천적 지식을 얻는 데
관심을 갖는다.

진보주의의 뿌리는 16세기 코메니우스(Comenius)로 거슬러 올라가며, 18세기
부터 19세기의 루소(Rousseau)나 페스탈로치(Pestalozzi), 프뢰벨(Fröbel)로 이어지
는 아동 중심 사상으로 계승되어 왔다. 19세기 후반에 린드만(Lindeman)이 권력
의 집중화를 막고 더욱 민주적인 세상을 만들기 위한 성인교육을 강조하였다. 그
는 교육은 삶을 가치 있게 만드는 것이며, 학습자의 경험은 큰 의미를 갖는다고 하
였다. 이러한 경험주의 철학은 후에 놀즈(Knowles) 등에 의해 성인교육의 기초가
되는 사상과 이론으로 제시되었으며, 듀이(Dewey)나 제임스(James) 같은 학자들
도 진보주의 철학의 실천에 많은 기여를 하였다(Elias & Merriam, 1994). 진보주의
는 개인에 관심이 집중되었던 인문주의와는 달리 끊임없이 일어나는 변화를 통해
사회가 진보하며, 인간은 이러한 변화를 겪으면서 이에 적응하기 위한 지적 능력
을 갖춰야 한다고 믿었다.

따라서 진보주의는 평생교육의 개인의 사회적 적응과 성장은 물론 사회적 발전
과 사회복지 향상을 추구하는 역할에 관심을 갖는다. 특히 사회가 건강하게 작동
하고 지속가능하도록 사회개혁을 이루어야 하며, 그럼으로써 민주주의 사회를 건

설해야 한다고 본다. 따라서 개혁을 통해 민주주의 사회의 설립에 필요한 인재를 양성하는 것이 진보주의 교육의 목적이다. 기본적으로 시민이 자율적으로 참여하여 민주사회를 건설하듯이, 학습자도 스스로 학습의 주체가 되어 자신의 삶에서 직면하게 되는 여러 가지 문제를 스스로 해결하는 능력을 기르는 것이 중요하다. 그러므로 진보주의는 학습자에 초점을 맞추며, 생활중심적이고 문제중심적이라 할 수 있다. 학습자의 경험과 요구, 흥미 등을 중요한 학습의 자료로 활용하며, 학습자의 역할도 수동적이 아닌 자기주도적인 특성을 갖는다. 교수자 역할 역시 과거로부터 전승되어 온 지식을 전달하고 학습을 관리하고 통제하는 역할이 아닌 학습의 촉진자로서의 역할이 더욱 강조된다. 진보주의 철학에서는 학습자의 경험에 의해 계속적으로 이루어지는 성장과정이 바로 교육이라고 본다. 이처럼 학습자가 학습과정에 적극적으로 참여하여 얻게 되는 교육적 경험은 학습자의 성장·발달을 이끌고, 더 나아가서 민주적인 평생학습사회의 건설에도 기여할 수 있다고 보았다.

(2) 평생교육에 미친 영향

진보주의 교육철학은 평생교육의 발전에 크게 기여하였다. 그중에서도 가장 중요한 기여는 전통적 교육기관인 학교를 넘어서는 교육의 확장성을 가져온 점이다. 학습은 학교는 물론, 학교 밖에서도, 가정과 직장, 지역사회 등 모든 장소에서, 즉 생활의 모든 국면에서 일어난다는 인식의 전환을 가져왔다. 대표적인 진보주의 교육철학자 듀이(1968)는 그의 저서 『민주주의와 교육(Democracy and Education)』에서 삶 자체가 교육이며, 인간이 살아 있는 동안은 항상 교육이 일어난다고 주장하였다. 생활이 바로 교육이며, 교육은 생활을 위해서 존재한다는 실용주의적 관점을 기술한 것이다. 또한 전 생애를 걸쳐 직면하게 되는 학습자의 생활상의 문제와 이를 해결해 나가는 과정을 통해 평생 동안 지속되는 학습의 특성을 알 수 있다. 진보주의 철학은 직업능력향상교육, 시민참여교육, 기초학력교육 관련 평생교육의 발전에 영향을 미쳤다. 또한 교육 현장에서 경험에 기초한 문제해결교육, 실험적 교육, 협동학습 등의 교육 방법이 확대되는 계기가 되었다.

한편, 진보주의 철학은 교수자 중심의 형식적이고 경직된 학교교육의 틀을 넘어 교육의 형식과 내용, 대상, 방법을 유연하게 적용함으로써 보다 확대된 교육의 차원을 전개하였다. 또한 학습자와 교수자의 역할 역시 전통적으로 지식을 전수하는 개념이 아닌 함께 상호적으로 추구해야 할 공동의 목표를 가진 교수-학습 활동으로 보아, 학습자의 역할이 수동적이 아닌 주도적으로 전개될 것을 강조하였다. 학습자의 삶의 경험을 중요한 학습자원으로 인식하고 학습자의 흥미와 관심, 요구와 필요에 기초한 교육 프로그램 개발을 모색한 점도 평생교육이 이루어지는 맥락의 확장을 가져왔다. 진보주의 철학은 이처럼 장소와 시간, 형식에 제한 없이 이루어지는 민주적인 교육이라는 데 가장 큰 특징이 있다. 또한 학습자 개인의 최대한의 성장과 발달을 도모함과 동시에 민주사회를 구현을 추구하는 것에 진보주의의 이념이 있다. 반면, 진보주의는 인문주의에서 강조되었던 문화와 예술, 역사와 도덕, 가치관 개발과 관련된 교양교육이 약화되고, 지적 능력과 도덕성의 발달을 이끄는 교수자의 역할이 축소되었다는 점에서 비판을 받았다(Elias & Merriam, 1995).

3) 행동주의

(1) 주요 개념

　행동주의(behaviorism)는 교육철학이라기보다는 심리학 또는 행동주의 학습이론으로 더 많이 알려져 있다. 행동주의 교육심리학의 출발은 20세기 초 왓슨(Watson)으로부터라 할 수 있으며, 그 밖에 행동주의 학습이론의 발달을 이끈 대표적인 학자로는 손다이크(Thorndike), 파블로프(Pavlov), 스키너(Skinner) 등이 있다.

　행동주의 심리학의 기본가정은 인간은 환경으로부터의 자극에 의해 통제 받는 수동적 존재라는 것이다. 또한 인간이 예측가능하고, 측정가능한 자연적인 세계에 살고 있다고 본다. 인간의 정보창출 능력을 믿지 않으며 단지 정보전달 능력을 가졌다고 가정한다. 행동주의 이론은 인간의 지능을 측정하거나 통제할 수 있으며, 이를 통한 인간 행동의 예측도 가능하다고 주장한다. 행동주의 심리학에서는 무엇보다 '관찰가능한 행동'에 그 초점을 맞추고 있다. 따라서 행동주의 이론은 인간의 인지적 사고과정보다는 관찰할 수 있는 행동을 중심으로 연구되어 왔으며, 인간을 외부 환경의 자극에 의해 통제될 수 있는 수동적인 존재로 인식하고 있는 것이 특징이다.

행동주의 심리학에서는 학습이 유기체와 환경 간의 상호작용을 통해 이루어지는 것으로 본다. 학습의 정의 역시 '연습의 결과에 의해서 발생하는 다소 영구적인 행동 변화'로 규정하고 있다. 행동주의 심리학은 자극(Stimulus: S)과 반응(Response: R)의 경험을 기초로 하여, 현장에서의 학습경험의 설계와 실천에 중요한 시사점을 제공하였다고 할 수 있다.

(2) 주요 학자

손다이크(Thorndike, 1913)는 행동주의 학습이론가 중에서 자극과 반응의 S-R 이론을 통해 학습을 이해하려는 시도[1]를 한 학자이다. 특히 시행착오(trial-and-error) 이론을 주창하여 학습이 시행착오를 거치며 일어난다고 주장하였으며, 자신의 이론을 뒷받침하는 세 가지 학습법칙을 제시하였다.

첫째, 효과의 법칙(law of effect)으로 학습자는 만족스러운 결과가 기대되는 반응을 기억하고 습득한다.

둘째, 실행의 법칙(law of exercise)으로 의미 있는 관계를 반복적으로 경험한 결과로서 실질적인 학습이 이루어진다.

셋째, 준비성의 법칙(law of readiness)으로 학습자가 학습할 준비가 되어 있지 않으면 학습에 방해를 받지만, 학습할 준비가 되어 있으면 학습을 위한 강화를 받는다. 특히 손다이크는 효과의 법칙을 통해 성인학습자로 하여금 학습에 대한 만족감을 경험하도록 하는 것이 중요하다는 사실을 알려 주었다.

타일러(Tyler, 1974)는 그의 저서 『교수-학습의 원칙(Principles of Curriculum and

---

1) 시행착오를 반복하는 학습을 통해서 감각적인 인상(sensory impression)이나 자극(stimulus)과 그에 따른 후속행동인 반응(response) 사이의 관계가 강화되기도 하고 약화되기도 하면서 행동의 결과가 생긴다는 주장이다.

Instruction)』에서 평생교육의 교육과정과 프로그램 개발에 큰 영향을 미친 교육활동의 설계 모형을 제시하였다. 타일러는 학습은 학습자와 환경 간의 상호작용으로 나타나며, 이를 촉진하기 위해 환경을 구조화하는 교수자의 역할을 중시하였다. 그리고 이를 위해 다음의 세 가지 기준을 제시하였다. 우선 반복적으로 기회를 제공하는 계속성, 학습경험과 관련된 경험들을 연속적으로 구성하는 계열성, 그리고 단편적인 학습경험이 학습자의 행동으로 통합되도록 하는 통합성이다. 타일러의 프로그램 개발 모형의 마지막 단계는 평가이다. 즉, 평가로 교육목표에 대비한 학습자의 관찰 가능한 바람직한 행동 변화의 수준을 확인하는 것이다.

피블로프(Pavlov, 1928)는 고전적 조건화(classical conditioning) 이론을 통해, 성인학습자가 과거에 학교에서 인정받지 못하던 기억으로 인하여 자발적인 학습참여를 주저하게 된다는 시사점을 평생교육 분야에 제공하였다. 한편, 스키너(Skinner, 1953)는 그의 조작적 조건화(operant conditioning) 이론을 통해 학습에 있어서 강화(reinforcement)의 개념을 도입함으로써 행동주의 학습이론의 발전에 크게 기여하였다. 그의 조작적 조건화 이론에서는 특정 행동이나 반응을 더욱 빈번하게 일어나도록 하는 자극이나 보상으로서의 강화의 역할이 특히 강조된다.

(3) 평생교육에 미친 영향

행동주의는 학습자와 교수자의 역할을 비교적 분명하게 규정짓는 것이 특징이다. 교수자의 역할은 환경을 통제하거나 조정하는 사람으로 인식된다. 환경통제자나 조정자로서의 교수자 역할은 학습자의 바람직한 행동을 강화시키는 것은 물론, 바람직하지 않은 행동을 소거하여 학습 환경을 변화시키는 역할을 한다. 또한 바람직한 행동 유발에 필요한 조건을 도입하는 역할도 포함된다. 그러나 행동주의 학습이론에서 이처럼 적극적인 교수자의 역할을 가정하는 데 비해, 학습자의 역할은 수동적이며, 교수자가 주도하는 학습 환경의 변화에 적응하는 방법을 학습하는 것에 그치고 있다.

행동주의 이론을 바탕으로 평생교육의 수업 방법의 다양화와 교수 설계의 체계화가 이루어졌다. 또한 학습자의 행동변화를 일으키기 위한 학습목표를 설정할 필요성이 제시되었다. 특히 능력 중심 교육프로그램은 학습 목표와 학습경험을 행동 용어로 기술하며, 학습 결과 및 숙달 기준을 참고한 절대평가를 강조한다. 그 밖에도 프로그램 학습, 컴퓨터 보조 학습, 완전 학습, 계약 학습, 개별화 학습, 개별지도의 발전에 영향을 미쳤다(Elias & Merriam, 1980). 한편, 행동주의 이론은 직업기술교육 및 성인기초교육, 산업교육, 계속교육 등의 부문의 발전에 기여한 바가 큰 반면, 행동주의적 목표로 규정되기 어려운 교육과정에 대한 고려는 거의 이루어지지 않았다는 점에서 비판을 받았다(신용주, 2006).

4) 인본주의

(1) 주요 개념

앞서 기술한 행동주의와는 대조적으로 인본주의(humanism) 철학은 학습자의 개인적 발달과 인간의 성장 가능성에 대한 신념에 기초해 학습에 접근한다. 인본주의 철학은 그 철학적 기초를 실존주의에 두고 있으며, 매슬로(Maslow)나 로저스(Rogers) 등 인본주의 심리학자들에 의해 구체화되었다. 인본주의 철학가들은 행동주의나 프로이트 학파의 심리학자들이 주장하는 인간성에 관한 관점을 거부한다. 즉, 인간의 행동은 환경이나 개인의 무의식에 의해 이미 결정되어 있다는 가정을 부인하며, 인간은 자신의 운명을 스스로 통제할 수 있다고 믿는다. 그러므로 선천적으로 선한 존재이며 자유롭게 자율적으로 행동하는 인간을 성장에 대한 무한한 잠재능력을 가진 존재로 보았다(Maslow, 1970a; Rogers, 1961). 인본주의 철학자들은 이처럼 학습자의 자유를 신봉할 뿐 아니라, 학습자의 책임도 강조한다.

인본주의 학습이론에서는 교육과정의 중심에 학습자가 있으며 교육자는 단지 학습의 촉진자로서의 역할을 수행하는 것이라고 본다. 그러므로 학습의 개념도 학습자 스스로가 발견해 나가는 것을 통해 이루어지는 것으로 정의한다(Elias & Merriam, 1995).

(2) 주요 학자

매슬로(Maslow, 1970a)는 생리적 욕구에서부터 자아실현에 이르는 인간의 욕구위계에 바탕을 둔 동기이론을 제안하였다. 인간에게는 내재된 학습동기가 있고, 그것은 학습자에게서 나온다는 것이다. 학습의 목표는 자아실현이며, 교육자의 역할은 학습자 스스로 교육목표를 달성할 수 있도록 학습을 촉진하는 것이라고 보았다. 로저스(Rogers, 1969)는 『80년대의 학습할 자유(Freedom to Learn for the 80's)』라는 자신의 저서에서 심리치료와 교육을 유사한 과정으로 제시하였다. 그가 주창한 내담자 중심 치료(client-centered therapy)의 개념은 학습자 중심 학습의 개념과 흡사하다. 그는 학습을 학습자에 의해 통제되는 내적 과정이며 개인의 성장을 촉진하는 것으로 보았다. 더 나아가 로저스는 유의미한 학습(significant learning)의 특성을 다음과 같이 3단계로 정리하였다. 우선, 개인의 정의적 · 인지적 측면이 학습장면에 포함되어야 한다. 다음으로, 발견이 학습자로부터 비롯되어야 한다. 이것이 바로 학습자의 자기주도성이 발현되는 것이기 때문이다. 끝으로, 학습자에게 그 학습경험으로 자신의 요구 충족이 되었는지를 스스로 판단하는 평가가 포함된다.

인본주의 철학을 신봉한 대표적인 평생교육의 학자로는 놀즈(Knowles)와 터프(Tough) 등이 있다. 놀즈는 평생교육의 중요한 이론인 안드라고지(adragogy)를 제시하고 학습자의 자율성과 주도성을 강조하였다. 터프는 성인의 교육참여에 대한 방대한 연구를 수행하여, 평생교육 참여 동기를 분석하고 성인학습자의 긍정적인 참여 특성을 제시하였다.

(3) 평생교육에 미친 영향

인본주의가 앞서 살펴본 행동주의와 다른 점은 고유하고 독자적인 존재인 인간을 가장 중시하며, 인간의 본성이나 잠재능력과 더불어 인간의 감정과 정의적 측면을 강조하는 점이다. 여기에는 학습동기와 관련된 학습자의 선택 및 책임과 관련된 내용도 포함된다. 인본주의적 관점에서는 자아실현을 향한 인간의 성장 잠재력은 외현적 행동의 변화나 내적 인지과정의 발달보다 더욱 고차원적인 것이라고 전제한다. 특히 성인학습의 대표적인 이론인 안드라고지와 자기주도학습이론은 인본주의 이론에 확고한 기초를 두고 있다. 인본주의는 무엇보다 학습자의 자율성에 대한 존중을 그 기본으로 한다. 아울러 전통적으로 지식 제공자나 교수-학습 과정의 설계자의 역할에 치우쳐 온 평생교육의 교수자에 대하여 촉진자 및 지도자로서의 역할 수행을 기대함으로써 교수자의 역할에도 새로운 시사점을 제공하였다. 그 밖에도 교수자와 학습자 간, 또 학습자 간의 보다 평등하고 협력적 관계 형성을 모색하여 학습 현장의 새로운 역학관계(dynamics)를 시도한 점도 평생교육 발전에 기여한 것으로 인식된다. 또한 평생교육 현장에서 널리 활용되는 집단 역학이나 집단 관계 훈련 등도 인본주의 철학에서 그 근거를 찾을 수 있다.

5) 구성주의

(1) 주요 개념

근래 정보화 사회의 도래 및 학습자 중심의 창의적 교육을 지향하는 추세에 맞추어, 제3의 패러다임이라고 불리는 구성주의(constructivism)에도 많은 관심이 집중되고 있다. 지식을 고정되어 있고 확인할 수 있는 대상으로 보며 개인적 경험을 고려하지 않는 객관주의 이론과는 달리, 구성주의 이론은 지식의 상대주의와 경험주의를 주장한다. 즉, 인간의 정신의 역할은 이 세계를 그대로 반영하는 것이 아니라 이 세계에 대한 의미를 창출해 나가는 데 있다고 본다. 그러므로 개인은 그가 속해 있는 특정 사회의 사회적·문화적·역사적 배경의 영향을 받게 된다. 개인은 스스로의 인지작용을 통해 주어진 사회현상에 대하여 지속적으로 이해를 구성해 나가며, 그 결과로 지식이 만들어진다는 것이다(강인애, 1998).

구성주의는 크게 개인적 구성주의와 사회적 구성주의로 구분할 수 있다(권두승, 2000). 전자는 교수자가 학습자에게 인지적 갈등을 유발하는 경험을 제공하여 학습자가 이 경험에 보다 잘 적응할 수 있는 새로운 이해의 도식(쉐마, schema)을 개발하도록 격려하는 데 중점을 둔다. 이에 비해 후자인 사회적 구성주의에서는 지식의 생성은 개인이 사회적으로 공유하는 문제에 관해 말하고 행동할 때 일어나며, 의미 창출은 대화를 통해서 이루어진다고 본다.

(2) 구성주의와 학습

구성주의의 기본 가정은 학습자는 능동적 존재이며 학습은 의미를 구성하는 과정이라는 믿음이다. 즉, 개인이 어떻게 자신의 경험을 의미 있게 하는가에 관심을 갖는다. 구성주의는 학습을 학습자가 실제 사회문화적 환경 속에서 자신만의 독자적인 경험과 인지구조에 의해 외부 세계와의 부단한 상호작용으로 자신에게 의미 있도록 지식을 구축해 나가는 과정이라고 본다(권대봉, 1999). 즉, 학습자가 자신의 경험으로부터 지식을 구성하며 관점을 재조정하게 된다고 주장한다. 렌식(Resnick, 1989)에 따르면, 구성주의적 학습의 관점은 다음의 세 가지로 요약된다(신용주, 2006에서 재인용).

첫째, 학습은 지식의 구성과정으로, 정보의 기록에 의해서가 아니라 정보의 해석에 의해 일어난다. 따라서 교수자는 학습자의 지식 구성과정을 돕는 전략을 제시할 필요가 있다.

둘째, 학습은 기존 지식에 의존하며, 새로운 지식의 구성을 위하여 현재의 지식을 사용하게 된다.

셋째, 학습이 일어나는 상황에 초점을 맞추어야 한다. 왜냐하면 지식은 지적 · 물리적 · 사회적 맥락에 의존하기 때문이다. 따라서 구성주의 학습에서는 실제 상황이나 협동적 상황을 강조하는 것이 더 효과적이며, 학습의 측정은 전체적인 학습의 맥락에서 통합적으로 이루어지는 것이 바람직하다.

(3) 평생교육에 미친 영향

구성주의 학습이론은 성인학습에 적지 않은 시사점을 갖는다. 지식의 축적은 사회적 맥락에 적합한 상징적 의미구조를 획득하는 것이며, 지식은 사회적으로 형성된다고 인식하기 때문이다. 학습자는 지식의 기초에 새로운 것을 더하거나 변화시키는 것이 가능하다. 사회적 구성주의 학자인 캔디(Candy, 1991)는 구성주의적 관점들이 평생교육에서 적용될 수 있는 방법에 대해 연구하였으며, 특히 인적자원 개발(HRD) 분야에서 구성주의가 많이 적용되고 있다. 캔디는 더 나아가 학습자의 독립성 및 개별성이 자기주도학습과 관련된다고 보고, 구성주의적 학습이론에 자기주도성의 개념을 연계시켰다.

구성주의 학습이론에서 보는 학습자는 능동적 · 창의적 · 자기주도적이며, 학습에 대한 스스로의 책임을 중시한다. 교수자에게는 학습자의 학습을 돕고 촉진하는 역할이 강조된다. 구성주의 이론에서는 학습자에게 더 많은 선택권과 자율권이 부여되므로 교수자가 주도하는 교육방식은 권장하지 않는다. 구성주의에서 보는 학습자는 외부 세계에 존재하는 실재의 본성을 자신의 경험에 비추어 의미 있게 구성한다. 이 과정을 통해 학습이 일어나며 개인적 학습목표의 달성도 추구하게 된다. 또한 구성주의는 현실적 맥락 속에서 실재의 문제를 다루며, 학습자 간의 상호작용을 통한 협동학습을 강조한다.

자기주도학습 이외에도, 구성주의의 영향을 받은 성인학습의 영역이 적지 않다. 기업교육 분야의 문제해결 학습이나 현임훈련인 OJT(On the Job Training) 역시 구성주의의 영향을 받은 분야라 할 수 있다. 그러나 학습자 자신이 지식을 구성한다는 학습자 중심 교육을 강조하는 구성주의 학습이론의 주장에 대해 목적지향적인 교수활동을 중시하는 관점의 회의적 반응도 존재한다.

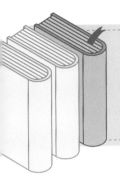

제3장

국제기구의 동향

평생교육과 관련된 대표적 국제기구는 유네스코와 OECD라 할 수 있다. 이 장에서는 이 두 국제기구의 평생교육 관련 발전 배경, 주요 동향 및 전략적 특성에 대해 살펴본다.

1. 유네스코

1) 유네스코의 역사 및 현황

유네스코(United Nations Educational Scientific and Cultural Organization: UNESCO)는 유엔교육과학문화기구이다. 유네스코는 1945년 11월 교육재건과 세계 평화, 그리고 인류 발전을 위해 창설되었다. 37개국의 대표가 모여 「유네스코 헌장」을 채택하고 교육, 과학, 문화, 정보와 커뮤니케이션 분야에서 국제적인 협력을 통하여 세계 평화와 지속가능한 발전에 기여하는 것을 목적으로 활동하는 국제기구이다. 유네스코는 두 차례 세계대전의 폐해를 겪은 인류의 영속적인 평화를 얻기 위해서는 정치, 경제, 군사력 같은 물리적인 힘이 아니라 지적·도덕적 연대를 토대로 해야 한다는 믿음에서 출발하였다. 유네스코는 초창기 평생교육의 이념을 주장한 랑그랑, 데이브, 포레 등의 혁신적 제안을 수용하면서, 전 세계적으로 평생교육 원리의 전파에 큰 영향을 미쳤다. 유네스코는 지식의 공유와 상호 이해를 촉진하는 아이디어의 자유로운 흐름, 그리고 서로의 삶에 대해 더욱 완벽하게 이해하는 것을 추구한다. 무엇보다 유네스코는 '교육이 삶을 바꾼다(Education transforms lives)'는 명제를 중시한다. 유네스코의 프로그램은 2015년 유엔 총회에서 채택된 2030 어젠다에 명시된 지속가능발전목표(Sustainable Development Goals: SDG) 달성에 기여한다(UNESCO, 2024).

유네스코는 인간의 기본 권리로서 교육의 역할을 강조하며, 교육은 남성과 여성 모두를 빈곤과 불평등으로부터 구하고 지속가능한 발전을 가능케 한다고 주장한다. 아직도 세계적으로 2억 4,400만에 달하는 아동과 청소년이 사회적 · 경제적 · 문화적 이유로 학교를 다니지 못하고 있다고 보고하며, 교육이야말로 소외된 아동과 성인을 빈곤으로부터 구하는 가장 강력한 도구이고, 또 그 밖의 모든 다른 기본적 인권을 얻기 위한 디딤돌이라고 강조한다. 이들을 위한 교육이야말로 가장 지속가능한 투자라고 보며, 이처럼 양질의 교육을 지속가능한 발전을 위한 필수불가결한 전제조건으로 인식한다.

유네스코는 '세계유산'을 파악하고 보호와 보존을 격려하는 것을 인류의 매우 가치 있는 일이라 본다. 이것은 1972년에 유네스코에서 채택한 '세계 문화 및 자연 유산 보호 협약(Convention concerning the Protection of the World Cultural and Natural Heritage: 약칭 '세계유산협약')'으로 문화유산, 자연유산 혹은 복합유산으로 등재된 유산지역을 뜻한다(https://heritage.unesco.or.kr). 세계유산의 개념을 독특하게 만드는 것은 그것의 보편적인 적용이며. 세계유산 지역은 그것이 위치한 영토와 상관없이 세계의 모든 사람에게 속하기 때문이다. 유네스코는 세대와 사람들을 이어 주며, 다양한 문화 환경에서 성장하도록 돕는 문화유산의 역할을 중시하고 있으며, 세계적으로 문화유산 보존에 대한 의지를 실현해 왔다.

이와 더불어 유네스코는 과학 발전의 혜택을 함께 나누고, 민주주의와 발전, 그리고 인권 존엄의 기초인 표현의 자유 보장을 추구한다. 국제적으로 유네스코는 아프리카와 양성평등에 특히 많은 노력을 기울이고 있으며, 모든 이를 위한 교육, 평생학습을 통한 양질의 교육 및 과학지식과 정책을 동원한 지속가능발전을 위해 노력하고 있다. 더 나아가 사회적 · 윤리적 쟁점에 대한 대처, 문화 다양성, 문화

간 소통 및 평화적인 문화 육성, 정보통신을 통한 포괄적인 지식사회 건설을 목표로 삼는다. 유네스코는 유네스코의 사업과 활동을 통해 더 나은 세상을 살 수 있다("Live for a better world through UNESCO's projects and activities")고 천명한다. 아울러 세계 평화를 유지하기 위해 유네스코는 평화는 인류의 지적, 도덕적 연대감 위에 세워져야 한다고 주장한다. 정부 간의 정치경제적 협정은 사람들에게 지속적이고 진정한 지원을 보장하는 데 충분치 않으며, 평화는 대화와 상호 이해에 기초해야 한다고 제창한다(UNESCO, 2024).

2) 유네스코 평생교육 이념의 전파

문해교육은 초창기 유네스코의 평생교육 관련 핵심 사업 중 하나이다. 세계적으로 제2차 세계대전 이후의 독립한 국가들이 전쟁을 종식하고 평화를 얻기 위해서는 서로 간의 이해를 확장하는 것이 가장 중요한 과제로 간주되었다. 상호 이해를 증진하기 위해서 실시한 성인을 위한 문해교육을 비롯한 유네스코의 평생교육은 이러한 성인기초교육(fundamental education)에서 비롯되었다고 할 수 있다. 교육을 받음으로써 해방될 수 있다는 신념으로 전쟁 이후 새로 독립한 국가들에서는 진정한 해방을 위한 기초교육이 적극 전개되었다.

평생교육의 이념 전파에는 초기 학자들의 기여가 컸다. 랑그랑은 1965년 유네스코의 성인교육발전국제위원회에서 전 생애에 걸쳐 교육받을 권리에 기초한 평생교육의 이념을 처음 제시하여, 1970년 '세계교육의 해'의 기본 교육 사업으로 평생교육이 선정되면서 평생교육은 더욱 널리 알려지게 되었다. 그 후 포레는 보고서 「존재를 위한 학습」에서 학습사회의 개념과 함께 민주적 교육체제의 도입을 주창하였다. 데이브는 평생교육은 개인의 전 생애를 통한 다양한 발달을 성취하는 과정으로, 삶, 평생, 교육의 개념이 통합되어 있다고 주장하였다. 들로르는 보고서 「학습: 그 속의 보물」에서 인간의 잠재력 발휘를 돕는 평생학습의 가치를 강조하였다.

이후 유네스코가 1985년의 제4차 성인교육회의에서 채택된 '학습할 권리

(right to learn)' 및 2000년 세네갈의 다카 회의에서 제시된 '모든 이를 위한 교육 (Education For All: EFA)'을 선포함에 따라 전 세계적으로 평생교육의 이념이 더욱 알려지고 확대되었다(UNESCO, 1997). 평생교육 개념의 확대에는 이들 초창기 학자들의 공헌과 함께 유네스코의 영향이 가장 컸다고 할 수 있다. 누구나 항상 배우면서 살아갈 권리를 추구하는 평생교육은 기존 교육의 한계를 보완하는 새롭고 포용적인 이념으로 더욱 광범위하게 진화해 왔음을 알 수 있다.

3) 세계성인교육회의

유네스코는 1949년부터 세계성인교육회의를 개최하여 왔다. 세계성인교육회의(CONFINTEA)는 국제성인교육회의를 뜻하는 Conférence Internationale sur l'éducation des Adultes-International Conference on Adult Education의 약어로, 1949년 덴마크 엘시노어에서 개최된 이후 약 평균 12년마다 세계 성인교육의 흐름을 반추해 보고 시대적 변화에 맞는 비전과 전략을 제시하는 정부 간의 공식회의이다.

제1차 덴마크 엘시노어 회의에서는 제2차 세계대전 후 유럽의 재건을 위한 성인교육의 역할을, 1960년 개최된 제2차 캐나다 몬트리올 회의에서는 기초교육 이후의 성인교육 관련 전략을 각각 논의하였다. 아시아에서 처음 개최된 1972년의 제3차 도쿄 회의에서는 통합적 평생교육 체제에서 성인교육의 위상을 규정하였다. 1983년 개최된 제4차 파리 회의에서는 국제성인교육학회가(International Council for Adult Education: ICAE)가 제안한 '학습할 권리(right to learn)'를 채택하였다. 1997년 개최된 제5차 함부르크 회의에서는 평생학습의 토대 위에서 정부와 비정부기구 및 민간부문의 협력에 기초한 통합적 성인학습의 비전을 제시하였다. 2009년 개최된 제6차 브라질 벨렘 회의에서는 '미사여구에서 실천으로(Rhetoric to Action)'를 모토로 지역별로 구체적인 실천을 위한 행동강령을 이끌어 내도록 하여 '벨렘행동강령'을 도출하였다.

2009년 브라질 벨렘에서 여섯 번째 회의가 개최된 이후로 약 12년 만에 모로코 마라케시에서 개최된 '지속가능한 발전을 위한 성인학습 및 교육(Adult Learning and Education for Sustainable Development)'이라는 주제로 제7차 세계성인교육회의가 개최되었다. 2022년 제7차 회의에서는 성인학습교육(Adult Learning and Education: ALE)이 평생학습의 핵심 요소이며, 성인학습교육을 포함한 모든 교육

〈표 3-1〉 유네스코 평생교육 주요 사업

연도	내용
1949	제1차 세계성인교육회의 개최(덴마크 엘시노어)
1960	제2차 세계성인교육회의 개최(캐나다 몬트리올)
1962	성인교육국제위원회 개최(함부르크 유네스코 교육연구소)
1965	성인교육추진국제위원회 개최(랑그랑의 보고서 「평생교육에 관하여」 제출)
1968	제15차 유네스코 총회 개최, '세계 교육의 해' 의제로 평생교육 채택
1971	교육발전국제위원회(포레 위원회) 구성
1972	제3차 세계성인교육회의 개최(일본 도쿄), 포레의 보고서 「존재를 위한 학습」 제출
1974	평생교육에서 고등교육의 역할에 대한 심포지엄 개최(모스크바)
1976	제19차 유네스코 총회 개최, 평생교육 발전을 위한 권고 채택(나이로비 권고)
1983	평생교육 원리의 적용에 관한 전문가 국제회의 개최(프랑스 파리)
1985	제4차 세계성인교육회의 개최(프랑스 파리)
1990	(유네스코, 유니세프, 유엔디피 공동)만인을 위한 교육세계회의 개최(태국 좀티엔)
1996	21세기 특별위원회 개최, 들로르의 보고서 「학습: 그 속의 보물」 발간
1997	제5차 세계성인교육회의 개최(독일 함부르크)
2000	「세계교육보고서 2000」 발간, '평생교육을 지향하는 교육권'
2001	제56차 유엔 총회 '유엔 문해 10년 사업(2003~2013): 모든 이를 위한 교육(Education for All)' 채택
2009	제6차 세계성인교육회의 개최(브라질 벨렘)
2020	제7차 세계성인교육회의 개최(모로코 마라케시), '지속가능한 발전을 위한 성인학습 및 교육'

이 기본적 인권이며 공공의 노력이자 공동재임을 확인하고 결과 문서인 「마라케시 실행계획(Marrakech Framework for Action)」을 발표하였다. 〈표 3-1〉에는 1949년부터 연도별 유네스코 평생교육 주요 사업이 제시되어 있다.

끝으로, 유네스코가 2021년 11월에 발표하여 2050년까지 교육의 미래에 대한 안내 역할을 할 보고서, 「함께 그려 보는 우리의 미래: 교육을 위한 새로운 사회계약(Reimagining Our Futures Together: A New Social Contract for Education)」과 2022년 모로코 마라케시에서 열린 유네스코 제7차 세계성인교육회의(CONFINTEA VII), 그리고 2022년의 유엔의 교육전환 정상회의(Transforming Education Summit: TES)에서는 근래 이정표가 될 만한 평생교육 관련 문서가 발표되었다. 즉, 교육에 대한 상상 자체를 다시 하는 새로운 상상(reimagine), 교육혁신을 넘어서 교육을 재발명(reinvention)하고 근본부터 바꾸는 대전환(transformation), 교육에 대한 새로운 사회계약(new social contract)을 촉구하고 있는 것이다. 이처럼 유네스코는 교육에 대한 끊임없는 혁신과 전환을 모색하고 있다(교육부, 국가평생교육진흥원, 2023).

4) 주요 사업

(1) 문해교육

1960년대 들어서 유네스코는 단기간 내의 비문해 퇴치를 목적으로 대대적 캠페인을 벌였다. 1961년에 유엔 총회에서 유네스코의 비문해 퇴치에 관한 제안을 수용하고, 1964년 유엔 총회에서 비문해 퇴치에 관한 선언문을 채택하였으며, 1965년 테헤란에서 비문해 퇴치를 위한 세계교육장관회의가 개최되었다. 1967년부터 1973년까지 아프가니스탄, 알제리, 에콰도르, 에티오피아, 기니, 인도, 이란, 마다가스카르, 말리, 시리아, 탄자니아 및 베네수엘라의 13개 국가를 대상으로 기능문해 프로젝트인 세계문해실험(Experimental World Literacy Prgramme: EWLP)을 실시하였다.

평생학습을 위한 유네스코 기구인 유네스코평생학습원(UNESCO Institute for Lifelong Learning: UIL)이 추진하는 문해교육사업 LIFE(Literacy Institute For

Empowerment)는 비문해자가 인구의 50% 이상이거나 비문해 성인의 숫자가 천만 명 이상인 국가의 문해력을 향상시키기 위한 유네스코의 협력적 사업이다. LIFE 가 주최한 2005년 제33회 총회에서 제시된 10년에 걸친 3단계의 문해 지원사업으로 35개국이 참여하였으며, 특히 비도시 지역에 거주하는 비문해 여성의 능력 향상에 주력하였다. UIL은 LIFE를 통해 국가의 각 부처와 NGO 기구, 시민연대, 유엔 사무국과 기부금 원조 국가들의 협력으로 국가별 문해 지원을 사업을 위한 협력관계를 추진하였다(평생교육진흥원, 2008).

유엔을 필두로 국제사회는 새천년개발목표, 모든 이를 위한 교육을 내세우고, 유엔 문해 10년(United Nations Literary Decade: UNLD; 2003~2012년)을 선언하는 등 전 세계 문맹률 감소를 위한 다양한 노력을 해 왔다. 유엔 문해 10년 사업인 UNLD(2003~2012)는 2001년 유엔 총회에서 제시되었다. 여기서 문해력은 학습의 필수 도구이며 모든 형태의 교육을 실현할 조건이므로, 읽기와 쓰기의 충분한 능력을 갖춰야 학습기회를 체계적으로 활용할 수 있음을 명시하였다.

유네스코통계국(UNESCO Institute for Statistics: UIS)은 2013년 아직 글을 읽고 쓰지 못하는 세계 전역의 성인 수가 무려 7억 7,400만 명이라고 발표하였다. 사하라 사막 이남 지역 및 서남아시아 지역이 가장 낮은 문해율을 보이며, 특히 부르키나 파소, 차드, 에티오피아 등 11개 국가는 50% 이하의 낮은 성인문해율을 기록하였고, 전 세계 문맹인구의 64%가 여성이었다. 지식과 정보, 새로운 기술 습득이 크게 중요해진 21세기에 문해능력은 인간이 살아가는 데 더욱 필수적인 요건이 되었고, 지역과 성별 간의 문해율 차이는 단순히 글을 읽고 쓰는 능력을 넘어서서 세계 경제 불균형 및 성차별 등의 심각한 문제를 시사한다(유네스코한국위원회, 2013).

2012년 종료된 유엔 문해 10년의 평가 결과에 따르면, 비문해 극복을 위해서는 교육의 전반적인 질 향상과 함께 무엇보다 해당 국가 정부의 정책 실현이 뒷받침되어야 한다. 하지만 그동안의 유네스코를 비롯한 국제기구와 국제사회의 노력에도 불구하고 아직까지도 경제적 가치를 더 중시하는 개발도상국들로 하여금 보편교육에 대한 관심을 갖도록 하는 것은 쉽지 않은 과제로 보인다.

유네스코는 2003년부터 9월 8일 세계 문해의 날의 주제를 2년 주기로 선정해 왔다. 그중 몇 가지 주제를 살펴보면, 2005~2006년에는 '문해와 지속가능발전', 2008년에는 '문해는 최선의 치료', 2015~2016년에는 '문해와 지속가능한 사회', 2017년은 '디지털 시대의 문해', 2018년은 '문해와 기술 개발', 2023년은 '변화 중인 세계를 위한 문해력 증진: 지속가능하고 평화로운 사회 기반 구축' 등 시대적 추세를 반영하여 채택하고 있다.

(2) 모든 이를 위한 교육

이는 평생학습사회를 지향하는 유네스코의 주요 사업 중의 하나이다. 모든 이를 위한 교육(Education For All: EFA) 사업은 세계 모든 국가는 연령, 성별, 계층, 지역 등의 차이와 관계없이 누구나 평등한 양과 질의 교육을 받을 수 있도록 하는 것을 목적으로 시작된 국제적 사업이다. 1990년 태국 좀티엔에서 개최된 만인을 위한 교육세계회의에서 처음 제시되었고, 2000년 세네갈의 다카에서 '평생교육을 지향하는 교육권'이라는 주제로 개최된 세계교육포럼에서는 2015년까지 실천할 '모든 이를 위한 교육 다카 실천계획(Dakar Framework for Action)'을 채택하였다. '모든 이를 위한 교육' 사업은 유네스코의 핵심 사업으로, 유네스코를 비롯한 4개의 국제기구인 유엔개발계획(UNDP), 유엔인구기금(UNFPA), 유엔아동기금(UNICEF), 세계은행(The World Bank)과 함께 시민연대 및 언론매체가 협력하며 시행하고 있다.

(3) 지속가능발전교육

유네스코는 1992년부터 지속가능발전교육(Education for Sustainable Development: ESD)을 추진해 왔다. 지속가능발전교육은 지속가능한 발전의 개념과 내용, 절차 등에 대한 교육이며, 지속가능발전을 달성하는 데 필요한 능력과 의지를 키워 주는 교육이다. 즉, 개인, 가정, 학교, 지역사회, 국가, 국제사회가 지속가능성과 관련된 쟁점을 이해, 진단, 해소하기 위한 교육을 의미한다(유네스코한국위원회, 2013). 국제사회는 2002년 유엔 총회에서 2005년부터 2014년까지의 10년을 '유엔 지속가능발전교육 10년(UN Decade of Education for Sustainable Development,

2005~2014: DESD)'으로 선정하며 유네스코를 그 선도기관으로 지정하였으며, 그 후속으로 국제실천 프로그램(Global Action Programme: GAP)에 앞장서고 있다. 이어 2019년 제40차 유네스코 총회에서는 '2030을 위한 지속가능발전교육(ESD for 2030)'을 채택하였다.

유네스코는 기후변화와 같은 세계적 문제의 해결을 위해서는 사람들의 생활방식이나 사고하고 행동하는 방식의 확실한 변화가 필요하며, 이를 위해서는 새로운 기술과 가치, 태도를 갖추어야 한다고 주장한다. 따라서 교육 시스템을 혁신하여 지속가능발전교육의 학습목표와 학습내용을 규정하고, 학습자의 역량을 강화하는 교수법을 활용해 이러한 시급한 요구에 대응할 것을 촉구하였다. 유네스코는 또한 빈곤 퇴치를 위한 국제적 운동의 일환인 '교육 2030 어젠다(Education 2030 Agenda)'를 주도하고 조정해 나가는 임무를 맡고 있다. 교육은 그 자체로 목표인 동시에 다른 모든 지속가능발전을 달성하는 수단이기 때문이다. 즉, 교육은 지속가능발전의 필수적인 부분인 동시에 지속가능발전을 가능하게 하는 핵심 요소이므로, 지속가능발전을 위한 가장 핵심적 전략이 교육임을 강조해 온 것이다.

2. OECD

1) OECD의 역사 및 현황

경제협력개발기구(Organization for Economicc Cooperation and Development: OECD) OECD는 시장경제, 다원적 민주주의, 인권존중의 3대 가치를 공유하는 회원국들이 경제성장과 인류의 복지증진을 도모하는 정부 간 정책 연구 및 협력기구이다. OECD는 미국 마셜 플랜(Marshall Plan)의 지원을 받아 제2차 세계대전 이후 유럽 대륙의 재건을 목적으로 1961년 파리에서 설립되었다. OECD는 기존의 유럽경제협력기구(OEEC)에서 정책적 협력을 통한 경제성장과 개발도상국 원조, 세계무역 확대 등 새롭게 대두된 국제적 과제에 적응하기 위해 개편된 기구이다.

국가 간 경제사회정책 협의체인 OECD는 미래의 지속가능한 경제성장을 위해 회원국이 건전한 재정을 재정립하도록 지원한다. 또한 회원국의 경제성장과 금융안정을 촉진하고 세계경제발전에 기여하며 특히 신흥 경제 개발을 돕고 환경친화적인 성장 전략과 혁신적 정책 개발에 주력한다.

OECD는 회원국들의 경제사회 발전을 추구하며 세계의 경제문제에 함께 대처하려고 노력하며 특히 지식과 기술이 계속 발전하는 사회에서 요구되는 구성원의 고용과 관련된 직업능력 향상을 강조한다. 1973년에 발간된 OECD 보고서 「순환교육: 평생학습을 위한 전략(Recurrent Education: A Strategy for Lifelong learning)」에서 '교육-일-은퇴'로 이어지는 인생의 사이클을 재구조화하는 순환교육의 개념을 제시하였으며, 1996년에 발간된 보고서 「모든 이를 위한 평생학습(Lifelong Learning for All)」은 노동시장과 경제정책과 관련된 공정하고 접근 가능한 교육을 보장하기 위한 정부의 역할을 강조하였다. 이처럼 OECD는 모든 연령층의 사람이 직업관련 지식과 기술을 배워 경쟁력을 높이고, 미래에 생산적인 일을 만족하며 수행할 수 있도록 지원하는 것을 중시한다(OECD, 2023). OECD 회원국들은 시장경제와 민주주의에 기초한 정책 경험을 바탕으로 경제, 사회 및 과학 등 여러 부문에서 앞서가며 비회원국 협력 사업을 통해 영향력을 행사하고, 지도력을 발휘한다. 2024년 현재 총 회원국의 수는 38개국이며, 우리나라는 1996년 회원국으로 가입하였다(외교부 대한민국 공식 전자정부 누리집, 2024).

OECD는 창설 이후 선진국들을 중심으로 세계무역기구(World Trade Organization: WTO), 국제통화기금(International Monetary Fund: IMF), 세계은행(World Bank), G7, G8 등과 협력하며 시장 경제 및 무역의 확대에 기여해 왔으며, 1990년대에는 비회원 국가들에게도 문호를 개방하여 세계적 영향력을 갖게 되었다. OECD에는 유럽을 비롯하여, 북미와 아시아 태평양 지역 등 국제경제 3대 지역의 주요 국가들이 참여하고 있으며, G7을 위시한 모든 선진국이 참여하므로 세계적인 문제에 대한 주도적 논의와 대처가 가능하여 국제경제에서 영향력을 발휘하고 있다. OECD에서는 회원국 정책 담당자 간의 정책협의가 이루어지고 모범관행(best practice)과 대응방안의 도출을 위해 경험과 의견을 교환한다. 또한 정책지침, 권고, 국제규범을 개발하고 이를 토대로 각 개별회원국의 제도와 정책을 동료 검토 (peer review)함으로써 회원국 정책의 개선과 조정을 유도한다(외교부 대한민국 공식 전자정부 누리집, 2024).

2) 주요 사업

(1) 순환교육

OECD는 교육, 노동 시장 및 경제정책과 관련한 정책을 개발하고 주도해 왔으며, 초창기부터 교육문제에 많은 관심을 가져왔다. OECD는 많은 선진국을 회원국으로 보유하고, 그 동질성을 토대로 현실적인 문제해결은 물론 회원국의 교육정책에도 영향을 미쳤다. 독자적으로, 또 유네스코와 함께 학문적 조사 연구 및 국제 교류를 통해 평생학습을 주도해 왔으며, 유네스코보다 더욱 구체적인 교육정책을 추진해 온 것으로 평가된다.

순환교육(recurrent education)은 초창기 OECD가 제시한 평생교육의 이념으로 1990년대 초까지 OECD 평생교육 정책의 바탕이 되었으며, 노동시장에 신속하게 반응하는 새롭고 유연한 교육제도로 널리 알려졌다. 1973년에는 「순환교육: 평생학습을 위한 전략」 보고서가 간행되었다. 이 보고서를 통해 OECD는 순환교육이란 의무교육 이후나 기초교육 이후의 제반교육을 포함하는 포괄적 교육 전략으로 교육과 직업, 여가활동, 은퇴 과정이 순서대로 발생하는 것이 아니며 서로 교차할 수 있다고 설명하고 있다.

순환교육의 도입은 노동기에 진입하기 전에 전일제 학교교육기를 거쳐야 하는 순차적 주기가 변화될 것을 전제로 한다. 사람들의 생애주기가 '교육-노동-은퇴'의 순으로 전개되는 전통적 교육체제를 새롭게 개편할 것을 추구한다. 즉, 교육을 받는 시기가 청소년기를 중심으로 한 인생의 전반부에 집중되고 종료되는 것을 바꾸어 교육·노동·은퇴가 다양한 순서로 융합가능한 새로운 모형의 교육체제로 전환한다는 것이다 순환교육 모형은 연령, 직업, 성별, 출신 배경, 커리어, 역할 등과 관계없이 학습자가 인생의 다양한 단계에서 교육에 참여할 수 있음을 시사한다. 또한 각 개인의 일생을 통하여 자신의 필요에 따라 원하는 교육 기회를 자유롭게 얻을 수 있도록 선택하는 권리를 인정한다. 순환교육의 기본 원리는 평생학습의 개념을 고용 및 경제적인 차원으로 해석한 것으로 평가된다. 순환교육 프로그램의 도입 초기에는 순환교육에 참여하는 것은 시민의 기본권으로 인식하였으나, 점차 프로그램에 참여하는 학습자 개인의 책임도 강조되었다.

OECD가 1975년에 발간한 보고서 「현대사회에 있어서 교육과 노동생활 (Education and Working Life in Modern society)」을 보면 순환교육과 노동정책의 관련성이 나타난다. 사람들에게 스스로 교육, 노동, 은퇴의 사이클을 조직하고 선택할 수 있는 자유를 권리로 인정해야 한다는 관점에서, 직업을 가진 사람들에게 대한 유급교육휴가(paid leave)가 제안되었다. OECD 국가들은 교육휴가에 대한 실천을 개인의 권리, 또는 노동력의 질적 향상을 격려하는 방향으로 전개하였다. 1990년대에 들어오면서 근로자 중심의 순환교육을 강조해 온 OECD의 평생교육정책은 지속적인 국가발전은 평생교육을 통해서 이루어진다는 인식아래 만인을 대상으로 하는 평생학습으로의 전환을 모색하게 되었다.

(2) 모든 이를 위한 평생학습

OECD의 경제활동은 다양한 국가의 교육 · 학습과 노동 시장 및 경제정책과 관련하여 이루어진다. OECD 교육 전략의 주요 과제는 모든 이를 위한 평생학습을 마련하는 것이었다. 1996년 '모든 이를 위한 평생학습'이라는 주제로 열린 OECD의 제4차 교육부장관회의에서는 '요람에서 무덤까지(cradle-to-grave)'라는 평생학습의 이념이 제시되었다. 순환교육보다 더욱 포괄적인 개념으로 선택된 평생학습의 개념은 학습활동에 참여하고자 하는 모든 개인이 지식과 능력 향상을 목적으로 수행하는 모든 의도적 학습활동을 포함한다. 이후 2001년 파리에서 열린 OECD 교육부장관회의에서는 '모든 이를 위한 능력 개발에 대한 투자(Investing Competencies for All)'라는 주제로 토의가 이루어졌다. 이 회의를 통해 21세기에는 평생학습이 누구에게나 필수적으로 제공되어야 하며, 모든 이를 위한 평생학습 전략은 지식사회에서 필요한 기술과 직업능력의 함양을 위해서 가장 중요하다는 사실을 확인하였다.

세계의 지도자들은 2015년에 지구공동체의 미래의 성장을 위한 핵심 목표를 세우기 위해 모여 지속가능발전목표(Sustainable Development Goals: SDGs)를 달성하기 위한 전략을 논의하였다. 이 회의에서 지속가능발전목표 중에서 네 번째 목표인 '포용적이고 공정한 양질의 교육을 확보하고 모든 이를 위한 평생학습을 증진하는 것'을 보장할 것을 선언하였다. 회원국들은 이 회의에서 각국이 현재 시행 중인 교육정책을 파악하고, 모든 이를 위한 평생학습을 실현할 수 있도록 돕는 도구 개발의 필요성을 제시하였다.

OECD의 평생학습전략은 개인과 국가가 모두 평생학습을 통해 혜택을 누릴 수 있음을 강조한다. 즉, 개인적 차원에서는 삶의 질 향상은 물론, 원하는 일을 찾고 능력을 발휘하는 데 도움을 얻을 수 있으며, 국가적 차원에서는 경제발전과 사회적 통합을 이룰 수 있는 것으로 보았다. 이러한 고용과 경제발전을 중시하는 OECD의 평생학습 이념은 「OECD 교육지표 2023(Education at a Glance 2023)」에 제시된 바와 같이, 2023년의 핵심 주제로 선정된 '직업교육과 훈련(Vocational Education and Training: VET)'에서 잘 나타난다. 직업과 경제활동 지향성에 기초한 OECD의 평생교육의 전통은 계속 이어지고 있음을 알 수 있다.

(3) 인적자본론

1990년대 후반에 OECD는 인간자본의 관점에서 평생교육에 접근하기 시작하였다. 1950년대와 1960년대를 거치며 인간자본의 개념이 경제학적 관점에서 주목받기 시작하였다. 슐츠(Schultz, 1961) 등의 경제학자들은 교육이 경제성장과 번영을 이루는 데 미치는 영향을 미치는 것으로 보고, 장기적으로 자신의 수익으로 환산될 수 있는 기술과 능력을 얻기 위해 사람들은 자신의 교육훈련에 투자한다고 주장하였다. 또한 이러한 투자는 국가경제와 경제성장에 기여하는 것으로 보며, 여기서 '자본(capital)'이라는 용어가 사용되기 시작했다. 인적자본론적 관점에서 본 평생학습의 비전은 다음 소개하는 두 개의 문헌에 잘 나타나 있다.

밀러(Miller)의 「사람들이 알고 있는 것 측정하기(Measuring What People Know)」

(1996)에서는 인적자본을 '사람들이 평생 습득하고 시장이나 시장 이외의 환경에서 상품이나 아이디어를 생산하기 위해 사용되는 기술'로 정의하였다. 또한 교육연구혁신센터(CERI)의 「인적자본 투자: 국제비교(Human Capital Investment)」(1998)에는 평생학습이 인간자본의 개발에 기여한 것으로 보고된다. 여기서 교육의 목적은 시장과 일터에서 활용되는 것이며, 교육의 결과는 더 큰 경제적 성과를 가져오는 것으로 설명하고 있다. 교육은 자신의 경쟁력을 높이기 위해 기술을 향상시켜야 하는 노동자에게 중요한 도구라 할 수 있다. OECD의 정책보고서 「평생학습과 인적자본(Lifelong learning and Human Capital)」(2007)은 인적자본을 '사람들이 교육 훈련을 통하여 습득하는 개인의 능력과 기술과 학습의 조합'으로 정의한다(차갑부, 2016).

(4) 문해교육

OECD는 1997년 세계성인문해조사연구(International Adult Literacy Survey: Understanding What was Measured)에서 3개의 문해 영역과 5개의 문해 수준을 제시하였다. 문해 영역은 산문 문해(prose literacy task), 문서 문해(ducument literacy task), 수량 문해(quantitiative literacy task)의 세 가지이다. 산문 문해는 약 복용 방법, 신문기사의 봉선화에 관한 내용, 채용공고 등을 읽고 관련 정보를 이해했는지에 관한 것이다. 문서 문해는 도표, 공문, 잡지 등에서 소비자 지표 등을 읽고 이해하는 정도이다. 수량 문해는 주문서 양식을 완성하거나 방콕이나 서울의 날씨 정보, 자료에 있는 숫자 연산을 응용하는 능력이다. 이러한 세 가지 문해에 수준 1~5점까지 점수를 배점하여 문해력을 산출하였다. 이는 OECD가 인적자본의 역량을 측정하는 지표 중 하나의 예이며, OECD는 회원국 간의 국제적 비교연구를 통하여 성인교육의 경제적 효과성을 드러내고 있다. 즉, 인적자본을 사람들이 교육·훈련을 통하여 습득하는 개인의 능력과 기술과 학습의 조합으로 보며, 경제적인 면에서 인적자본은 국가경제의 번영으로 회수된다고 본다(차갑부, 2016).

3. 유네스코와 OECD의 비교

지금까지 평생교육과 평생학습사회의 이념을 제시하고 이를 전 세계적으로 실천하는 데 주도적 역할을 해 온 국제기구인 유네스코와 OECD의 주요 특징과 정책을 살펴보았다. 유네스코는 세계 평화와 지속발전가능교육을 추구하는 이상주의적 평생학습사회의 건설을 지향해 왔다. 무엇보다 '존재를 위한 학습'에서 추구하는 학습사회와 '모든 이를 위한 평생학습'을 이념으로 한다. 학습사회란 '존재를 위한 학습'에서 추구하는 이상으로, 모든 구성원이 자유롭게 학습하고, 훈련과 성장의 기회를 갖는 사회라 할 수 있다(OECD, https://www.oecd.org/about)/).

OECD가 추구하는 학습사회는 유네스코와는 달리 보다 현실지향적이라 할 수 있다. 평생교육의 기본 이념과 철학을 중시하는 유네스코의 평생교육 접근 방식은 OECD에도 영향을 미쳤으나, 국제적 경제개발이나 인적자본론을 지향했던 OECD와 지향점에 있어서 차이는 있다. 예를 들어, 학교교육의 위기에 대응하기 위한 전략으로 유네스코는 이상적인 평생학습사회의 건설을 통한 평생교육의 실천을 추구한 데 비해, OECD는 지식기반 사회의 구성원들의 인적자원 개발을 통한 평생학습을 모색하고 있다는 점에서 차이가 있다.

그러나 유네스코와 OECD는 모두 '모든 이를 위한 평생학습'이나 '지속가능발전을 위한 교육'을 실현하기 위해 협력하며 다양한 전략을 개발하고 누구에게나 양질의 교육 기회를 보장하는 데 주력해 왔다. OECD의 지속가능발전목표(SDGs) 중 네 번째는 '포용적이고 공정한 양질의 교육을 확보하고 모든 이를 위한 평생학습을 증진'하는 것으로, 유네스코가 선언한 양질의 교육 제공을 위한 공통의 목표를 갖는 것을 보여 준다(이현상, 2023). 유네스코가 지향하는 평생학습사회는 이상주의적이며 인간중심적인 반면, OECD는 다원적 민주주의에 기초한 사회진보, 개방된 시장경제 성장, 인적자원 개발을 추구하는 경제 중심의 평생학습사회를 지향한다. 두 국제기구는 개인적·사회적 성장발전을 위한 평생교육을 모색하며, 모든 이가 평등한 교육 기회를 제공받아 학습사회가 정착되는 것을 추구한다. 개인이나 사회, 경제 발전을 위해 평생교육을 제공하며, 학습사회를 구현함으로써 모든 이가 교육받을 기회를 평등하게 보장받아야 한다는 믿음에 공통점이 있다고 할 수 있다.

유네스코와 OECD의 평생교육 이념 및 정책의 주요 특징은 〈표 3-2〉에 제시되어 있다.

〈표 3-2〉 **평생교육 관련 유네스코와 OECD의 비교**

	유네스코	OECD
이념적 지향성	• 이념: 이상주의 학습사회론, 인간중심 평생교육론 • 모토: 모든 이를 위한 교육(Education for All) • 주제: 존재를 위한 학습(Learning to Be) • 회의: 세계성인교육회의	• 이념: 경제주의 학습경제론, 인적자원개발론 • 모토: 모든 이를 위한 교육(Lifelong Learning for All) • 주제: 순환교육(Recurrent Education) • 회의: OECD 교육부장관회의
이론적 배경	• 랑그랑의 「요람에서 무덤까지」 • 포레의 「존재를 위한 학습」 • 들로르의 「학습, 그 속의 보물」	• 인적자본론 • 사회자본론
관심 영역	• 교육 기회의 확장 • 교육 내용과 주도권의 확장 • 교수-학습 메커니즘의 확장 • 형식교육 → 비형식·무형식교육	• 평생에 걸친 직업능력 개발 • 인적자본 개발 • 일과 학습의 연계 • 투자로서의 평생학습정책

출처: 한준상(2003: 28)에서 발췌하여 수정.

평생교육의 이론적 기초

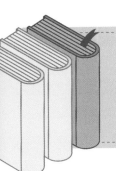

제4장
평생교육의 주요 이론

1. 안드라고지

1) 안드라고지의 어원

안드라고지(andragogy)는 성인교육 및 성인학습의 개념, 원리, 실천과정 등을 모두 포함하는 개념이다. 안드라고지는 대비되는 개념인 페다고지(pedagogy)와 많이 비교된다. 페다고지는 희랍어의 paid(어린이)와 agogos(지도하다)에서 유래된 용어로, '어린이를 가르치는 기술과 과학(art and science of teaching children)'을 의미한다. 반면에 안드라고지는 andros(성인)와 agein(이끈다)에서 유래된 것으로 '성인의 학습을 돕는 기술과 과학(art and science of helping adults learn)'을 의미한다(Knowles, 1980). 안드라고지는 1981년 『웹스터 사전(Webster Dictionary)』의 부록에 처음으로 수록됨으로써 비로소 공적인 용어로 자리 잡게 되었다(Knowles, 1980).

2) 안드라고지 이론의 발전

안드라고지라는 개념이 대두된 배경에는 성인은 아동 및 청소년과 차이가 있으므로 교육의 실천에 있어서 그 상이한 특성이 반영되어야 한다는 인식이 자리한다. 성인은 사회적인 역할과 지위, 책임감, 풍부한 경험 및 다양한 학습요구를 지닌다. 성인교육은 실제 생활과 관련된 학습경험을 제공하는 것이 중요하므로 이를 위한 이론 및 실천 체제로서 안드라고지가 등장하게 된 것으로 볼 수 있다. 안드라고지는 동유럽에서 제기되기 시작한 개념으로 영어권 국가에서 널리 알려지게 된 데는 미국의 말콤 놀즈(Malcolm Knowles)의 공이 크다.

1927년 미국의 에드워드 린드만(Edward Lindeman)에 의해 미국에서 처음 소개된 안드라고지의 개념은 놀즈(1970, 1980)에 의해 본격적으로 활용되기 시작했다. 그가 1968년에 발표한 논문인 「페다고지가 아닌 안드라고지(Andragogy, Not Pedagogy)」가 안드라고지에 관한 최초의 학문적 연구로 알려져 있다. 더 나아가서 놀즈는 『성인교육의 현대적 실천: 안드라고지 대 페다고지(Modern Practice of Adult Education: Andragogy versus Pedagogy)』(1970)를 통해 안드라고지의 체계적 가정을 제시하였다. 이 책에서 그는 안드라고지와 페다고지를 학습에 대한 정반대의 분리된 개념으로 설명하였다. 즉, 안드라고지는 성인의 교육에, 페다고지는 아동의 교육에 적용하는 것이 적합하다는 주장이다. 그러나 이러한 이분법적 구도는 오히려 안드라고지의 개념을 지나치게 제한할 수 있다는 자성과 함께, 놀즈는 아동교육과 성인교육에 모두 적용 가능한 더욱 진보되고 발전된 개념의 안드라고지를 주창하게 된다. 그리하여 1980년에 간행된 개정판 『성인교육의 현대적 실천: 페다고지로부터 안드라고지로(Modern Practice of Adult Education : From Pedagogy to Andragogy)』에서는 성인교육과 아동교육에 포괄적으로 적용할 수 있는 안드라고지의 실천가능성을 논의하였다.

한준상(2001)은 이처럼 안드라고지와 페다고지에 관한 놀즈의 관점 변화를 [그림 4-1]에서 [그림 4-2]로 변화되는 과정으로 기술한다. 즉, 유아기에서 성인기까지의 생애단계 및 의존성의 정도를 비교하여, 페다고지는 교수자 중심의 학습방법으로, 안드라고지는 모든 연령대를 초월하는 학습의 기본 요소로 본 것이다.

그럼에도 불구하고 안드라고지라는 용어의 사용에 대한 논란은 계속되었다. 이는 과연 안드라고지를 고유의 학문 영역으로 인정할 수 있는가에 대한 확신이 부족했기 때문이라 할 수 있다(차갑부, 2002). 안드라고지의 개념은 평생교육 프로그램 개발과 성인학습의 촉진에 큰 영향을 미쳤다. 또한 놀즈(1975)는 안드라고지 모형이 고등교육은 물론 초·중등학교에서도 실천 가능하다고 보았다.

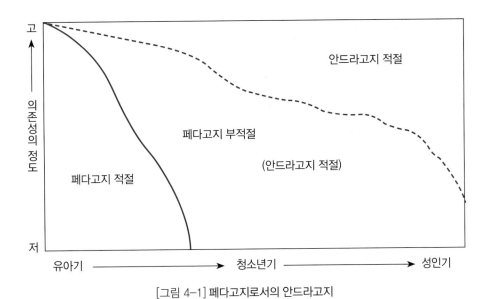

[그림 4-1] 페다고지로서의 안드라고지

출처: 한준상(2001: 100); 신용주(2006: 74)에서 재인용.

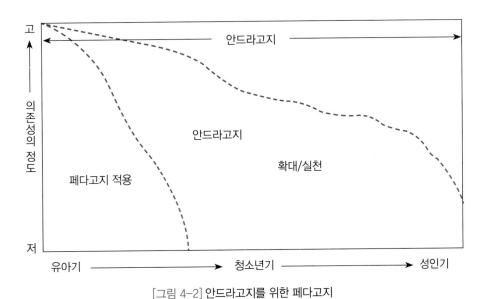

[그림 4-2] 안드라고지를 위한 페다고지

출처: 한준상(2001: 100); 신용주(2006: 74)에서 재인용.

3) 안드라고지의 기본 개념

안드라고지에 관한 개념을 보다 다원적으로 이해하기 위해 메리엄과 카파렐라(Merriam & Caffarella, 1999)가 시도한 세 가지 차원의 분석을 살펴보기로 한다. 안드라고지를 성인이 학습하도록 돕는 학문으로 이해할 때, 성인학습자, 학습 환경 및 자기주도성의 세 가지 차원에서 기본 가정을 분석한 내용이 〈표 4-1〉에 제시되어 있다.

〈표 4-1〉 안드라고지 개념의 분석

	기본 가정
성인학습자	• 성숙해지면서 의존적인 특성은 점차 자기주도적으로 변한다. • 학습을 위한 풍요로운 자원을 경험으로부터 축적시킨다. • 학습 준비도는 사회적 역할 및 발달과업과 밀접한 관련이 있다. • 미래의 적용을 위해 지식을 추구하는 아동기와 달리 성인이 되면 즉각적으로 활용 가능한 지식을 추구하게 된다. • 학습동기는 외적 요인보다는 내적 요인에 의하여 유발된다.
학습환경	• 교수자와 학습자 간의 바람직한 상호 관계를 형성하기 위해서 신체적·심리적으로 성숙하고 수용적이며, 서로 존중하고 지지하는 분위기의 조성이 필요하다.
자기주도성	• 학습자는 자신의 학습요구 진단과 학습경험의 계획·시행·평가에 참여할 수 있다.

출처: Merriam & Caffarella(1999: 272-273)의 내용을 표로 재구성; 신용주(2006: 75)에서 재인용.

4) 안드라고지와 페다고지

안드라고지와 페다고지는 근본적으로 서로 다른 기본적 가정에서 출발한다. 놀즈(1990)는 알고자 하는 요구, 학습자의 자아개념, 학습자 경험의 역할, 학습 준비도, 학습성향 및 학습동기 등으로 나누어 그 가정들을 비교하였다(권대봉, 1999).

(1) 페다고지의 기본 가정

페다고지 모형에서는 학습할 내용, 방법, 시기 등 모든 결정을 교사가 하게 된다. 즉, 교사가 주도하여 학습자의 학습을 이끄는 교사 중심(teacher-directed) 교육이며, 그 기본 가정은 다음과 같다.

① 알고자 하는 요구

학습자는 학습내용이 실생활에 어떻게 적용될 것인지 알 필요 없이 교사가 전달하는 내용을 학습해야 한다.

② 학습자의 자아개념

교사는 학습자를 의존적인 존재로 인식하며 학습자 역시 의존적인 자아개념(self-concept)을 갖게 된다.

③ 학습자의 경험

학습자의 경험은 학습자원으로서 인정받지 못하며, 교사나 교재 · 교구 개발가들의 경험이 중요한 학습자원으로 존중된다.

④ 학습 준비도

학습자는 교사가 준비하고 제공하는 내용에 대하여 학습할 준비(readiness to learn)가 되어 있어야 한다.

⑤ 학습성향

학습자는 교과중심적(subject-centered) 학습을 선호하는 경향이 있다. 따라서 단원별로 논리적으로 전개되는 학습경험으로 구성된다.

⑥ 학습동기

학습자는 성적, 교사의 칭찬이나 꾸중, 부모의 압력 등에 의해 학습동기

(motivation)가 유발된다.

(2) 안드라고지의 기본 가정

안드라고지 모형에서는 학습 내용 및 방법에 대한 결정에 학습자가 참여한다. 학습자의 경험이 학습자원으로 존중되며, 교수자와 학습자가 함께 학습을 이끌고 참여하는 학습자 중심(learner-directed) 교육이며, 그 기본 가정은 다음과 같다.

① 알고자 하는 요구

성인학습자는 학습해야 하는 이유와 학습 결과 얻게 될 이익에 대해 검토한 후 긍정적이라고 판단될 때 비로소 학습에 임한다. 따라서 교수자는 학습자가 무엇을 알고 싶어 하는지 그 요구를 스스로 인식하도록 도와야 한다.

② 학습자의 자아개념

성인학습자의 자아개념은 대부분 삶에 대한 책임감과 관련되어 있다. 성인학습자는 다른 사람들에게 자신이 자기주도성을 가진 사람으로 인정받기를 원한다. 평생교육의 교수자는 성인학습자가 긍정적 학습경험을 통해 의존성을 극복하고 자기주도적 학습자로 변화하도록 이끌어야 한다.

③ 학습자의 경험

다양한 역할을 통해 축적된 성인학습자의 경험이 평생교육에 의미하는 바는 매우 크다. 안드라고지 모형에서는 학습자의 풍부한 경험을 학습자원으로 활용하기 위하여, 지식을 단순히 전달하는 전달식 기법이 아닌 토론, 문제해결 활동과 같은 경험적 기법을 중시하며, 학습자 간의 상호작용과 상호 협력을 촉진한다.

④ 학습 준비도

성인학습자는 스스로의 삶에서 실제로 활용할 수 있으면서, 또 자신이 흥미를 갖는 주제에 대하여 학습하고자 한다. 학습 준비도에 영향을 미치는 중요한 변수는 발달과업이다. 각 발달단계마다 그 다음 단계로 진행하기 위해서는 반드시 요구되는 학습경험이 있기 때문이다.

⑤ 학습성향

교과중심적 학습성향을 갖는 아동·청소년 학습자에 비해 성인학습자는 생활지향적(life-centered), 과업지향적(task-centered), 문제지향적(problem-centered) 성향을 보인다. 따라서 평생교육을 통해 습득한 새로운 지식, 기술, 가치, 태도 등을 실제의 삶에서 적용할 때 학습의 효과가 가장 두드러진다.

〈표 4-2〉에는 페다고지와 안드라고지의 기본 가정에 대한 비교가, 학습자의 개념, 학습자 경험, 학습 준비도, 학습성향, 학습동기를 중심으로 분석되어 있다. 〈표 4-3〉에는 성인학습자의 특징이 자아개념, 경험, 학습 준비도, 학습성향을 토대로 제시되어 있다.

〈표 4-2〉 페다고지와 안드라고지의 기본가정

	페다고지	안드라고지
학습자의 개념	의존적	자기주도적
학습자 경험의 역할	학습자원으로서 가치가 적음	풍부한 학습자원으로 경험중심적 학습을 이끔
학습 준비도	학교 중심의 표준화된 교과과정에 기초함	생애주기상의 발달과업 및 사회적 역할변화에 기초함
학습성향	미래지향적 교과지향적	실생활에 즉시 적용가능성 문제지향적
학습동기의 유발	외재적	내재적

출처: 신용주(2006: 79).

〈표 4-3〉 성숙함에 따른 성인학습자의 변화

자아개념	의존적에서 자기주도적으로 변화해 간다.
경험	학습자원이 되는 경험을 점차 축적시켜 나간다.
학습 준비도	사회적 역할과 관련된 발달과업에 바탕을 둔다.
학습성향	학습이란 미래생활에 대비하기 위한 것이 아니라 실생활에 즉각적으로 적용하기 위한 것이며, 학습성향은 교과 중심이 아니라 문제해결 중심이다.

출처: 신용주(2006: 79).

5) 안드라고지적 주기

기존의 획일적이고 구조화된 학교교육 중심의 교과과정은 성인교육에는 적합하지 않은 것으로 인식되어 왔다. 평생교육의 개념이 알려지기 이전에 아나 크랭크(Ana Krajnc, 1985)는 5단계로 이루어진 안드라고지적 주기(andragogical cycle)를 제시하였다. 이 안드라고지적 주기는 프로그램 개발의 원리와 유사하게 교육 요구 측정, 교육과정 기획, 프로그램 기획, 프로그램 실시, 프로그램 평가에 이르는 5단계로 이루어져 있다. 각 단계별로 구체적 내용을 알아보면 다음과 같다.

(1) 교육 요구 측정

교수자는 개인과 지역사회는 물론 국가 및 기관의 목표와 이념을 고려하여 정확하게 교육 요구를 측정하여야 한다.

(2) 교육과정 기획

교육과정의 기획에서 성인학습자가 가지고 있는 풍부한 경험을 그 특성 및 수준별로 고려하는 것이 중요하다. 또한 형식적 · 비형식적 교육을 망라하여 교수자와 학습자 간의 지속적인 상호작용을 유지하도록 설계한다.

(3) 프로그램 기획

프로그램의 전반적 체제에 대한 기획을 하는 과정이므로 프로그램의 목표, 학습자 및 프로그램 관련 맥락에 대한 고려가 필요하다. 가정과 사회에서 다양한 역할을 수행하는 성인학습자의 교육 요구를 충족시킬 수 있는 학습경험을 설계한다.

(4) 프로그램 실시

프로그램의 효과적인 실시를 위해서는 성인학습자의 교육 요구 및 상황에 적합한 교육자원을 효과적으로 동원하는 능력이 필요하다. 특히 학습자가 자신의 학습에 대하여 책임을 지는 독립적 학습에 참여하도록 격려한다. 교육 방법은 개인학습과 집단학습을 적절히 활용하는 것이 좋다.

(5) 프로그램 평가

평가는 프로그램의 최종 단계에서뿐만 아니라 프로그램이 실시되는 동안에도 계속적으로 이루어진다. 평가는 교수자와 학습자 모두에게 피드백을 제공하여 도움을 주며 프로그램의 효과성과 수준을 향상시킨다.

6) 안드라고지 모형의 효과적인 교수-학습 조건 및 원리

지금까지 살펴본 안드라고지적 주기는 분명히 페다고지적 주기와는 다른 가정에서 출발한다. 놀즈(1980)는 〈표 4-4〉에 제시된 바와 같이 교수-학습 현장에서 전통적인 페다고지적 모형은 내용모형(content model)으로, 안드라고지 모형은 과정모형(process model)으로 구분하고 두 모형의 주요 특성들을 비교하였다. 즉, 권위적 수업 분위기와 교수자 중심의 교육활동 등의 특징을 갖는 페다고지적 모형과 상호 존중의 수업 분위기와 학습자와 교수자의 협동적 교육활동의 특징을 갖는 안드라고지 모형이 제시되어 있다.

〈표 4-4〉페다고지 모형과 안드라고지 모형의 특성 비교

모형	특성
페다고지 모형 (내용모형)	• 권위적 · 형식적 · 경쟁적 수업 분위기 • 교수자 주도하의 교육계획 수립 · 요구진단 · 교육목표 설정 및 평가 • 교과목 및 내용의 논리에 따른 수업 • 교수자의 전통적인 지식 전달 방식 • 강의 · 읽기 과제 · 준비된 시청각 자료의 제시
안드라고지 모형 (과정모형)	• 상호 존중 · 비형식적 · 협동적 수업 분위기 • 교수자와 학습자의 협동에 의한 교육계획 · 요구 진단 · 교육목표 설정 및 평가 • 집단토의 · 역할극 · 현장방문 · 실험 · 시범 · 세미나 · 사례연구 등의 기법 활용 • 교수자의 역할은 지식의 전달자가 아닌 학습의 촉진자

한편, 브룩필드(Brookfield, 1986)는 놀즈의 가정에 기초한 안드라고지적 실천을 위해 성인교육의 촉진자로서 숙달해야 할 일곱 가지 요소를 제시한 바 있다. 이 요소들은 프로그램의 개발과 실시에 있어서 학습자의 참여를 크게 확대시키는 교수 원리라 할 수 있다.

첫째, 학습을 유도하기 위한 물리적 · 심리적 환경을 조성한다. 모든 학습참여자가 원형으로 앉아 서로 존중하고 신뢰하는 분위기를 만든다.

둘째, 학습방법과 교과과정의 선정에 학습자를 참여시킨다.

셋째, 학습요구 진단에 학습자를 참여시킨다.

넷째, 학습자가 학습목표를 수립하도록 격려한다.

다섯째, 학습자가 동원가능한 자원을 파악하고 그 자원을 활용하여 학습목표를 달성하도록 격려한다.

여섯째, 학습자가 학습을 계획대로 수행하도록 돕는다.

일곱째, 학습에 대한 질적 평가에 학습자를 참여시킨다.

2. 자기주도학습

1) 자기주도학습의 개념 및 의의

　　성인학습을 특징짓는 또 하나의 중요한 개념은 바로 자기주도학습(self-directed learning)이다. 자기주도학습의 기본 가정은 성인학습자를 자율(autonomy), 자기교수(self-instruction) 그리고 독자적 학습(independent learning)이 가능한 존재로 인식하는 것이다. 그러나 자기주도학습을 다른 사람의 도움을 받지 않고 고립된 상황에서 학습자가 홀로 학습하는 것으로 이해하는 것은 정확하지 않다. 놀즈(1975: 18)는 자기주도학습을 "학습자가 자신의 요구를 진단하여 목표를 설정한 후, 자원과 학습전략을 선정하여 학습을 수행하고 평가에 이르는 과정에 있어서 타인의 도움을 받거나 또는 도움 없이 주도적으로 진행하는 것"이라고 정의하였다. 자기주도성은 학습자가 전적으로 재량을 갖는다는 의미는 아니며, 다만 교육활동에 대한 다양한 의사결정의 통제권과 관련된 용어로 인식된다(신용주, 2013).

　　자기주도학습의 목표는 개인적 성장과 발달이다. 자기주도성은 의존적인 존재인 인간이 점차 성숙해지면서 독립적·자율적인 삶을 추구하며, 더 많은 책임을 맡고 완수하게 되는 과정을 통해 개발되는 것이다. 궁극적으로 볼 때, 자기주도학습은 인간으로서 해방된 삶을 영위하고 생존하기 위한 것이라고도 할 수 있다. 교육의 목표는 끊임없이 탐구하는 능력의 배양이어야 하며, 이는 자기주도학습을 통해 증진될 수 있다. 평생학습사회 건설을 위한 전제에는 반드시 자기주도학습을 위한 논의가 포함된다. 학습사회의 구축을 위해서는 학습자가 자발성과 독립성을 발휘하여 지식과 기술을 습득하고 변화에 대한 개방성과 평가 능력을 갖추어야 하기 때문이다.

2) 자기주도학습의 주요 이론

자기주도학습 관련 연구는 크게 자기주도학습을 학습과정으로 파악하는 관점과 학습자 특성으로 파악하는 관점의 두 가지로 분류되며, 이 두 가지를 함께 다루는 관점도 있다.

(1) 학습과정으로 보는 이론

① 터프의 성인학습 프로젝트

자기주도학습의 개념은 특히 터프(Tough, 1971, 1976)의 연구 「성인학습 프로젝트(The Adult Learning Project)」와 관련하여 널리 알려졌다. 터프는 홀(1961)의 저서 『탐구하는 정신(The Inquiring Mind)』에서 제시한 학습자 유형 분류 중 학습지향적 학습자(learning-oriented learner)의 개념을 적용하여 최초로 자기주도학습에 대한 종합적인 연구를 수행하였다. 그는 학습 프로젝트를 '확실한 지식 및 기술의 습득과 유지를 위한 고도의 신중한 노력'으로 정의하였고, 하나의 학습 프로젝트에 소요되는 최소 시간을 7시간으로 정하였다. 터프는 캐나다의 성인을 대상으로 한 자기계획 학습활동에 관한 연구결과, 모든 학습과제의 70% 이상이 학습자 자신에 의해 계획 · 실행 · 평가되었다는 것을 발견하였고, 성인들은 의미 있는 학습을 많이 기획 · 수행한다고 보고하였다. 또한 성인은 평균 1년에 보통 여덟 가지 학습 프로젝트를 수행하며, 이를 위해 적어도 700시간 동안 학습한다고 추정하였다. 이들 학습 프로젝트 중 2/3는 학습자가 계획한 것이었고, 대부분의 학습동기는 기술과 지식을 습득하기 위한 것이었다. 또한 학습에 대한 결정은 결코 학습자 혼자 내리는 고립된 결정이 아니며, 교수자, 개인교수, 멘토, 동료 등 다양한 주변 사람들의 도움과 협력이 작용한다고 하였다.

② 놀즈의 자기주도학습 대 교수자주도학습

놀즈는 터프보다 자기주도학습을 학습과정의 관점에서, 요구 측정, 목표 설정,

학습 수행 및 평가에 이르는 과정을 학습자가 주도적으로 진행하는 과정으로 정의하였다. 또한 놀즈는 이 자기주도학습을 이와 대치되는 개념인 교수자주도학습과 비교하였다. 놀즈는 자기주도학습의 핵심에는 독립성, 주도성 및 자율성의 세가지 개념이 포함된다고 주장하였다. 첫째, 학습자는 자신의 학습목적이나 학습방법에 대하여 타인의 통제를 받지 않을 독립성을 갖는다. 둘째, 비록 타인의 도움을 받더라도 학습요구 측정에서 평가에 이르는 모든 학습과정에서 학습자가 주도권을 갖는 것이다. 셋째, 학습의 의미를 이해하고 학습의 가치실현에 있어서 학습자의 선택권을 강조한다.

(2) 학습자 특성으로 보는 이론

자기주도학습을 학습자의 개인적 속성이나 특성으로 인식하는 주장도 있다. 성인학습자에게는 자기주도적이 되려는 욕구와 긍정적 자아개념이 있으며, 자기주도적 학습자는 독립적 사고, 책임감 및 학습행위에 대한 통제 등의 특성을 갖는다고 알려져 왔다(Brockett & Hiemstra, 1991; Candy, 1991; Garrison, 1997). 특히 구글리엘미노(Guglielmino, 1977)와 첸(Chene, 1983)은 자기주도적 학습자가 갖는 독립성을 비롯한 고유의 특성을 제시하였다. 그러나 놀즈(1975, 1980)는 성인은 자연적으로 자기주도적이 되나, 사람들이 자기주도적이 되는 속도는 모두 다르며 또한 자기주도성이 삶의 모든 영역에서 발생하는 것은 아니라고 하였다

구글리엘미노는 자기주도학습에 포함되는 주도성, 독립성, 학습에 대한 책임감 등의 심리적 속성을 자기주도학습의 준비도 척도(SDLR Scale)에 반영하였고, 자기주도적 학습자는 주도적 · 독립적 · 목표지향적이며 학습에 대한 책임을 갖는 등의 심리적 특성을 제시하였다. 첸은 자기주도적 학습자의 특성으로 독립성, 선택능력 및 비판적 판단력, 그리고 학습사회의 규범을 명료화하는 능력을 갖추었다고 하였다.

3) 자기주도학습의 모형

학습과정의 차원에서 자기주도학습을 이해하는 관점은 크게 두 가지로 나뉜다. 첫째는 학습이 미리 계획된 절차에 따라 일정한 단계로 진행되는 직선적인 선형 모형을 통해 이루어진다는 주장이다. 둘째는 상호작용 모형으로, 학습은 직선적이 아니라 비선형적이며, 상황에 적절하게 대처하면서 복합적으로 이루어진다고 본다.

(1) 선형모형: 직선적 과정으로서의 자기주도학습

선형모형(linear models)은 터프나 놀즈와 같은 학자들에 의해 제안된 초기 모형으로, 자기주도학습을 일련의 단계, 즉 계획, 수행, 평가의 단계로 이루어진 선형적 형태로 본다.

① 터프의 모형

터프는 성인은 스스로의 학습을 계획하고 안내할 수 있는 능력이 있다고 가정하였다. 그는 학습자들과의 면접을 통한 자신의 연구를 토대로, 자기주도학습을 〈표 4-5〉와 같은 13단계로 제시하였다(차갑부, 2002).

〈표 4-5〉 **터프의 자기주도학습의 13단계**

단계	특성
1단계	어떤 지식과 기술을 구체적으로 학습할 것인지를 결정함
2단계	학습을 위한 구체적 활동 · 방법 · 자원 및 장비를 결정함
3단계	학습할 장소를 결정함
4단계	구체적 시간이나 학습대상을 선정함
5단계	학습시기를 결정함
6단계	학습 진행 속도를 결정함

7단계	바람직한 지식 및 기술을 습득함에 있어서 현재 개인이 가지고 있는 지식·기술 또는 진척도를 평가함
8단계	학습 저해요인과 현행 절차상의 미비점을 탐색함
9단계	바람직한 자원이나 장비를 획득함
10단계	학습을 위한 강의실의 준비나 학습에 필요한 기타 물리적 조건을 형성함
11단계	인적 및 물적 자원을 활용하는 데 필요한 자금을 확보하고 비축함
12단계	학습시간을 모색함
13단계	학습동기의 고양을 위한 단계를 설정함

출처: 신용주(2021: 105)에서 재인용.

② 놀즈의 모형

놀즈의 모형은 학습자가 성인이 되어 감에 따라 점차 자기주도적이 된다는 안드라고지적 가정(Knowles, 1980)에 근거하고 있다. 그는 터프의 13단계 모형보다는 단순한 요구 측정부터 평가까지 일련의 5단계로 이루어진 자기주도학습의 선형모형을 〈표 4-6〉과 같이 제시하였다.

〈표 4-6〉 놀즈의 자기주도학습의 5단계

단계	특성
1단계	학습요구의 측정
2단계	학습목표의 설정
3단계	학습을 위한 인적·물적 자원의 파악
4단계	적절한 학습전략 선정 및 실행
5단계	학습결과의 평가

출처: 신용주(2021a: 101)에서 재인용.

(2) 상호작용 모형: 비선형 모형으로서의 자기주도학습

상호작용 모형(interactive model)은 선형모형과는 달리 학습과정이 직선으로 전개되지 않는다고 가정한다. 또한 모든 성인학습자가 선형모형 같은 일련의 단계를 따르지는 않는다고 주장한다. 따라서 성인학습자가 사전에 자기주도학습을 계획하지 않으며, 일련의 단계를 따르기보다는 다양한 전략을 활용한다고 본다. 여기서는 스피어와 모커, 그리고 브로킷과 힘스트라의 모형을 살펴보기로 한다.

① 스피어와 모커의 모형

스피어(Spear, 1988)는 대부분의 자기주도학습 과제는 직선적인 방식으로 수행되지 않는다고 주장하였다. 즉, 한 가지 학습활동이 반드시 다음의 학습활동과 연관되는 것은 아니라는 것이다. 스피어는 모커(Spear & Mocker, 1984)와 함께 학습자가 자신의 학습을 조직하는 방식에 대하여 [그림 4-3]과 같은 모형을 제시하였고, 자기주도학습은 지식, 행동 및 환경과 같은 요소로 구성된다고 설명하였다.

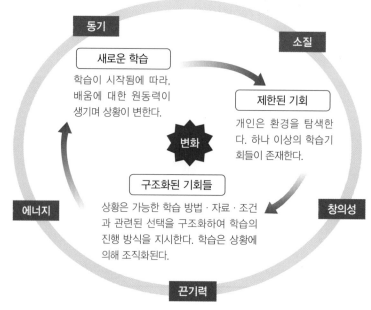

[그림 4-3] 스피어와 모커의 모형

출처: 정지웅, 김지자(1995: 152)에서 재인용.

② 브로킷과 힘스트라의 PRO 모형

브로킷과 힘스트라(Brockett & Hiemstra, 1991)는 개인책임지향(Personal Responsibility Orientation: PRO) 모형을 개발하였다. 이 모형에는 교수방법으로서의 자기주도학습 및 학습자의 자기주도성의 의미가 모두 포함된다. 교수방법으로서의 자기주도학습은 학습을 지원하는 외부 요소들과 특히 교수-학습과정의 상호적(interactive)인 성격을 강조한다. 한편, 학습자의 자기주도성은 학습에 대한 책임감 등 학습자의 요구나 성향과 같은 학습자의 내재적 요소들을 강조한다. PRO 모형에서 개인적 책임이란 개별 학습자가 자기 고유의 사고와 행동에 대하여 주인의식을 갖는 것을 말한다. 이 모형은 인본주의와 인간 잠재력에 대한 신념에서 비롯되었다. PRO 모형에서 자기주도학습 발생의 최적의 조건은 자기주도학습의 기회 등 외부적 상황과 학습자 자신의 자기주도성의 수준이 부합될 때이다.

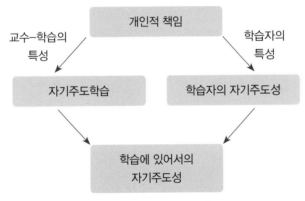

[그림 4-4] 개인책임지향(PRO) 모형

출처: Brochett & Hiemstra(1991: 25); 신용주(2006: 105)에서 재인용.

③ 개리슨의 모형

개리슨(Garrison, 1997)은 다차원적인 상호작용 모형을 제안한 학자이다. 그의 모형은 구성주의에 기초하며, 자기관리(self-management), 자기감시(self-monitoring) 및 동기(motivation)의 차원을 통합한 것이다. 우선, 자기관리의 차원은 학습자가 상호작용하고 있는 사회적인 맥락을 다룬다. 다음으로, 자기감시 및 동기의 차원은 자기주도학습의 인지적 측면이다. 또한 자기감시는 비판적 사고능력과도 관련되며, 동기는 학습자의 자기주도학습 참여에 영향을 미친다.

[그림 4-5] 개리슨의 통합적 자기주도학습 모형

출처: Garrison(1997: 22); 신용주(2006: 107)에서 재인용.

(3) 교수모형

세 번째 모형은 교수모형(instructional models)이다. 이는 교수자가 자기주도학습 방법을 적용하기에 유용한 틀이며, 학습자는 더 많은 통제권과 독립성을 가질수 있다. 여기서는 특히 형식적 교육 현장에서 많이 활용되는 그로우의 단계별 자기주도학습(SSDL) 모형을 소개한다.

그로우(Grow, 1991)는 그의 단계별 자기주도학습(Staged Self-Directed Learning: SSDL) 모형에서 자기주도성(self-direction)의 수준에 따라 학습자를 다음과 같이 4단계로 구분하고, 단계별로 적합한 교수자의 역할을 설명한다. 〈표 4-7〉에는 SSDL 모형에 따른 학습자의 자기주도성 단계별로 적절한 교수자의 역할 및 유용한 학습방법이 제시되어 있다.

① 그로우의 SSDL 모형

〈표 4-7〉 그로우의 SSDL 모형

학습자의 자기주도성 수준		교수자의 역할	적절한 학습방법
1단계: 의존적 학습자	• 자기주도성이 낮은 학습자(low) • 권위 있는 존재가 무엇을 할지를 말해 주기를 원함	권위자	연습, 지도, 코칭, 욕구 파악, 정보 제공
2단계: 관심 있는 학습자	• 자기주도성이 보통인 학습자 (moderate) • 동기유발이 되어 있고 자신감도 있으나 학습주제에 대하여 잘 알지 못함	안내자	강의, 훈련, 교수자가 인도하는 토론, 학습전략 수립
3단계: 참여적 학습자	• 자기주도성이 중간 정도인 학습자 (intermediate) • 지식과 기술을 갖춘 학습자로서 좋은 인도자와 함께라면 주제 영역에 대하여 탐색할 준비가 되어 있고 능력도 갖추었다고 스스로를 간주함	촉진자	학습계약, 학습방법의 학습 (learn how to learn), 참여식 토론, 세미나, 집단 과제
4단계: 자기주도적 학습자	• 자기주도성이 높은 학습자(high) • 학습을 전문가의 도움과 함께, 또는 도움 없이 기꺼이 기획, 수행, 평가할 능력을 갖추었다고 스스로를 간주함	상담자	정보수집, 자원 활용, 목표 달성, 자기평가, 동료평가, 학습자주도 토론, 임파워먼트, 독자적 학습, 높은 수준의 단독 또는 집단 과제, 논술

출처: Grow(1991: 129); 신용주(2005: 108)에서 재인용.

3. 전환학습

1) 전환학습의 의의

이 절에서는 또 하나의 중요한 성인학습의 이론 틀인 전환학습(transformativel learning)에 대하여 알아보기로 한다. 전환학습이론은 미국의 성인교육학자인 메지로우(Mezirow, 1991)의 저서 『성인학습의 전환적 차원(Transformative dimensions of adult learning)』에서 제시되었다. 메지로우는 그의 전환학습이론에서 성인학습자가 가지고 있던 기존의 관점과 시각의 틀을 바꾸는 것을 통해 삶이 변화되며, 이러한 변화를 통해 학습이 일어난다고 설명한다. 또한 변화된 시각으로 세상과 학습자 자신을 보게 되면서 경험에 대한 성찰 능력과 비판적 사고 능력을 갖추게 된다는 주장한다. 대표적 전환학습의 이론가로는 메지로우와 프레이리(Freire)를 들 수 있다.

안드라고지와 자기주도학습이 성인학습자의 특성 및 학습이 일어나는 과정을 다룬 데 비해, 전환학습이론은 학습자 내부에서 발생하는 인지적 과정을 중심으로 조명하는 것이 특징이다. 전환학습이론의 핵심은 변화(change)이다. 즉, 스스로와 세상을 보는 방식의 극적이고 심오한 변화를 말한다. 클라크(Clark, 1993)는 전환학습이 학습자를 학습 이전과는 확연히 구분될 정도로 새롭게 만든다고 기술한 바 있다. 메지로우(1995)는 전환학습의 키워드가 학습자와 세상을 바라보는 방식의 심오하고 극적인 변화임을 강조하였다.

2) 전환학습의 주요이론

전환학습론의 대표적인 학자인 메지로우나 프레이리는 학습이 학습자의 역사적·사회적 관점의 전환을 추구한다는 사실을 강조한다. 이들은 교육을 학습자의 해방으로 이끄는 힘으로 보았다. 메지로우(1997)는 관점의 변화를 통해 학습자 개인의 삶의 변화를 일으키는 것이 학습의 역할이라고 보았다. 프레이리는 여기서 더 나아가 수단이 목적을 정당화시키는 권력 아래서 개인이 억압되지 않고 궁극적으로 해방에 도달하도록 하는 데 몰두하였다. 메지로우가 인간의 상호작용이 이루어지는 사회적 과정에 대한 비판을 통한 개인의 전환에 관심을 가졌다면, 프레이리는 급진적인 사회변화를 통한 개인의 임파워먼트에 초점을 맞추었다고 할 수 있다.

(1) 메지로우의 전환학습론

① 관점전환

여기서는 메지로우가 제시하는 관점전환(perspective transformation)에 대해 알아보기로 한다. 전환학습론을 처음으로 제시한 메지로우는 성인학습에 대한 자신과 프레이리의 입장을 설명하면서, 전환의 과정은 프레이리가 말하는 의식화의 과정과 같으며, 그것이 바로 성인학습 고유의 과정이라고 하였다. 전환학습에서의 핵심 질문은 "어떻게 우리 삶에서 의미를 창출하며, 또 어떻게 그것을 통해 의미를 창출하는 인지구조를 변화시키는가?"이다. 메지로우에게 학습은 의미를 창출하는 과정이다. 다시 말하면, 성인이 자신의 삶의 경험을 어떻게 해석하며, 또한 어떻게 이에 대한 의미를 창출하는지에 관한 것이다. 그러므로 성인학습자의 경험에 대하여 지금까지와는 전혀 다른 새로운 의미를 만들어 내는 학습을 강조하였다. 즉, 지식이나 정보의 축적이 아닌 관점전환을 통해서 학습의 주체가 학습자 자신임을 깨닫게 된다는 것이다.

관점전환이란 자신과 자신을 둘러싸고 있는 환경을 이전과는 완전히 다른 눈으로 살펴보고 이에 대한 새로운 해석을 통해 관점을 새롭게 바꾸는 것이다. 이는 예전부터 지녀 왔던 자신의 전제, 신념, 가치관, 태도 등을 바꾸는 것이다. 즉, 관점전환은 지금까지 우리를 제한해 왔던 전제들(prepositions)에 대하여 비판적으로 인식하게 되는 과정이다. 또한 우리의 삶을 억제하고 왜곡해왔던 과거의 신념과 태도, 가치와 감정으로부터 자유롭게 해 준다는 점에서 한 인간으로 해방시키는 것이라 할 수 있다. 메지로우가 말하는 의미 관점(meaning perspective)이란 그것을 통해 우리가 세계를 여과하고 개입하고 해석하는 렌즈와도 같다. 따라서 우리의 신념과 태도의 변화, 또는 우리의 관점의 변화가 학습인 것이다. 이를 의미도식(meaning scheme)의 변화라고도 한다.

메지로우는 대학교에 다시 입학한 여성을 대상으로 한 그의 연구를 중심으로 관점전환의 사례를 들어 설명하였다. 우선 이 여성이 경험한 사랑하는 이의 죽음과 같은 인생의 주요 사건으로부터 혼란스러운 딜레마가 시작된다고 보았다. 이 딜레마를 통해 학습자는 두 번째 단계인 자기 검토(self-examination)에 들어가게 되며, 세 번째 단계로 과거의 신념들을 수정하게 되면서 지금까지 믿어 왔던 삶의 전제들을 비판적으로 평가하게 된다. 이러한 평가는 다른 사람들도 유사한 과정을 거쳤다는 사실을 인식하게 되는 네 번째 단계로 이끈다. 다섯 번째 단계는 새로운 역할이나 관계 등을 위한 대안을 탐색하는 것으로 새로운 행동 계획(plan of action)을 세우게 된다. 마지막 단계는 새롭게 변환된 관점에 기초하여 다시 자신의 삶으로 재통합(reintegration)되는 과정이다. 이 단계들은 〈표 4-8〉에 정리되어 있다.

〈표 4-8〉 메지로우의 혼란스러운 딜레마를 통한 관점전환

① 인생의 주요 사건
② 자기 검토
③ 삶의 가정들에 대한 비판적 평가
④ 다른 사람들도 유사한 과정을 거쳤다는 인식
⑤ 새로운 대안의 모색과 행동 계획
⑥ 변환된 새로운 관점을 토대로 자신의 삶으로의 재통합

(2) 전환학습의 3단계

메지로우가 설명하는 전환학습은 첫째, 스스로가 가져온 가정들에 대한 비판적 성찰(critical reflection), 둘째, 이를 확인하기 위한 담론(discourse), 그리고 끝으로 행동(action)의 3단계로 이루어진다. 이 단계들을 구체적으로 설명하면, 우선 학습

자가 세상을 보고 해석하는 방식을 억압하는 본질을 파악하고 이에 대한 대안을 갖도록 도우며, 다음으로 환경 맥락을 포괄적으로 이해함으로써 새롭고 통합적인 관점이 형성되도록 돕고, 끝으로 새로운 관점을 행동에 옮기거나 실천하도록 돕는 것이라 할 수 있다(한준상, 2001).

〈표 4-9〉 메지로우의 전환학습의 3단계

① 비판적 성찰
② 담론
③ 행동

① 비판적 성찰과 담론

메지로우는 '관점전환'을 성인학습과 관련하여 설명할 때, 먼저 관점전환을 가져올 수 있는 통합적 상황에 대해 설명한다. 즉, 통합적 상황이란 자신의 삶에서 모자라는 것을 찾아 헤매는 기간이며, 그 부족한 부분을 찾게 될 때 전환학습이 촉진된다는 것이다. 이러한 통합적 상황은 비판적 성찰을 통해 촉발된다. 또한 그는 하버마스(Harbermas)가 특별한 형태의 대화라고 본 '담론'의 관점을 고려하였다. 즉, 편견 없이 쟁점에 대하여 평가하고, 찬성, 반대 등 논쟁을 검토할 때 최대로 개방적·객관적이 되어 합의에 도달하려는 노력이다. 그러므로 담론은 투쟁이나 논쟁이 아니라 합의를 찾고 새로운 이해를 얻으려는 의식적 활동이다.

메지로우는 관점전환학습을 제시하면서, 성인학습을 크게 도구적 학습, 실제적 학습, 그리고 해방학습의 세 가지 형태의 학습으로 구분하였다.

〈표 4-10〉 메지로우의 성인학습 유형

① 도구적 학습
② 실제적 학습
③ 해방학습

도구적 학습(instrumental learning)이란 무엇을 어떻게 학습해야 하는가를 다루는 것이다. 실제적 학습(practical learning)은 타인과의 관계 형성이나 전통 계승 및 재형성을 추구한다. 해방학습(emancipatory learning)은 개인의 삶과 역할에 대한 비판적 성찰을 통해 편견을 버리고 해방된 관점으로 전환된 학습을 말한다.

비판적 성찰과 담론에 이은 세 번째 단계는 행동이다. 행동은 전환학습에 있어서 필수적이며 완전한 요소이다. 인간의 행위는 대개 자신의 혼란스러운 딜레마에 따라 결정되며, 그 범위는 의사결정에서부터 정치적 시위까지 다양하다. 메지로우의 시각으로 보면, 사회적 변화는 오직 개인의 변화로부터만 온다. 〈표 4-11〉과 같이 메지로우의 3단계의 사회적 행동은 변화에 대한 요구를 인식함으로써 시작된다. 이러한 요구는 전제나 편견에 대한 비판적 성찰로부터 생긴다. 그 다음에는 변화를 위해 다른 사람들과의 연대감을 형성한다. 끝으로, 학습자는 변화를 이루기 위해서는 어떠한 행동이 특정 상황에서 적절한가를 배워야 한다.

〈표 4-11〉 메지로우의 사회적 행동의 3단계

① 변화에 대한 요구 인식
② 변화를 위해 다른 사람들과 연대감 형성
③ 상황에 적합한 행동의 학습

다음은 메지로우가 앞서 설명한 3단계의 사회적 행동의 사례로 소개하는 대학에 재입학한 중년의 여성의 이야기이다.

성인학습자인 캐런(Karen)은 과거에 학교에서 특정 교과목을 잘 수행하지 못한 경험이 있기 때문에 스스로를 능력이 없고 학문적 재능이 부족하다고 생각해 왔다. 그럼에도 불구하고, 그녀는 대학 졸업장에 다시 한번 도전했다. 그러나 수학에서 특히 어려움을 겪게 되자 자신이 대학 공부에 적합하지 않다고 느껴 다시 학업중단을 고려하게 된다.

그러나 그녀는 다른 과목에서는 매우 좋은 성적을 얻었고, 교수는 그녀에게 학습장애(learning disability) 검사를 받아 볼 것을 권유한다. 교수의 이 제안으로 그녀는 자신의 학문적 능력에 대하여 지금까지 가져 왔던 전제들에 대해 의문을 갖게 되었다. 만약 자신이 학습장애로 진단된다면, 캐런은 학교에 머무르며 계속 공부할 수 있도록 숙소를 찾을 계획이다. 이러한 과정을 통해 캐런의 자신에 대한 생각이 바뀌게 되었다. 그녀는 학습장애를 가진 다른 사람들을 함께 모아 서로를 지원하고 옹호하는 집단을 형성하였으며, 이 집단은 대학 캠퍼스 내의 학습장애에 대한 인식과 태도를 변화시키기 위해 함께 행동하고 있다.

(2) 프레이리의 해방철학

브라질의 교육학자인 프레이리는 1970년대에 해방철학(Emancipatory Philosophy)을 주창함으로써 평생교육 실천의 확대에 커다란 영향을 미친 학자이다. 그는 저서 『피억압자의 교육학(Pedagogy of the Oppressed)』으로 전 세계적으로 교육자, 사회사업가, 목회자, 지역사회 지도자에게 큰 공감을 불러일으켰다. 억압된 개인의 해방을 추구한 프레이리는 정치적 탄압으로 오랫동안 타국에서 망명생활을 하면서도 저술 활동을 통해 평생교육에 큰 영향을 미쳤다. 메지로우가 개인의 전환에 커다란 관심을 보였다면, 프레이리는 보다 광범위한 맥락 속에서 일어나는 급격한 사회적 변화에 초점을 맞추었다. 프레이리는 개인적 임파워먼트는 사회적 전환과 분리될 수 없다고 보았다. 이러한 프레이리의 의식화 및 임파워먼트의 개념은 전환학습의 이론적 토대 마련에 크게 기여한 것으로 평가된다.

사회변화를 위한 교육을 추구하는 프레이리(1970)는 문해교육에서 더 나아가 은행저축식(banking) 교육과 문제제기식(problem-posing) 교육을 구분하였다. 전통적 은행저축식 교육에서는 교수자가 지식을 저축하듯 학습자라는 저장소에 보관한다. 반면에 문제제기식 교육에서는 교수자와 학습자가 대화(dialogue) 속에서 서로 협력하면서 인간화와 해방을 모색한다. 학습에 있어서 가장 중요한 것은 교수자와 학습자 간의 변화된 관계이다. 그들은 자신들이 살고 있는 사회문화적 상황과 공통된 현실을 함께 탐구하는 사람들이 된다.

메지로우의 담론처럼 '대화'는 프레이리가 주장하는 공유와 의식화가 이루어지는 방법이다. 학습의 내용은 학습자들로부터 제기되는 생성력 있는(generative) 쟁점들이다. 이러한 쟁점들에 대한 토론은 그들이 처해 있는 삶의 상황에 대한 의식화를 가져온다. 궁극적인 목표는 해방 또는 프락시스(praxis)이다. 프레이리(1970: 66)가 말하는 프락시스란 사람들이 자신의 세계를 전환시키기 위하여 자신의 세계에 대한 행동과 성찰을 하는 것을 말한다. 즉, 자신을 새롭게 이해하기 위한 성찰과 행동, 그리고 이러한 행동에 대한 비판적 성찰로 이어지는 계속적인 순환이 프락시스인 것이다.

프레이리의 이론은 빈곤과 비문해, 억압에서 비롯된다. 따라서 그의 분석에는 억압, 권력 및 사회를 지배하는 통제가 있다. 메지로우가 개인의 전환에 관심을 가졌다면, 프레이리는 더욱 거시적인 관점에서 접근하며 사회변화를 일으키는 것에 비중을 둔다. 그는 교육은 절대로 중립적이 아니며, 교육은 사람들의 세계에 대한 비판적 성찰을 이끌고, 또한 사회가 더 평등하고 공정하도록 변화시키는 행동을 취할 것을 강조한다.

메지로우의 이론에서와 같이 프레이리 철학의 핵심 요소 역시 '비판적 성찰'이다. 교육이 해방시키는 것이 되기 위해 개인의 의식이 전환되는 과정을 프레이리는 '의식화(consciousness-raising)'라고 부른다. 메지로우는 자신이 제시하는 전환의 과정은 프레이리가 말하는 의식화의 과정과 같으며, 그것이 성인학습 고유의 과정이라고 설명한다. 요약하면, 메지로우와 프레이리의 성인학습이론의 핵심은 변화이며, 이 변화는 비판적 성찰에 의하여 가능하다는 것이다.

3) 전환학습의 핵심 요소

전환학습의 핵심 요소로는 경험(experience)과 비판적 성찰(critical reflection) 그리고 개인적 발달(development) 세 가지를 꼽는다(Merriam & Caffarella, 1999). 전환학습의 출발점은 경험이며, 경험은 성찰의 내용이다. 삶의 경험에 대한 비판적 성찰은 전환의 필요조건이다. 비판적 사고 능력은 그 자체가 발전적이므로 모든 과정은 성장을 촉진한다.

〈표 4-12〉 **전환학습의 세 가지 핵심 요소**

① 경험
② 비판적 성찰
③ 개인적 발달

(1) 경험

경험이 모든 학습의 기초가 된다는 주장은 안드라고지를 비롯하여 많은 호응을 받아 왔다. 성인학습자는 학습자원으로 활용될 수 있는 깊고 풍부한 경험을 가져 온다는 것이다.

테난트(Tennant, 1993)는 교수자가 경험을 활용하는 방식을 〈표 4-13〉와 같이 4단계로 설명하였다.

〈표 4-13〉 **테난트의 경험 활용의 4단계**

	경험 활용 방식
1단계	가장 초보적인 수준으로 학습자의 이전 경험과 연계된 설명을 하거나 예시를 제시한다.
2단계	학습자의 현 직장, 가정, 지역사회에서의 경험과 연계된 학습활동을 실시한다.
3단계	시뮬레이션이나 게임, 역할극 등 학습자의 적극적 참여가 요구되는 필요로 하는 학습활동을 설계한다.
4단계	학습자의 세계관을 의식적으로 혼란스럽게 한다. 학습자가 이미 당연한 것으로 생각해 온 경험에 대하여 불확실성과 의심을 갖도록 자극한다. 학습자가 자신의 경험의 의미에 대하여 비판적으로 검증받는 단계이다.

출처: Merriam & Caffarella(1999: 326-327)의 내용을 표로 구성; 신용주(2006: 125)에서 재인용.

메지로우나 프레이리와 같은 학자들은 모든 학습은 경험에서 시작해서, 이에 대한 성찰로, 그리고 더 구체적인 행위로 진행하는 일련의 과정이라 하였다. 따라서 전환학습의 출발점은 경험이며 경험은 성찰의 내용이 된다.

(2) 비판적 성찰

메지로우에게 있어서 학습은 의미도식(meaning schema)의 변화이며, 이는 성찰을 통해서만 가능하다. 여기서 비판적 성찰(critical reflection)이란 우리가 당연시하던 신념, 사고, 감정이 과연 타당한 것인지를 재평가하고, 재인식해 가는 과정을 의미한다. 메지로우는 성찰적 사고를 통한 의미구조 변화에 의한 전환학습이 성인학습의 핵심 영역이 되어야 한다고 주장하였다. 성인학습에서 가장 강조해야할 개념은 비판적 성찰이다. 성인학습자가 비판적 성찰을 통해 자신이 어떻게 현실에 그런 의미를 부여하게 되었는지를 인식하게 되면서 관점전환이 이루어진다는 것이다. 성찰은 인지적 과정이다. 학습자는 자신의 경험에 대하여 생각하고 명상하고 회고할 수 있다. 그러나 비판적으로 성찰을 위해서는 반드시 그 경험에 대한 의미형성에 영향을 미치는 근본적인 신념과 가정들을 검토해야 한다.

심리학자나 교육자는 유아원에서부터 고등교육에 이르는 모든 학습자가 비판적 사고의 기술을 습득할 것을 주장해 왔다. 평생교육에서도 메지로우 외에도

〈표 4-14〉 브룩필드의 5단계 비판적 사고모형

단계	내용
1단계	**계기가 되는 사건** 예기치 못한 사건으로 인해 불편함과 의혹이 증가한다.
2단계	**상황에 대한 평가** 상황에 대하여 스스로 검토해 보고, 불편함에 대해 심사숙고하면서 비슷한 문제를 경험한 사람을 찾아본다.
3단계	**탐색** 이처럼 불편함을 유발한 경험에 대해 새롭게 설명하거나 수용할 수 있는 방법을 알아본다.
4단계	**대안적 관점의 개발** 새로운 역할과 행동방식. 문제나 경험에 대해 새롭게 생각하기를 통해 새로운 관점과 자신감을 동시에 얻는다.
5단계	**새로운 사고방식과 생활방식의 삶의 적용** 새롭게 생각하고 생활하는 것을 삶에서 실천한다.

브룩필드와 같은 학자도 그 중요성을 역설하였다. 브룩필드(1987)는 『비판적 사고가의 개발(Developing Critical Thinkers)』이라는 저서에서 우리가 가족생활, 직장생활, 개인적 생활 및 대중매체와의 관계에서 비판적 사고가가 되는 것이 중요하다고 하였다. 그는 비판적 사고와 전환학습과의 관계를 메지로우의 전환학습 모형과는 차별화되는 〈표 4-14〉과 같은 5단계의 비판적 사고 모형으로 제시하였다.

(3) 개인적 발달

개인적 발달(development)은 경험, 비판적 성찰과 함께 전환학습이론에서 매우 중요한 개념이며, 과정의 결과이기도 하다. 전환에 영향을 미치는 필수적인 요소인 비판적 사고 능력은 그 자체로서 발달적이다. 엘리아스(Elias, 1997)는 비판적 사고능력을 통해 개인적 · 인지적 발달이 함께 조화를 이룬다는 점을 강조하였다. 또한 발달은 전환학습의 결과이기도 하다. 메지로우는 관점전환이 성인발달의 핵심과정이라고 하였다. 전환학습의 결과가 발달이라는 사실은 많은 성인학습이론에서 제시하는 성장지향성과도 일관된 주장이라 할 수 있다.

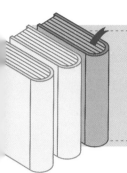

제5장
성인학습과 평생교육 참여

이 장에서는 평생교육에서 큰 부분을 차지하는 성인학습이론을 소개하고, 성인학습의 본질과 특성 및 성인학습의 원리를 알아본다. 또한 성인의 학습참여 및 성인학습 참여의 장애요인에 대하여 알아보기로 한다.

1. 성인학습

1) 이론적 기초

성인학습과 관련된 이론 중 여기서는 가네(Gagné), 콜브(Kolb) 및 자비스(Javis)의 이론을 중심으로 성인학습에 대한 시사점을 살펴보려 한다.

지금까지 학습에 대한 학자들의 다양한 이론이 제시되어 왔다. 많은 이론은 학습을 결과(outcome) 또는 과정(process)으로 파악한다. 파블로프나 손다이크, 스키너와 같은 고전적인 행동주의 학자들은 물론 메지로우와 같은 전환교육을 제시한 학자에게도 학습은 기본적으로 동사(verb)이다. 즉, 행동하는 것과 관계 있으며, 결과로 보는 것이다. 학습을 결과로 보는 학자와 학습을 과정으로 보는 학자 간의 차이는 다음에 제시되는 가네와 콜브의 관점을 비교해 보면 쉽게 이해할 수 있다.

(1) 가네의 학습이론

인지주의 학습이론가인 가네(Gagné, 1971)는 그의 저서 『학습의 위계(Learning Hierarchies)』에서 학습에는 몇 가지 유형과 단계가 있다고 주장하였다. 그는 학습, 즉 배워진 것(what is learned)은 운동 기능, 언어적 정보, 지적 기능, 인지적 전략, 태도로 이루어진다고 하였다. 가네에게 있어서 학습은 단순한 성장의 결과만으로는 볼 수 없는 상당 기간 지속되어 온 기질 또는 능력의 변화에 따른 결과인 것이다.

가네가 체계화시킨 다섯 가지의 학습영역은 일반 학습이론에서도 활발히 논의되지만, 특히 성인학습에 시사하는 바가 매우 크다. 가네가 분류한 학습을 통한 변화의 영역을 다섯 가지로 분류해 성인학습과 관련지어 생각해 볼 수 있다.

- 운동 기능(motor skills): 운동 기능의 습득에는 연습이 필요하다.
- 언어적 정보(verbal information): 사실, 원리, 개념은 정보라는 큰 영역으로 집합될 때 지식이 된다. 언어적 정보를 학습하고 보유하려는 요구는 의미 있다.
- 지적 기능(intellectual skills): 지적 기능은 지식을 활용하는 기술로서 식별, 개념이나 규칙 형성으로 이루어진 진보된 형태의 인지적 학습이다.
- 인지적 전략(cognitive strategies): 인지적 전략은 개인이 지식을 활용하는 방법, 즉 개인이 학습하고 기억하고 생각하는 방법이다.
- 태도(attitudes): 태도는 변화나 새로운 현상, 사실에 대한 적응 방식 또는 기제를 의미한다.

가네가 제시한 이러한 기본적 학습 영역과 관련하여 성인학습은 다음과 같이 발생한다(Rogers, 1998: 79).

첫째, 성인학습자는 기억되는 정보를 수집하여 새로운 지식을 학습한다.

둘째, 성인학습자는 새로운 자료를 이해하기 위해 과거에 이해한 것을 연계하여 지식을 재조직한다.

셋째, 성인학습자는 새로운 기술뿐 아니라 기존의 기술과 능력을 더욱 숙련시킬 수 있으며, 신체적 능력, 사고력, 문제해결 능력 및 생존 능력을 개발할 수 있다.

넷째, 성인학습자는 태도 변화가 수반되지 않아도 새로운 지식과 기술을 학습할 수 있다. 태도의 습득은 학습의 또 다른 영역이다.

다섯째, '무엇을 하며, 어떻게 살아가야 하는지'를 깨닫기 위하여 성인에게 학습은 필수적이다.

평생교육의 교수자는 성인을 위한 교육 프로그램을 준비할 때 학습 영역별로 이를 분류할 필요가 있다. 그러기 위해서는 먼저 가르치려는 주제나 내용이 어느 영역에 속하는지를 파악해야 한다.

(2) 콜브의 경험학습이론

한편 콜브(Kolb, 1984)는 듀이나 피아제의 연구에 기초하여 학습을 결과가 아닌, 경험에 기초한 연속적인 과정으로 이해하였다. 콜브는 학습을 학습자가 세상에 적응하는 전체적인(holistic) 과정이라고 보았으며, 이 과정에는 반드시 학습자와 환경 간의 교류가 포함된다고 믿었다. 콜브는 학습은 지식이 경험의 전환을 거쳐 창출되는 과정임을 강조하였다. 그의 이론은 '학습하는 방법의 학습(learning to learn)'의 실천에 영향을 미친 것으로 평가된다.

콜브의 이론은 경험학습(experiential learning) 이론이 발전되는 계기를 마련하였다. 그는 학습이 [그림 5-1]에서와 같이 경험을 통한 4단계의 주기를 통해서 발

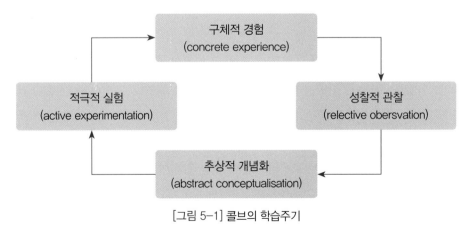

[그림 5-1] 콜브의 학습주기

출처: 신용주(2006: 30)에서 재인용.

생한다고 보았다. 첫 번째 단계는 새롭고 구체적이며 실재적인 경험을 하는 단계이고, 두 번째 단계는 서로 다른 관점에서 경험을 해석하고 반추하는 성찰적 관찰 단계이다. 이러한 관찰을 논리적으로 통합시키기 위하여 아이디어와 개념을 창출하게 되는 추상적 개념화의 단계가 세 번째 단계이며, 끝으로 네 번째 단계는 새로운 도전에 직면하여 문제해결과 의사결정을 위해 새롭게 창출된 이론이나 학습내용을 활용해 보는 적극적인 실험 단계이다.

(3) 자비스의 성인학습이론

한편, 영국의 대표적 성인 교육학자인 자비스(Jarvis, 1990)는 학습이 결과 또는 과정의 어느 쪽에도 속하지 않는다고 주장하면서 학습에 대한 다섯 가지의 의미를 제시하였다.

〈표 5-1〉 자비스(1990)의 학습에 대한 관점

① 경험의 결과로 나타나는 다소간의 영구적인 행동의 변화
② 연습의 결과로 나타나는 상대적으로 영구적인 행동의 변화
③ 경험의 전환을 거쳐서 지식이 창출되는 과정
④ 경험을 지식, 기술, 태도로 전환시키는 과정
⑤ 정보의 기억

처음 두 가지의 정의는 가녜가 제시한 학습의 정의와 관련된다. 자비스가 말하는 학습은 경험의 산물인가 또는 교육훈련 등 실천의 산물인가에 따라 구별된다. 그는 학습이 일어나기 위해서는 행동의 변화가 일시적인 것이어서는 안 된다고 보았다. 자비스의 관점 중 ③, ④의 내용은 콜브의 관점과 유사하며, 특히 ③은 콜브의 관점에 매우 근접해 있다. ④는 학습결과로서의 지식에 기술과 태도를 더한 것이다. 따라서 ⑤는 누구에게나 적용될 수 있는 관점이다.

2) 성인학습의 이해

(1) 성인학습의 모형

한편, 로저스(Rogers, 1998: 77-82)는 다양한 학습 관련 이론을 비교한 후, 〈표 5-2〉와 같이 전통적 모형과 현대적 모형의 두 가지로 크게 분류하였다. 현대적 모형은 내적 동기를 중시하여 학습이 단순한 지식과 기술의 전이가 아닌 문제해결 능력과 자기주도성이 요구되는 과정임을 보여 준다.

〈표 5-2〉 **학습의 전통적 모형 vs. 현대적 모형**

전통적-투입(input) 모형	현대적-행동(action) 모형
수동적	적극적
수용하기	탐색하기
부족한 부분 채우기	만족 추구하기
외부 자극에 반응하기	내적 동기에 의해 주도
핵심용어: 주기, 나누기	핵심용어: 발견, 창조
지식과 기술의 전이	문제해결
교사를 필요로 함	자기학습

출처: Rogers(1998: 78); 신용주(2006: 33)에서 재인용.

로저스는 성인학습에 적용할 수 있는 학습의 특징을 다음과 같이 정리하였다.

첫째, 학습은 지식이나 기술을 단지 수동적으로 수용하는 것이 아닌 적극적인 것이다.

둘째, 학습은 개인적이며 또 개별적이다. 우리가 타인과 관계를 맺고 함께 배우기도 하나, 학습에 있어서 모든 궁극적인 변화는 개별적으로 일어나기 때문이다.

셋째, 학습은 자발적인 것이다. 학습자는 강제에 의해서가 아니라 자발적으로 학습한다.

(2) 평생학습의 전제

학습은 교실에서만 일어나지는 않으며, 또한 교실 안에서 학습하고 있는 사람만이 학습자는 아니다. 이러한 논의는 평생교육에 대한 근본적인 개념과 전제와 관련된다.

지금까지 대체로 교실 밖에서 이루어지는 학습에 대해서는 의미를 부여하고 않았고, 학습자는 일반적으로 교실 안에서 형식적 · 정규적 학습에 참여하고 있는 사람들을 지칭하는 것으로 인식되어 왔다. 따라서 교실 밖의 사람들은 학습자로 간주되지 않는 경향이 있으나, 사실 학습이 공간적 개념인 교실과는 무관하게 독립적으로 일어나며, 누가 특별히 이끌어 주지 않아도 늘 학습이 일어나고 있다. 대부분의 성인학습자는 평생교육을 생각할 때 구조화된 프로그램을 떠올린다. 그러나 평생교육은 모든 연령층의 사람들에게 개방되어 있으며, 평생학습의 기회역시 우리 주변에 또 우리가 하는 모든 일 속에 항상 존재한다. 그렇기 때문에 우리가 어디에서 무엇을 하고 있든지 항상 배우고 경험하는 평생학습을 하고 있는 셈이다.

(3) 삶의 일부로서의 성인학습

학습은 경험으로부터 비롯되며, 성인이 속한 사회적 · 물리적 환경과 긴밀하게 관련되어 있다. 경험이 지속적으로 축적되는 것처럼 학습 역시 일생을 통해 지속적으로 일어난다. 우리가 하는 모든 일은 학습된 것들이며, 또 계속해서 다시 학습될 것이다. 학습은 개별적인 활동이며, 성인은 누구나 자신만의 고유한 경험을 습득해 간다. 성인의 학습이 타인이나 다른 집단, 사회로부터 영향을 받고 통제되는 부분이 있으나, 그럼에도 불구하고 학습활동은 분명히 개인적 삶의 일부이다.

(4) 성인의 학습요구

학습은 숨 쉬는 것만큼이나 당연하며 자연스러운 것이다. 성인학습자에게 학습은 우리 모두가 속해 있는 사회적 · 문화적 맥락, 규범, 일상의 업무와 과제, 개인적 성장 · 발달과 관련된 다양한 변화에 계속적으로 적응해 가는 과정이다. 성인은 살아가면서 자발적이든 강요된 것이든 많은 학습요구를 갖게 된다. 학습요구는 억눌려 있거나 깊이 감춰져 있기도 하지만 적절한 환경과 여건이 주어지면 다시 표출된다.

(5) 의도적 학습과 무의도적 학습

우리의 학습은 많은 부분이 우연적이며 계획되지 않은 채로 일어난다. 우리는 길거리의 포스터에서나 우연히 듣게 된 말로부터, 또는 신문, TV, SNS, 또는 사람들과의 만남을 통해서 적지 않게 배운다. 이처럼 무의도적이며 우발적인 학습은 대개 의도하지 않았던 상황과 우연히 마주치면서 일어난다. 또한 학습은 우리가 새로운 직업에 적응할 때와 같이 목적을 가지고 의도적으로 학습에 참여할 때도 발생한다. 모든 성인은 삶의 어떤 시기에서든지 목표 달성을 위해 시간과 에너지를 투자하면서 학습에 집중하게 된다.

3) 성인학습의 특성과 원리

(1) 성인학습의 특성

메리엄과 브로킷(Merriam & Brockitt, 1997)은 성인학습을 교수자가 수행하는 역할과 대치되는 학습자의 내부에서 일어나는 인지적 과정으로 정의한 바 있다. 한편 메이어(Mayer, 1984)는 성인학습을 사회에서 성인으로 인식되는 사람들의 지식, 태도, 행동이 경험으로 인해 비교적 지속적으로 변화되는 과정으로 정의하였다. 카파렐라(Caffarella, 1994)는 성인학습자들에게 특별히 성인학습에서는 관계가 중요하다고 강조하면서, 관계를 형성하기 위한 학습을 강조한다. 학습경험을 구성하는 기본적 방법으로 협동적 상호작용(collaborative interaction)이 효과적이며, 교수자와 학습자가 학습과정에서 상호 지원적일 때 학습 분위기가 촉진된다고 하였다.

① 성인학습의 목적과 의미

성인학습의 목적은 가깝게는 운전면허 취득에서부터 컴퓨터 교육, 건강 증진 등 다양하다. 1920년대 린드만은 성인교육의 주목적이 개인의 발전과 사회변화임을 강조하였다. 그 후에 메리엄과 브로킷(1997)은 성인학습이 개인의 발전 및 성장, 직업교육, 그리고 사회전환을 추구해 왔다고 하였다.

보다 구체적으로, 1985년에 개최된 유네스코의 제4차 세계성인교육회의를 통해 주창된 성인교육의 목적을 살펴보기로 한다. 성인교육의 목적은 각자가 속하는 사회가 정한 기준에 따라 성인으로 간주된 국민으로 하여금, 첫째, 저마다 자신의 능력을 개발하게 하고, 둘째, 기존의 지식을 더욱 풍부하게 하며, 셋째, 이미 획득한 기술과 전문 직업자격을 새로운 상황하에서도 더욱 풍부하게 갱신할 수 있게 하며, 넷째, 지금까지의 태도나 행동양식을 바꾸게 하며, 다섯째, 각 개인의 보다 원숙한 인성발달을 촉진하는 동시에, 여섯째, 국민 한 사람 한 사람이 보다 균형적인 사회적 · 경제적 · 문화적 발전과업에 참여할 수 있도록 돕는 데 있다.

또한 성인학습은 다음과 같은 의미를 갖는다(권두승, 2000).

첫째, 성인학습은 직업경험, 생활경험, 학습경험 등 학습자가 가지고 있는 경험을 중심으로 학습활동이 전개된다. 그러므로 성인학습은 생활경험으로부터 인식된 학습요구를 중심으로 학습이 이루어진다는 점에 그 특징이 있다. 즉, 성인학습은 실생활의 장면에서 직면하는 과제해결에 초점을 맞추는 활동이라 할 수 있다.

실생활과 유리되었다는 비판을 받아 온 학교교육과는 달리, 성인학습은 전통적으로 학습자의 요구에 기초한 실생활 지향적 교육을 추구해 왔다. 따라서 성인교육의 깊이가 부족하다는 비판의 근거가 되는 카페테리아식 프로그램들은 성인학습의 이러한 특성 때문이라고 할 수 있다.

둘째, 성인학습의 활동계획이나 실천에 있어서는 학습자사 자신의 학습에 책임을 갖는 자기주도학습과 함께 교육기관, 교수자, 지도자가 이끄는 타자주도학습(other-directed learning)도 포함된다.

셋째, 성인학습은 자아실현을 추구한다. 성인학습은 가정, 조직, 사회의 구성원으로서 성인의 책무와 권리를 깨닫고 개인의 잠재력을 최대한 발휘하여 자기실현을 이루도록 하는 데 그 궁극적인 목적이 있다.

② 성인학습의 특성

놀즈(1989)는 실생활 지향성과 학습경험의 활용을 중시하는 안드라고지적 전제에 기초하여 성인학습의 특성을 기술하였다.

첫째, 성인의 학습동기는 경험에서 비롯된 필요와 흥미에 의하여 유발된다. 즉, 경험에 기초한 필요와 흥미로부터 성인학습 활동의 조직화가 이루어진다.

둘째, 성인학습은 생활지향성(life-centered)에 기초하고 있으므로 성인학습에서 중시할 부분은 교과목이 아닌 삶의 현장 자체이다.

셋째, 성인학습을 위한 가장 중요한 학습자원은 성인학습자의 경험이다. 따라서 성인학습자의 경험을 분석함으로써 성인교육의 방법론을 계획할 수 있다.

넷째, 성인은 자신의 삶을 스스로 주도한다. 따라서 성인학습에 있어서 교수자의 역할은 지식의 전달과 평가에 있는 것이 아니라 성인학습자와 함께 문제를 탐구해 나가는 동반자의 역할이다.

다섯째, 성인학습자 간에는 적지 않은 개인차가 존재한다. 그러므로 성인학습자 개인의 연령·학습스타일, 시간, 장소, 학습속도와 관련된 개인차를 충분히 고려하여 반영하여야 한다.

(2) 성인학습의 원리

성인학습자는 능동적인 학습을 통해 자신의 존재 가치를 재확인하고 책임성과 자율성을 증진하여 학습요구의 충족, 문제해결 및 의사결정에 자발적으로 참여할 수 있어야 한다.

성인학습자의 학습을 지원하기 위해서 성인 친화적인 관점에서 학습의 효율성을 높일 수 있는 다음과 같은 성인교육의 원리를 적용하는 것이 바람직하다(정지웅, 김지자, 2000; Knowles, 1989).

첫째, 성인은 반응 속도가 비교적 늦으므로 이들의 학습능률을 높이기 위해서는 충분한 시간적 배려가 필요하다. 성인학습자에게는 주어진 상황을 서서히 지각한 후 사고하고 반응할 수 있도록 시간적 여유를 제공해야 한다.

둘째, 각 성인학습자의 특성, 태도 및 경험을 충분히 고려하여 한다. 또한 성인도 청소년 못지않게 잘 배울 수 있다는 자신감을 불어 넣어주고, 성취감에 대한 기대를 갖도록 격려한다.

셋째, 성인학습자의 자아개념을 효과적으로 증진시킬 수 있도록 이들의 교육요구를 측정한 후 학습경험을 계획한다. 성인을 위한 평생교육에서는 학습자의 자아개념 향상과 동기유발을 통해 적극적으로 학습에 참여하도록 분위기를 조성하는 것이 좋다.

넷째, 학습자의 경험이 학습의 자원이 될 수 있도록 활용하는 동시에 새로운 학습을 위한 기초가 되도록 돕는다. 교수 방식 역시 단순한 강의보다는 시청각 매체 활용 수업, 토론, 세미나, 실습 등 실천적 학습이 더 효과적이다.

다섯째, 학습시간을 조직할 때는 성인의 발달과업에 적합하도록 설계한다. 성인학습자에게 적극적인 학습동기를 유발하고, 학습 준비도를 높이기 위해서 높은 포부를 갖도록 격려한다.

여섯째, 학습한 내용을 현실적인 문제에 즉시 적용하기를 원하는 성인학습자의 특성에 적합하도록 문제해결 중심의 학습이 되어야 한다.

2. 성인의 평생교육 참여

학교교육이 아닌 평생교육에서는 의무적으로 교육활동에 참여하지 않으므로 특히 성인학습자의 교육참여는 특히 평생교육에서 매우 중요한 쟁점이다. 평생교육의 주 대상인 성인학습자가 교육에 참여하는 동기 및 참여의 장애요인을 알아봄으로써 평생교육 프로그램에 대한 참여 확대 방안을 설계해 볼 수 있을 것이다.

1) 참여 동기

성인의 평생교육 참여 동기와 학습목표는 다양하므로 평생교육 기관이나 평생교육의 교수자는 그 배경을 파악할 필요가 있다. 성인학습자에게는 학습에 참여하는 뚜렷한 동기가 있으며, 이에 따라서 교육 방법, 교육 내용, 평가방법 등이 유연하게 적용되어야 한다.

성인학습자의 평생교육 참여 동기는 크게 다음과 같이 분류된다.

① 문맹퇴치, 직업교육, 교양교육 등
② 새로운 정보의 습득 및 문제해결
③ 새 직장 취업, 승진 및 자격이나 학위 취득
④ 자아 실현 및 성장
⑤ 취미나 교양 증진, 여가 선용 및 친교
⑥ 종교적인 목적
⑦ 급속한 사회변화에 부응
⑧ 민주시민으로서 역량 증진

성인의 학습동기에 대한 많은 연구 중 현재까지 가장 많은 영향을 미친 연구는 홀(Houle, 1961)의 연구라 할 수 있다. 홀은 성인학습자들 대상의 심층면접을 통해 성인의 학습참여 유형을 다음의 세 가지로 분류하였다.

첫째 유형은 **목표지향적 학습자**(goal-oriented learner)이다. 청중 앞에서 발표를 잘하기 위해서나, 승진을 위해서, 또는 특수한 가정 문제의 해결이나 완화를 위해서 등 특정한 목적 달성을 위해 학습에 참여한다.

둘째 유형은 **활동지향적 학습자**(activity-oriented learner)이다. 이들은 지식이나 기술 습득을 위한 학습이 아니라, 학습활동 그 자체와 학습을 통한 사회적 상호작용을 목적으로 학습에 참여한다.

셋째 유형은 **학습지향적 학습자**(learning-oriented learner)로 이들은 학습 그 자체를 통해 얻는 기쁨과 성취감을 추구하는 유형이다.

근래 취업이나 직무능력 향상 등을 위하여 학습에 참여하는 성인이 증가하고 있다. 이는 홀의 목적지향적 동기에 의한 학습참여 유형에 해당된다. 그러나 대부

〈표 5-3〉 홀의 참여 동기 유형 및 모스타인과 스마트의 참여 동기 유형

홀의 유형	모스타인과 스마트의 유형
목표지향적 학습자	**외부적 기대** • 다른 사람의 지식에 따르기 위해 • 형식적 권위를 지닌 사람의 기대사항들을 수행하기 위해 • 다른 권위자가 추천하는 것을 수행하기 위해 **직업적 발전(전문성 향상)** • 직장에서 더 높은 지위를 얻기 위해 • 직업적 발전을 위해 • 경쟁에서 뒤떨어지지 않기 위해
활동지향적 학습자	**사회적 관계** • 개인적 교제와 우정에 관한 욕구를 충족시키기 위해 • 새로운 친구를 사귀기 위해 • 이성 회원을 만나기 위해 **도피/자극** • 지루함으로부터 벗어나기 위해 • 가정이나 일로부터 휴식을 취하기 위해 • 남은 생애에서 뚜렷한 차이를 내기 위해 **사회적 복지** • 인류에 봉사할 수 있는 능력향상을 위해 • 공동체에 대한 봉사를 위해 • 공동체 작업에 참여할 수 있는 능력향상을 위해
학습지향적 학습자	**인지적 흥미** • 단지 학습 자체를 위해 • 지식을 추구하기 위해 • 알고 싶어하는 마음을 충족시키기 위해

출처: 권두승(2000: 42)을 수정; 신용주(2006: 46)에서 재인용.

분의 성인학습자는 한 가지 이상의 동기를 가지고 학습에 참여하기 때문에 이들
의 다양한 참여 동기와 학습목적을 일반화된 유형으로 설명하기는 쉽지 않다.

한편, 모스타인과 스마트(Morstain & Smart, 1974)는 보시어 등(Boshier et al.,
1980)의 교육참여척도(Educational Participation Scale: EPS)를 토대로, 참여와 관련
된 여섯 가지 요인을 제시하였다. 〈표 5-3〉에서와 같이 모스타인과 스마트는 그
들의 모형에서 홀의 목표지향적 동기 유형에는 외부적 기대와 직업적 발전의 두
가지 요인이, 활동지향적 동기에는 사회적 관계, 도피 및 자극, 사회적 복지의 세
가지 요인이, 그리고 학습지향적 동기에는 인지적 요소가 각각 포함될 수 있다고
보았다.

2) 성인의 평생교육 참여의 장애요인

성인의 교육참여를 확대하고 효과적으로 지원하기 위해서는 성인학습을 저해
하는 장애요인들을 파악하여 이를 제거할 필요가 있다. 성인이 학습을 주저하게
되는 이유로 학습능력의 감퇴를 꼽기도 하나, 대개는 건강과 체력의 쇠퇴, 의욕상
실, 기회의 부족, 불쾌한 감시나 잔소리를 들을 때 등이 학습에 장애가 된다고 한
다. 또한 성인이 학습에서 실패하는 다른 원인들로는 손끝이 무디어지고 시력이
나 청력이 감퇴하는 등의 신체적인 변화를 들 수 있다. 그러나 상황적 요인의 영
향이 더 크다 할 수 있다. 즉, 건강 문제나 가족으로 인한 부담, 경제적 문제 등은
학습자에게 큰 부담이 된다. 학습환경이 성인학습자에게 적절치 않을 때도 성인
학습자는 어려움을 경험하며, 교수자와의 관계나 학습자 간의 관계가 원활하지
못하거나, 의사소통 능력의 부족도 학습에 장애요인이 된다.

그밖에도 학습참여를 저해하는 장애요인은 크게 상황적 · 제도적 · 정보적 · 사
회심리적 유형의 네 가지로 분류된다(Darkenwald & Merriam, 1982).

① **상황적 요인**: 사회심리적 환경 및 교육비 시간 부족, 기타 교통수단이나 보육
   시설의 부족, 지리적 고립 등 개인적 생활환경적인 어려움

② 제도적 요인: 정시제 학습 시간이나, 학습자에게 어려움을 유발하는 정책이
   나 제도, 또는 교육내용 등

③ 정보적 요인: 특히 저소득층이나 소외계층의 학습자에게 심각한 학습정보 접
   근권의 제한으로 인한 학습기회의 제한

④ 사회심리적 요인: 평생교육 활동에 대한 참여를 주저하는 학습자의 개인적
   신념, 가치, 태도, 인식

한편, 존스톤과 리베라(Johnstone & Rivera, 1965)는 성인의 학습참여에 방해가
되는 요인을 각각 상황적 장애요인과 기질적 장애요인으로 분류하여 설명하였다.
상황적 장애요인에는 개인의 재정 상태, 여가시간, 또는 아동보육자의 유무 등이
포함되며, 기질적 장애요인으로는 교육에 대한 태도나 신념을 들었다. 아울러, 높
은 연령층의 성인에게는 기질적 장애요인이, 또한 젊은 성인과 여성에게는 상황
적 장애요인이 각각 영향을 미치는 것으로 보았다.

3) 성인의 학습참여를 유도하는 전략

(1) 러드와 홀의 전략
성인의 학습참여를 증가시키는 요소로 다음의 네 가지를 들 수 있다(Rudd &
Hall,1974).

① 주제의 타당성
적절한 학습주제는 성인의 학습참여를 결정짓는 중요한 요소이다. 학습주제는
특정 학습자 집단의 요구를 충족시킬 수 있도록 하나의 주제가 좋다.

② 편리성
참여를 저해하는 불편한 학습 시간이나 장소 등은 학습자의 상황에 맞춰 변경
하여 참여를 유도할 수 있다. 직장 가까이에서 강좌를 개설한다거나, 어린 자녀를

둔 부모를 위해서 보육 서비스를 제공하는 것은 편리성을 크게 높여 참여를 유도할 수 있다.

③ 개인적 개입

학습자가 학습활동에 적극적으로 참여하도록 격려하여 학습참여율을 높일 수 있다. 예를 들어, 집단과제를 수행할 때 팀 리더가 되거나 또는 학급에서 책임 있는 직책을 맡게 되면 더욱 열성적으로 개입하며 학습에 참여하게 된다.

④ 양질의 학습 프로그램

학습자가 학습 프로그램의 질이 우수하지 않고 별로 가치가 없다고 인식하면 참여율이 떨어지게 된다.

(2) ARCS 이론

학습참여를 유발하고 유지시키기 위한 동기증진 방안으로 켈러와 콥(Keller & Kopp, 1987)은 ARCS 이론을 개발하였다. 켈러와 콥은 이 ARCS 이론에서 학습동기를 유발하고 유지시키기 위한 주요 변인으로 주의력, 관련성, 자신감, 만족감의 네 가지를 제시한다. 이 네 가지 변인의 특성은 다음과 같다.

① 주의력(Attention): 동기유발 요소이면서 학습을 위한 선결 조건이다.
② 관련성(Relevance): 학습하는 이유에 대한 답을 추구한다.
③ 자신감(Confidence): 학습자가 학업수행에 자신을 갖고 계속하도록 한다.
④ 만족감(Satisfaction): 학습자가 자신이 수행한 학습에 대해 만족할 때 학습동기가 생기고 유지된다.

4) 평생교육 참여 모형

지금까지 성인의 평생교육 참여에 대하여 참여 유형, 참여 동기, 참여의 장애요인, 참여 유도 전략 등을 알아보았다. 여기서는 성인학습자의 평생교육 참여에 관한 심층 분석을 위해 밀러(Miller), 보시어(Boshier), 루벤슨(Rubenson) 및 크로스(Cross)의 평생교육 참여모형을 분석해 본다.

(1) 밀러의 힘-장 분석 모형

평생교육 참여를 설명하기 위해 밀러(Miller, 1967)는 매슬로(1970a)의 욕구위계 이론을 레빈(Lewin, 1947)의 힘-장이론(force-field theory)과 연관시켜 설명한다. 밀러는 레빈의 이론의 개인의 심리적 장(psychological field)에서 긍정적인 힘(positive force)과 부정적인 힘(negative force)이 개인에게 상호작용하여 학습참여 여부가 결정된다고 주장하였다. 레빈이 제시한 동인(drive)과 억제력(restriction)의 개념으로, 즉 교육참여를 유도하는 동인이 참여를 저해하는 억제력보다 강할 때 성인이 교육에 참여하게 된다고 하였다. 특히 성인의 교육활동 참여에 영향을 미치는 힘은 그의 사회경제적 계층에 따라 차이가 난다고 주장하였다. 예를 들어, 하위계층의 학습자는 중산층에 속한 학습자에 비해 교육에 참여하지 못하도록 막는 여건 등 부정적 힘이 더 강하기 때문이라는 것이다.

즉, [그림 5-2]에서와 같이 성인의 평생교육 참여에 대한 부정적인 힘과 긍정적인 힘의 역학관계 속에서 참여가 결정되는 것을 알 수 있다. 밀러의 모형은 인간의 기본적인 하위 욕구가 충족되어야 성취나 자아실현 등 상위 요구가 유발된다는 매슬로의 이론과 사회계층의 개념을 연결시켰다는 데 그 특징이 있다.

여기서 화살표의 넓이는 힘의 강도를 의미한다. 하-하 계급의 학습참여자에게는 긍정적인 힘보다 부정적인 힘이 더 강력하게 작용한다. 상-중 계급의 참여자에게는 여덟 가지의 다양한 강도의 긍정적인 힘이 작용하여 참여 동기 수준을 높이게 된다. 그러나 밀러의 모형은 너무 단순하며, 또한 매슬로의 요구위계와 사회계층을 연계시키는 데 대한 근거가 부족하다는 비판도 있다.

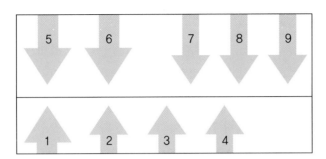

〈긍정적 힘〉
1. 생존 욕구
2. 테크놀로지 변화
3. 여성 문화의 안정 욕구
4. 정부의 기회구조 변화 노력

〈부정적 힘〉
5. 남성 문화의 행동-열정 지향성
6. 교육 및 중간계급 목표지향에 대한 적개심
7. 훈련을 마친 후 구체적·즉각적 취업 기회의 부재
8. 조직적 위계를 통한 제한적 접근
9. 취약한 가족 구조

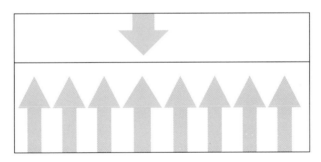

〈긍정적 힘〉
1. 충족된 생존 및 안전 욕구
2. 강한 지위 욕구
3. 강한 성취 욕구
4. 직업 및 산업체의 세력 변화
5. 경제계에서 전문직·행정직의 증가
6. 교육에의 친숙성
7. 중간계급 경영 가치의 수용
8. 강한 조직적 정체성

〈부정적 힘〉
9. 직업적 역할 규정 변화에 내포된 행정 집단에 대한 위협

[그림 5-2] 밀러의 힘-장 모형

출처: Miller(1967: 21); 차갑부(2002: 103)에서 재인용.

(2) 보시어의 자아-환경 일치 모형

보시어(Boshier, 1973)는 성인은 스스로를 어떤 존재로 파악하고 있는가에 따라서, 또 자신과 동료 학습자, 자신과 교수자, 자신과 제도적 환경과의 일치 또는 불일치의 정도에 따라 평생교육 참여를 결정하게 된다는 자아-환경 일치 모형 (congruency model)을 개발하였다. 이 모형은 자아와 교육환경 간의 불일치 정도가 낮을수록 불참여나 중도탈락 가능성이 낮다고 본다. 또한 성인의 자아와 그의 이상적 자아 간의 일치도를 의미하는 자아 내 일치도가 높을수록, 그리고 자아와 교육환경과의 일치도가 높을수록 참여가능성이 높다고 설명한다. 자아개념과 교육환경 간의 함수관계로 나타나는 평생교육 참여와 중도탈락은 학습자의 동기 성향에 따라 결정된다. 보시어의 모형은 개인과 환경과의 관계에서 발생하는 심리적 일치 및 불일치 정도에 따라 평생교육에 대한 참여, 불참여, 중도탈락을 설명한다는 점에 그 특징이 있다.

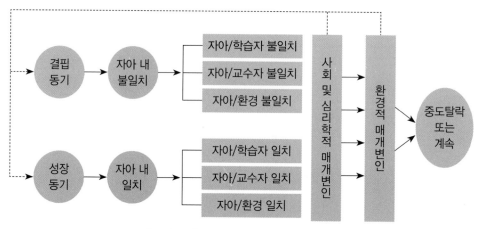

[그림 5-3] 보시어의 자아환경 일치 모형

출처: Boshier(1977: 91): 신용주(2006: 53)에서 재인용.

(3) 루벤슨의 기대-가치 모형

루벤슨(Rubenson, 1977)은 그의 기대-가치 모형(expectacy-valence model)을 통해서, 성인의 평생교육 참여는 교육이 가져올 이익에 대한 기대(expectancy)와 교

육의 가치(valence)에 대한 인식의 상호작용에 의해 결정된다고 하였다. 이러한
기대-가치의 개념은 레빈으로부터 비롯되었으며, 이 모형의 중심에는 환경과 교
육참여의 가치에 대하여 인식하는 개인 학습자가 있다. [그림 5-4]에 제시되었듯
이, 이러한 개인의 인식은 사회화를 통해 이루어지며, 개인적 요인과 환경적 요인
의 종합적 영향력, 그리고 이에 대한 개인의 기대수준이 성인의 평생교육 참여를
결정한다.

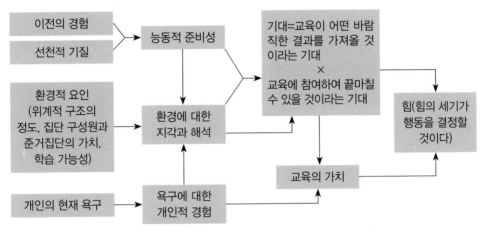

[그림 5-4] 루벤슨의 기대-가치 모형

출처: Rubenson(1977: 22); 신용주(2006: 54)에서 재인용.

(4) 크로스의 연쇄반응 모형

크로스(Cross, 1981)는 성인의 학습활동 참여를 유도할 수 있는 심리적·환경적
요인을 고려하여 연쇄반응(Chain-Of-Response: COR) 모형을 제시하였다. 이 모형
에서 크로스는 성인의 교육참여를 다음과 같은 영향을 미치는 일련의 요인에 대
한 연쇄반응의 과정으로 설명하였다.

- 1단계: 자신감 함양
- 2단계: 평생교육에 대한 긍정적 태도 형성
- 3단계: 성인학습자의 생애전환기에 반응

• 4단계: 학습활동에 대한 정확한 정보 획득

크로스는 다음의 단계로 진행되면서 자기 평가, 교육 평가, 생애전환기, 프로그램 목표의 중요성, 기대, 기회 및 장애요인이 상호작용하는 가운데 성인의 평생교육 참여가 결정된다고 보았다.

크로스의 연쇄반응 모형은 [그림 5-5]에서와 같이 생애사건(life events)과 전환기(transition)를 통합하였다는 점에 특히 의의가 있다. 누구나 졸업, 취업, 결혼, 출산, 은퇴 등 성인기에 직면하는 사건으로 인해 생애전환기를 맞게 되며, 이 시점에서 많은 성인이 교육활동에 참여하게 된다. 크로스의 연쇄반응 모형은 이와 같은 환경적 요인을 포함한 요인들이 연쇄반응을 통해 일어나는 교육 참여 및 개인의 발전에 초점을 맞추고 있는 모형이라 할 수 있다.

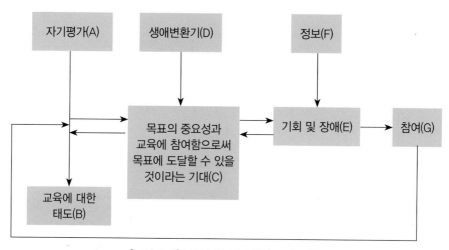

[그림 5-5] 크로스의 연쇄반응(COR) 모형

출처: Cross(1981: 24); 신용주(2006: 53)에서 재인용.

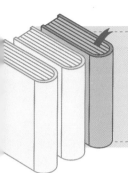

제6장
평생교육의 학습자와 교수자

1. 평생교육의 학습자

1) 성인학습자의 개념

평생교육의 주 대상은 성인학습자이다. 성인의 범위는 매우 넓으며 그 정의도 다양하다. 일반적으로 성인은 자신이 속한 사회에서 자신의 능력을 개발하고, 지식을 확장시키며, 기술적 · 전문적 자질을 향상시켜, 행동과 태도를 새로운 방향으로 변화시킬 수 있는 존재이다(UNESCO, 1976). 대부분의 사람은 성인을 연령과 관련된 용어로 생각하지만, 사실 어떤 사회에서도 특정 나이에 의해서만 성인을 규정하지는 않는다. 앨런 로저스(Alan Rogers, 1998)는 성인을 아동 · 청소년과 구분하여 정의하는 데 필요한 세 가지 요소를 제시한다.

첫째, 충분한 성장(full growth)이다. 이는 성장의 최절정을 의미하는 것이 아니라 지속적인 성장을 향해 나아가는 것을 의미한다.

둘째, 성인에게 반드시 필요한 주관적 관점(sense of perspective)이다. 성인으로서의 이러한 관점은 타인이 자신을 어떻게 보는지, 실제 자신의 모습이 어떠한지를 모두 인지할 수 있는 관점이다.

셋째, 자율성(autonomy)이다.

그러므로 [그림 6-1]에서와 같이 성인은 성숙하고 주관적이면서 조화로우며, 더 큰 자율성과 책임감을 지니기 위해 계속해서 노력해야 하는 존재인 것이다.

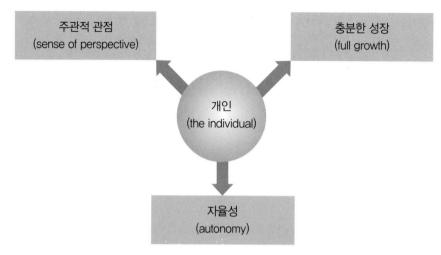

[그림 6-1] 성인을 규정하는 요소들

출처: Rogers(1996: 35); 신용주(2006: 136)에서 재인용.

성인을 정의하는 방법은 다양하다. 법적 규정에 의해서나, 역연령(chronological age)에 의해서 성인을 규정할 수도 있고, 또는 수행하고 있는 사회적 역할에 의해서나 심리적 자아개념의 독립성 등으로 성인을 정의하기도 한다. 대부분의 사회에서는 일반적으로 만 18세 이상으로 스스로를 관리할 수 있으며 자신의 삶에 일차적인 책임을 질 수 있는 사람을 성인이라 지칭한다. 사회적 차원에서는 책임 있는 사회적 역할의 수행 능력이 중시되며, 결혼과 가족 및 직업생활을 통한 생산적 기능의 소유 여부도 강조된다(권대봉, 1999). 각기 다른 사회심리적 발달단계에 있는 성인은 고유의 삶의 경험을 가지고 다양한 교육 요구에 의해 교육에 참여한다. 다시 말해서, 성인이라는 개념은 연령뿐 아니라 나이 들어감에 따라 일어나는 상황이나 역할과 관련이 있다. 신체가 성숙해지고 부모로부터 독립하고, 결혼하여 자녀를 갖게 되며, 자신의 선택에 따른 여러 가지 역할을 수행하게 되는 것이다. 그러므로 성인에 대한 인식은 스스로의 판단에 의한 것이라기보다는 타인이 이들을 어떻게 인식하는지에 의해 달라질 수 있는 개념이다.

그렇다면 성인학습자는 아동 · 청소년 학습자와는 어떻게 다른지 알아볼 필요가 있다. 성인기는 성장이 멈추고 서서히 노화함에 따라 신체적 변화가 발생하는 시기이나 그 변화의 정도는 개인에 따라 차이가 있다. 성인이 되어 다양한 역할을 수행하게 되고 또 새로운 발달과업에 적응하는 것은 쉬운 일이 아니므로 이에 대한 준비와 학습이 필요하다. 또한 누구나 성인기를 거치면서 크고 작은 다양한 위기에 직면하게 되므로 모든 성인은 이러한 위기 극복을 위한 대처능력을 갖출 필요가 있다. 성인학습자의 신체적·사회적·심리적 발달의 양상은 각기 다르며, 성인교육에 참여하는 학습자는 다양한 생애사건과 함께 역할 및 위기를 경험한 사람들이라고 가정할 수 있다. 성인학습자가 성인기 동안에 경험하는 신체적·사회심리적 변화의 특성을 이해하는 것은 평생교육의 이해와 실천에 매우 중요하므로 주요 특성을 알아보기로 한다.

2) 성인학습자의 특성

(1) 성인학습자의 일반적 특성

① 자기주도적이다

성인은 아동이나 청소년과는 달리 구체적이고 직접적인 학습목표를 가지고 스스로 선택하여 학습상황에 참여한다. 성인학습자는 자신의 목표와 경험을 바탕으로 확고한 가치와 견해를 가지고 행동하는 자기주도적인 존재이기 때문이다.

② 행동지향적이다

성인의 학습동기는 대개 문제해결을 위해서 또는 실용적인 목표가 있을 때 유발된다. 그러므로 청소년이나 대학생에게는 효과적인 학습의 목표, 내용, 방법 등이 성인학습자에게 부적절할 수도 있다. 성인학습자에게는 특정 사실에 초점을 맞추기보다는 광범위한 개념을 폭넓게 다루며 행동으로 연결될 수 있도록 하는 것이 더 효과적일 수 있다.

③ 수동적인 활동에 흥미를 느낀다

성인은 실제로 모험을 해야 하거나 신체를 이용하는 활동보다는 수동적인 활동에 흥미를 느끼는 것으로 나타난다. 또한 스스로 수행할 수 있는 수준의 활동에 더 많은 흥미를 느낀다.

④ 두려움이 많다

대부분의 성인학습자는 새로운 학습상황에 대해 불안해하고 수줍어한다. 이유는 대개 학습실패에 대한 두려움 때문이다. 특히 저소득층의 교육수준이 낮은 성인의 경우, 학습에 대한 두려움이 더 큰 것으로 나타난다.

⑤ 가치와 기대를 갖는다

성인은 누구나 자신만의 가치 체계를 소유하고 있으며, 과거의 경험에 기초한 편견이나 태도도 적지 않게 갖고 있다. 놀즈(1980)는 성인에게 경험이 갖는 의미에 대하여 기술한 바 있다. 즉, 아동에게 있어서 경험은 과거에 일어난 어떤 것에 불과하지만, 성인에게 있어서 경험은 자신이 누구인가를 결정하고 자아정체성을 창조하는 데 있어서 핵심적인 것이라고 보았다. 또한 성인학습자는 학습과정에 대하여 나름대로의 기대를 가지고 학습에 참여한다. 이들은 누구나 과거에 학교에서 학습했던 경험을 가지고 있다. 따라서 자신의 과거 학교생활의 경험 중에서 성공적이고 행복했던 경험이나 또는 그렇지 못했던 경험을 바탕으로 평생교육에 대한 기대를 하게 된다.

요약하면, 성인학습자의 일반적인 특징을 다음과 같이 정의할 수 있다. "평생교육에 참여하고 있는 학습자는 모두 지속적으로 성장하고 있는 성인이다. 이들은 각자 포괄적인 경험과 가치를 지니고 있으며, 학습하려는 의지를 갖고 있다. 또한 성인학습자는 과거의 학습경험에 기초한 개인적인 흥미와 관심을 가지며, 고유의 학습 양식을 보인다."(Rogers, 1998: 59)

(2) 성인학습자의 신체적 특성

인간의 신체기능은 보통 18~25세를 거치며 성장이 최고조에 달하는 시점을 지난 후 어느 정도의 기간 동안은 커다란 변화 없이 그대로 신체 기능이 유지된다. 그 이후부터는 개인의 건강수준에 따른 차이는 있으나 대개 나이가 들어감에 따라 서서히 성장이 둔화되면서 쇠퇴 국면을 맞게 된다. 성인기는 노화에 따른 신체적 변화의 측면이 성인학습자의 교육가능성에 주는 시사점을 중심으로 이해하는 것이 중요하다.

① 시력의 변화

시각은 눈에 의해서 색깔, 크기, 거리, 각도 등을 인식하고 판단하는 능력이다. 이 능력을 유지하기 위해서는 동공의 홍채와 수정체 및 망막이 조화롭게 기능하며 작동하는 것이 중요하다. 그러나 나이 들어 갈수록 동공 근육의 탄력성 저하로 인하여 가까운 물체를 잘 보지 못하는 원시안(hyperopia)으로 진행하게 된다. 보통 사람들은 40~50대에 이르면 시력(vision) 감퇴를 경험한다. 10대의 시력이 1.2였던 사람은 30세에 이르면 점차 시력이 감퇴함을 느끼며, 50세경에는 0.9 정도, 60세경에는 0.8 정도, 70세에는 0.7 정도, 그리고 80세에는 0.5 정도로 시력이 떨어지게 된다. 따라서 성인기를 거치면서 점차 작게 인쇄된 내용이나 컴퓨터 스크린의 글씨 등을 읽기에 어려움을 겪게 된다(이인수, 2001).

또한 눈에 들어오는 빛의 강도와 질을 조절하는 수정체의 투명도가 낮아지고 거리에 따라 눈에 들어오는 빛의 양을 조절하는 동공의 신축성이 떨어지게 되어 어둠에 적응하기가 어려워진다. 또한 사물의 정확한 위치 파악 능력의 쇠퇴로 인해 공간지각 능력에도 저하가 온다(이인수, 2001). 따라서 성인교육 프로그램을 고안할 때는 반드시 성인학습자의 시력 감퇴를 감안한 교재 및 교수 자료의 개발이 요구되며, 학습환경을 조성할 때도 성인학습자의 시력 감퇴를 보완할 수 있는 조명을 구비하는 것이 좋다.

② 색깔 변별력의 변화

연령에 따라 색깔을 감지하는 능력인 색깔 변별력도 많이 쇠퇴하게 되므로 보다 나이가 들면 더욱 밝은 조명이 필요하게 된다. 또한 동공 크기가 변화함에 따라 빛의 변화에 적응하는 시간이 증가하면서 명암에 대한 적응력이 감퇴하고, 색깔 변별력이 떨어져 학습능력에 많은 변화를 초래한다. 주로 파란색, 초록색, 보라색 계통의 색깔 변별력이 떨어지는 반면, 수정체가 노란색으로 변하는 황화 현상(yellowing)으로 빨간색이나 주황색의 변별력은 유지된다.

③ 청력의 변화

청각(hearing)의 쇠퇴는 시각과는 달리 20세 이후의 성인기 동안 점진적으로 진행된다. 소리의 주파수와 파장 및 강도를 지각하는 청력의 감퇴는 듣는 능력의 상실을 의미하는 것이 아니라 음절의 분별력이 떨어짐을 의미한다. 청력 감퇴는 특히 여성보다 남성에게 두드러진다. 청력이 쇠퇴하면 말을 통해 언어적 자극을 이해하는 데 어려움을 겪게 되며, 의사소통이 순조롭지 않게 된다. 그러므로 성인학습자에게는 청력 감퇴에도 불구하고 교수–학습과정이 효과적으로 진행될 수 있도록 강의실의 음향 및 방음 시설을 갖출 필요가 있다. 이러한 시력 및 청력의 쇠퇴는 장기간에 걸쳐 점진적으로 진행된다. 성인학습자에게 있어서 이러한 감각기능의 변화는 의사소통의 문제를 유발하게 되어 대인관계에 있어서 어려움이나 고립감을 유발할 수 있다. 한편, 시청각 기능의 노화로 인해 학습과정의 문제가 유발될 수도 있으나, 예상보다는 성인학습자의 학습능력에 커다란 지장을 초래하지 않는다는 주장도 있다(Merriam, & Caffarella, 1999). 그러나 이에 대비하여 평생교육기관은 성인학습자의 신체 및 시력과 청력의 쇠퇴를 최대한 보완할 수 있는 교육환경을 제공하여야 할 것이다.

④ 중추신경계의 변화

두뇌와 척수로 이루어져 있는 중추신경계의 변화는 성인기의 학습능력의 변화에 많은 영향을 미친다. 중추신경계의 변화는 자료를 해석한 후 결정하고 반응하는 속도의 저하나 효율성의 감퇴를 초래한다. 성인기를 거치면서 겪게 되는 두뇌 및 신체 기관의 기능 쇠퇴는 성인학습자의 자극에 대한 반응 능력과 속도를 저하시킨다.

⑤ 건강상의 변화

건강의 변화는 모든 연령대의 학습자의 학습능력에 영향을 미치게 되지만, 특히 노년기에는 그 영향이 더 크다. 따라서 질병으로 인한 건강의 약화는 성인기 동안 발생하는 학습능력의 쇠퇴와 직접적으로 관련된다고 하겠다.

학습능력에 변화를 가져오는 건강상의 문제에 대하여 보다 자세히 살펴보면 학습능력에 쇠퇴를 가져오는 대표적 질병으로는 뇌일혈과 치매가 있다. 뇌일혈은 두뇌 일부에 혈액 공급이 중단되어 그 부분이 손상되는 질병이다. 뇌일혈의 결과로 기억 상실이나 실어증이 생길 수도 있고, 잘 걷지 못하는 등 신체적인 변화가 발생하기도 한다. 노화에 의해 점진적으로 진행되는 대뇌기능 장애 증후군인 치매는 만성적인 두뇌 장애로, 기억력이나 사고력 또는 판단력의 상실뿐 아니라 정서적인 변화도 일으키게 된다. 다음으로 심장질환을 들 수 있다. 두뇌에 혈액공급이 차단되어 발생하는 중풍 및 중추신경계의 이상과 관련된 심장질환은 학습능력의 저하, 기억 상실, 실어증 및 운동능력의 감소 등을 초래하게 되며, 더 나아가 학습과정 전반에 있어서 장애로 작용한다(이연숙, 1998).

그 밖에도 질병으로 인한 고통과 피로감은 학습활동에 필요한 에너지와 참여의지를 감소시키는 역할을 한다. 이처럼 성인학습자의 건강 상태는 학습의지와 학습능력에 커다란 영향을 미치므로, 항상 좋은 건강 상태를 유지하는 것이 중요하다.

⑥ 생리적 반응 속도의 저하

성인기에 점차 둔화되기 시작하는 생리적 반응 속도는 학습능력의 점진적 쇠퇴와 관련된다. 성인학습자의 경우 노화로 인한 체력 감소와 중추신경계의 기능 저하로 인해 젊은 사람에 비해 반응에 소요되는 시간이 길어지게 된다. 그러나 반응 속도는 과제의 본질이나 과제와의 친숙도에 따라 달라지므로 성인학습자를 위한 과제 선정에 각별히 주의를 기울여야 한다. 성인학습자의 반응 속도는 연습에 의해 빨라질 수 있다. 특히 노년층은 학습내용의 난이도가 증가할수록 반응 속도가 떨어질 수 있으므로 평생교육의 교수자는 노인학습자를 위한 학습을 진행할 때 이 점에 유의할 필요가 있다.

이와 같은 성인기의 신체적·생리적 능력이 쇠퇴하는 것을 극복하기 위해서는 성인학습자의 노화 현상을 고려하여 이들에게 적절한 성인 및 노인 친화적인 학습 환경과 여건을 마련하는 것이 중요하다. 예를 들어, 시각의 쇠퇴를 극복하기 위해서 시각 자료는 크고 선명하게 준비하여 전체적으로 수업의 내용이 잘 보일 수 있도록 해야 한다. 또한 청력 감퇴로 인해 학습자가 알아듣고 이해하는 데 어려움이 없도록 교수자가 간결하고 명료하게 강의를 진행하는 것이 좋다. 그 밖에도 밝은 조명이 제공되고 방음이 잘되며 소음이 적은 강의실이 바람직하다.

3) 성인학습자의 심리적 특성

(1) 발달과업

발달과업은 자신이 속한 인생의 발달단계에서 각 개인이 다음 단계로 순조롭게 진행하기 위해서 반드시 학습해야 하는 여러 과제로, 개인의 건전한 성장·발달을 위해서 반드시 성공적 수행이 이루어지는 것이 좋다. 여기서는 발달과업 관련 이론 중 대표적인 에릭슨(Erikson), 하비거스트(Harvighurst), 레빈슨(Levinson)의 이론 중 성인기와 관련된 내용을 중심으로 간략히 살펴보기로 한다.

① 에릭슨

에릭슨(Erikson, 1968)은 청년기까지의 인생 초반기에 주요 성격 발달이 이루어진다는 프로이트의 이론과는 달리, 인간의 발달은 전 생애에 걸쳐 일어난다는 심리사회학적 이론(psychosocial developmental theory)을 주창하였다. 그는 인간은 일생 동안 8단계를 거치며 성장하며, 매 발달단계마다 직면하는 심리사회적 위기를 극복하면서 성장한다고 보았다. 즉, 신뢰감 대 불신, 자율성 대 수치심, 주도성

대 죄책감, 근면성 대 열등감, 자아정체감 대 역할 혼란, 친밀감 대 고립감, 생산성 대 침체, 자아통합 대 절망이다.

이 중에서 성인기 이후인 6단계부터의 발달과업을 살펴보면 다음과 같다. 20~25세의 성인 초기에는 타인과 의미 있는 관계를 유지하는 친밀감의 형성, 26~65세의 중년기에는 가정과 직업 역할에서 생산성 발휘, 그리고 65세 이후의 노년기에는 인생을 뒤돌아보고 자신의 삶을 가치 있고 만족스럽게 느끼면서 자아 통합감을 획득하는 시기이다. 이때 자신의 삶이 무가치하였다고 생각하고 삶에 대한 회한이 들 때는 절망감이 커진다. 따라서 노년기의 우울감을 극복하고 자신의 삶에 대한 만족감과 성취감을 느끼는 것이 중요하다.

② 하비거스트

하비거스트(Harvighurst, 1972)는 한 사람의 생애에서 일정한 시기에 발달과업 (developmental task)을 순조롭게 성취하면 이후의 과업도 성공적으로 수행하고 행복해질 수 있지만, 과업 달성에 실패하면 이후의 과업성취에 어려움이 있을 수 있다고 하였다. 하비거스트는 자신이 주창한 발달과업 이론에서, 영아 및 유아기 (0~5세), 아동기(6~12세), 청년기(13~22세), 성인 초기(22~30세), 중년기(30~55세), 노년기(56세 이후)로 구분되는 6단계의 발달과업 중 성인기 이후의 발달과업에 대해 다음과 같이 설명한다. 즉, 성인 초기에는 배우자 선택 및 가정생활과 관련된 발달과업을, 또한 중년기에는 직업생활의 준비, 중년기의 성인으로서의 사회적 · 경제적 책임 수행, 그리고 부모 역할 및 배우자와의 관계 정립과 관련된 발달과업을 성공적으로 수행하는 것이 중요하다고 하였다. 끝으로, 노년기에는 체력 및 건강의 쇠퇴, 역할 및 수입의 감소, 배우자나 친지의 사망에 적응하는 등의 발달과업이 잘 이루어져야 한다고 강조하였다.

③ 레빈슨

레빈슨(Levinson, 1986)은 발달이 특정 연령에 알맞게 순차적으로 진행된다고 믿었다. 또한 우리의 삶에 있어서 자아발달에 가장 중요한 의미를 주는 것은 결혼과 가족, 직업, 동료애, 정치 참여도, 종교, 민족, 공동체, 여가, 취미 생활을 비롯한 사회적 역할이라고 역설하였다. 레빈슨은 그가 제시한 생애구조(life structure) 이론을 통해 인간은 전 생애적 발달과정을 거치면서 계속 변화하고 안정을 찾으며 성장하는 순환과정을 통해 누구나 필연적으로 성장·발달을 지속한다고 주장한다. 레빈슨의 성인기 이후의 발달과업을 보면 성인 초기에는 자아개념 형성과 생활의 토대 마련하기, 성인 중기에는 중년의 과도기를 극복하고 지난 시간을 반추하며 안정된 삶 모색하기, 그리고 노년기로 진행되는 단계를 거치며 다시 생애구조의 새로운 전환기를 맞게 된다는 것이다.

(2) 성격의 변화

연령이 증가함에 따라 성격도 변화한다. 대체로 나이가 들어가면서 내향성과 소극성이 증가한다는 것이 정설이다(Atchley, 1980; Woodruff & Birren, 1983). 따라서 알지 못하는 사람과는 쉽게 가까워지지 않으며, 많은 일에 참여하는 것을 꺼리고 자신의 일에만 관심과 주의를 집중하는 경향이 있다. 외부 자극보다는 스스로의 사고에 의해 모든 일을 판단하며, 점차 수동적으로 문제를 해결하게 된다. 또한 연령이 증가할수록 자신감이 낮아지게 되는데, 이러한 자신감의 결여는 연령 증가와 함께 체험하게 되는 능력의 감퇴, 그리고 젊은이 중심적인 현대사회에서 자신이 차지하는 위치에 대한 인식으로 인해서 생겨난다. 따라서 연령이 높아질수록 조심성이 증가하게 되며, 살아가는 데 있어서 안정성을 가장 우선적으로 추구하게 된다.

(3) 지능의 변화

연령의 증가에 따른 지능 변화에 관한 쟁점은 지금까지 많은 논쟁의 대상이 되어 왔다. 연령의 증가와 함께 지적 능력이 쇠퇴한다는 주장도 있으나 이에 대한 반론도 만만치 않다. 대체로 인간의 지능은 10~22세에는 상승하다가 22세 이후에 감소한다는 주장이 있는 반면, 50세까지 지속적으로 발달한다는 주장도 있다(Rudd & Hall, 1974). 웩슬러(Wechsler, 1958)는 신체의 성장이 멈추면서 정신능력도 더불어 감소한다고 기술한 바 있다. 그러나 일반적으로 지적 능력의 쇠퇴는 모든 영역의 과업수행에서 동일하게 나타나는 것은 아니다. 어떤 학자들은 지능이 성인기를 거치면서 감퇴한다고 주장하는 한편, 다른 학자들은 성인기의 지능은 비교적 안정적이라고 주장한다. 또 다른 학자들은 성인의 지능은 감퇴하는 영역과 증가하는 영역이 각각 다르다고 역설하기도 한다.

지금까지 제기되어 온 성인기의 지능 변화에 대한 다양한 이론에 대한 선행연구의 결과들을 요약하면 다음과 같다(김종서 외, 2002; 신용주, 2006).

① 손다이크

손다이크 등(Thorndike et al., 1928)의 성인학습이론은 성인기의 지능 변화를 예측한 연구의 효시로서 성인심리학의 발달에 기여한 것으로 평가된다. 그는 인간의 지능은 발달하며 학습이 가능한 지능의 최고의 절정기는 20세에서 25세라고 주장하였다. 그러나 25세 이후부터 42세까지는 매년 1%씩 감소된다고 하였다.

② 존스와 콘래드

존스와 콘래드(Johns & Conrad, 1933)는 10~60세의 연구대상자에게 군대용 지능검사를 실시한 결과 16세까지는 지능이 급성장하다가 18~20세에는 성장이 둔화되고, 그 이후에는 점차 감소하는 추세를 보였다고 보고하였다. 따라서 50세의 지능은 16세의 지능과 비슷하고, 지능의 퇴화 속도는 학습의 영역에 따라 다르며, 상식이나 어휘의 경우에는 연령의 증가에도 불구하고 거의 퇴화하지 않는다고 주장하였다.

③ 웩슬러

웩슬러(Wechsler, 1958)는 20대에서부터 60대의 사람들을 대상으로 지능을 측정한 연구를 통해 일반적으로 성인기 이후의 언어능력은 유지 또는 상승하는 데 비해, 동작능력은 연령 증가에 따라 저하되기 쉽다고 보고하였다. 언어검사 중에서도 어휘력과 상식 및 판단력 등은 보통 40세까지 발달하며, 특히 어휘력은 60세까지도 완만하게 상승하는 성인 지능검사 발달 곡선을 제시하였다.

④ 카텔과 혼

카텔(Cattell, 1963)과 혼(Horn, 1978)은 심리측정 방법을 활용하여 성인의 지능에 대한 연구를 수행하였다. 연구결과, 그들은 인간의 유동적 지능(fluid intelligence)[1]은 생리적으로 타고난 지능으로 추리능력, 기억용량, 도형 지각능력, 분별력 등과 관련되며, 청년기에 절정을 이루다가 성인기에 점차 감소한다고 주장했다. 반면, 경험이나 교육, 훈련 등을 통해 후천적으로 획득된 지능으로 언어 이해, 상식, 어휘, 노하우(know-how), 환경과의 정보 교환 능력 등이 포함되는 결정체적 지능(crystallized intelligence)[2]은 성인기를 거치면서 계속적으로 상승한다고 하였다. 이들의 이론은 성인기 이후에 유동적 지능은 저하하는 반면, 결정체적

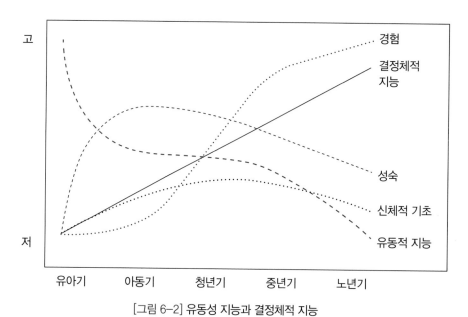

[그림 6-2] 유동성 지능과 결정체적 지능

출처: 김종서 외(2002: 172)에서 재인용.

---

1) 개인의 문화적 배경과는 무관하게 자신의 독특한 사고를 전개하는 정도를 반영하는 지능이다.
2) 문화에 동화되어 그 속에서 배운 지식과 기술을 자신의 사고와 행위에 적용시키는 정도를 뜻한다.

지능은 상승하므로, 두 가지 지능은 상호 보완하면서 성인기 이후의 지능은 안정 상태를 유지하게 된다는 사실을 강조한다.

카텔과 혼의 유동적 지능과 결정체적 지능에 관한 연구는 성인의 지능에 관한 전통적 인식을 부정하는 의미 있는 연구로 평가된다. 이 이론이 성인 및 노인을 위한 평생교육의 실천에 시사하는 바는 매우 크며, 앞으로 유동적 지능의 훈련 가능성 및 결정체적 지능의 활성화를 이루는 것이 후속 연구의 과제라 하겠다.

⑤ 샤이에

생애 발달단계별로 지능을 연구한 샤이에(Schaie, 1977)는 수계산, 언어적 회상, 말하기 능력, 귀납 추론 및 공간지향성의 다섯 가지 능력을 중심으로 정신능력의 변화에 대한 종단연구를 수행한 결과, 지적 능력은 20~30대에 계속 증가했으며, 중년기에 가장 높았다. 또한 숫자와 관련된 기술이나 자극에 대한 반응 시간에서 조금 낮아지긴 했으나, 중년기의 전반적인 지적 수행능력은 상당히 양호한 것으로 보고하였다. 샤이에는 성인기의 인지발달을 5단계로 분류하였다. 우선 아동·청년기를 지적 능력의 습득단계로 보았고, 성인 초기는 습득한 지능을 성취하는 단계로 보았다. 그 다음으로 성인 중기는 가족, 직업, 지역사회에 대한 책임 수행 단계로, 중년기는 통합의 단계로, 끝으로 노년기는 재통합이 이루어지는 단계로 인식하였다. 샤이에는 중년기 이후 노년기로 이행하면서 지적 능력은 감퇴하지만, 노인이 건강할수록, 그리고 과제가 익숙하거나 속도를 요구하지 않을수록 젊은이와 큰 차이가 없었다고 보고하였다. 따라서 샤이에는 노인의 지적 능력은 연습을 통해 향상될 수 있다고 주장하였다.

⑥ 길포드

길포드(Guilford, 1981)는 지능을 구성하는 180개의 요인으로 구성된 SI(Structure of Intellect) 지능 모형을 제시하며, 조작, 산출, 내용의 세 가지 요소를 축으로 하는 입방형 모형을 제시하였다. 그는 인간의 지능을 정보처리 단계로 파악하고, 문제해결 능력 및 창의력에 대한 새로운 시각을 제공하였다. 길포드(1981)가 제시한 지능 측정을 위한 세 가지의 독립적 범주는 다음과 같다.

- 내용(content) 영역: 어휘력, 셈 능력, 행동 등을 측정하는 영역
- 조작(operation) 영역: 기억력, 사고력, 창의력 등을 측정하는 영역
- 산출(product) 영역 : 앞의 두 범주와의 상호작용을 통하여 결과 측정을 하는 영역

길포드는 조작 영역 중에서도 특히 정신적 작용(mental operation)을 가장 중시하였다.

⑦ 피아제

피아제(Piaget, 1972)는 감각운동기, 전조작기, 구체적 조작기, 형식적 조작기의 4단계로 구분되는 인지발달의 4단계[3] 이론을 제시하였고, 각 단계는 상이한 사고 과정을 거치며, 시간이 경과함에 따라 더욱 복잡하고 객관적이며 타인의 관점을 고려하는 방향으로 발전하게 된다고 하였다. 특히 사춘기에서 성인기에 접어들기까지가 해당되는 4단계 형식적 조작기에는 추상적 사고나 가설 설정 및 검증이 가능해지고, 융통성이나 도덕적 · 철학적 가치관이 형성되며, 타인의 사고과정에 대한 이해가 확장되어, 논리적 사고가 가능해진다. 피아제의 인지발달 이론이 성인기의 인지발달에 대해 시사하는 바는 발달단계에 따른 인지 유형의 질적 변화를 강조하고 있는 점이다. 또한 자신의 지식을 구성하는 개인의 능동적 역할을 중시하며, 형식적 조작이라는 성인기의 인지 양식을 개념화했다는 점에서 의의 있다.

---

3) 1단계 감각운동기(sensor-motor stage): 생득적 반사행동

2단계 전조작기(preoperational stage): 구체적 대상물에 상징이나 이름을 붙임

3단계 구체적 조작기(concrete operational stage): 개념, 아이디어 등의 관계를 이해함

4단계 형식적 조작기(formal operational stage): 가설적 · 논리적 · 체계적 추론 가능, 보통 12~15세에 도달함

지금까지 고찰해 본 여러 학자의 성인의 지능발달에 관한 다양한 관점은 다음과 같이 정리할 수 있으며, 이는 성인학습자를 위한 평생교육 실천의 가능성을 제시한다 하겠다.

첫째, 인간의 지능은 청년기에 절정을 이루다가 그 이후에 계속 감퇴한다는 생각은 옳지 않으며, 성인기 이후에도 인간의 지능은 발달한다.

둘째, 인간의 학습은 평생 동안 가능하다.

셋째, 성인기 및 노년기 동안의 인지발달 및 지능 변화에 대하여는 보다 세밀하고 구체적인 연구가 필요할 것이다. 즉, 성인기와 노년기는 생애 발달의 다른 단계인 아동·청소년기보다 상당히 장기간에 걸쳐 진행되므로, 보다 심층 연구가 이루어져야 할 것이다.

한편, 메리엄과 카파렐라(1999)는 성인의 학습에 영향을 미치는 요인으로 연령보다는 사회적 배경의 중요성을 들고 있다. 또한 성인의 학습능력을 강화시키기 위한 방법을 찾기 위해서는 내적 요인인 유전과 외적 요인인 환경을 함께 고려하여 연구하여야 할 것이라고 주장하였다. 또한 그녀는 성인학습에 있어서 가장 중요한 사실은 모든 성인은 교육을 통해서 자신의 지적 능력을 발전시킬 수 있는 잠재력을 가진 존재라는 점이라고 강조하였다.

더 나아가서 메리엄은 성인기의 지적 능력을 평가하는 데 있어서의 문제점과 과제를 제시하였다. 즉, 평가할 때 시간제한이라는 장애요소가 작용한다거나 학교에서의 지적 능력을 측정하는 방식을 성인학습자에게 적용하는 것은 적절치 못하다는 것이다. 더구나 이렇게 측정된 지적 능력을 유전적인 것으로 간주함으로써 성인의 실제 삶에서 영향을 미치는 환경적 요인들을 간과하고 있다는 것이다. 그러므로 성인의 지적 능력에 대한 정확한 평가를 위해서는 학문적인 지적 능력과 실생활에서의 지적 능력, 그리고 감성적인 지적 능력까지도 측정할 수 있는 성인친화적인 준거와 도구의 개발이 요청된다.

(4) 창의력의 변화

성인기 동안에는 창의력 역시 쇠퇴하는 것으로 생각하기 쉽다. 창의력이란 새로운 것을 생각해 내고 실천하는 능력을 의미하며, 이에 관하여는 데니스(Dennis, 1966)의 연구가 널리 알려져 있다. 그는 19세기까지의 인문학, 과학, 예술 분야에서 창의적인 사람들의 업적을 연령과 관련지어 연구한 결과, 이들은 대개 40대에 가장 큰 업적을 남겼으며, 그 이후에는 업적이 조금씩 감소하였다고 보고하였다. 한편, 1901년부터 1950년까지 노벨상 수상자의 영역 및 작품과 연령과의 관계를 조사한 메너키와 포크(Menniche & Falk, 1957)의 연구에 따르면, 의학 분야에서는 40대가 가장 많으며, 화학과 물리학 영역에서는 연령과 무관하였다는 사실을 알수 있다. 이처럼 연령과 창의력 간의 관계는 활동 영역이나 전공 분야에 따라 많은 차이를 보였으며, 연령이 증가함에 따라 창의력이 감퇴한다는 통념은 뒷받침되지 않았다고 할 수 있다(이인수, 2001).

2. 평생교육의 교수자

1) 평생교육 교수자의 정의

평생교육을 담당하는 평생교육 교수자(adult educator)에 대한 정의를 내리기는 쉽지 않다. 보통 평생교육 교수자는 성인학습자를 대상으로 그들의 교육 요구를 충족시키기 위한 교육 프로그램을 기획 및 개발하고 전달하는 사람이라 할 수 있다. 또한 평생교육 기관이나 단체에 평생교육 프로그램의 바람직한 방향을 제시하고, 성인학습자의 특성, 경험 및 상황을 고려하여 평생교육을 실시하는 사람이라 할 수 있다. 평생교육 교수자를 우리나라에서는 유사한 명칭인 평생교육사, 지도자, 프로그램 개발가 등으로 부르고 있다.

그 밖에도 유능한 평생교육 교수자에게는 학문적인 자질은 물론 프로그램 개발, 시행 및 평가 능력과 함께 행정 능력도 요구된다. 또한 학습자원을 파악하고 동원하여 적재적소에 배치함으로써 학습성과를 극대화시킬 수 있는 능력도 중시된다. 그러므로 평생교육 교수자의 역할은 단순한 지식 전달자나 정보 제공자의 역할에 그치지 않는다. 평생교육 교수자에게는 지도자로서뿐만 아니라 프로그램 개발가, 교육행정가 역할과 함께 학습의 가이드이자 촉진자인 동시에 멘토나 상담자 역할도 기대되는 것이다.

2) 평생교육 교수자의 자질

평생교육은 무엇보다 인간의 삶의 질을 향상시키는 것을 그 근본 목적으로 한다. 평생교육의 주 대상은 자신을 성장·개발시켜 스스로의 삶을 향상시키려는 성인학습자이다. 이들의 학습요구를 충족시키는 동시에 사회발전을 이끄는 역할은 평생교육의 중요한 기능 중 하나이다. 평생교육의 실천에 중요한 역할을 담당하는 평생교육 교수자는 우선 교육내용을 비롯하여 교육과정의 전문적 지식과 기술에 숙달되어야 한다. 그리고 성인학습자를 이끌고 지원하면서 성인학습자가 더 주도적으로 학습에 참여하도록 격려하는 촉진자로서의 자질도 갖추어야 한다. 근래에는 평생교육 교수자를 성인학습의 관리자(manager)로 인식하는 추세도 증가하고 있다(Curzon, 2002). 왜냐하면 새로운 평생교육 교수자의 모습은 유용한 자원을 동원하여 학습자의 요구에 적절한 교육프로그램을 개발하고 전달하는 관리자에 가깝기 때문이다.

권이종과 이상오(2001)는 평생교육의 훌륭한 교수자가 되기 위해 필요한 능력으로 다음의 네 가지를 들고 있다. 첫째, 평생학습에 대한 올바른 인식과 성인학습자를 이해할 수 있는 능력, 둘째, 평생교육의 학습 원리에 대한 숙달, 셋째, 학습경험의 설계 및 실시 능력, 넷째, 계획·의사소통·상담·평가 능력 등이다. 그러므로 평생교육 교수자에게는 이론적·실천적 역량을 겸비한 전문가적인 능력과 자질이 함께 요구된다고 하겠다. 여기서는 놀즈(Knowles)와 브룩필드(Brookfield), 녹스(Knox)와 같은 학자들이 제시한 평생교육 교수자가 갖추어야 할 자질에 관하여 알아보기로 한다.

(1) 놀즈가 제시한 평생교육 교수자의 자질

놀즈(Knowles, 1989)는 평생교육 교수자가 갖추어야 할 자질에 대하여 학습 촉진자로서의 자질, 프로그램 개발가로서의 자질 및 행정가로서의 자질 등 세 가지 영역으로 나누어 설명하였다(차갑부, 1999).

① 학습 촉진자로서의 자질

가. 성인학습의 이론적 기초에 관한 숙달
- 성인학습자의 요구 · 능력 및 발달상의 특성을 이해하고, 이를 학습에 적용하는 능력
- 청소년과 성인에 대한 상이한 가정이 교수활동에 시사하는 바를 기술하는 능력
- 성인학습이론을 이해하고 이를 학습상황에 관련지어 활용하는 능력

나. 성인학습자의 학습경험을 고안하고 실천하는 능력
- 성인학습자들 간의 개인차를 고려하여 목표를 세우고, 학습경험을 설계하는 능력
- 상호 존중과 신뢰에 기초하여 개방적인 분위기를 형성하는 능력
- 성인학습자들과 온정적이고 촉진적인 관계를 맺는 능력
- 성인학습자가 스스로 학습요구를 진단하고, 목표를 설정하여 학습에 참여하도록 권장하는 능력

다. 학습자의 자기주도성을 증진하는 능력
- 교사주도학습과 자기주도학습의 차이점을 설명할 수 있는 능력
- 평생교육 교수자의 직접적인 행동을 통해 자기주도적인 학습의 모델링이 가능하도록 하는 능력

라. 학습 방법 · 기법 및 자료선정 능력

- 이용가능한 학습 자원 및 자료의 범위를 파악하는 능력
- 적절한 교육 방법, 기법 및 자료의 선정을 위한 근거를 제공하는 능력
- 성인학습자들의 다양한 경험을 효율적으로 활용하는 능력
- 집단역학(group dynamics)과 소집단 토론 기법을 효과적으로 활용하는 능력

② 프로그램 개발가로서의 자질

가. 프로그램의 기획 능력

- 프로그램에 대한 요구 측정과 목표 설정을 거쳐 프로그램을 설계한 후, 실행 및 평가에 이르는 전 과정을 기획하는 능력
- 프로그램의 기획과정에 학습자를 참여시키는 능력
- 개인 및 조직의 요구사정을 위한 도구와 절차를 개발하는 능력
- 체제 분석 전략을 통해 프로그램을 기획하는 능력

나. 프로그램의 설계 및 실행 능력

- 상황 및 환경의 요구에 따라 프로그램을 설계하는 능력
- 조사 자료를 활용하여 프로그램을 개발하는 능력
- 일정이나 자원에 따라 창조적으로 프로그램을 설계하는 능력
- 자문이나 특별위원회 등을 효과적으로 활용하는 능력
- 기관의 책무성 충족 및 프로그램 개선을 위한 평가 계획을 수립하고 실행하는 능력

③ 행정가로서의 자질

가. 조직을 발전시키고 유지하는 능력

- 조직 운영의 개선을 위하여 이론 및 연구결과를 이해하고 적용하는 능력

• 행정가로서의 개인 철학을 확립하고 이를 다양한 상황에 적용하는 능력
• 정의를 구현하는 정책을 수립하는 능력
• 조직의 효율성을 평가하여 지속적인 발전을 도모하는 능력
• 책임 및 의사결정 권한을 타인과 공유하면서 효과적으로 행사하는 능력
• 조직 구성원의 업무 수행 능력을 평가하는 능력
• 평생교육 관련 법규 및 정책을 분석 · 해석 · 활용하는 능력

나. 프로그램 실행 능력

• 예산의 범위 내에서 프로그램을 실행하는 능력
• 재정 계획 및 절차를 검토하는 능력
• 정책 입안자에게 평생교육의 바람직한 접근 방법에 대해 효과적으로 설득하는 능력
• 효과적인 홍보 전략을 설계하고 활용하는 능력
• 프로포절(proposal)을 개발하고 이를 위한 재정지원 방안을 마련하는 능력
• 혁신적 프로그램을 시행하고 그 결과를 객관적으로 평가하는 능력

(2) 브룩필드가 제시한 평생교육 교수자의 자질

브룩필드(Brookfield, 1988)는 평생교육 교수자가 갖추어야 할 자질을 다음의 네 가지로 분류하였다. 즉, 교수 역할, 프로그램 개발가의 역할, 교수 및 인적자원 개발가의 역할, 그리고 지역사회 교육가의 역할 등의 네 가지이다.

① 교수 역할

• 예술가, 촉진자, 비판적 분석가로서의 역할
• 촉진(facilitation)의 강조: 공감(empathy), 지지(supportiveness), 보호(caring) 및 양육(nurturing)의 개념
• 촉진자로서의 교수자: 조력자(enabler)

② 프로그램 개발가의 역할

- 요구 측정에서부터 프로그램 개발, 수업 설계, 학습자 상담 및 프로그램의 효과성 평가 등의 과제 수행

③ 교수 및 인적자원 개발가의 역할

- 교과과정 개발 및 수업 자료 및 교육 방법의 개발
- 개인 훈련과 관리, 지역사회 관계 증진 및 예산 배정 등의 행정 역할
- 조직의 변화 및 학습동기 유발을 위한 자문 역할

④ 지역사회 교육가의 역할

- 1926년 이래 오랜 전통의 미국 성인 및 계속교육협회(American Association for Adult and Continuing Education: AAACE)의 지역사회 봉사정신을 반영하여 지역사회의 문제해결과 지역사회 발전을 위한 적극적인 참여 역할 수행

(3) 녹스가 제시한 평생교육 교수자의 자질

녹스(Knox, 1979)는 놀즈나 브룩필드보다 더욱 평생교육 교수자가 자신의 영역에서 숙달(proficiency)될 것을 강조하였다. 즉, 평생교육 교수자가 특히 다음 세 가지 영역에서 인식과 실천에 숙달되는 것이 중요하다고 보았다.

① 평생교육 영역 전반에 대한 인식

- 평생기관 및 조직에 대한 이해
- 평생교육 관련 사회적 추세 및 쟁점에 대한 이해
- 인사, 조직, 자원 등 유용한 자료에 대한 해석

② 성인학습자와 성인학습에 대한 인식

- 성인학습자에 대한 이해
- 성인의 생애주기 및 성인교육 참여 동기에 대한 이해

• 성인의 학습방법 및 학습환경에 대한 이해

③ 관계를 통한 창의적 실천에 대한 숙달

• 평생교육 교수자들의 다양한 배경과 전문성을 성인교육 실천에 적용하는 능력의 숙달
• 행정가 · 교사 · 상담자 · 프로그램 개발가 및 자원 인사로서 성인학습 지원 능력의 숙달

3) 평생교육 교수자의 리더십 유형

(1) 맥그리거 이론에 기초한 지도자론

맥그리거(McGregor, 1960)는 그의 경영학 이론에서 인간성에 대한 X이론과 Y이론을 제시하였다. X이론의 기본 가정은 본래 인간은 일하는 것을 좋아하지 않아서 될 수 있는 한 일하는 것을 회피한다는 것이다. 반면에 Y이론은 본래 인간은 일하는 것을 좋아한다는 것을 기본 가정으로 한다. 평생교육 교수자가 학습자를 대할 때 이 두 가지 이론 중 하나를 선호할 수 있을 것이다. X이론을 신봉하는 평생교육 교수자는 학습자의 흥미나 요구를 고려하지 않고 학습자로 하여금 자신의 관점을 지시하고 따르도록 하는 데 자신의 리더십을 발휘하게 될 것이다. 따라서 자칫하면 성인학습자의 창의력 개발이나 동기유발을 저해할 수도 있다. 반면, Y이론을 존중하는 평생교육 교수자는 학습자의 창의력을 존중하며 민주적으로 리더십을 발휘하게 될 것이다.

(2) 로저스의 촉진자론

평생교육 교수자는 성인학습자에게 단순히 지식과 정보만을 제공하는 것이 아니라 학습이 일어날 수 있도록 여건을 형성하고 학습을 촉진하는 역할을 담당해야 한다. 칼 로저스(Carl Rogers, 1969)가 제시하는 촉진자(facilitator)로서의 평생교육 교수자는 수업 전에 분위기를 형성하고, 집단의 목표 및 개인의 목표를 명확히

하되, 개별 학습자의 학습목표가 다양함을 인정한다. 또한 성인학습자는 누구나 개인적 목표를 달성하려는 요구를 가지고 있다는 사실도 이해해야 한다. 평생교육 교수자는 다양하고 풍부한 학습자원의 활용을 모색하면서 자신을 학습에 활용할 수 있는 중요한 자원으로 인식한다. 또한 학습집단의 지적 수준과 정서적인 측면을 함께 고려하여 수용적인 학습 분위기를 조성한다. 그리하여 학습자들이 학습의 주도권을 가지고 서로의 관점을 나누면서 사고나 감정을 공유할 수 있도록 돕는다. 이때 중요한 것은 학습자의 의견을 존중해야 한다는 점이다.

(3) 센게의 공유 비전적 지도자론

센게(Senge, 1990)가 주창한 학습 조직론은 조직 구성원의 창의성과 비전을 중시하고, 지도자와 구성원 간에 토론과 대화를 통하여 비전을 함께 나눈다는 의미의 공유 비전(shared vision)적 관점에 그 바탕을 두고 있다. 공유 비전을 갖기 위해서는 팀 학습(team learning)이 강조된다. 팀 학습이 효과적으로 이루어지기 위해서는 학습자 개개인이 자신의 견해를 명확히 제시하면서 타인의 의견도 존중하는 발전적인 토론 문화가 정착되어야 한다. 그러기 위해서 학습자 개인을 대상으로 하는 개인적 리더십보다는 집단 에너지인 팀 파워(team power)를 이끌어 낼 수 있도록 팀 구성원들을 몰입시키는 것이 중요하다. 또한 학습자 개개인으로 하여금 유능한 셀프 리더(self-learder)가 되도록 이끌면서 학습 공동체의 형성을 인도하는 팀 리더십(team leadership)이 요청된다.

(4) 고든의 아인슈타인식 리더십

고든(Gordon, 1968)은 에너지 체계로서의 개인과 관련된 리더의 유형으로 뉴턴식(Newtonian) 리더와 아인슈타인식(Einsteinian) 리더를 제시한다. 이 두 가지 유형의 리더를 간단히 비교하면 뉴턴식 리더는 부하직원의 행동을 통제하는 것을 중시하는 반면, 아인슈타인식 리더는 각 개인의 잠재능력 개발을 위한 교육에 역점을 둔다.

고든은 그의 이론을 통해 뉴턴식 에너지 체계에서는 단순히 투입한 만큼의 에너지가 산출되는 반면, 아인슈타인식 에너지 체계에서는 투입한 양보다 훨씬 많은 양의 에너지를 산출하게 된다고 주장했다. 이러한 아인슈타인식 에너지 체계의 개념은 개인의 합이 전체 산출된 양의 합을 훨씬 능가한다는 시너지(synergy) 이론과 그 맥을 같이한다고 할 수 있다. 고든은 성인교육에 있어서는 뉴턴식 리더보다는 아인슈타인식 지도자가 더 바람직하다고 설명한다. 즉, 성인학습을 이끄는 리더에게는 무엇보다 성인학습자의 잠재능력을 최대한 개발하기 위한 촉진자의 역할이 가장 중요하다는 것이다.

4) 평생교육 교수자의 역할

앨런 로저스(Alan Rogers, 1998)는 성인교육 현장에서 평생교육 교수자가 수행하는 역할을 네 가지로 분류하여 설명하였다. 첫째는 집단의 리더 역할, 둘째는 교수자 역할, 셋째는 집단의 구성원 역할, 그리고 넷째는 청중의 역할이다. 이 네 가지 역할에 대하여 보다 구체적으로 살펴보기로 한다.

(1) 집단의 리더 역할

이보르 데이비스(Ivor Davies, 1976)는 집단의 리더는 크게 과업(task)수행, 상호작용(interaction), 집단의 관리(maintenance)의 세 가지 개념에 대하여 명확하게 이해하고, 이에 대한 숙달된 능력을 갖추어야 한다고 하였다.

① 과업수행

집단의 리더는 학습자의 기술을 향상시키기 위한 과제나, 어떤 주제의 학습 문제의 해결에 적합한 과업을 명료하게 제시해야 한다. 교수자는 학습자와 함께 학습목표를 설정하고, 목표 달성을 위한 활동을 실시한 후, 집단을 평가하는 과정을 갖도록 이끄는 역할을 수행한다. 이러한 일련의 과정을 계속하면서 집단의 학습목표를 성취해 가는 것이다.

② 상호작용

교수자는 또한 집단의 리더로서 집단의 체제와 집단 내 상호작용 패턴을 모니터링하고 감독해야 한다. 특히 집단 내에서 어떤 독선적인 구성원이 다른 학습자를 힘들게 하는 경우가 발생하지 않도록 하면서, 궁극적으로 모든 구성원이 학습이라는 집단의 공통 과제를 긍정적으로, 또 의미 있게 성취할 수 있도록 이끄는 역할을 수행한다. 그러기 위해서 교수자는 집단 내에서 어떤 일이 일어날 것인지를 미리 예측하고 이에 대비할 수 있어야 한다.

③ 집단의 관리

교수자는 학습자 집단으로 하여금 동원가능한 자원과 발생가능한 장애요인을 파악하도록 돕는다. 따라서 학습에 필요한 자원과 자료, 기자재, 도서 및 강사진 등을 동원하는 중심 역할을 하게 된다. 그러나 이 과정에 있어서 학습자 집단이 교수자에게 지나치게 의존하여 수동적이 되지 않도록 하는 것이 중요하다.

(2) 교수자의 역할

교수자는 학습자 또는 학습집단에게 학습을 통한 변화가 일어나도록 주도하고 촉진하는 사람이다. 따라서 이러한 변화를 일으키는 매개자(change agent)가 되어야 한다. 평생교육 교수자는 학습자의 변화를 유도하기 위하여 학습의 관리자 및 교수자로서의 역할을 수행할 수 있다.

① 학습의 관리자

학습의 관리자 역할은 학습의 기획자, 조직자, 리더 및 통제자로서의 총체적인 역할을 의미한다. 각각의 역할은 다음과 같다.

- **기획자**(planner): 학습 프로그램을 분석하고, 습득해야 할 기술, 지식 및 태도를 확인한다. 학습목표를 수립한 후 목표 달성에 필요한 학습과제를 선정한다.
- **조직자**(organizer): 학습과제와 집단의 환경을 조직한다. 특히 학습자가 학습

에 몰두할 수 있도록 학습여건을 마련하고 학습자 중심의 학습이 일어날 수 있도록 한다.

- **리더(leader):** 학습자를 격려하고 동기를 유발하며 적절한 교수-학습 방법을 선정하여 사용한다.
- **통제자(controller):** 교수자는 과제수행을 위한 활동과 자료를 선정하며, 필요 시 프로그램을 수정하고 방향을 바꾸기도 한다.

[그림 6-3] 교수자 리더십 유형

출처: Rogers(1998: 165); 신용주(2021a: 126)에서 재인용.

② **교수자**

[그림 6-3]에는 교수자의 리더십 유형 및 교수자의 역할, 그리고 각 유형별 교수자의 특성이 제시되어 있다. 교수자는 학습자를 대할 때 맹수조련사(lion-tamer)처럼 엄격하고 독재적인 역할은 물론, 학습자를 즐겁게 해주는 자유방임적인 엔터테이너(entertainer)의 역할, 그리고 학습자들을 지지하고 개발해 주는 민주적 경작자(cultivator)의 역할 등을 수행하게 된다. 또한 각 유형의 리더가 주로 사용하는 동사들도 볼 수 있다. 즉, 교수자의 역할이 민주적인 경작자에 가까울수록 사용하는 동사의 차원도 학습자를 더욱 존중하는 방향으로 진행된다는 것을 알 수 있다. 대부분의 학습자는 냉담하고 자기중심적인 교수자보다 친절하고 이해심 많은 교수자를 선호한다. 또한 수업을 계획적으로 진행하면서 책임감이 있고 학습자의 동기 유발을 위해 노력하는 교수자를 좋아한다.

한편, 교수자의 특성은 성인학습집단의 분위기에 큰 영향을 미친다. 교수자의 특성에 따라 학습 분위기가 편안하고, 따뜻하며 우호적일 수도 있는 반면, 냉정하고 긴장되고 적대적일 수도 있다. 학습자의 반응 역시 학습 분위기에 따라 냉담하고 방해적이 되거나, 때로는 의존적이 되기도 한다. 또는 이와 반대로 책임감과 자신감을 보이거나 또는 주도적이 될 수도 있다.

(3) 집단 구성원 역할

키드(Kidd, 1973)는 평생교육 교수자가 가져야 할 가장 중요한 태도는 성인학습자가 되어 보는 것이라고 말한 바 있다. 이는 평생교육 교수자가 학습할 수 있는 능력을 잃게 된다면 가르칠 수 있는 능력 역시 잃어버린다는 의미로 이해할 수 있다. 교수자는 성인학습자의 학습요구와 학습 스타일을 고려하여 학습기술의 개발을 도우면서 계속 학습을 확장시켜 나가야 한다. 교수자는 성인학습자에게 바람직한 학습모델이 되어야 한다. 교수자 자신이 학습하는 방법과 주제에 접근하는 방법을 보여 줌으로써 학습자도 주제에 대한 접근방법을 배우게 된다. 또한 학습집단의 모든 구성원은 교수자도 학습자도 모두 다른 사람으로부터 서로 배우게 된다.

(4) 청중의 역할

교수자는 청중으로서 학습자의 과업을 평가하게 된다. 평생교육 현장에서 성인학습자는 평가를 받기 위해서 주로 발표를 하게 된다. 발표를 경청한 후에 교수자는 전문가로서 이들을 평가하며, 이때 교수자는 학습자의 학습을 위한 노력을 판단하는 준거가 된다. 톰슨(Thompson, 1980)은 성인교육에서는 모든 참여자가 학습자와 교수자의 역할을 번갈아 맡게 된다고 하였다. 학습자는 발표를 통해 자신의 지식·기술·기능의 숙달 정도를 보여 주고, 교수자는 학습자의 학습능력을 평가하며, 학습자의 과제물을 편견 없이 검토하고 평가한다. 또한 교수자는 과제를 선정한 후 학습자가 바람직한 수준에 도달할 때까지 비판적인 시각으로 그 과제의 수행과정을 지켜보아야 한다.

그러나 때로는 어떤 성인학습자는 교수자에게 저항을 하며 학습집단의 효과적 관리에 어려움을 주기도 한다. 그 이유는 대개 다음과 같다.

① 학습자가 변화를 원치 않을 때

② 학습자가 집단 내에서 스스로의 위상을 확립했다고 느낄 때

③ 학습으로 인한 변화 때문에 불편하거나 고통스러운 결과가 예상될 때

④ 교수자의 능력과 전문성이 부족하다고 느낄 때

5) 성인학습을 위한 평생교육 교수자의 접근 방식

로저스(1998: 48)는 평생교육의 교수자가 성인학습자에게 접근하는 방법은 학습자로 하여금 교수자를 따르는 '준수자(conformist)'가 되게 하거나, 또는 독자적인 '해방자(liberration)'가 되게 하는 두 가지가 있다고 가정하였다. 로저스의 분류는 매우 단순하지만 평생교육 교수자의 역할과 자질에 대한 기본적 이해를 담고 있다. 우선 전통적인 학교교육에서와 같이 학습자의 수동적인 역할을 전제로, 학습의 주도권을 교수자가 가짐으로써 학습자로 하여금 지식 전달자인 교수자를 따르도록 하는 방식이 있다. 다른 하나는 성인학습자가 자신의 학습에 주도권을 갖고 독립적으로 학습을 수행하도록 격려하고 촉진하는 것이며, 이것이 바로 평생교육 교수자의 진정한 역할이라는 점을 강조한다. 〈표 6-1〉에는 학습자를 대하는 평생교육 교수자의 두 가지의 교육방식 유형과 그 특징이 제시되어 있다.

〈표 6-1〉 **평생교육 교수자의 두 가지 유형**

'준수자' 학습자를 교수자에게 동조시키기	'해방자' 학습자를 독립적으로 변화시키기
1. 학습자가 적응해야 하는 외면적인 현실이 있다. 진실은 이미 알려져 있다.	1. 외면적으로 옳은 행동 방법은 존재하지 않는다. 진실은 아직 알려져 있지 않다.
2. 학습자의 학습추구는 신뢰받지 못하며 교수자가 학습의 주도권을 갖는다.	2. 인간은 고유의 잠재적 학습능력을 갖고 있다. 학습자가 학습의 주도권을 갖는다.
3. 제시(presentation)가 곧 학습이다.	3. 직접 경험해 보는 것이 가장 의미있는 학습이 된다.
4. 교수자료는 교수자나 학습자와는 무관하게 서로 독립적으로 존재한다.	4. 학습자가 자신의 목적과 관련된 주제를 다룰 때 의미있는 학습이 된다.
5. 교수자는 학습자에게 지식을 전달해야 한다. 학습자는 스스로 지식을 획득할 수 없다.	5. 지식은 전달되는 것이 아니라 학습자 스스로가 창조하는 것이다.
6. 교육의 과정은 사실적인 지식을 축적해 가는 것이다.	6. 학습에는 정해진 순서가 없다. 학습자는 자신의 방식대로 학습자료를 조직할 수 있다.
7. 건설적이고 창조적인 시민은 수동적인 학습자로부터 나온다.	7. 학습과정에 대한 적극적 참여가 창의적 학습을 가능하게 한다.
8. 교수자에 의한 학습자의 학습과정의 평가는 학습의 필요한 부분이다.	8. 학습은 자기비판과 자기평가를 통해 가장 잘 성취된다. 타인의 평가는 그 다음이다.
9. 인지학습은 인간의 다른 영역에 영향을 미치지 않고는 일어날 수 없다.	9. 지성과 감성 등 인간의 모든 부분을 포함하는 학습이 가장 충만되고 또 오래 지속된다.
10. 학습은 반복될 필요가 없는 한 번의 경험이다.	10. 현대사회에서 가장 유용한 학습은 학습하는 방법을 학습하는 것이다. 경험에 대한 지속적인 개방성과 변화과정의 통합이 교육의 목적인 것이다.

출처: Rogers(1996: 49); 신용주(2006: 167)에서 재인용.

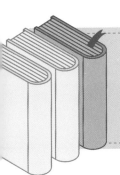

제7장
평생교육의 법과 행정체제

1.「평생교육법」

1)「평생교육법」제정의 배경

1973년 우리나라에 처음 소개된 유네스코한국위원회에서 개최한 '평생교육 발전을 위한 세미나'를 기점으로 하여 평생교육의 이념이 점차 알려지기 시작하였다. 우리나라의「평생교육법」은 1999년(법률 제 6003호)로 제정되었으며, 이 법은 1982년에 제정된「사회교육법」을 그 근간으로 한다.「사회교육법」에서는 "사회교육이라 함은 다른 법률에 의한 학교교육을 제외하고 국민의 평생교육을 위한 모든 형태의 조직적인 교육활동을 말한다."라고 명시하고 있다.

1985년 제5공화국「헌법」에는 사회교육에서 평생교육으로 법의 명칭이 변경되었다. 여기에는 최초로 평생교육에 대한 국가의 책임을 명시한, "국가는 평생교육을 진흥하여야 한다."라는 조항이 포함되었다. 1999년에는「사회교육법」의 폐지와 함께「평생교육법」의 제정이 이루어졌다.「사회교육법」은 1999년에 평생교육법으로 대체되었고, 이렇게 제정된「평생교육법」은 평생교육이라는 명칭을 법적·제도적으로 인정하는 기초가 되었다.

2) 평생교육법의 법적 근거

평생교육의 법적 근거로서는 「헌법」과 「교육기본법」을 들 수 있다. 각각에 대해 알아보기로 한다.

(1) 「헌법」

우리나라의 평생교육은 「헌법」을 토대로 「교육기본법」을 비롯한 교육 관련 법령이 규정되어 있으며, 평생교육 관련 행정도 모두 법령에서 명시한 원칙과 방법을 준수하도록 되어 있다. 1980년 「헌법」 제31조는 교육에 관한 6개 항을 담고 있다. 이 중 1항은 "모든 국민은 능력에 따라 균등하게 교육받을 권리를 갖는다."라고 선언함으로써 교육에서의 평등의 이념을 실현할 것을 명시하였다. 5항은 "국가는 평생교육을 진흥하여야 한다."라고 국가의 평생교육 진흥 의무에 대한 내용을 담고 있으며, 6항에서는 "학교교육 및 평생교육을 포함한 교육제도와 그 운영, 교육재정 및 교원의 지위에 관한 기본적인 사항을 법률로 정한다."라고 평생교육과 관련된 제도 운영 및 재정 관련 사항을 입법자가 정하도록 위임하고 있다.

(2) 「교육기본법」

정부는 1997년 교육 관련 법 개편을 통해 기존의 「교육법」을 전면개정하여, 「교육기본법」을 최상위 교육법으로 배치하고, 하위법으로 「초·중등교육법」, 「고등교육법」 「사회교육법」(1999년 「평생교육법」으로 수정)을 두었다. 「교육기본법」은 48년간 유지되어 온 기존의 「교육법」을 폐지하고 1997년 제정·공포된 교육의 기본법으로 교육의 기본 원칙과 방향을 제시하며, 국민의 교육받을 권리와 학습권을 보장한다. 또한 학교교육, 평생교육을 포함한 교육제도와 그 운영에 관한 기본적인 방향을 제시하고 제도의 필수사항을 명시하고 있다.

2) 「평생교육법」

(1) 「평생교육법」의 제정과정

1990년대 교육개혁을 위한 이념 중 하나로 누구나, 언제, 어디서든지 원하는 교육을 받고 원하는 학습을 계속할 수 있는 평생학습 체제의 구축이 요청되었다. 이에 따라 「평생교육법」의 제정은 교육개혁위원회(1995)의 5·31 교육개혁안의 제안에 따라 「교육법」의 폐지와 함께 교육 3법인 「교육기본법」「초·중등교육법」「고등교육법」이 제정됨으로써 이루어졌다. 1999년 국회에서 기존에 존재하던 「사회교육법」이 전면개정되어 평생교육법이 제정되고 2000년 3월 1일부터 시행되었다. 곧이어 「평생교육법 시행령」과 「평생교육법 시행규칙」이 각각 공포되어 「평생교육법」의 체제가 갖추어졌다. 「평생교육법」의 제정과정을 다음과 같이 정리할 수 있다.

① 「사회교육법」 제정(1982. 12. 31.)

「사회교육법」 제1조에서는 "이 법은 모든 국민에게 평생을 통한 사회교육의 기회를 부여하여 국민의 자질을 향상하게 함으로써 국가사회의 발전에 기여함을 목적으로 한다."라고 국민에게 평생에 걸친 사회교육의 기회가 제공될 것임을 선언하였다. 「사회교육법」에서는 사회교육을 "학교교육 외에 국민의 평생교육을 위한 조직적인 교육활동"으로 정의하고, 국가와 지방자치단체에서 사회교육시설을 설치할 것과 사회교육진문요원의 활동을 통한 사회교육을 장려하였다. 관련 정책을 심의 조정할 수 있도록 사회교육정책 조정위원회가 설치되었으며, 「사회교육법」의 제정으로 그간 효율적 연계되지 못했던 사회교육 관련 부처 간의 협력이 가능해졌다. 그러나 「사회교육법」은 「교육법」의 하위법으로 적용 범위가 제한되어 있고, 담당 기관의 설치 관련 내용이 명확히 기술되지 않아 그 실효성에 대한 비판이 있었다.

② 「**평생교육법**」으로 개정(1999. 8. 31.)

1995년 교육개혁위원회는 「사회교육법」을 폐지하고 「평생교육법」을 새로 제정할 것을 제안하였고, 1999년 「사회교육법」에서 「평생교육법」으로 법명의 변경과 함께 전부 개정되었다. 「평생교육법」은 2000년 3월 1일부터 시행되었고, 3월 13일에는 시행령이, 3월 31일에는 시행규칙이 공포되었다. 「평생교육법 시행령」은 총 6장 78조로, 「평생교육법 시행규칙」은 총 25조로 이루어져 있다.

「평생교육법」 제1조에서는 "이 법은 평생교육에 관한 사항을 정함을 목적으로 한다."라고 하고, 같은 법 제2조 제1호에서는 '평생교육'을 "학교교육을 제외한 모든 형태의 조직적인 교육활동을 말한다."라고 정의하고 있다. 「평생교육법」의 담당 부서인 교육부는 「사회교육법」의 한계 극복과 국민의 평생학습권 보장, 열린학습사회의 구축을 위한 「평생교육법」의 취지를 "급변하는 세계화 · 정보화 사회에서 누구나, 언제, 어디서나 원하는 교육을 받을 수 있는 열린교육사회 · 평생학습사회를 구축하여 교육복지국가(edutopia)를 건설함으로써 국민 삶의 질 향상과 사회발전에 기여하는 데 기본 목표를 두고 있다."라고 제시하였다(교육부, 교육개발원, 1998).

(2) 평생교육법의 발달과정

① 개요

정부는 1996년에 수립된 평생교육 진흥 기본계획을 토대로 평생교육의 중장기 5개년 계획을 추진하였다. '제1차 평생학습 진흥 기본계획'은 2003년부터 2007년까지, '제2차 평생교육 진흥 기본계획'은 2008년부터 2012년까지 시행되었다. '제2차 평생교육 진흥 기본계획'은 우리 사회에서 드러난 평생교육 진흥에 대한 공감대를 인식하고 효과적인 평생교육 정책 시행에 대한 정부의 의지를 나타냈다고 할 수 있다(교육과학기술부, 2008).

「평생교육법」에는 같은 법에서 위임된 내용을 시행하는 데 필요한 사항을 규정하기 위한 「평생교육법 시행령」과, 「평생교육법」 및 같은 법 시행령에서 위임된 내용의 시행에 필요한 사항을 규정하기 위한 「평생교육법 시행규칙」이 있다. 또한 「평생교육법」과 같은 법 시행령에서 제시하는 평생교육 이수와 관련된 관계 법령은 「학원의 설립·운영 및 과외교습에 관한 법률」 「학점인정 등에 관한 법률」 「독학에 의한 학위취득에 관한 법률」 등이다.

2007년 12월 전면개정된 「평생교육법」으로 변화하는 평생교육의 환경 맥락, 특히 지식기반사회에서의 인적자원의 양성과 열린교육사회 및 평생학습사회 구축을 지향하며, 학습강국과 인재대국 건설을 추구하게 되었다. 「평생교육법」은 현재까지 개정이 계속 이루어지고 있다. 이는 세계화 정보화 사회로의 급속한 변화에 대응하면서 '평생학습사회'를 구축하는 목표를 실현하기 위해서이다. 더 나아가 교육복지국가를 건설함으로써 국민의 삶의 질 향상과 사회의 발전을 추구하고 있다.

② 「평생교육법」의 변천

그 이후에도 「평생교육법」은 지속적인 개정을 통해 평생교육 실천의 영역에서 새로운 토대가 마련되고 보완되었다. 2009년 평생학습계좌제, 2013년 평생교육사 자격제도가 시행되고, 2014년 문해교육의 개념이 확대되었으며, 읍·면·동 평생학습센터 운영지원체제가 구축되었다. 2015년 지방자치단체와 학교형태 평생교육시설보조금, 2016년 문해교육 및 장애인평생교육, 국가장애인평생교육진흥센터, 2019년 장애인 평생교육종사자에 대한 인권교육 및 시·도평생교육진흥원 장애인 대상 평생교육 프로그램 등 주요 현안 및 쟁점에 대한 보완이 이루어졌다. 또한 2020년에는 학점은행기관의 평생교육 설치근거가 마련되었고, 2021년에는 평생교육 바우처 발급 및 사용 등에 관한 제도 및 평생교육 통계조사 관련 기반이 마련되고 장애인 평생학습도시 관련 사항이 규정되었다.

「평생교육법」의 변천 내용은 〈표 7-1〉에 제시되어 있다.

〈표 7-1〉 **「평생교육법」의 변천**

	1980~1999년	2000~2007년
평 생 교 육 법	• 1980년 「헌법」에 '국가의 평생교육진흥 의무' 명문화 • 1982년 「사회교육법」 제정 공포 • 1990년 「정부조직법」 개편, 교육부 장관에게 평생교육 관련업무 수행 의무 명시 • 1990년 「독학에 의한 학위취득에 관한 법률」 제정 • 1997년 「학점인정 등에 관한 법률」 제정 • 1999년 「사회교육법」에서 「평생교육법」으로 전부개정	• 2007년 「평생교육법」 전부개정

2008~2012년	2013~2017년	2018~2022년
2009년 「평생교육법」 일부개정 • 2009년 평생학습계좌제 기반 마련	2013~2017년 「평생교육법」 일부개정 • 2013년 평생교육사 자격제도 운영 일원화 • 2014년 문해교육 개념 확장·지원근거 마련 • 2015년 지방자치단체의 학교형태 평생교육시설 보조금 지원근거 마련 • 2016년 문해교육 지원체계 및 국가 문해교육센터 설치 근거 마련 • 2017년 장애인평생교육 지원 및 국가장애인평생교육진흥센터 설립근거 마련	2018~2022년 「평생교육법」 일부개정 • 2019년 장애인평생교육 체계적 추진을 위한 국가-지방자치단체 협조체계 구축 등 현행 제도 보완 • 2020년 평생교육사 자격증 대여·알선 방지 관련 조항 마련, 학점은행기관의 평생교육 실시근거 마련 • 2021년 평생교육바우처 발급 및 사용 등에 관한 제도적 기반 마련, 평생교육 통계조사 기반 마련, 장애인 평생학습도시 관련 사항 규정

출처: 교육부, 국가평생교육진흥원(2023: 6).

3) 「평생교육법」 제정 및 개정의 취지

「평생교육법」은 21세기 정보화 사회에서 누구나, 언제, 어디서나, 배울 수 있는 평생학습기회를 확대하여 국민의 삶의 질 향상과 사회발전에 기여하도록 한다는 기본 취지에서 제정되었다. 그러나 「평생교육법」은 지식기반사회로 급변하는 시대적 환경과 상황에 효과적으로 대응하기에 한계가 있다는 비판이 존재해 왔다. 이에 사회변화에 부응하는 국가 차원의 평생교육 진흥체제를 구축하기 위해 2007년 「평생교육법」 전면개정이 이루어졌다. 이 같은 전면개정은 중앙, 광역, 기초 자치단체 단위의 종합적 추진체제 정비 및 새로운 평생교육 영역 관련 법 규정 마련, 법적 조문의 명확화 등을 목적으로 시행되었다. 2007년 「평생교육법」 전면개정의 취지와 특징을 요약하면 다음과 같다(교육과학기술부, 2008).

첫째, 「평생교육법」의 법적 체제의 효율성 강화와 평생교육의 개념의 명료화를 위한 것이다.

둘째, 지식기반사회에서 '인재대국' 건설을 위한 평생학습기반을 조성하기 위해서이다.

셋째, 국가 및 지방자치단체의 평생학습 지원 책무를 강화하기 위해서이다.

넷째, 평생학습과정 이수자의 사회적 대우 확대와 학습의욕 고취를 위해서이다.

다섯째, 기초교육 기회 및 고등교육수준의 평생학습 기회를 확대하기 위해서이다.

4) 「평생교육법」의 내용

평생교육법은 총 8장 46조로 이루어져 있다. 그 구성은 제1장 총칙, 제2장 평생교육진흥기본계획 등, 제3장 국가평생교육진흥원 등, 제4장 평생교육사, 제5장 평생교육기관, 제6장 문해교육, 제7장 평생학습 결과의 관리 · 인정, 제8장 보칙으로 구성되어 있다. 또한 「평생교육법」은 법령과 규칙으로 구성되어 있다

〈표 7-2〉에는 「평생교육법」 「평생교육법 시행령」 「평생교육법 시행규칙」의 구성 및 주요 내용이 제시되어 있다.

〈표 7-2〉「평생교육법」「평생교육법 시행령」「평생교육법 시행규칙」의 구성 및 주요 내용

구분	「평생교육법」	「평생교육법 시행령」	「평생교육법 시행규칙」
	8장 46조, 부칙	6장 78조, 부칙	25조, 부칙
구성	총칙 평생교육진흥기본계획 등 국가평생교육진흥원 등 평생교육사 평생교육기관 문해교육 평생교육결과의 관리 · 인정	총칙 평생교육진흥기본계획 등 국가평생교육진흥원 등 평생교육사 평생교육기관 문자해득교육	평생교육실무조정위원회 평생교육자격증 교부 평생교육시설 등록(변경) 문해교육이수자 학력인정
주요 내용	평생교육전담 · 지원기구 운영 • 국가평생교육진흥원 • 국가장애인평생교육진흥센터 • 시 · 도평생교육진흥원 • 시 · 군 · 구평생학습관 • 읍 · 면 · 동평생학습센터	• 출연금 요구, 지급, 관리 • 결산서 제출 등 • 전담기구 및 평생학습 지원제도의 운영방법 등	• 평생교육실무조정위원회
	학력 · 학위취득 기회확대 • 초 · 중 · 고 학력인정시설 • 전문대학 학력인정시설 • 사내대학 및 원격대학형태	• 시설의 지정 또는 인가 기준 및 절차 • 폐쇄인가 또는 신고절차	• 문해교육이수자 학력인정절차
	다양한 평생교육기관 운영 • 학교(학교부설)의 평생교육 • 원격형태 평생교육시설 • 사업장부설 평생교육시설 • 시민단체부설 평생교육시설 • 언론기관부설 평생교육시설 • 지식 · 인력개발 평생교육시설	• 시설의 설치 신고 · 등록 • 시설의 변경신고	• 평생교육시설의 등록 · 변경 신고절차
	다양한 평생학습지원제도 • 유급 또는 무급 학습휴가제 • 전문인력정보은행제 • 평생학습계좌제 • 평생교육사 • 문해교육프로그램 지원 • 국가문해교육센터 및 시 · 도문해교육센터	• 평생교육사 자격요건, 등급, 배치기준 등 • 학습계좌제 운영, 평가인정 • 문해교육 프로그램 설치 운영, 지정 및 지원 기준 • 국가문해교육센터 및 시 · 도문해교육센터 수행 업무 명시	• 전문인력정보은행 운영 • 학습계좌제 운영 • 평생교육사자격증 교부 • 문해교육이수자의 학력인정 또는 학습과정인정절차

출처: 교육부, 국가평생교육진흥원(2021: 30-31).

〈표 7-3〉에는 2023년 일부개정된 「평생교육법」 「평생교육법 시행령」 「평생교육법 시행규칙」 등의 개정 전후 주요 내용 중 일부분이 제시되어 있다.

〈표 7-3〉 「평생교육법」 「평생교육법 시행령」 「평생교육법 시행규칙」 개정 전후 주요 내용 비교

구분	개정 전	개정 후
평생교육법	제1조(목적) 이 법은 「헌법」과 「교육기본법」에 규정된 평생교육의 진흥에 대한 국가 및 지방자치단체의 책임과 평생교육제도와 그 운영에 관한 기본적인 사항을 정함을 목적으로 한다.	제1조(목적) 이 법은 「헌법」과 「교육기본법」에 규정된 평생교육의 진흥에 대한 국가 및 지방자치단체의 책임과 평생교육제도와 그 운영에 관한 기본적인 사항을 정하고, 모든 국민이 평생에 걸쳐 학습하고 교육받을 수 있는 권리를 보장함으로써 모든 국민의 삶의 질 향상 및 행복 추구에 이바지함을 목적으로 한다.
	제2조(정의) 이 법에서 사용하는 용어의 정의는 다음과 같다. 1. "평생교육"이란 학교의 정규교육과정을 제외한 학력보완교육, 성인 문자해득교육, 직업능력 향상교육, 인문교양교육, 문화예술교육, 시민참여교육 등을 포함하는 모든 형태의 조직적인 교육활동을 말한다. 2. (생 략) 3. "문자해득교육"(이하 "문해교육"이라 한다)이란 일상생활을 영위하는 데 필요한 문자해득(文字解得)능력을 포함한 사회적 · 문화적으로 요청되는 기초생활능력 등을 갖출 수 있도록 하는 조직화된 교육프로그램을 말한다. 4. (생 략)	제2조(정의) 이 법에서 사용하는 용어의 정의는 다음과 같다. 1. "평생교육"이란 학교의 정규교육과정을 제외한 학력보완교육, 성인 문해교육, 직업능력 향상교육, 인문교양교육, 문화예술교육, 시민참여교육 등을 포함하는 모든 형태의 조직적인 교육활동을 말한다.〈개정 2023. 4. 18.〉 2. (생 략) 3. "문해교육"이란 일상생활을 영위하는데 필요한 문자해득(文字解得)능력을 포함한 사회적 · 문화적으로 요청되는 기초생활능력 등을 갖출 수 있도록 하는 조직화된 교육프로그램을 말한다.〈개정 2023. 4. 18.〉 4. 5. (현행과 같음)
	제3조(다른 법률과의 관계) (생 략) 〈신 설〉	제3조(다른 법률과의 관계) ① (현행과 같음) ② 평생교육에 관한 법률을 제정하거나 개정할 때에는 이 법의 목적 및 이념에 부합되도록 하여야 한다.〈신설 2023. 4. 18.〉

출처: 교육부, 국가평생교육진흥원(2023: 32).

5) 「평생교육법」의 과제

(1) 「평생교육법」의 향후 과제

「평생교육법」은 평생교육제도가 안정되게 구축되고 국민의 다양한 교육 요구에 부응하는 데 크게 기여해 온 것으로 평가할 수 있다. 또한 평생교육제도의 정착과 다양한 평생교육과정의 운영을 통한 양적 성장은 물론 질적 성장도 이루어진 것으로 인식된다. 한편, 전면개정 이후에도 계속적으로 「평생교육법」의 부분개정이 있어 왔음을 고려할 때, 이제 다시 시대 상황을 반영한 전면개정이 이루어져야 한다는 요구가 계속되어 왔다. 「평생교육법」의 미래 과제를 다음과 같이 요약할 수 있다(교육부, 국가평생교육진흥원, 2020).

첫째, 법 개정 후 약 10년 정도 경과하면 「평생교육법」과 평생교육 현장 간에는 괴리가 나타난다. 특히 이미 보완이 많이 이루어진 문해교육과 장애인평생교육외의 기타 영역에도 균형 있는 개정이 요구된다.

둘째, 현행 「평생교육법」은 「유아교육법」 「초·중등교육법」 「고등교육법」 같은 형태의 일반법이다. 유네스코에 따르면, 평생교육은 형식교육, 비형식교육, 무형식교육을 모두 포괄하는 개념(master concept)이다. 또한 전 생애에 걸친 수직적 통합과, 형식교육에서 무형식교육을 망라하는 수평적 통합에 기초해 삶의 질 향상을 추구하는 교육이다. 따라서 「평생교육법」은 「교육기본법」에 상응하는 기본법 형태가 바람직하다.

셋째, 광역자치단체와 기초자치단체의 나타나는 문화 발전 현상에 「평생교육법」이 적절히 부응하지 못하고 있으므로 관련 법 체계 관련 법 개정이 필요하다.

넷째, 중앙정부 중심의 우리나라의 평생교육 추진체계에서 지자체의 지역 특성을 반영한 평생교육 정책의 추진을 위해 법령 개정이 필요하다.

다섯째, 2023년부터 시행된 '제5차 평생교육 진흥 기본계획'에는 정부의 평생교육 관련 국정과제가 반영되어 있다. 향후 5년간 평생학습 정책의 기본방향과 핵심 추진 과제를 제시한 '평생학습 진흥 방안(2023~2027년)'에서 제시된 바와 같이 디지털 대전환과 초고령사회에 등 시대적 요청에 대비한 '평생학습 대전환'을 이루어 내야 할 것이다.

[그림 7-1]에는 제5차 평생교육진흥기본계획의 추진 체계도가 제시되어 있다.

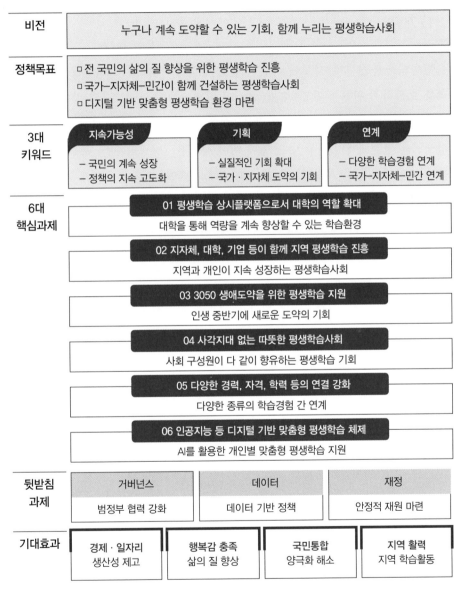

비전	누구나 계속 도약할 수 있는 기회, 함께 누리는 평생학습사회

정책목표
- 전 국민의 삶의 질 향상을 위한 평생학습 진흥
- 국가-지자체-민간이 함께 건설하는 평생학습사회
- 디지털 기반 맞춤형 평생학습 환경 마련

3대 키워드

지속가능성	기획	연계
– 국민의 계속 성장 – 정책의 지속 고도화	– 실질적인 기회 확대 – 국가 · 지자체 도약의 기회	– 다양한 학습경험 연계 – 국가-지자체-민간 연계

6대 핵심과제

01 평생학습 상시플랫폼으로서 대학의 역할 확대
대학을 통해 역량을 계속 향상할 수 있는 학습환경

02 지자체, 대학, 기업 등이 함께 지역 평생학습 진흥
지역과 개인이 지속 성장하는 평생학습사회

03 3050 생애도약을 위한 평생학습 지원
인생 중반기에 새로운 도약의 기회

04 사각지대 없는 따뜻한 평생학습사회
사회 구성원이 다 같이 향유하는 평생학습 기회

05 다양한 경력, 자격, 학력 등의 연결 강화
다양한 종류의 학습경험 간 연계

06 인공지능 등 디지털 기반 맞춤형 평생학습 체제
AI를 활용한 개인별 맞춤형 평생학습 지원

뒷받침 과제

거버넌스	데이터	재정
범정부 협력 강화	데이터 기반 정책	안정적 재원 마련

기대효과

경제 · 일자리 생산성 제고	행복감 충족 삶의 질 향상	국민통합 양극화 해소	지역 활력 지역 학습활동

[그림 7-1] 제5차 평생교육 진흥 기본계획 추진 체계도

출처: 교육부, 국가평생교육진흥원(2023: 22).

2. 평생교육의 행정체제

1) 개요

평생교육 추진체제는 "모든 국민이 평생에 걸쳐 학습하고 교육받을 수 있는 권리를 보장하기 위해"(「평생교육법」 제1조) 평생교육 중앙정부와 지방자치단체가 구축 및 운영하는 평생교육 정책 및 사업 관련 기구 및 단체의 체계를 의미한다. 평생교육 추진체제의 구축 및 운영에 대한 사항은 「평생교육법」 등의 법령과 조례에 규정되어 있다. 「평생교육법」 제5조에 따르면, 모든 국민에게 평생교육 기회가 부여될 수 있도록 평생교육 정책과 평생교육사업의 수립 및 추진의 임무가 국가 및 지방자치단체 또는 유관기관에 부여되어 있다. 따라서 평생교육 추진체제는 평생교육사업의 수립 및 추진의 임무가 부여된 국가 및 지방자치단체 또는 유관기관을 포함한다.

「평생교육법」 및 유관법령에 의한 평생교육 추진체제는 행정기구, 전담기구, 심의·협의기구로 구분된다. 그리고 평생교육 추진체제는 평생교육 정책 및 사업

심의·협의기구	행정기구	전담기구
평생교육진흥위원회 시·도평생교육협의회 시·군·구평생교육협의회 문해교육심의위원회 학습계약자문위원회	교육부 시·도지방자치단체 시·도교육청 시·군·구기초자치단체 지역교육청 직속기관	국가평생교육진흥원 국가장애인평생교육센터 시·도평생교육진흥원 시·군·구평생학습관 읍·면·동평생학습센터
법정위원회(경제사회발전노사정위원회, 국가교육회의 등) 평생교육기관(평생교육시설, 도서관, 사회복지관, 지역시설 등)		

[그림 7-2] 평생교육 추진체제

출처: 교육부, 국가평생교육진흥원(2023: 72).

의 실행과 직접적으로 관여되는 평생교육기관과 타 법령 및 조례에 의해 평생교육을 수행하는 기관을 포함한다(교육부, 국가평생교육진흥원, 2023).

[그림 7-2]는 우리나라 평생교육 추진체제로 세 가지 유형의 전담기구와 각 기구 산하의 단체 및 위원회가 제시되어 있다.

2) 국가차원의 평생교육행정

(1) 교육부

평생교육진흥정책의 추진을 위한 우리나라의 평생교육 행정은 크게 국가 및 지방자치단체의 두 가지 체제로 분류된다. 국가 차원의 중앙의 평생교육 정책은 [그림 7-3]과 같이 주무부서인 중앙정부의 교육부가 관장하며, 교육부 조직인 평생직업교육정책관이 해당 업무를 총괄한다. 국가차원의 평생교육 행정의 책임자는 교육부장관이며, 5년마다 평생교육 진흥 기본계획을 수립하고 평생교육진흥정책에 대한 주요 사항에 대한 심의를 위해 평생교육진흥위원회를 둔다. 또한 국가 차원의 평생교육진흥을 시행하기 위하여 국가평생교육진흥원을 설치·운영하고 있다(「평생교육법」 제19조).

교육부는 평생교육 주무부처로 「헌법」 제31조 제5항 국가의 평생교육진흥 의무와 「교육기본법」 제3조 학습권 보장을 행정적으로 지원하고 「평생교육법」 제5조의 국가 임무를 수행한다. 평생교육 추진체제로서 교육부의 평생교육 주무부서는 2023년 2월 현재 평생직업교육정책관 산하의 평생직업교육기획과와 평생학습지원과이다. 평생직업교육기획과는 K-MOOC, 매치업, 평생교육통계, 자격제도, 원격대학, 장애성인 평생교육 등의 업무를 수행한다. 평생학습지원과는 평생교육바우처, 평생학습계좌제, 학점은행제, 학습계좌제, 지역평생교육활성화 등의 업무를 관장한다.

〈표 7-4〉는 평생직업교육정책관 산하 평생교육 관련 부서의 담당업무 및 인원을 보여 준다.

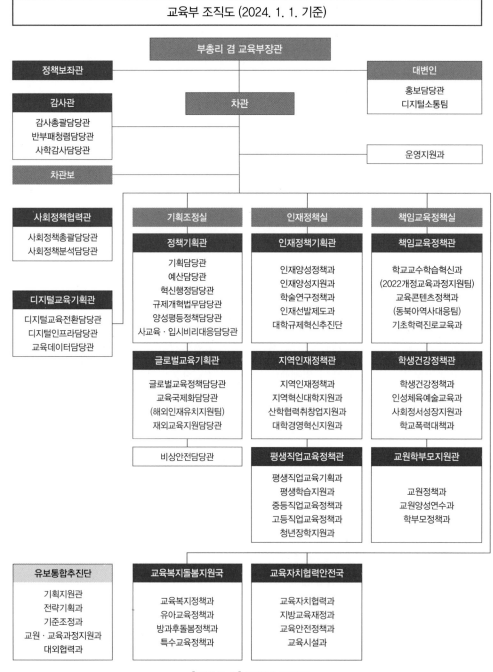

[그림 7-3] 교육부 조직도

출처: 교육부, 국가평생교육진흥원(2023: 74).

〈표 7-4〉 평생직업교육정책관 산하 평생교육 관련 부서 담당업무 및 인원

과	담당업무	인원
평생직업교육기획과	K-MOOC, 매치업, 평생교육통계, 자격제도, 원격대학, ACU, 장애인 고등교육 지원, 장애인평생교육 지원, 국가장애인평생교육진흥센터 운영 지원 등	14명
평생학습지원과	학원, 평생바우처, 학점은행제, 독학학위제, 성인문해교육, 전공대학, 평생교육시설, 평생학습 진흥 지원(계좌제, 평생교육사, 박람회), 지역평생교육활성화 지원, 사회적협동조합 등	12명

출처: 교육부 홈페이지.

(2) 국가평생교육진흥원

교육부 산하의 국가평생교육진흥원도 국가 및 중앙정부 수준의 평생교육 전담기구이다. 2008년 설립된 국가평생교육진흥원은 「헌법」 제31조 제5항, 「교육기본법」 제3조에 기초한 「평생교육법」 제19조 제1항에 의해 국가 주도의 평생교육 진흥에 관한 업무를 수행하기 위하여 설립되었다. 「평생교육법」 제19조에 따라 국가평생교육진흥원은 평생교육 진흥과 관련된 업무를 효율적으로 수행하며, '평생교육 진흥을 통한 국민 평생학습 활성화'를 미션으로 한다. 국가평생교육진흥원의 비전은 '온(溫) 국민 평생교육 안전망, 온(on) 시민 평생학습 플랫폼'이며, 핵심 가치는 공공성, 도전성, 혁신성, 신뢰성이다([그림 7-4] 참조).

국가평생교육진흥원은 공공기관이자 법인으로서 기관의 중요사항을 심의 · 의결하기 위한 이사회를 비롯하여 재무 상황 및 회계 현황을 검사하여 정당성 여부

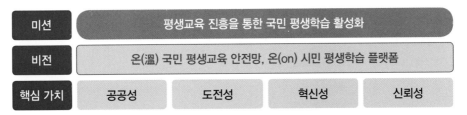

[그림 7-4] 국가평생교육진흥원의 미션 · 비전 · 핵심 가치

출처: 교육부, 국가평생교육진흥원(2023: 74).

를 조사하는 감사를 두고 있다. 2023년 3월 현재, 국가평생교육진흥원의 이사회
는 이사장 1인, 이사 12인(당연직 국가평생교육진흥원장, 교육부 평생직업교육정책관,
기획재정부 사회예산심의관 포함), 감사 1인 등 14명으로 구성된다. 이사회는 사업
계획 및 예산, 사업실적 및 결산, 임원 선임 및 해임, 정관 변경 등에 대한 심의·
결정 기능을 수행한다.

국가평생교육진흥원은 이사회 산하에 원장과 1실 5본부의 직제로 구성된다.
1실은 독립적 기구인 감사실이며, 5본부는 기획경영본부, 평생교육정책본부, 학
점·학력인증본부, 디지털평생교육본부, 대학·학교평생교육본부이다([그림
7-5] 참조).

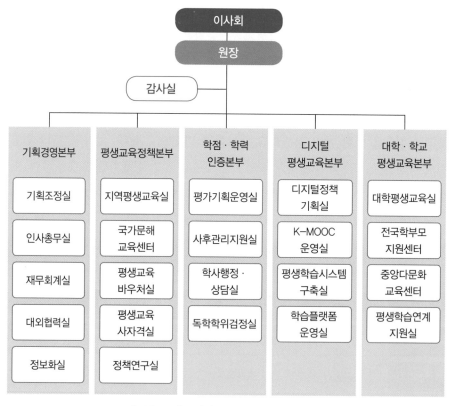

[그림 7-5] 국가평생교육진흥원의 조직도

출처: 교육부, 국가평생교육진흥원(2023: 75).

(3) 국가장애인평생교육진흥센터

국가장애인평생교육진흥센터는 2016년「평생교육법」이 개정되면서 장애인 평생교육에 대한 국가 책무가 추가됨에 따라, 이를 바탕으로 2008년 설립되었다. 「평생교육법」제19조의2에 따르면, 장애인평생교육진흥센터의 업무는 ① 장애인평생교육 진흥을 위한 지원 및 조사 업무, ② 평생교육진흥위원회가 심의하는 기본계획에 관한 사항 중 장애인평생교육 진흥에 관한 사항, ③ 장애 유형별 평생교육 프로그램 개발의 지원, ④ 장애인평생교육 종사자의 양성 · 교육 등이다.

국가장애인평생교육진흥센터는 임무와 기능을 수행하기 위해 운영목표를 '평생교육을 통한 장애인의 사회참여 증진과 삶의 질 향상 도모'와 '누구나 교육받을 수 있는 평생교육 환경'으로 설정하였다. 그리고 '장애인평생교육 진흥을 통한 장애인 행복 실현'을 비전으로 제시하였다(국가장애인평생교육진흥센터 홈페이지, 2023).

(4) 평생교육진흥위원회

평생교육진흥위원회는 중앙정부 수준의 심의 · 협의기구로「평생교육법」제10조 제1항에 따라 평생교육진흥정책에 관한 주요사항 심의를 위해 교육부장관이 평생교육진흥위원회를 설치한다. 평생교육진흥위원회의 심의사항은「평생교육법」제10조 제2항에 따라 평생교육 진흥 기본계획, 평생교육진흥정책의 평가 및 제도 개선, 평생교육지원 업무의 협력과 조정, 그 밖에 평생교육진흥정책을 위하여 대통령령으로 정하는 사항이다. 그 밖에 평생교육진흥정책을 위하여 대통령령으로 정하는 사항은「평생교육법 시행령」제4조에서 규정하고 있다. 구체적으로는 평생교육 시설 · 장비 등 평생학습 기반 확충에 관한 사항, 학습계좌 운영 및 학습결과의 활용촉진 등 제도 개선에 관한 사항, 평생학습문화의 조성 및 지원에 관한 사항, 평생교육진흥위원장이 필요하다고 판단하여 심의를 요구한 사항으로 규정하고 있다(교육부, 국가평생교육진흥원, 2023).

「평생교육법」제10조 제3항에 따라 평생교육진흥위원회는 위원장을 포함하여 20명 이내의 위원으로 구성된다. 위원장은 교육부장관이 맡고, 위원은 평생교육

과 관련된 관계 부처 차관, 평생교육·장애인교육과 관련된 전문가 등으로 구성
된다.

(5) 국가교육위원회

국가교육위원회는 평생교육을 포함한 교육 전반에 걸쳐 교육정책을 논의하는
기구로 교육혁신 및 중장기 교육정책 논의를 주도하기 위해 설립되었다. 「국가교
육위원회 설치 및 운영에 관한 법률」 제2조에 따라 국가교육위원회는 사회적 합
의에 기반 한 교육비전, 중장기 정책 방향 및 교육제도 개선 등에 관한 국가교육발
전계획 수립, 교육정책에 대한 국민의견 수렴·조정 등에 관한 업무를 수행하기
위하여 대통령 소속으로 설치되었다.

3) 향후 과제

최근 국가평생교육진흥원의 역할 강화, 교육부 평생교육 전담부서의 인재육성
과 평생직업교육으로의 재편, 국가장애인평생교육센터운영 등 기존의 추진체제
의 변화가 추진되고 있다. 또한 외곽 조직으로서 국가교육위원회가 체계화되었
고, 평생학습도시협의회, 각종 평생교육기관 협의회 등이 운영되고 있다. 또한 평
생교육 추진체제와 관련하여 향후 발전 계획도 구체화되고 있다. 2022년 12월 발
표된 '제5차 평생교육 진흥 기본계획(2023~2027)'에는 추진체제 측면에서 범정부
협력을 강화하고 중앙과 지방자치단체의 연계를 강화하는 등의 거버넌스 변화를
계획하고 있다. 구체적으로, 첫째, 사회부총리로서 교육부장관의 평생교육 진흥
총괄 역할 강화, 둘째, 정책지원의 확대를 위한 중점연구소 및 평생학습 빅데이터
센터 운영, 셋째, 유명무실화된 평생교육진흥위원회의 역할 강화 등의 방안이 제
안되었다(교육부, 2022a).

3. 지방자치단체 차원의 추진체제

1) 개요

지방자치단체 수준의 평생교육 추진체제 역시 중앙정부와 동일하게 법령 및 조례에 따라 행정기구, 전담기구, 심의·협의기구로 구분된다. 지방자치단체 행정기구는 광역자치단체 행정기구와 기초자치단체 행정기구의 두 가지로 나뉜다. 광역자치단체 행정기구는 시·도광역자치단체와 시·도교육청이고, 기초자치단체 행정기구는 시·군·구기초자치단체와 지역교육청이다. 광역이든 기초든 지방자치단체의 산하 조직으로서 직속기관도 행정기구에 포함된다. 지방자치단체 전담기구도 광역 및 기초 자치단체로 구분된다. 시·도광역자치단체 전담기구는 시·도평생교육진흥원이고, 기초자치단체 전담기구는 시·군·구평생학습관이다. 그리고 소규모 행정단위 전담기구로 읍·면·동평생학습센터가 있다.

지방자치단체 심의·협의기구 역시 광역과 기초 자치단체로 구분된다. 시·도광역자치단체심의·협의기구는 시·도평생교육협의회이고, 기초자치단체 심의·협의기구는 시·군·구평생교육협의회이다. 이 외에 지방자치단체에 따라 개별 평생교육 정책 및 사업과 관련된 심의·협의기구로서 시·도평생교육실무협의회, 시·군·구평생교육실무협의회, 문해교육심의위원회, 학습계약자문위원회 등을 운영한다(교육부, 국가평생교육진흥원, 2023).

2) 광역자치단체

(1) 시·도광역자치단체와 시·도교육청

광역자치단체 수준의 행정기구는 시·도광역자치단체와 시·도교육청이다. 1999년 이후 「평생교육법」의 지속적 개정과 함께 평생교육 정책 및 사업의 일부는 중앙정부와 시·도광역자치단체와 시·도교육청이 협력하여 진행하도록 하여 시 · 도광역자치단체와 시 · 도교육청의 권한을 크게 강화해왔다. 이로 인하여 시 · 도광역자치단체와 시 · 도교육청의 추진체제도 함께 확장되었다. 예를 들어,「평생교육법」에 명시된 교육부장관의 권한을 대통령령에 따라 시 · 도교육청의 장인 교육감이 위임받을 수 있다. 구체적으로 평생교육사 양성, 평생교육사 자격증 교부 및 재교부, 평생교육사 양성기관 지정, 평생교육이용권의 발급 및 사용 관리, 평생교육 종합정보시스템의 구축 · 운영(「평생교육법」 제44조) 등의 임무가 위임될 수 있다. 아울러「평생교육법」에 의해 평생교육시설의 지도 감독 및 조사, 청문 등의 권한도 시 · 도교육감과 광역자치단체장에게 부여된다. 위임된 임무

〈표 7-5〉 시 · 도광역자치단체와 시 · 도교육청의 평생교육 전담

시 · 도	시 · 도광역자치단체		시 · 도교육청	
	부서명	직원수	부서명	직원수
강원	교육법무과 교육지원팀	1	예산과 평생학습 담당	5
경기	평생교육국 평생교육과	30	평생교육과 평생교육 담당	9
경남	기획조정실 교육담당관 평생교육 담당	4	교육복지과 평생교육 담당	4
경북	교육협력과 평생교육 담당	4	창의인재과 평생교육 담당	6
광주	인재육성과 평생교육팀	3	중등교육과 평생교육팀	7
대구	교육협력정책관 평생교육팀	4	교육복지과 평생교육 담당	7
대전	교육도서관과 평생교육팀	3	교육복지안전과 평생교육 담당	4
부산	청년산학국 창조교육과 평생교육팀	3	교육혁신과 평생교육팀	6
서울	평생교육국 평생교육과	17	평생진로교육국 평생교육과	37
세종	자치행정국 교육지원과 평생교육 담당	4	운영지원과 학원평생교육 담당	8
울산	행정국 인재교육과 평생교육 담당	3	민주시민교육과 평생교육팀	4
인천	기획조정실 교육협력담당관 평생교육 담당	4	미래학교혁신과 평생교육팀	5
전남	희망인재육성과 평생교육 담당	1	행정과 평생교육팀	8
전북	교육협력추진단 평생교육팀	3	미래인재과 평생교육 담당	7
제주	문화체육교육국 평생교육정책과	7	미래인재교육과 평생교육 담당	3
충남	기획조정실 교육지원담당관 평생교육팀	4	교육혁신과 평생교육팀	7
충북	청년정책담당관 평생교육팀	2	재무과 사학학운위팀 평생교육 담당	1

출처: 교육부, 국가평생교육진흥원(2023: 82-83).

를 수행하기 위해 시·도광역자치단체와 시·도교육청은 하위에 전담부서를 설치·운영한다. 지방자치단체에 따라 전담부서의 직제나 구성 인원은 차이가 있다(〈표 7-5〉 참조).

2023년 2월 현재 17개 시·도광역자치단체 및 시·도교육청은 각각 평생교육 전담부서나 담당을 배치하였다. 서울특별시와 경기도는 평생교육국을 설치하고, 하위에 평생교육과를 주무부서로 두었다. 광주, 대구, 대전, 부산, 전북, 제주, 충북, 충남은 평생교육(정책)과 또는 평생교육팀을 설치·운영한다. 이외의 광역자치단체는 평생교육 담당 또는 교육지원팀(강원)의 방식으로 평생교육 업무를 배치하였다. 부서의 직제에 따라 직원 수는 시·도지방자치단체별로 상당한 차이가 있다. 예를 들어, 경기도는 평생교육과에 30명, 서울은 평생교육과에 17명을 배치하였고, 제주는 평생교육정책과에 7명을 배치하였다.

시·도교육청은 서울시교육청만 평생교육진로국을 운영하고, 이외의 시·도교육청은 팀 또는 담당으로 평생교육 전담부서를 운영한다. 시·도교육청 중 가장 많은 인력을 배치하고 있는 서울시교육청은 평생진로교육국 산하에 평생교육과, 민주시민생활교육과, 진로직업교육과, 체육건강예술과, 특수교육과의 5개 과로 구성되었다. 서울시교육청 평생교육과는 〈표 7-6〉과 같이 다양한 평생교육 업무를 수행한다.

〈표 7-6〉 **서울시교육청 평생교육 주무부서의 업무 및 인원**

과	담당 업무	인원
평생교육과	평생교육 기획·운영 추진, 지역평생학습 협력체제 구축, 평생학습도시 조성사업 지원, 서울평생교육 후원체제 구축·운영, 학교형태 평생교육시설, 검정고시, 학력인정 문해교육, 장애성인 평생교육, 학력미인정 학교형태 평생교육시설, 평생교육 관련 포상, 서울평생교육정보센터, 문해교육 및 학교평생교육 관계자 연수, 평생교육 관련 통계, 도서관·평생학습관, 독서문화진흥, 평생교육 지원 추진체계, 교육자원봉사지원센터, 학원정책, 공익(비영리)법인 등	35명

출처: 서울시교육청 홈페이지.

(2) 시·도평생교육진흥원과 시·도평생교육협의회

광역자치단체 수준의 전담기구는 시·도평생교육진흥원이다. 「평생교육법」 제20조 등에 따라 시·도광역자치단체장은 시·도평생교육진흥원을 설치 또는 지정·운영할 수 있다. 또한 「평생교육법」 제20조 제2항에 따라 시·도평생교육 진흥원은 해당 지역의 평생교육 기회 및 정보의 제공, 평생교육 상담, 평생교육 프로그램 운영, 장애인 대상 평생교육 프로그램 운영, 평생교육기관 연계체제 구축, 국가 및 시·군·구 협력·연계 등의 업무를 수행한다. 2022년 현재 17개 광역자치단체는 모두 시·도평생교육진흥원을 단독 법인이나 법인 하위 부서 등의 다양한 형태로 설치·운영하고 있다.

(3) 시·군·구평생학습관과 읍·면·동평생학습센터

기초자치단체 전담기구는 시·군·구평생학습관과 읍·면·동평생학습센터 등이다. 「평생교육법」 제21조에 따라 시·군·구자치단체장과 시·도교육감은 해당 지역의 주민을 위한 평생학습관을 설치 또는 지정하도록 의무 규정되어 있다. 평생학습관에서는 평생교육 프로그램을 운영하고 평생교육 기회를 제공한다. 〈표 7-7〉과 같이 2022년 현재 전국의 평생학습관은 총 523개로, 2021년 대비 22개가 증가하였다. 또한 시·도시·군·구자치단체장은 「평생교육법」 제21조의3에 의해 읍·면·동평생학습센터를 설치할 수 있으며, 지역교육청도 시·도교육감의 위탁으로 평생학습센터를 운영할 수 있다.

광역지방자치단체 수준의 심의 기구는 시·도평생교육협의회이다. 시·도 지

〈표 7-7〉 시·도별 평생학습관 현황 (단위: 개)

전국	서울	부산	대구	인천	광주	대전	울산	세종
523	82	32	15	26	22	17	7	1
경기	강원	충북	충남	전북	전남	경북	경남	제주
93	35	23	32	24	32	39	35	8

출처: 교육부, 국가평생교육진흥원(2023: 86).

방자치단체장은 「평생교육법」 제12조 제1항에 따라 시・도지사 소속으로 시・도 평생교육협의회를 설치할 수 있다.

시・도평생교육협의회의 역할은 시・도지방자치단체의 평생교육 기본계획에 따라 연도별 평생교육진흥시행계획의 수립과 시행에 필요한 사항을 심의하는 것이다. 시・도평생교육협의회의 구체적 운영은 조례를 통하여 규정된다. 예를 들어, 경기도는 「경기도 평생교육 진흥 조례」를 통해 경기도평생교육협의회의 설치, 기능, 구성, 임기, 의장직무, 회의, 의견청취, 수당, 운영규정 등의 사항을 정하였다(교육부, 국가평생교육진흥원, 2023).

2) 기초자치단체

(1) 시・군・구기초자치단체와 지역교육청

시・군・구기초자치단체도 행정기구, 전담기구, 심의・협의기구로 구성된 평생교육 추진체제가 운영된다. 행정기구는 시・군・구기초자치단체, 지역교육청, 그리고 직속기관이다. 「평생교육법」 제5조에 따라 기초자치단체도 광역자치단체와 동등하게 평생교육 임무를 부여받는다. 즉, 평생교육진흥정책과 평생교육사업의 수립・추진, 장애인평생교육에 대한 정책의 수립・시행, 장애인평생교육을 위한 유기적 협조체제 구축, 소관 단체・시설・사업장 등의 설치자에 대한 평생교육 실시 권장, 평생교육 정보 제공 및 상담 등 지원 활동 등의 임무를 부여받는다.

「평생교육법」에서 정한 기초자치단체의 평생교육 임무를 수행하기 위한 구체적 사항은 지방자치단체마다 조례를 통해 규정한다. 지역교육청은 시・도교육청의 산하 교육지원청으로. 시・도교육청의 평생교육 임무를 기초자치단체 수준에서 지원, 실천할 수 있도록 지역 특성을 반영하여 교육 정책 및 사업을 추진한다. 지역교육청은 시・도교육청으로부터 권한을 위임받아, 해당 지역의 학교, 도서관, 박물관 등에서 지역 주민을 위한 평생교육 프로그램을 운영하고, 평생교육시설 관리・감독의 임무를 수행한다. 2021년 현재 전국 17개 시・도교육청 산하에 176개의 교육지원청이 있다(교육통계서비스 홈페이지, 2023).

(2) 시·군·구평생교육협의회

기초자치단체의 평생교육 심의·협의기구는 시·군·구평생교육협의회이다. 그 밖에도 필요에 따라 시·군·구평생교육실무협의회, 문해교육심의위원회, 학습계약자문위원회 등의 심의·협의기구가 구성 및 운영된다. 「평생교육법」 제14조 제1항에 따라 시·군·구기초자치단체는 지역 주민을 위한 평생교육의 실시와 관련되는 사업 간 조정 및 유관기관 간 협력 증진을 위하여 시·군·구평생교육협의회를 설치할 수 있다. 시·군·구평생교육협의회는 평생학습에 관한 기본계획의 수립 및 지원, 평생학습도시 조성, 그 밖에 평생학습에 대하여 구청장이 부의하는 사항을 협의·조정 및 심의·의결한다.

3) 향후 과제

평생교육의 실천에 있어서 지방자치단체의 주요성이 증가함에 따라 그동안 지방자치단체의 평생교육 추진체제의 강화와 이를 위한 예산 지원 및 권한 위임 등이 이루어졌다. 하지만 인구 감소와 지역 소멸이라는 국가적 위기의식 안에서 지방자치단체의 부활을 추진하기 위한 핵심적 기제로서 평생교육이 더욱 강조되고 있다. 2022년 12월 발표된 '제5차 평생교육 진흥 기본계획(2023~2027)'의 두 번째 과제 방향은 중요한 정책이나 사업의 내용은 지방자치단체가 중심이 되고 지역대학, 지역기업, 관련 기관이 참여하는 지역 평생학습 거버넌스 구축이었다. 이는 기존 지방자치단체 평생학습 추진체제인 시·도지사와 시·도교육감 그리고 진흥원과 평생학습관의 체제는 그대로 유지하되, 대학, 기업, 연구기관, 공공기관 등의 참여가 확대되어 양질의 프로그램 공급, 학습 데이터 누적, 취업 지원과 채용 연계가 가능한 체계가 더해진 것이다(교육부, 2022a). 지방자치단체에서 평생교육을 활성화함으로써 지방자치단체의 인구 확대와 지역 살리기에 힘을 실을 수 있다는 점에서 향후 지방자치단체의 평생교육 추진체제의 역량 강화가 이루어져야 할 것이다.

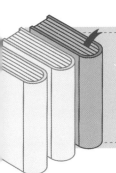

제**8**장

평생교육사

1. 평생교육사의 정의

평생교육사란 「평생교육법」 제 24조에 따라 평생교육의 기획, 진행, 분석, 평가 및 교수 업무 등을 수행하는 평생교육 현장의 전문인력이다. 평생교육사는 평생교육의 목적을 달성하기 위해 전문적 지식을 가지고 현장에서 평생교육을 실천하는 사람이다. 평생교육사 제도는 평생교육의 질 향상에 크게 기여할 수 있도록 전문인력을 양성하여 평생교육에 참여하는 학습자들의 학습경험을 더욱 의미 있게 만드는 데 중요한 역할을 한다. 특히 급격한 사회변화와 학습자들의 다양한 학습 요구의 증가로 평생교육 참여가 늘어남에 따라 평생교육의 효과성 증진을 위해서도 평생교육사의 존재가 더욱 중요해졌다. 과거 「사회교육법」(1982)이 제정되기 전까지는 평생교육 영역에서 종사하는 사람들을 지칭하는 전문적인 용어가 존재하지 않았으며, 보통 사회교육자, 사회교육지도자, 사회교육종사자 등의 명칭으로 불리어 왔다. 이후 평생교육 영역에 대한 관심과 종사자의 전문성 확보에 대한 필요성이 대두되면서 평생교육 종사자의 자격 및 공적 인정체제 수립에 대한 요구가 증가함에 따라 평생교육사의 양성이 더욱 중요해졌다.

2. 평생교육사 제도의 변천

평생교육사 자격제도는 1982년 「사회교육법」 제정으로 이루어진 사회교육전문요원 양성에서부터 비롯되었으며, 평생교육 분야의 전문가 양성을 목적으로 한다. 1982년의 「사회교육법」의 제정과 다음 해 「사회교육법 시행령」이 공포됨에 따라 주로 대학에서 사회교육전문요원의 양성이 이루어졌으며, 일정한 자격을 취득한 평생교육 분야의 인력을 사회교육전문요원이라 부르게 되었다. 이후 1999년 「평생교육법」이 제정되고, 2000년 「평생교육법 시행령」이 공포되면서 사회교육전문요원의 명칭은 평생교육사로 변경되었다.

「헌법」 제31조에 의한 국가의 평생교육 진흥 의무에 따라, 국가는 「평생교육법」 제24조에 근거하여 평생교육을 진흥하기 위한 전문인력으로 평생교육사를 양성하고 있다. 평생교육사는 전문지식을 가지고 현장에서 평생교육 관련 업무를 수행한다. 「평생교육법」 제26조에 따르면 평생교육사는 평생교육기관에 의무적으로 배치되며, 「평생교육법 시행령」 제22조에서는 의무 배치 대상 기관과 배치기준을 규정하고 있다. 국가 및 시·도평생교육진흥원, 시·군·구평생학습관, 학력인정 평생교육시설을 제외한 장애인평생교육시설 및 「평생교육법」에 따른 평생교육시설, 학점은행기관, 그리고 그밖에 타 법령에 따라 평생교육을 주된 목적으로 하는 시설·법인 또는 단체에는 평생교육사를 의무적으로 배치하여야 한다. 법으로 규정된 평생교육기관 외에도 시·도교육청 및 지역 교육지원청, 시·도청 및 시·군·구청, 읍·면·동평생학습센터에도 평생교육사가 배치되어 평생교육사의 배치 기관이 점차 확대되고 있다.

3. 평생교육사 자격제도

1) 제도 개요

1982년 「사회교육법」의 제정과 함께 양성되기 시작한 사회교육전문요원의 숫자는 2021년까지 총 15만 5백여 명에 달한다(교육부, 국가평생교육진흥원, 2023). 평생교육사 자격제도는 두 번의 「평생교육법」 개정을 통해 개편되었다. 1999년 「사회교육법」이 「평생교육법」으로 전면개정되면서 사회교육전문요원의 명칭이 평생교육사로 변경되었고, 자격체계도 1·2등급에서 1·2·3등급 체계로 개편되었다. 2007년에 「평생교육법」의 전부개정으로 과정이 개편되어, 이수 학점체제도 2학점에서 3학점으로, 평생교육실습은 비학점화에서 학점화로 변경되었고, 실습시간은 120시간에서 160시간으로 증가하였다. 또한 평생교육사 1급 자격은 승급과정을 통해서만 취득할 수 있게 되었다. 2013년에는 「평생교육법」의 일부개정으로 평생교육사 자격증의 발급이 국가평생교육진흥원으로 일원화되어 국가평생교육진흥원에서 자격증을 교부·재교부하고 있다.

2) 평생교육사 자격

평생교육사 자격 등급은 1·2·3급으로 분류되며, 「평생교육법 시행령」 제18조에 기초한 양성과정과 승급과정으로 이루어진 이수과정을 거쳐 자격을 취득한다. [그림 8-1]에는 양성과정과 승급과정의 기관, 학점이수, 급수, 승급과정 이수, 자격요건 등 이수과정이 제시되어 있다. 양성과정은 (전문)대학, 대학원, 학점은행기관 등 평생교육사 양성기관에서 운영하는 관련 과목을 일정 학점 이상 이수하여 2급 또는 3급 자격을 취득하는 과정이고, 승급과정은 일정 자격요건을 갖춘 평생교육사 자격증 소지자가 상위 급수(1급·2급)로 승급하기 위해 이수하는 과정이다.

[그림 8-1] 평생교육사 이수과정

출처: 교육부, 국가평생교육진흥원(2023: 131).

 평생교육사 자격은 1 · 2 · 3급의 세 가지 등급으로 분류되며, 「평생교육법 시행령」 제16조는 평생교육사 자격을 취득할 수 있는 등급별 자격요건을 〈표 8-1〉과 같이 구체적으로 제시하고 있다. 평생교육사 3급은 대학이나 학점은행기관 등에서 관련 과목을 21학점 이상 이수하고 학위를 취득한 자 등이 취득할 수 있다. 2급은 대학원에서 필수과목을 15학점 이상 이수, 또는 대학 및 학점은행기관 등에서 관련 과목을 30학점 이상 이수하고 학위를 취득한 자, 그리고 평생교육사 3급 자격증을 보유하고 3년 이상 관련 경력이 있는 자로서 평생교육사 2급 승급과정을 이수한 자 등이 취득할 수 있다. 1급은 2급 취득 후 평생교육 관련 업무를 5년 이상 수행한 경력이 있는 자로서 국가평생교육진흥원에서 운영하는 평생교육사 1급 승급과정을 이수해야 취득할 수 있다.

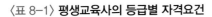

〈표 8-1〉 **평생교육사의 등급별 자격요건**

등급	자격 기준
평생교육사 1급	평생교육사 2급 자격증을 취득한 후, 교육부장관이 정하는 평생교육과 관련된 업무에 5년 이상 종사한 경력이 있는 자로서 진흥원이 운영하는 평생교육사 1급 승급과정을 이수한 자
평생교육사 2급	1. 「고등교육법」 제29조 및 제30조에 따른 대학원에서 교육부령으로 정하는 평생교육과 관련된 과목 중 필수과목을 15학점 이상 이수하고 석사 또는 박사학위를 취득한 자. 다만, 「고등교육법」 제2조에 따른 학교(이하 "대학"이라 한다)에서 필수과목을 이수한 경우에는 선택과목으로 필수과목 학점을 대체할 수 있다. 2. 대학 또는 이와 같은 수준 이상의 학력을 인정할 수 있는 기관, 「학점인정 등에 관한 법률」에 따라 평가인정을 받은 학습과정을 운영하는 교육훈련기관에서 관련과목을 30학점 이상 이수하고 학위를 취득한 자 3. 대학을 졸업한 자 또는 이와 같은 수준 이상의 학력이 있다고 인정되는 자로서 다음 각 목의 어느 하나에 해당하는 기관에서 관련과목을 30학점 이상 이수한 자 　가. 대학 또는 이와 같은 수준 이상의 학력을 인정할 수 있는 기관 　나. 법 제25조제1항에 따른 평생교육사 양성기관(이하 "지정양성기관"이라 한다.) 　다. 학점은행기관 4. 평생교육사 3급 자격증을 보유하고 관련업무에 3년 이상 종사한 경력이 있는 자로서 진흥원이나 지정양성기관이 운영하는 평생교육사 2급 승급과정을 이수한 자
평생교육사 3급	1. 대학 또는 이와 같은 수준 이상의 학력을 인정할 수 있는 기관, 학점은행기관에서 관련과목을 21학점 이상 이수하고 학위를 취득한 자 2. 대학을 졸업한 자 또는 이와 같은 수준 이상의 학력이 있다고 인정되는 자로서 다음 각 목의 어느 하나에 해당하는 기관에서 관련과목을 21학점 이상 이수한 자 　가. 대학 또는 이와 같은 수준 이상의 학력을 인정할 수 있는 기관 　나. 지정양성기관 　다. 학점은행기관 3. 관련업무에 2년 이상 종사한 경력이 있는 자로서 진흥원이나 지정양성기관이 운영하는 평생교육사 3급 양성과정을 이수한 자 4. 관련업무에 1년 이상 종사한 경력이 있는 공무원 및 「초·중등교육법」 제2조제1호부터 제5호까지의 학교 또는 학력인정 평생교육시설의 교원으로서 진흥원이나 지정양성기관이 운영하는 평생교육사 3급 양성과정을 이수한 자

출처: 「평생교육법 시행령」 제16조 제2항 별표 1의 3.

4. 평생교육사 양성 및 배치 현황

1) 평생교육사 양성 현황

평생교육사의 전신인 사회교육전문요원은 〈표 8-2〉에서와 같이, 1986년에서 1999년 「평생교육법」 제정 이전까지 20,015명이 양성되었다. 2000년 이후 양성 인원이 꾸준히 증가하여 2015년에 8,404명으로 가장 많은 평생교육사가 배출되었다. 최근 3년간 양성 현황을 보면 2020년 6,741명, 2021년 6,734명, 2023년 6,693명으로 약간의 감소 추세가 나타난다. 2023년 12월을 기준으로 양성된 평생교육사의 수는 총 157,235명이다. 평생교육사 자격 등급별 분석에 따르면, 1급이 전체의 0.6%인 985명, 2급이 94.4%인 148,432명, 3급이 5.0%인 7,818명으로, 평생교육사 대부분이 2급 자격을 소지하고 있다.

2018년부터 2021년까지 최근 4년간 평생교육사 양성기관으로는 학점은행제를 운영하는 일반평생교육시설이 2021년 2,766명, 2018년부터 2021년까지 4년 동안 9,650명(35.8%)으로 가장 많은 평생교육사를 양성하였고, 이어서 방송통신대학교가 2021년 1,084명, 4년 동안 5,210명(19.3%)을, 일반대학이 2021년 855명, 4년 동안 3,914명(14.5%)을 양성하였다. 한편, 정규교육과정과 비정규교육과정으로 양성과정을 구분하여 보면, 2021년에는 대학, 대학원 등 정규교육과정을 통해 3,926명(58.3%)의 평생교육사가 양성되어 비정규교육과정보다는 정규교육과정을 통해 더 많은 평생교육사가 양성되었다(교육부, 국가평생교육진흥원, 2023).

〈표 8-2〉 연도별 평생교육사 양성(자격증 발급) 현황   (단위: 명)

연도	1급	2급	3급	총계	비고
1986~1999년	0	21,007	2,008	23,015	(구)사회교육전문요원
2000년	22	1,548	344	1,914	평생교육사
2001년	25	2,878	513	3,416	
2002년	38	2,957	636	3,631	
2003년	31	2,982	601	3,614	
2004년	32	2,776	551	3,359	
2005년	26	3,734	490	4,250	
2006년	33	3,735	143	3,911	
2007년	16	4,566	316	4,898	
2008년	33	5,448	273	5,754	
2009년	57	5,447	260	5,764	
2010년	55	6,697	383	7,135	
2011년	30	6,808	221	7,059	
2012년	70	7,900	183	8,153	
2013년	58	7,633	156	7,847	
2014년	42	7,791	113	7,946	
2015년	44	8,278	82	8,404	
2016년	38	6,923	81	7,042	
2017년	43	6,386	67	6,496	
2018년	87	6,618	83	6,788	
2019년	76	6,532	63	6,671	
2020년	38	6,626	77	6,741	
2021년	44	6,625	65	6,734	
2022년	47	6,537	109	6,693	
총계	985	148,432	7,818	157,235	

출처: 교육부, 국가평생교육진흥원(2022).

2) 평생교육사 배치현황

「평생교육법」 제26조는 평생교육기관에 평생교육사를 배치 및 채용에 대한 기준을 명시하고 있으며, 「평생교육법 시행령」 제22조는 의무 배치 기준 및 대상 기관을 〈표 8-3〉에서 제시된 바와 같이 규정하고 있다.

국가 및 시·도평생교육진흥원은 1급 평생교육사 1명 이상을 포함한 5명 이상, 시·군·구평생학습관은 정규직원이 20명 이상일 경우 1급 또는 2급 평생교육사 명을 포함한 2명 이상, 정규직원이 20명 미만일 경우에는 1급 또는 2급 평생교육사 1명 이상, 그 외 장애인평생교육시설, 평생교육시설, 학점은행기관 등은 평생교육사 1명 이상을 의무적으로 배치해야 한다.

〈표 8-3〉 평생교육사 배치 대상 기관 및 배치 기준

배치 대상 기관	배치 기준
1. 진흥원, 시·도진흥원	• 1급 평생교육사 1명 이상을 포함한 5명 이상
2. 장애인평생교육시설	• 평생교육사 1명 이상
3. 시·군·구평생학습관	• 정규직원 20명 이상: 1급 또는 2급 평생교육사 1명을 포함한 2명 이상 • 정규직원 20명 미만: 1급 또는 2급 평생교육사 1명 이상
4. 법 제30조에서 제38조까지의 규정에 따른 평생교육시설(학력인정 평생교육시설은 제외한다.) 「학점인정 등에 관한 법률」 제3조제1항에 따라 평가인정을 받은 학습과정을 운영하는 교육훈련기관 및 법 제2조제2호다목의 시설·법인 또는 단체	• 평생교육사 1명 이상

출처: 교육부, 국가평생교육진흥원(2023: 135).

　평생교육사의 평생교육기관 배치현황은〈표 8-4〉에서 제시된 바와 같이, 전체 4,869개 평생교육기관의 77.4%인 3,770개 기관에 평생교육사가 배치된 것으로 나타났다. 시·도평생교육진흥원은 모든 기관에, 시·군·구평생학습관에는 81.6%인 409개 기관에 평생교육사가 배치되어 있었다. 평생교육시설 중에서는 사업장 부설 평생교육시설의 평생교육사 배치율이 94.9%로 가장 높았으며, 다음으로 대학(원) 부설 평생교육시설이 79.5%로 높았다. 언론기관 부설 평생교육시설은 72.4%, 시민사회단체 부설 평생교육시설은 74.9%로 다른 평생교육시설에 비해 평생교육사 배치율이 낮았다.

　평생교육기관에 배치된 평생교육사 현황을 보면 3,770개 기관에 5,869명이 배치되어 있다. 전체 4,869개 평생교육기관당 평균 1.2명의 평생교육사가 근무하고

〈표 8-4〉 평생교육기관 유형 및 평생교육사 자격 등급별 배치 현황　　　　(단위: 개, 명)

구분		총 기관 수	평생교육사 수				기관당 평생교육사 수
			계	1급	2급	3급	
평생교육기관	시·도평생교육진흥원	17	208	43	162	3	12.2
	시·군·구평생학습관	501	926	113	799	14	1.8
	학교 부설 평생교육시설　초·중등학교	9	8	–	7	1	0.9
	대학(원)	419	645	33	601	11	1.5
	사업장 부설 평생교육시설	389	478	20	448	10	1.2
	언론기관 부설 평생교육시설	1,343	1,105	40	859	206	0.8
	지식·인력개발 형태평생교육시설	564	615	17	568	30	1.1
	시민사회단체 부설평생교육시설	423	440	23	393	24	1.0
	원격 형태 평생교육시설	1,204	1,444	61	1,323	60	1.2
소계		4,869	5,869	351	5,162	359	1.2

출처: 교육부, 국가평생교육진흥원(2023: 136).

있는 것으로 나타났다. 17개 시ㆍ도평생교육진흥원에는 기관당 12.2명으로 기관당 가장 많은 평생교육사가, 시ㆍ군ㆍ구평생학습관은 평균 1.8명의 평생교육사가 배치되어 있었다. 언론기관 부설 평생교육시설은 기관당 0.8명, 초ㆍ중등학교 부설 평생교육시설은 기관당 0.9명으로 기관당 평균 1명 미만의 평생교육사가 배치되어 있는 것으로 나타났다.

3) 평생교육사 승급과정 운영 현황

국가평생교육진흥원은 「평생교육법 시행령」 제16조와 제18조에 따라 평생교육사 승급과정을 운영하고 있다. 2023년 평생교육사 승급과정의 교육 내용은 〈표 8-5〉와 같다. 1급 승급과정은 평생교육기관 경영자 및 평생교육 정책 전문가로서의 평생교육사를 양성하고, 2급 승급과정은 평생교육 프로그램 전문가로서의 평생교육사를 양성하기 위한 내용으로 구성되었다.

〈표 8-5〉 **평생교육사 승급과정 교육 내용**

평생교육사 1급 승급과정			평생교육사 2급 승급과정		
영역	이수 과목명	시간	영역	이수 과목명	시간
평생교육 비전과정	평생교육사의 역할 및 철학	3H	평생학습 환경분석		
	「평생교육법」과 정책의 이해	3H			
	평생교육사의 직업윤리	3H		평생교육사의 역할 및 철학	3H
	평생교육 리더십	3H		「평생교육법」과 정책의 이해	3H
	국내외 평생교육동향	3H		국내외 평생교육 동향	3H
	평생교육사 비전 워크숍	3H		요구조사분석	3H
	성평등ㆍ인권교육	2H			
	조별 프로젝트 운영 및 발표	5H			
평생교육 기관경영 및 관리	평생교육기관 운영 및 문제해결	3H	평생학습 기획		
	평생교육기관 비전 및 전략	3H		사업기획의 실제	3H
	조직분석 및 기관역량 분석	3H		평생교육 실무행정	3H
	마케팅 및 기관홍보전략 수립	3H		평생교육 자원관리	3H
	평생교육기관 재무관리	3H			
	평생교육기관 성과관리	3H			

평생교육 사업 및 정책	평생교육사업 기획	3H	평생교육 프로그램 개발 · 운영 · 평가	평생교육 프로그램의 이해와 텍소 노미	3H
	평생교육사업 타당성 분석	3H		평생교육 프로그램 기획 및 분석	3H
	평생교육사업 설계 및 모니터링	3H		평생교육 프로그램 설계 및 개발	3H
	평생교육사업 평가 및 성과관리	3H		평생교육 프로그램 운영	3H
	평생교육 정책제안 워크숍(I)	3H		평생교육 프로그램 마케팅 및 홍보	3H
	평생교육 정책제안 워크숍(II)	3H		평생교육 프로그램 평가	3H
변화촉진 및 지역디자인	평생학습과 변화촉진	3H	지역 네트워크	지역사회교육의 이해	3H
	평생학습동아리 조직화	3H		지역동향 및 기관역량 분석	3H
	평생학습네트워크전략	3H		평생교육 네트워크	3H
	지역사회와 평생교육리더	3H		실천현장 사례공유	3H
	실천현장 사례공유	3H			
평생학습 상담 및 컨설팅	생애발달과 평생학습담당	3H	교수학습 기법 및 상담	성인학습자의 이해	3H
	진로상담과 경력개발	3H		평생교육 상담 및 학습설계	3H
	평생교육 컨설팅의 이해	3H		교수-학습기법 실습	3H
	평생교육 컨설팅 실제	3H			
평생교육 교수학습	평생교육을 위한 효과적인 교수 법(I)	3H	기타	평생교육기관 및 행사 견학 (조별 프로젝트 운영 및 발표)	3H
	평생교육을 위한 효과적인 교수 법(II)	3H		성평등 · 인권교육	2H
				개강식 및 종강식	2H
기타	개강식 및 종강식	2H		종합시험	3H
	종합시험	3H		평생교육기관 및 행사 견학 (조별 프로젝트 운영 및 발표)	3H
	개별 프로젝트	6H		성평등 · 인권교육	2H
				개강식 및 종강식	2H
				종합시험	3H
교육과정	**6개 영역 / 31과목**	**105H**	**교육과정**	**5개 영역 / 21과목**	**70H**

출처: 교육부, 국가평생교육진흥원(2023: 137).

2022년 평생교육사 2급 승급과정은 수요가 없어 폐강되었으며, 1급 승급과정
만 운영되었다. 〈표 8-6〉에는 평생교육사 1급 승급과정 운영 현황이 각각 제시
되어 있다.

〈표 8-6〉 **2022년 평생교육사 1급 승급과정 운영 현황**

구분	1급 승급과정 개요
교육 기간	2022. 6. 24.(금)~2022. 9. 3.(토)
교육 방법	온라인 플랫폼을 활용한 실시간 비대면 교육과 집합 교육 병행
교육 인원	47명

출처: 교육부, 국가평생교육진흥원(2023: 138).

4) 향후 과제

급변하는 사회에서 다양한 학습자들의 특성과 평생교육 요구에 적합한 평생교육을 제공하기 위해서는 평생교육사의 전문성이 매우 중요하다. 평생교육사는 「평생교육법」에서 규정하는 교과를 이수하면 자격을 취득하는 과정이수형 자격이기 때문에 자격 취득 이후에도 계속 전문성 개발이 필요하다. 그러나 평생교육사는 다른 유사 국가전문자격인 사회복지사, 청소년지도사, 보육교사 등과 달리 보수교육의 의무적 이수가 법제화되어 있지 않다. 「평생교육법 시행령」 제19조에서 평생교육사의 전문성 신장을 위해 국가 및 시·도평생교육진흥원에서는 평생교육사 대상의 연수를 규정하고 있지만 연수 참여는 의무 사항이 아니어서 현장의 평생교육사의 전문성을 높이는 데 어려움이 있다. 따라서 평생교육사 보수교육의 의무화를 위한 「평생교육법」의 개정이 요구된다.

아울러 전문성을 갖춘 평생교육사의 배치를 위한 법적·제도적 개선이 필요하다. 「평생교육법」 제26조에서는 평생교육사를 평생교육기관에 의무적으로 배치하도록 규정하고 있다. 평생교육기관의 평생교육사 배치율은 지속적으로 증가해 2018년 79.8%로 최고점에 달했다가 2021년 79.2%, 2023년 77.4%로 감소하고 있다. 약 23%에 해당하는 기관에 평생교육사가 여전히 배치되어 있지 않은 상황이다(교육부, 국가평생교육진흥원, 2023).

또한 평생교육기관의 평생교육사 배치를 지도 및 감독할 법 조항이 없다. 따라서 평생교육사의 배치 위반 사항을 관리할 수 있는 법적·제도적 기반이 마련되

고 평생교육사 배치 기준이 개편되어야 한다. 국가 및 시·도평생교육진흥원을
제외한 평생교육기관의 평생교육사 최소 배치 기준은 기관 당 1명이며(시·군·
구평생학습관의 경우 정규직 직원 20명 이상일 경우 2명 이상), 평생교육시설의 경우
자격 등급에 대한 배치 기준이 없다. 기관 특성별로 지역의 인구, 기관의 학습자
수, 프로그램 수 등에 따른 평생교육사의 배치가 가능하도록 기준을 마련할 필요
가 있다. 급격한 사회경제적 변화에 부응하는 평생교육사의 전문성 함양에 대한
사회적 요구가 높아지고 있다. 현재 평생교육사 1급은 2~3급과 역할과 직무 면에
서 차별화가 어렵다는 지적이 있어 왔다. 평생교육사 1급 자격의 전문성을 강화
하기 위한 교육과정 운영 및 이수 관리 체계의 개선도 이루어져야 할 것이다(교육
부, 국가평생교육진흥원, 2023).

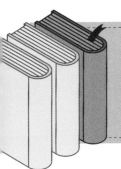

제9장
평생교육 인정의 주요 제도

1. 학점은행제

1) 학점은행제의 의의와 도입 배경

학점은행제는 1997년 공포된 「학점인정 등에 관한 법률」(제5275호)에 의거하여, 정규학교에서뿐만 아니라 학교 밖에서 이루어지는 다양한 형태의 학습과 경험을 학점으로 인정받고, 학점이 누적되어 일정 기준을 충족하면 학사 또는 전문학사 학위 취득이 가능한 제도이다. 제도화된 학교교육은 물론 다양한 교육 영역 간 균형 발전을 위하여 학교 밖에서 이수한 결과 및 성인학습자의 다양한 학습경험을 인정하고 제도적으로 연계하여 학위 취득의 기회를 제공함으로써 국민의 평생학습권을 보장하고 궁극적으로 열린 평생학습사회를 구현하는 것을 목적으로 한다.

1995년 대통령 직속 교육개혁위원회는 열린 평생학습사회를 실현하기 위한 새로운 교육체제에 대한 비전으로 학점은행제를 제안하였고, 이에 따라 「학점인정 등에 관한 법률」 등 관련 법령이 제정되어 1998년부터 시행되고 있다. 학점은행제에 기초하여 학습자가 학교 및 학교 밖에서 얻은 다양한 형태의 학습과 경험을 객관적인 기준에 의해 정규 대학에서 취득한 학점과 동등하게 인정하고 있다. 즉, 고등교육을 받지 못한 사람에게 고등교육 학력을 취득할 기회를 주는 대안적 방식의 제도라는 점에 그 의의가 있다. 국민의 평생학습권을 보장하고 다양한 평생학습의 결과를 사회로부터 인정받도록 함으로써 정규 고등교육의 한계를 보완한다는 점에서 평생학습을 인정하는 제도로서의 의의가 크다. 평생교육과 학교교육의 학습의 결과를 상호적으로 인정하고, 특히 고등교육 분야의 다양한 제도를 연계한다는 점에서 우리나라의 대표적인 개방형 평생학습제도이다. 학점은행제는 1997년 한국교육개발원에 위탁되어 1998년 3월부터 실시되었고, 2007년 전면개정된 「평생교육법」에 따라 국가평생교육진흥원으로 그 업무가 이관되어 2008년부터 운영하고 있다.

2) 추진 경과

1997년 당시 교육과학기술부는 학점은행제 도입에 관한 공론화 과정을 거쳐 1997년 1월 13일 「학점인정 등에 관한 법률」(제5275호)을 제정 · 공포하였고, 같은 해 9월 11일 「학점인정 등에 관한 법률 시행령」(「대통령령」 제15478호)을 제정 · 공포하였다. 다음해인 1998년 2월 28일 「학점인정 등에 관한 법률 시행규칙」(「교육부령」 제713호)을 제정 · 공포함으로써 학점은행제 운영에 필요한 법적 · 제도적 기반을 갖추게 되었다. 학점은행제의 주요 추진 경과는 〈표 9-1〉에 제시되어 있다.

〈표 9-1〉 학점은행제 주요 추진 경과

시기	내용
1997년 1월	「학점인정 등에 관한 법률」(제5275호) 제정 · 공포
1997년 9월	학점은행제 주관기관으로 한국교육개발원 지정
1998년 2월	제1차 표준교육과정, 제1차 교수요목 고시(41개 전공, 167개 과목)
1998년 3월	제1차 출석기반 학습과목단위 평가인정(61개 기관, 274개 과목)
1999년 8월	1999년도 하반기 학위 수여(학사 25명, 전문학사 9명)
2003년 3월	10개 중요무형문화재 교육훈련기관 최초 평가인정
2003년 3월	11개 군 교육훈련기관 최초 평가인정

2004년 3월	제1차 원격기반 학습과목단위 평가인정(6개 기관, 42개 과목)
2006년 3월	20개 간호·보건계열 교육훈련기관 최초 평가인정
2008년 2월	「평생교육법」 전면개정에 따라 국가평생교육진흥원으로 주관기관 변경
2015년 3월	학점은행제 정보공시 관련 「학점인정 등에 관한 법률」 개정
2016년 11월	학점은행제 정보공시시스템 '학점은행제 알리미' 개통
2019년 6월	학점은행제 K-MOOC 학습과정 최초 평가인정(6개 대학, 11개 과목)
2020년 2월	2020년 전기 학위 수여(학사 17,550명, 전문학사 14,399명)
2020년 8월	2020년 후기 학위 수여(학사 17,262명, 전문학사 9,854명)
2021년 2월	2021년 전기 학위 수여(학사 16,078명, 전문학사 16,025명)
2021년 8월	2021년 후기 학위 수여(학사 18,128명, 전문학사 12,772명)
2022년 2월	2022년 전기 학위 수여(학사 19,295명, 전문학사 16,424명)
2022년 8월	2022년 후기 학위 수여(학사 20,801명, 전문학사 13,739명)

출처: 교육부, 국가평생교육진흥원(2023: 359).

3) 학점원별 학점인정 기준 및 학위수여 조건

(1) 학점원별 학점인정 기준

학점은행제는 평가인정학습과정 이수, 학점인정대상학교 이수, 시간제등록 이수, 독학학위제 시험 합격 및 면제과정 이수, 국가자격과 공인을 받은 민간자격취득, 국가무형문화재 보유자 및 전수교육 등 여러 제도를 통해 습득한 고등교육 수준에 해당하는 다양한 학습경험을 학점으로 인정한다. 「학점인정 등에 관한 법률」(제5275호)은 평가인정을 받은 학습과정을 마친 자들에게 학점인정제도를 통하여 학력인정과 학위취득의 기회를 부여한다. [그림 9-1]에는 학점은행제의 다양한 학습원이 제시되어 있다.

평가인정학습과정	학점인정대상학교(전적 대학)
대학부설 평생(사회)교육원, 학원, 직업전문학교, 각종 평생교육시설 등에서 평가인정 받은 과목	제적 혹은 졸업한 전문대학 및 제적한 4년제 대학에서 이수한 학점 ※ 졸업한 4년제 대학에서 이수한 학점은 인정받을 수 있음
시간제등록	자격
대학(전문대학 및 사이버대학 포함)에서 일반인에게 해당 학교의 수업을 이수하게 하는 제도로서 각 학교의 학칙에 의거하여 운영	교육부장관의 승인을 받아 국가평생교육진흥원장이 고시한 자격 ※ 고시에 포함된 자격만 학점인정 가능
독학학위제	국가무형문화재
독학학위제 과정별 시험에 합격하였거나, 면제교육과정으로 이수한 과목	「무형문화재법」에 의한 국가무형문화재 기·예능 보유자이거나, 그 전수자의 전수교육경험

[그림 9-1] 학점은행제 학점원

출처: 교육부, 국가평생교육진흥원(2023, 360).

(2) 학위수여조건

학점은행제는 「학점인정 등에 관한 법률」 제9조에 따라 고등학교를 졸업한 자 또는 이와 동등 이상의 학력이 있다고 인정된 자가 법령에서 요구하는 일정한 학점을 인정받고 규정된 요건을 충족하면 학위를 수여한다. 학점은행제 학위 수여는 교육부장관 명의에 의한 수여 방식과 대학의 장 명의에 의한 수여 방식의 두 가지로 이루어지며, 학위 수여 요건은 〈표 9-2〉와 같다.

학점은행제 학위는 표준교육과정에서 정한 학위 종류와 전공에 따라 수여된다. 표준교육과정은 「학점인정 등에 관한 법률 시행령」 제17조(표준교육과정)의 규정에 따라 학위의 종류에 따른 전공, 교양과목 및 전공별 전공과목과 해당 학점, 전공별 학위 수여 요건 등을 제시하고 있다. 이는 평가인정의 기준, 학점인정의 기준, 학력인정의 기준 및 학위 수여 요건에 관한 사항을 종합적으로 연계하기 위한 것이다. 교육부장관은 교육과정의 적합성, 학문적 타당성 및 현실성, 노동시장 등과의 부합성 등을 검토하여 고시한다.

〈표 9-2〉 학점은행제 학위 수여 요건

구분		학사학위	전문학사 학위		비고
			2년제	3년제	
①	총 학점	140학점 이상	80학점 이상	120학점 이상	공통
②	전공	60학점 이상	45학점 이상	54학점 이상	
③	교양	30학점 이상	15학점 이상	21학점 이상	
④	이수학점 중 평가인정학습과정 또는 시간제등록을 통해 이수한 학점이 반드시 18학점 이상 포함되어야 함				
⑤	전공필수는 희망하는 전공에 따라 학점 또는 과목 수로 충족하여야 함				
⑥	해당 대학의 학점	84학점 이상	48학점 이상	65학점 이상	대학의 장 등에 의한 학위 수여
⑦	학칙으로 정한 요건을 충족하여야 함				

출처: 교육부, 국가평생교육진흥원(2023: 360).

4) 제도운영 현황

(1) 학습자 현황

학점은행제 학습자는 분기별로 신청하며, 최초 학점인정 신청 시 인적 사항·학력 및 학점인정사항 등 관련 서류 제출과 함께 등록하고 학습자 번호(학번)를 부여받는다. 2022년에는 약 14만 9천여 명의 학습자가 학점은행제에 등록하였고, 최근 5년간(2018~2022년) 등록 학습자의 수는 연평균 약 15만 명이며, 2022년까지 학점은행제로 등록한 누적 학습자 수는 약 216만 명이다(교육부, 국가평생교육진흥원, 2023). 〈표 9-3〉에는 최근 5년간 학점은행제 등록 학습자 수가 제시되어 있다.

〈표 9-3〉 최근 5년간 학점은행제 등록 학습자 수

(단위: 명)

연도	전문학사	학사	계
2018	40,426	77,892	118,318
2019	50,407	99,957	150,364
2020	56,227	109,101	165,328
2021	55,275	108,310	163,585
2022	47,937	101,976	149,913

출처: 교육부, 국가평생교육진흥원(2023: 361).

(2) 학점인정 현황

학점은행제는 다양한 형태의 학습경험을 학점으로 인정한다. 2022년 학점은행제에 인정된 학점은 약 1,000만 학점이며, 이 중에서는 평가인정 학습과정(73.9%), 학점인정대상학교 이수(18.9%), 자격 취득(5.2%)의 순으로 학점을 인정받았다. 이

〈표 9-4〉 최근 5년간 학점원별 학점인정 현황

(단위: 학점, %)

연도	학점원별 인정 학점							계
	평가인정 학습과정	자격	독학학위제		학점인정 대상학교	국가무형 문화재	시간제 등록	
			시험합격	면제과정				
2018년	5,857,226 (71.0)	542,831 (6.6)	96,658 (1.2)	3,853 (0.0)	1,616,137 (19.6)	363 (0.0)	126,989 (1.5)	8,244,057 (100.0)
2019년	6,559,213 (71.5)	585,783 (6.4)	20,903 (1.3)	2,816 (0.0)	1,786,179 (19.5)	248 (0.0)	123,462 (1.3)	9,178,604 (100.0)
2020년	7,896,798 (74.4)	579,852 (5.5)	132,685 (1.2)	3,811 (0.0)	1,878,644 (17.7)	281 (0.0)	128,028 (1.2)	10,620,099 (100.0)
2021년	7,966,979 (72.6)	623,729 (5.7)	145,260 (1.3)	3,168 (0.0)	2,123,510 (19.4)	391 (0.0)	109,158 (1.0)	10,972,195 (100.0)
2022년	8,050,194 (73.9)	562,847 (5.2)	129,292 (1.2)	2,390 (0.0)	2,058,494 (18.9)	183 (0.0)	87,886 (0.8)	10,891,286 (100.0)

출처: 국가평생교육진흥원(2023: 362).

세 가지 학점인정이 학점은행제 전체 인정 학점 중 약 97.6%를 차지하며, 그 외 시
간제등록(0.8%)이나 독학학위제(1.2%) 등에 대한 학점인정 비율은 매우 낮게 나타
난다. 〈표 9-4〉는 최근 5년간 학점원별 학점인정 현황을 보여 준다.

(3) 학위 수여 현황

최근 5년간 연평균 약 6만 1천 명이, 2022년에는 약 7만 명이 학점은행제 학위
를 취득하였다. 최근 5년간 학위취득자를 학위별로 분류해 보면, 전문학사학위보
다 학위취득학점이 더 많은 상위 학위인 학사학위를 취득하는 학습자가 더 많아,
학사학위취득자가 전문학사 학위취득자보다 꾸준한 증가 추세를 보이고 있다.
〈표 9-5〉에는 최근 5년간 학점은행제 학위취득자 현황이 제시되어 있다.

〈표 9-5〉 최근 5년간 학위취득자 현황   (단위: 명)

연도	전문학사	학사	계
2018	40,426	77,892	118,318
2019	50,407	99,957	150,364
2020	56,227	109,101	165,328
2021	55,275	108,310	163,585
2022	47,937	101,976	149,913

출처: 교육부, 국가평생교육진흥원(2023: 361).

〈표 9-6〉에 제시된 학점은행제 학위취득자의 연령별 분포의 특징은 어떤 특정
연령대에 편중되지 않고 다양하게 학점은행제에 참여하고 있다는 것이다. 2022년
전체 학위취득자 중에서 30세 미만 학위취득자 약 31.4%, 30대와 40대 학위취
득자는 48.8%, 50대 이상 학위취득자는 19.9%였다. 특히 30세 이상의 성인학습
자 비중이 68.6%를 차지해 학점은행제가 성인의 중요한 평생학습제도임을 알
수 있다.

〈표 9-6〉 **최근 5년간 학위취득자 연령별 분포 현황**　　　　　　　　(단위: 명, %)

연도 \ 연령	24세 이하	25~29세	30대	40대	50대 이상	계
2018년	11,215 (21.7)	10,489 (20.3)	11,072 (21.5)	11,423 (22.1)	7,406 (14.4)	51,605 (100.0)
2019년	11,070 (20.1)	11,136 (20.2)	12,075 (21.9)	12,499 (22.7)	8,307 (15.1)	55,087 (100.0)
2020년	9,900 (16.8)	12,132 (20.5)	13,082 (22.1)	14,003 (23.7)	9,948 (16.8)	59,065 (100.0)
2021년	10,715 (15.7)	12,700 (18.7)	14,787 (21.7)	16,888 (24.8)	12,970 (19.1)	68,060 (100.0)
2022년	10,096 (9.7)	13,366 (18.5)	17,557 (23.9)	18,941 (25.6)	14,854 (22.3)	74,814 (100.0)

출처: 국가평생교육진흥원(2022: 363).

(4) 평가인정 현황

　학점은행제 평가인정은 평생교육시설, 대학(전문대학) 부설 평생교육원, K-MOOC 운영기관(대학), 전문대학 전공심화 및 특별과정, 직업훈련시설, 학원 등 대학 수준에 부합하는 평생교육·직업훈련 학습과정을 운영하는 시설 및 기관을 대상으로 한다. 2022년도 학점은행제 교육훈련기관은 총 418개로, 기관 유형별 현황은 〈표 9-7〉에 제시되어 있다. 그중에서 '대학 부설 평생교육원'이 124개(29.7%)로 가장 많았고, '평생교육시설' 109개(26.1%), '전문대학 부설 평생교육원' 66개(15.8%), '직업훈련시설' 59개(14.1%) 등의 순이었다. 전체 교육훈련기관의 약 절반 가까운 203개 교육훈련기관이 대학 및 전문대학 부설 평생교육원에서 운영되고 있어, 대학이 차지하는 중요성을 알 수 있다.

〈표 9-7〉 **학점은행제 평가인정 교육훈련기관 현황**   (단위: 개, %)

기관 유형		기관 수	비율
대학 등	대학 부설 평생교육원	124	29.7
	전문대학 부설 평생교육원	66	15.8
	전공심화 및 특별과정	4	1.0
	K-MOOC	9	2.2
	소계	203	48.6
직업훈련시설		59	14.1
평생직업교육학원		9	2.2
특수학교 및 고등기술학교		7	1.7
정부 · 지방자치단체 등 교육시설		31	7.4
평생교육시설		109	26.1
계		418	100.0

출처: 교육부, 국가평생교육진흥원(2023: 364).

(5) 표준교육과정 현황

표준교육과정은 1998년 2월에 41개 전공을 고시한 이후, 2022년까지 27차에 걸쳐 학사 117개, 전문학사 111개 전공이 개발·고시되었다. 2022년 표준교육과정의 학위 종류 및 전공을 살펴보면, 〈표 9-8〉과 같이 학사학위과정에는 가정학사, 간호학사, 경영학사 등 26개 학위 종류의 117개 전공을, 전문학사 학위과정에는 가정전문학사를 비롯하여 13개 학위 종류의 111개 전공을 고시하여 운영하고 있다. 2022년에는 이벤트경영학 전공이 신설됨에 따라, 이벤트연출론 등 21개 교과목이 추가되어 시대 변화를 반영한 표준교육과정의 개정이 이루어졌다.

〈표 9-8〉 학점은행제 표준교육과정 학위 종류 현황 (단위: 개)

구분	학위 종류	전공 수
학사	가정학사, 간호학사, 경영학사, 경제학사, 공학사, 관광학사, 광고학사, 군사학사, 무용학사, 문학사, 문헌정보학사, 미술학사, 미용학사, 법학사, 보건학사, 세무학사, 수사학사, 신학사, 예술학사, 음악학사, 이학사, 지식재산학사, 체육학사, 패션학사, 해양학사, 행정학사(총 26개)	117
전문학사	가정전문학사, 경영전문학사, 공업전문학사, 관광전문학사, 군사전문학사, 농업전문학사, 산업예술전문학사, 생명산업전문학사, 언어전문학사, 예술전문학사, 이료전문학사, 체육전문학사, 행정전문학사(총 13개)	111

출처: 교육부(2022b).

5) 운영 성과 및 과제

2022년 학점은행제 학위 취득자는 총 74,814명(교육부장관에 의한 학위수여자 70,259명, 대학의 장에 의한 학위수여자 4,555명)이다. 교육부장관 명의 학위수여자의 경우, 2017년 6만 6천여 명으로 크게 급증 후 감소하여 2018년 4만 6천여 명, 2019년 4만 9천여 명에게 학위가 수여되었다. 이후 2022년에는 처음으로 연간 7만 명이 넘는 사람이 학점은행제 학위를 취득하였고, 학점은행제 등록 학습자도 216만 명을 기록하고 있다(교육부, 국가평생교육진흥원, 2023). 학점은행제 시행 이후 25년 동안 성인학습자에게 다양한 고등교육 기회를 제공하며 평생학습문화를 조성해 가는 의의 있는 제도라 할 수 있다.

2022년에는 각종 법령 및 규정 개정을 통해 평가인정 대상 교육훈련기관의 범위가 공공기관의 교육·훈련시설까지 확대되고, 강사의 자격 규정 절차가 간소화되었다. 특히 「학점인정 등에 관한 법률 시행령」을 개정하여, 이전에 학위를 받은 전공분야와 동일한 전공분야의 학위를 학점인정을 통해 다시 취득할 때 학위취득에 필요한 학점 기준을 완화하였다. 이 밖에도 원격기반 평가인정 학습과정의 접속방식 등이 개선되었다.

학점은행제의 학점원 확대와 관련된 과제는 제5차 기본계획에서 제안된 바 있다. 학점은행제 의 발전을 위해서는 제도의 활용성과 확장성의 향상이 요구된다. 그러기 위해서는 학위−비학위 과정의 연계, 자율적인 학습경로의 인정 등 추가적인 학점원 확대가 필요하다. 또한 근무경력 등 여러 학습경험을 누적하여 학위인정을 받을 수 있는 학습경험인정제도의 추진도 이루어져야 할 것이다.

2. 독학학위제

1) 독학학위제의 의의와 추진 배경

독학학위제는 고등학교 졸업 또는 동급 이상의 이상의 학력을 가진 학습자에게 독학에 의한 학습내용에 대해 국가가 학위취득시험을 통해 평가한 후, 합격 시 고등교육 수준의 학위를 수여하는 대안적 개방형고등교육제도이다. 독학자(獨學者)에게 대학에서 교육과정을 이수하지 않아도 독학의 결과를 평가하여 학사학위 취득의 기회를 부여한다는 점에 그 의의가 있다. 또한 일과 학습을 병행하면서 자기주도적 학습으로 개인의 자아실현을 이룰 수 있다는 것이 특징이다. 이 제도는 학교를 중도 탈락했거나 고등교육의 기회를 갖지 못한 사람들이나, 사회적·경제적으로 어려운 환경에 처한 사람들에게 최소한의 비용으로 대안적인 고등교육의 기회를 보장한다.

독학학위제는 1980년대 후반, 대학 진학을 원하지만 대학에 진학하지 못하는 성인이나 재수생들에게 대학 졸업자격을 부여하기 위해 1990년 4월 「독학에 의한 학위취득에 관한 법률」(제4227호)이, 5월 3일에는 같은 법 시행령(「대통령령」 제13000호)이 제정·공포되었고, 6월에는 중앙교육평가원에 학위검정부가 설치되어 독학에 의한 학위취득 관련 업무를 주관하게 되었다. 「독학에 의한 학위취득에 관한 법률」 제1조에 따르면, "독학자에게 학사학위 취득의 기회를 줌으로써 평생교육의 이념을 구현하고 개인의 자아실현과 국가 사회의 발전에 이바지하는 것"을 독학학위제의 목적으로 명시되어 있다. 고등학교 졸업자격을 갖춘 사람이 스스로 학습을 진행하고 1~4과정의 시험에 응시하여 합격하면 독학학위제에 의해 교육부 장관 명의의 학사학위를 수여한다. 1990년 10월 제1회 독학에 의한 학위취득시험이 실시되었으며, 1993년에는 제1회 독학학위제에 따른 147명에 대한 학사학위 수여가 있었다. 1998년에는 학위취득 관련업무가 한국방송통신대학교로 이관되었고, 2007년 「평생교육법」 전면개정에 따라 2008년부터 국가평생교육진흥원의 주관하에 실시되고 있다. 독학학위제의 주요 추진 경과는 〈표 9-9〉와 같다.

〈표 9-9〉 **독학학위제 주요 추진 경과**

시기	내용
1990년 4월	「독학에 의한 학위취득에 관한 법률」(제4227호) 제정 · 공포
1990년 6월	중앙교육평가원에 학위검정부 설치, 독학에 의한 학위취득 업무 개시
1990년 10월	제1회 독학에 의한 학위취득시험 시행(6개 전공) – 국어국문학, 영어영문학, 경영학, 법학, 수학, 가정학
1992년 4월	5개 전공 신설(행정학, 유아교육학, 전자계산학, 농학, 간호학)
1993년 2월	제1회 학사학위수여식 개최(학위취득자 147명)
1995년 7월	1개 전공 신설(중어중문학)
1998년 1월	중앙교육평가원에서 한국방송통신대학교로 업무 이관
2006년 1월	3개 전공 폐지(중어중문학, 농학, 수학)
2008년 2월	「평생교육법」 전면개정에 따라 국가평생교육진흥원으로 주관기관 변경
2013년 7월	1개 전공 신설(정보통신학)
2014년 2월	1개 전공 신설(심리학)
2015년 3월	「독학에 의한 학위취득에 관한 법률」(제13223호) 일부개정
2019년 1월	교양 분야 11과목 개정 고시
2021년 7월	법학, 심리학, 행정학, 컴퓨터공학 전공 시험 과목 및 평가영역 개정
2022년 12월	국어국문학, 유아교육학, 간호학 전공 시험 과목의 평가영역 개정

출처: 교육부, 국가평생교육진흥원(2023: 351).

2) 운영 현황 및 성과

(1) 학위종별 전공

독학학위제는 〈표 9-10〉과 같이 문학사, 법학사, 행정학사, 공학사 등 10개 학위종별 14개 전공(폐지 전공 포함)을 운영하고 있다.

〈표 9-10〉 **독학학위제 학위종별 및 전공**

학위종별	전공
문학사	국어국문학, 영어영문학, 심리학, 중어중문학*
법학사	법학
행정학사	행정학
경영학사	경영학
이학사	수학*
공학사	컴퓨터공학, 정보통신학**
가정학사	가정학
간호학사	간호학***
교육학사	유아교육학**
농학사	농학*

주: *신규 응시 폐지 전공, **3, 4과정만 지원 가능, ***4과정만 지원 가능

출처: 교육부, 국가평생교육진흥원(2023: 351).

(2) 학위취득 과정

독학학위제는 단계별 총 4개의 시험과정(교양과정, 전공기초과정, 전공심화과정, 학위취득 종합시험)으로 운영된다. 대학의 교양과정 수료자가 갖추어야 할 일반적 교양을 평가하는 1과정의 교양과정은 5개 과목 이상 합격해야 한다. 각 전공영역의 학문연구에 필요한 공통적 지식 및 기술을 평가하는 2과정의 전공기초 및 전공영역에 관한 심화된 전문지식 및 기술을 평가하는 3과정의 전공심화과정은 각각

6개 과목 이상 합격해야 한다. 최종 시험단계로 학위취득자가 일반적으로 갖추어야할 소양 및 전문지식 및 기술을 평가하는 4과정의 학위취득 종합시험은 100점 만점에서 60점 이상이면 합격으로 인정한다. 각 과정별 평가영역 및 응시자격은 [그림 9-2]에 제시되어 있다. 학위취득 종합시험에 최종적으로 합격한 사람에게는 교육부장관이 학위를 수여한다.

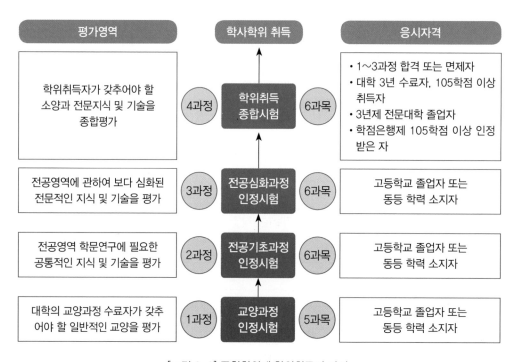

[그림 9-2] 독학학위제 학위취득의 과정

출처: 교육부, 국가평생교육진흥원(2023: 352).

3) 시험 지원자 및 학위취득자 현황

(1) 시험지원자

최근 10년간 독학사 시험의 과정별 지원자는 교양과정, 전공기초과정, 전공심화과정 인정시험의 경우, 2015년까지 지속적으로 감소 추세를 보이다가 2016년 이후에는 소폭의 증감을 반복하며 증가하였으나, 2022년에는 다시 전년 대비 10.3%(3천여 명) 감소하였다. 학위취득 종합시험의 경우에는 2015년까지 지속적으로 증가하다가 2016년부터는 감소 추세로 2022년에는 지원자 수가 가장 많았던 2015년 대비 약 2,200명이 줄어든 1,707명이 지원하였다(교육부, 국가평생교육진흥원, 2023).

⟨표 9-11⟩은 최근 10년간 독학학위제 과정별 시험지원자 현황이다.

⟨표 9-11⟩ 최근 10년간 독학학위제 과정별 시험지원자 현황 (단위: 명)

연도＼과정	교양과정 인정시험 (1과정)	전공 기초과정 인정시험 (2과정)	전공 심화과정 인정시험 (3과정)	학위취득 종합시험 (4과정)	계
2013년	14,884	11,239	4,139	2,891	33,153
2014년	13,335	8,868	3,540	3,382	29,125
2015년	12,270	8,662	3,376	3,910	28,218
2016년	11,313	9,456	4,389	3,539	28,697
2017년	11,538	9,655	4,587	3,208	28,988
2018년	10,658	10,112	4,726	2,869	28,365
2019년	11,695	11,796	5,495	2,711	31,697
2020년	13,883	10,427	5,724	2,452	32,486
2021년	12,750	12,881	5,781	2,058	33,470
2022년	11,326	11,963	5,018	1,707	30,014
계	123,652	47,880	20,031	16,930	148,181

출처: 교육부, 국가평생교육진흥원(2023: 353).

(2) 학위취득자

독학학위제 학위취득자 현황을 살펴보면, ⟨표 9-12⟩에 제시된 바와 같이, 2010년 이후 지속적으로 증가하다가 2015년부터 감소 추세를 보인다. 이후 2018년을 제외

〈표 9-12〉 독학학위제 학위취득자 현황

(단위: 명)

연도 전공	1992~2009	2010	2011	2012	2013	2014	2015	2016	2017	2018	2019	2020	2021	2022	계
국어국문학	1,658	108	94	144	99	134	124	84	77	94	76	80	62	61	2,895
영어영문학	1,896	166	238	222	214	229	159	90	112	113	112	96	68	55	3,770
중어중문학	22	1	0	0	0	0	0	0	1	0	0	0	0	0	24
심리학	–	–	–	–	–	7	19	15	20	24	29	28	30	28	200
경영학	851	38	45	51	54	48	28	19	22	32	34	21	20	21	1,284
법학	838	37	54	41	32	36	33	27	35	32	42	15	19	13	1,254
행정학	640	11	21	19	22	12	6	10	5	10	10	3	8	11	788
유아교육학	1,973	69	54	51	99	83	132	76	81	129	173	132	119	79	3,250
수학	24	0	2	0	0	0	0	0	0	0	0	0	0	0	26
가정학	1,119	56	49	54	59	71	29	26	20	30	12	25	22	12	1,584
농학	40	0	0	0	1	0	0	0	0	1	0	0	0	0	42
컴퓨터공학	2,097	63	51	66	70	67	67	32	37	67	60	41	32	72	2,822
정보통신학	–	–	–	–	2	3	3	1	0	3	3	4	3	3	25
간호학	747	193	179	302	309	668	457	594	477	441	283	284	142	157	5,233
계	11,905	742	787	950	961	1,358	1,057	974	887	976	834	729	525	512	23,197

주: 1) 중어중문학, 수학, 농학 전공은 2003~2006년에 순차로 폐지, 기존 학적보유자만 응시 가능함.
2) 정보통신학(2013년), 심리학(2014년)은 신설 전공임.
3) 정보통신학 전공은 2026년까지 운영 후 폐지 예정임.

출처: 교육부, 국가평생교육진흥원(2023: 354).

하고는 계속 감소하여 2022년 학위취득자 수는 512명으로 최다 학위취득자가 가장 많았던 2014년 대비 8백여 명이 감소하였다. 대부분 전공의 학위취득자 수가 지속적으로 감소하고 있으며, 특히 간호학 전공의 학위취득자 수는 2016년 「고등교육법」 개정에 따라 3년제 전문대학이 4년제로 전환되기 시작하면서 2016년 대비 2022년 학위취득자 수는 약 26% 수준이다. 또한 전공 개설 이후 매년 10명 미만의 학위취득자를 배출하고 있는 정보통신학 전공은 2022년 전공 폐지를 추진하여, 2026년까지 한시적으로 운영할 예정이다. 대안적 고등교육을 지향하며 평생학습사회의 구현을 내세운 독학학위제의 이념은 훌륭하나 현실적으로 이런 감소 추세가 계속된다면 제도의 효과적 시행이 어려울 것으로 보인다. 따라서 학위취득자의 전반적인 감소 추세를 극복할 혁신적 방안이 필요할 것으로 보인다.

한편, 최근 5년간 학위취득자의 연령별 분포를 보면, 〈표 9-13〉에서 볼 수 있듯이 30~39세의 학습자가 가장 높은 비율을 차지한다. 30세 이상 성인학습자는 총 합격자 수 대비 매년 60% 이상 학위를 취득하고 있으며, 이는 독학학위제가 여러 가지 제약으로 인해 대학진학을 포기하거나, 정규학교 졸업 후에 계속교육을

〈표 9-13〉 최근 5년간 학위취득자 연령별 분포 현황 (단위: 명, %)

연령 연도	24세 이하	25~29세	30~39세	40~49세	50세 이상	계
2018년	116 (11.9)	265 (27.2)	308 (31.5)	213 (21.8)	74 (7.6)	976 (100.0)
2019년	116 (13.9)	193 (23.1)	301 (36.1)	158 (18.9)	66 (7.9)	834 (100.0)
2020년	107 (14.7)	181 (24.8)	257 (35.3)	125 (17.1)	59 (8.1)	729 (100.0)
2021년	67 (12.8)	117 (22.3)	160 (30.4)	130 (24.8)	51 (9.7)	525 (100.0)
2022년	49 (9.6)	93 (18.2)	186 (36.3)	101 (19.7)	83 (16.2)	512 (100.0)

출처: 교육부, 국가평생교육진흥원(2023: 355).

희망하는 성인학습자에게 학사학위 취득 기회를 제공하는 평생교육제도로 활용되고 있음을 알 수 있다(교육부, 국가평생교육진흥원, 2023).

(3) 제도 개선 현황

현재 독학학위제는 총 11개 전공(국어국문학, 영어영문학, 심리학, 경영학, 법학, 행정학, 가정학, 컴퓨터공학, 유아교육학, 정보통신학, 간호학)의 217개 시험 과목을 운영하고 있다. 2006년 농학, 수학, 중어중문학 총 3개 전공의 폐지 이후, 9개 전공으로 운영되어 오다가 2013년에 심리학 전공과 2014년에 정보통신학 전공을 신설하였다. 2015년 9월에는 「독학에 의한 학위취득에 관한 법률」의 일부개정으로 교양과정 · 전공기초과정과 전공심화과정 인정시험을 거치지 않아도 고등학교 졸업자에게 1~3과정의 시험에 자유롭게 응시할 수 있도록 응시자격을 완화하였다.

한편, 학습자의 다양한 학습경험을 인정하려는 독학학위제도는 국가기술자격을 보유하고 있거나, 법에서 규정한 각종 시험에 합격한 경우 이를 인정하여 4단계 시험의 일부를 면제받을 수 있다. 면제 유형은 과정 면제와 과목 면제로 구분되며, 과정 면제는 특정 단계의 시험 자체를 면제하는 것이고, 과목 면제는 일정한 자격이 충족되는 시험 과목에 대해서 면제하는 것이다. 과정 면제에 해당되면, 4단계 시험을 전부 치르지 않고 더 빨리 수료할 기회를 얻게 되며, 과목 면제에 해당되면 단계별 시험 과목 중 일부만 응시하면 된다. 그러나 3단계 시험까지는 과정 면제나 과목 면제가 적용되나, 어떠한 경우에도 4단계 학위 취득종합시험은 반드시 치러야 한다. 관련 법령 개정을 통해 독학학위제는 학습경험 인정의 대안적 경로로서 역할이 확대되었다.

2017년에는 선택형과 서술적 단답형 혼합으로 출제되던 시험 문항 유형이 교양과정 인정시험(1과정) 및 전공기초과정 인정시험(2과정)의 경우 선택형으로 변경되었다. 이에 따라 독학학위제 교양과정 및 전공기초과정의 인정시험은 객관식인 사지선다형이며, 전공심화과정 인정시험 및 학위취득 종합시험은 객관식 사지선다형과 주관식 서술형으로 출제된다(교육부, 국가평생교육진흥원, 2023).

또한 학위의 질적 수준을 높이기 위해 독학학위제는 2017년의 시험 과목 및 평가영역 개정 계획에 따라 2019년에는 교양분야 11개 시험 과목의 평가영역을 개정·고시하였고, 2021년에는 4개 전공(법학, 심리학, 행정학, 컴퓨터공학) 시험 과목 및 평가영역을 개정·고시하였으며, 2022년에는 3개 전공(국어국문학, 유아교육학, 간호학) 시험 과목 및 평가영역을 개정·고시하였다. 남은 4개 전공에 대한 평가영역 개정 역시 순차적으로 이루어질 예정이다.

2013년부터 약 3년 주기로 3회에 걸쳐 독학학위 취득자의 학위취득 전후 경력변화 등 사회적 경로 조사를 실시하였다. 2021년 조사에서 학위취득자들이 독학학위제에 참여한 이유로는 '개인의 성장이나 자아성취'(30.8%)가 가장 많았고, '대학원 진학'(19.4%), '직장에서의 직위나 급여 인상'(16.3%), '전문성 향상'(13.1%)의 순이었다. 또한 학위취득자의 35.7%는 독학 학위 취득 후에 임금, 이직, 상급학교로의 진학 등에서 긍정적 변화를 경험하였다고 답하였다. 또한 취업 중인 학위취득자의 55.7%은 학위취득 후 담당 업무에 대하여 만족하는 것으로 나타났다.

4) 향후 과제

사회경제적으로 취약한 상황에 놓여 대학 진학에 어려움을 겪는 성인학습자에게 대안적 고등교육의 기회를 제공해 온 독학학위제는 다양한 목적과 필요를 가진 학습자들의 계속교육의 차원에서 고등교육의 학력 보완과 학점은행제와의 연계를 통한 제도의 활성화가 요구된다. 최근 4년간 학위취득자가 매년 소폭 감소하는 현상에 대한 적극 대응방안의 개발이 필요하다. 또 시험을 준비하는 학습자의 학습 유인 및 저해 요인을 분석하여 이에 대한 개선방안을 마련하고, 독학학위제의 사회적 활용성을 높이기 위한 전략이 실시되어야 할 것이다. 또한 평생교육요구를 가진 학습자들이 독학학위제를 통해 학교 밖 학습경험을 인정받고, 시험을 통해 검정받은 학사학위 등에 대한 사회적 인식이 향상되어야 할 것이다. 제도 홍보와 함께 학습자에 대한 서비스 향상으로 독학학위제의 활성화가 이루어져야 할 것이다.

3. 평생학습계좌제

1) 평생학습계좌제의 의의와 추진 배경

평생학습사회가 전개되면서 학습의 장은 학교를 넘어 가정과 지역사회 및 평생교육기관 등으로 확대되었다. 이에 따라 평생교육에 참여하는 학습자 개인의 다양한 평생학습의 결과를 체계적으로 기록·관리함으로써 향후 학습목표와 방향의 설계를 지원하기 위해 2006년 '평생학습결과 표준화 시범운영사업'이 시작되었다.

평생학습계좌제는 「평생교육법」 제23조에 의하여 개인의 다양한 학습경험을 개인별 학습계좌에 누적·관리함으로써, 학습결과를 학력·자격 인정으로 연계하여, 개인의 학습경험의 결과를 관리하고, 체계적인 학습설계를 지원하며, 해당 결과를 사회적으로 인정 및 활용할 수 있도록 하는 제도이다. 즉, 평생학습계좌제는 개인의 학습경험을 자기주도적으로 관리하고 또 사회적으로 인정받아 개인의 쓸모에 맞게 활용하도록 지원함으로써 국민의 평생학습 참여를 촉진하는 제도이다.

[그림 9-3]과 같이 평생학습계좌 체계는 '학습과정 평가인정' '학습이력관리시스템' '학습결과 활용'으로 구성되어 서로 유기적으로 연계되어 운영된다. 우선 학습과정의 법적기준을 충족하는지를 '학습과정 평가인정'하여 '학습이력관리시스템'의 개인 학습계좌에 학습결과를 등록·관리하고, 해당 학습이력을 사회적으로 활용하게 되는 '학습결과 활용'으로 이어지는 구조이다.

평생학습계좌제의 발전과정을 살펴보면, 처음 1995년 5·31 교육개혁방안에서 교육구좌제로 제시되었고, 2001년 교육계좌제, 2007년 개인학습계좌제, 2008년 평생교육바우처 도입을 거쳐 학습지 지원과 국민의 개인적 학습경험을 종합적으로 관리하는 제도로 제시되었다. 시범사업 이후, 2007년에 신설된 「평생교육법」 제23조는 "교육부장관은 국민의 평생교육을 촉진하고 인적자원 개발·관리

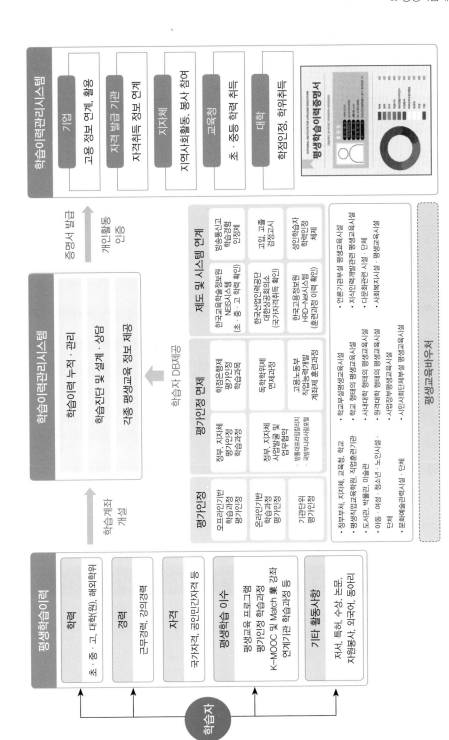

[그림 9–3] 평생학습계좌제 체제도

출처: 교육부, 국가평생교육진흥원(2023: 189).

를 위하여 학습계좌(국민의 개인적 학습경험을 종합적으로 집중 관리하는 제도)를 도입·운영할 수 있도록 노력하여야 한다."라고 명시하고 있다. 국가 인적자원을 효율적으로 개발하고 관리하는 차원에서, 국민의 개별 학습경험을 종합적으로 관리하는 제도의 실행 근거를 규정한 것이다. 2008년에는 국정과제로 채택되어 '평생학습계좌제'라는 명칭으로 본격 추진되었으며, 평생학습결과의 인증과 학습이력의 누적·관리를 위한 제도로 추진되었다(교육부, 평생교육진흥원, 2023).

2) 주요 현황

(1) 이용자 현황

평생학습계좌제는 학습이력관리시스템(www.all.go.kr)이라는 온라인 학습 플랫폼을 기반으로 대국민 학습이력 등록·관리 서비스를 제공한다. 이 시스템에 회원가입을 하면 개인별 학습계좌가 부여된다. 학습계좌 개설자는 시행 첫해인 2010년 977명으로 시작해서 2022년에는 총 53,600명으로 증가하였다. 〈표 9-14〉에 연도별 학습계좌 개설 현황이 제시되어 있다. 국가적으로 법정의무교육이수가 강화된 2020년에는 평생학습계좌제에서 시범적 연계 서비스가 제공되어 학습계좌 개설자가 비약적으로 증가하였다. 최근 5년을 기준으로 해마다 지속적인 증가 추세를 보이고 있다(교육부, 국가평생교육진흥원, 2023).

〈표 9-14〉 연도별 학습계좌 개설 현황 (2022. 12. 31. 기준 / 단위: 명)

연도	2018	2019	2020	2021	2022	계
개설자 수	11,267	19,135	325,365	42,640	53,600	518,599

출처: 교육부, 국가평생교육진흥원(2023: 189).

연령별·직업별 학습계좌 개설 현황은 [그림 9-4]와 같다. 연령별로는 20대의 학습계좌 개설자 비율(27.38%)이 가장 높았고, 다음으로 40대(26.81%), 30대(18.45%) 순으로 높게 나타났다. 직업별로는 학생(22.83%)의 비중이 가장 높았고, 다음으로 주부(14.93%), 무직(14.7%), 교육전문가 및 관련직(6.7%) 순이었다. 한편, 비고용 상태의 개설자(학생, 주부, 무직자)가 52.47%로 고용 상태의 개설자 (47.53%)보다 조금 많았다.

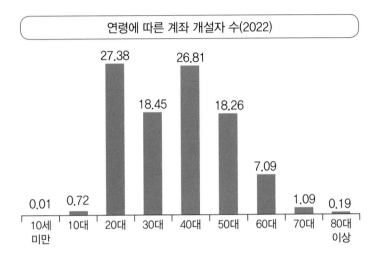

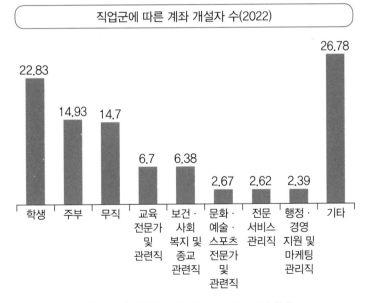

[그림 9-4] 연령별 · 직업별 학습계좌 개설 현황

출처: 교육부, 국가평생교육진흥원(2023: 190).

학습이력관리시스템에서 학습계좌를 개설한 학습자는 학력, 자격, 경력, 평생학습 이수이력, 기타 활동사항을 기록·누적하고 관리할 수 있다. 〈표 9-15〉에는 연도별 학습이력 등록 현황이 제시되어 있으며, 2022년 신규 학습이력 등록 건수는 총 113,438건으로 그중 평생학습 이수이력이 104,688건으로 가장 높았고, 이어서 자격, 학력, 경력, 기타 순이었다.

〈표 9-15〉 연도별 학습이력 등록 현황 (2022.12. 31. 기준 / 단위: 건)

연도	학습이력 등록 합계	구분				
		학력	자격	경력	평생학습 이수	기타*
2018년	53,549	3,920	3,142	3,351	37,017	6,119
2019년	89,083	3,815	2,974	2,762	75,370	4,162
2020년	497,127	4,385	3,067	3,136	483,162	3,377
2021년	113,269	2,805	2,490	1,441	103,952	2,581
2022년	113,438	2,579	2,647	1,849	104,688	1,675
계	1,081,527	45,890	32,697	31,828	921,430	49,682

* 자원봉사, 수상, 논문 등 기고 활동, 특허 출원, 어학연수, 외국어 교육, 독서, 취미 및 동아리 활동 등
출처: 교육부, 국가평생교육진흥원(2023: 191).

(2) 학습과정 평가인정 현황

평생학습계좌제 학습과정 평가인정은 평생교육기관 등의 평생교육 프로그램을 「평생교육법」 제23조 및 「평생학습계좌제 학습과정 평가인정 등에 관한 규정」에 근거하여 평가하는 것이다. 평생학습계좌제 학습과정 평가인정은 평생교육기관의 학습과정에 대한 공식적 평가로 학습자의 신뢰도를 높일 수 있다는 점에서 그 의의가 있다. 평가인정 신청대상 기관은 「평생교육법」 제2조제2호에 해당하는 평생교육기관 또는 「평생교육법」 제16조제1항에 따라 평생교육진흥사업을 수행하는 국가 및 지방자치단체(산하기관 등 포함) 중 평생교육사를 배치한 기관이다. 평가인정은 개별 학습과정 단위와 전체 학습과정 단위로 분류되며, 유형

별 신청 요건은 〈표 9-16〉과 같다.

〈표 9-16〉 평가인정 유형 및 신청 요건

평가인정 유형	개별 학습과정 단위		전체 학습과정 단위	
	오프라인 학습과정	온라인 학습과정	기관단위 평가인정	평가면제
신청 대상 기관	「평생교육법」 제2조제2호에 해당하는 평생교육기관 또는 같은 법 제16조제1항에 따른 평생교육진흥사업을 수행하는 국가 및 지방자치단체(산하기관 등 포함)			
유형별 신청 요건	• 학습과정: '최소 2주 이상+총15시간 이상' 학습과정 • 기관: 평생교육사를 배치한 기관	• 기관: 최근 1년 이상, 학습과정을 연간 45시간 이상 운영한 기관이면서 평생교육사를 배치한 기관 • 학습과정: 차시당 20분+총15차시 이상 또는 총 수업시수 '300분 이상' 학습과정	• 기관: 평생학습계좌제 평가인정 학습과정을 최소 3개 이상 운영한 실적이 있으면서 평생교육사를 배치한 기관	• 학습과정: 정부부처 및 지방자치단체(산하·소속기관)에서 평가인정 받은 학습과정
법적 근거	「평생교육법」 제23조, 같은 법 시행령 제14조의2		「평생학습계좌제 학습과정 평가인정 등에 관한 규정」 제10조제2항	

출처: 교육부, 국가평생교육진흥원(2023: 191).

　평생학습계좌제 학습과정 평가인정을 통해 등록된 학습과정 현황은 〈표 9-17〉과 같다. 2022년을 기준으로 평가인정 학습과정은 총 3,121개로 학습이력관리시스템에서 평가인정과 평가면제되는 학습과정을 의미한다. 대부분의 학습과정은 오프라인 학습과정으로 코로나19 팬데믹으로 인해 2019년부터 2022년까지 지속해서 감소하였으나, 2022년 처음으로 증가하여 전년 대비 34% 증가하였다(교육부, 국가평생교육진흥원, 2023).

〈표 9-17〉 평생학습계좌제 평가인정 학습과정 등록 현황　　　(2022. 12. 31. 기준 / 단위: 개)

연도	2018	2019	2020	2021	2022	계
학습과정 수	4,583	4,810	2,572	2,329	3,121	39,045

출처: 교육부, 국가평생교육진흥원(2023: 192).

3) 평생학습계좌제 운영ㆍ관리 현황

(1) 학습이력관리시스템의 운영

평생학습계좌제는 온라인 기반의 대국민 학습이력관리시스템(www.all.go.kr)으로 개인의 학습이력을 등록 및 관리한다. 학습이력관리시스템의 주요 기능은 개인 학습자의 학습이력 관리와 평가인정 학습과정 및 교육기관 정보 제공이다. 학습자는 학습이력관리시스템에서 개인의 학습이력 누적ㆍ관리를 통해 학습이력 진단 및 설계, 평생학습이력증명서를 발급받는다. 또한 학습계좌를 발급한 후 학력, 경력, 자격, 평생학습이수, 기타 활동사항 등의 다양한 평생학습 경험을 누적ㆍ관리할 수 있다. 학습이력관리시스템에 수록할 수 있는 정보는 〈표 9-18〉에 제시되어 있다. 학습계좌에 누적된 다양한 학습이력 중 원하는 항목을 선택하여 평생학습이력증명서로 출력하여 활용할 수 있다. 2019년부터 '정부24'와 연계하여 평생학습이력증명서의 발급이 가능해졌고, 2022년 '공공 마이데이터' 플랫폼과의 연계를 완료하여 2023년부터 본인 및 제3자에게까지 평생학습이력증명서의

〈표 9-18〉 국가학습이력관리시스템 수록 정보

인적사항	학력	경력	자격	평생학습 이수	기타 활동사항
성명, 생년월일, 주소/연락처, Email 등	학력사항, 장학사항 등	근무경력, 강의경력 등	국가기술자격, 국가전문자격, 국가공인민간자격, 순수민간자격, 해외자격 등	평가인정학습과정, 연계기관 학습과정, 그 외의 다양한 학습경험	수상, 해외 경험/어학연수, 논문 및 기고, 독서, 자원봉사활동, 취미 및 동아리 등

출처: 교육부, 국가평생교육진흥원(2023: 193).

데이터를 제공할 수 있게 되었다. 평생학습계좌제는 학습자의 학습이력 관리의 편의성을 위해 유관 기관과의 학습이력 자동 연계를 추진해 왔으며, 학습이력 자동 연계는 학습자의 동의 절차에 따라 진행된다.

(2) 학습결과의 활용

학습자는 학습이력에 대한 종합적인 기록 및 관리가 이루어지는 평생학습계좌제를 통해 추후 학습계획을 세우거나 고용 정보로 활용할 수 있다. 특히 평생학습계좌제 평가인정 학습과정은 검정고시 시험 과목의 일부 면제나, 성인문해교육의 학력인정, 방송통신중·고 이수과목의 인정과 같은 초·중등 학력 인정제도로 활용 가능하다.

4) 주요 성과 및 과제

평생학습계좌제의 주요 성과는 다음과 같다(교육부, 국가평생교육진흥원, 2023).

첫째, 4차산업혁명위원회는 '미개방핵심데이터 제공 방안 Ⅲ(2021.11.)'에서 누구에게나 개방가능하고 활용도가 높은 마이데이터의 우선 도입 대상인 교육데이터 중 평생학습계좌제 학습이력증명과 공공 마이데이터와의 연계를 추진하였다. 마이데이터 2수준의 연계를 통해 학습자는 평생학습계좌제 학습이력을 확인하고 본인 및 제3자에게까지 데이터 제공이 가능해졌다. 이로 인해 학습자의 서류 발급 시간과 비용이 감소하였고, 필요한 최소 정보만을 이용할 수 있어 불필요한 개인정보 노출도 방지하게 되었다.

둘째, 학습자 친화적 서비스로 더 편리하게 학습이력관리시스템 사용이 가능해졌다. 특히 사용자 중심 로그인 기능인 OAuth 서비스를 구축하여 카카오, 네이버 등 타 플랫폼 계정을 통해 학습자의 별도 인증 없이 시스템에 로그인할 수 있도록 하였다.

셋째, 교육기관에 구체적인 가이드라인을 제공하기 위해 학습과정 평가인정 관련 규정을 개선하였다. 「평생학습계좌제 학습과정 평가인정 등에 관한 규정」의 재검토(2022. 7.) 시 현장 및 학계의 의견을 반영하고, 2010년에 마련된 「평생학습계좌제 평가인정 학습과정 운영지침」을 전면개정하여 평가인정 학습과정의 질 관리를 위한 방향을 제시하였다.

넷째, 평생학습계좌제의 활용성 제고를 위해 초·중등 학력 연계의 활성화와 타 기관과의 연계를 확대하였다. 방송통신중·고등학교 학습경험인정제 연계 확대로 성인학습자의 중·고등학교 학력 조기취득과, 학교 밖 청소년의 초등·중학교 학력취득의 지원을 위해 의무교육단계 미취학·학업중단학생 학습지원 시범 사업(꿈이음)과의 연계를 확장하였다.

향후 과제로는 우선, 평생학습계좌제는 대국민 서비스이므로 국민에게 양질의 학습선택권을 제공하기 위한 학습과정 평가인정 실시를 확대할 필요가 있다. 또한 학습과정 평가인정에 대한 교육기관의 참여 확대가 필요하므로, 지표 및 세부 평가기준의 통합·간소화와 함께 평가인정 요건 충족 시 평가인정을 면제함으로써 교육기관의 참여를 격려하도록 한다.

한편, 2010년에 시작되어 2022년 상반기까지 운영된 평생학습계좌제 학습마일리지제의 한계를 극복할 방안이 요구된다. 학습자의 지속적인 참여를 촉진할 수 있는 대안적 제도인 학습포인트제를 도입하여 국민의 평생학습 참여 결과를 다양하게 활용할 있도록 할 필요가 있다.

끝으로, 학습자의 학습이력을 기록·누적·관리하는 평생학습계좌제의 핵심요소인 평생학습이력증명서를 디지털 환경에 적합하도록 재구성하여 활용도를 높일 수 있을 것이다.

평생교육의 실제

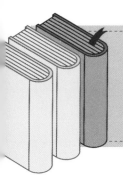

제10장
평생교육 프로그램 개발

프로그램 개발은 정책이나 기관의 목적을 달성하기 위한 계획적이고 조직적인 활동이다. 따라서 이에 요구되는 교육 활동 계획, 교육 내용, 교육 방법의 선정은 물론 조직, 시설, 인력, 예산, 지원 체계 등과 같은 사회적 활동 계획이 수반된다. 평생교육에 있어서 프로그램 개발은 평생교육을 현장에서 실현하기 위한 가장 근본적인 과제이다. 평생교육 프로그램 개발은 교육 프로그램을 통해 삶의 이상적인 조건과 상황을 확대시키는 것을 추구해 왔다.

1. 프로그램의 개념 및 의미

1) 프로그램의 개념

프로그램(program)이란 앞으로 진행될 일이나 활동 계획 및 순서 등을 체계적으로 정리한 목록이다. 또는 어떤 활동을 실시하기 위해 필요한 요소와 절차를 미리 계획해 놓은 것이라고도 한다. 여기서 계획이란 추상적으로 존재하는 일을 실행하기 위하여 순서와 방법을 미리 구체적으로 설계하는 것을 말한다. 목록이란 계획된 일이나 활동에 소요되는 인력, 예산, 내용, 방법 등을 지침으로 구체화한 것이며, 순서란 목록에 포함된 활동 내용들이 어떠한 차례로 전개되어야 하는지를 명시한 것이다(신용주, 김혜수, 2016).

　　프로그램의 개념은 학자에 따라 다양하게 정의된다. 요크(York, 1983)는 광범위하게 프로그램을 '목표를 달성하기 위한 일련의 상호 의존적 활동'이라 정의한 바 있다. 버너(Verner, 1964)는 프로그램을 '정해진 기간에 특정한 학습 목적을 달성하도록 고안된 학습경험'이라고 하였다. 코왈스키(Kowalski, 1988)는 보다 구체적으로 '조직적·의도적 학습활동의 설계이며 환경·조직·프로그램·학습자 간의 상호작용'으로 정의하였다. 보일(Boyle, 1981)은 프로그램의 의미를 보다 세분화하여 '전문가와 학습자가 참여하는 프로그램 개발을 통해 도출된 결과물'로 정의하였다. 카파렐라(Caffarella, 1994)는 '교육자와 학습자 간의 상호작용, 활동, 행정적 기능이 서로 연결되어 이루어지는 의사결정의 연속적·역동적 과정'으로 정의하였다. 슈뢰더(Schroeder, 1980)는 대부분의 프로그램 정의에는 대체로 지역사회에서 이용가능한 모든 교육적 활동 또는 조직 및 기관에서 제공하는 모든 교육적 노력의 의미가 포함된다고 하였다.

　　〈표 10-1〉에 제시된 여러 학자의 프로그램의 정의를 비교해 보면 목표 달성, 교육과정, 학습경험, 상호작용 등의 용어가 공통적으로 포함되어 있음을 알 수 있다.

〈표 10-1〉학자별 프로그램의 정의

구분	정의
요크	목표를 달성하기 위한 일련의 상호 의존적 활동
버너	정해진 기간에 특정한 학습 목적을 달성하도록 고안된 학습경험
코왈스키	조직적·의도적 학습활동의 설계이며 환경·조직·프로그램·학습자 간의 상호작용
보일	전문가와 학습자가 참여하는 프로그램 개발을 통해 도출된 결과물
카파렐라	교육자와 학습자 간의 상호작용, 활동, 행정적 기능이 서로 연결되어 이루어지는 의사결정의 연속적·역동적 과정

출처: 신용주(2017: 44).

2) 프로그램의 의미

김진화(2001)는 프로그램의 개념을 일상적 의미, 교육적 의미, 평생교육적 의미의 세 가지로 나누고 이를 각각 다음과 같이 설명하였다.

(1) 일상적 의미

일상적 의미의 프로그램은 단순히 앞으로 진행될 절차나 사건, 순서와 활동만을 강조한다. 일상적 의미의 프로그램은 단순한 시간적 흐름에 따라 진행될 활동의 내용이 어떠할지를 알려 주는 계획이며, 시간 흐름에 따라 열거한 사전 계획표이다.

(2) 교육적 의미

교육적 의미의 프로그램이란 대개 학교교육의 커리큘럼과 동일한 의미로 사용된다. 단순하게 시간에 따라 진행되는 활동을 지칭하는 것이 아니라 학습자 참여와 관련된 영역의 가치를 인식하고, 학습자의 행동 변화를 모색하기 위해 체계화된 교육 내용을 의미한다.

(3) 평생교육적 의미

평생교육에서 말하는 프로그램은 단위나 형식, 내용이 다양하며, 그 자체가 하나의 계획이고, 내용이며, 또 활동이기도 하다. 그러므로 평생교육적 의미의 프로그램이란 일정한 기간 동안 미리 계획했던 학습결과를 성취하기 위해 체계적으로 설계한 조직화된 일련의 학습내용, 학습방법, 학습활동의 통합된 교육적 실체를 말한다(Rothwell & Cookson, 1997). 아울러 프로그램은 놀즈(Knowles, 1970)의 안드라고지 원리에 기초하여 개인, 조직, 지역사회가 교육적 경험에 의해 변화를 일으킬 수 있도록 학습내용, 학습목표, 학습대상, 학습활동과 함께 학습방법, 학습장소, 학습시기, 학습매체 등 모든 요소가 유기적 네트워크를 형성하고 있는 하나의 체계로 인식된다.

2. 프로그램 개발의 개념과 기능

프로그램 개발(program development)은 프로그래밍(programming)이나 프로그램 기획(program planning)으로 불리기도 한다. 특히 평생교육 프로그램은 그 유형과 내용이 다양하므로 더욱 고유한 의미로 프로그램 개발의 개념이 규정될 필요가 있다. 보일(1981)은 프로그램 개발을 사람들과 그들이 속해 있는 지역사회의 상태나 조건 또는 상황을 증진시키는 데 기여할 교육 프로그램을 설계하는 노력으로 보았다. 또한 개발가에게는 전문적 지식과 태도 및 기술이 요구된다는 사실도 강조하였다.

1) 프로그램 개발의 개념

프로그램 개발이란 교육 활동이 전개될 수 있도록 고안하고 실시한 후 평가하는 모든 과정을 포함한다. 즉, 교수-학습 과정을 설계하여 이 과정을 순차적으로 조직하고, 동원가능한 자원을 확보하여, 교육 환경을 구비하고 학습자의 적극적인 프로그램 참여를 촉진한 후 그 효과를 측정하여 프로그램의 성과를 파악하기까지의 일련의 과정이라 할 수 있다. 따라서 좁게 본다면 프로그램 개발은 단지 교수-학습 활동을 체계적으로 조직화하는 작업의 의미로 이해되기도 한다. 그러나 넓게 본다면 프로그램 개발은 프로그램 기획에서 시작하여 프로그램을 실시한 후 평가하여 프로그램을 수정·보완하는 전 과정을 지칭하는 것이다.

프로그램 개발의 명료한 개념 정립을 위해서는 다음과 같은 사항들에 대한 고려와 실천이 필요하다(Boyle, 1981).

첫째, 변화 또는 개선되어야 할 문제 및 상황을 분석하고, 의사결정을 위한 조직 구조를 개발한다.

둘째, 사람 및 지역사회에 대한 연구와 분석을 위하여 자원을 효율적으로 활용한다.

셋째, 실천 계획을 수립할 때 바람직한 변화가 필요한 영역의 문제와 상황에 대한 분석, 주민과 지역사회가 프로그램을 통해 달성해야 할 바람직한 결과를 제시한다.

다섯째, 수업 계획을 설계할 때 학습자가 적절한 학습경험을 통해 적극적으로 참여할 수 있도록 한다.

여섯째, 효과적인 홍보와 프로그램의 효율적 진행을 위하여 동원가능한 자원 및 지원체계를 파악한다.

일곱째, 회의·워크숍·상담이나 라디오 및 TV 프로그램을 활용한 학습 기회를 제공하기 위한 실천 계획을 실행한다.

여덟째, 프로그램의 가치에 대한 효과적인 판단을 위해 타당성에 기초한 접근 방법(accountability approach)을 개발한다.

아홉째, 재정적 의사결정자, 관심 있는 사람 및 관련 단체와 함께 프로그램의 가치에 대한 의견을 교환한다.

2) 프로그램 개발의 기능

프로그램의 기능은 여러 차원에서 정의될 수 있으나, 그 기본 기능을 살펴보면 다음의 네 가지로 요약할 수 있다.

첫째, 조직화된 활동으로 문제해결이나 요구의 충족을 가져올 수 있다.

둘째, 참여자 개인의 성장과 발달을 촉진할 수 있다.

셋째, 조직 또는 기관의 목적 달성을 촉진할 수 있다.

넷째, 바람직한 사회변화를 일으키는 데 기여할 수 있다.

따라서 프로그램의 실시 과정과 그 결과에 대하여 조직 안팎의 평가와 함께 개인적·사회적으로도 그 기능과 효과성을 파악하기 위해 노력하게 된다.

3. 평생교육 프로그램 개발의 특성 및 의의

1) 평생교육 프로그램 개발의 특성

평생교육 프로그램은 학습자 개인뿐 아니라 집단과 지역사회를 대상으로 바람직한 변화가 일어나도록 추구하는 것을 목적으로 한다. 현대사회를 사는 개인은 급속히 변하는 사회환경과 개인의 생애발달 주기의 전환에 따라 요구되는 새로운 역할과 과업을 수행하기 위한 학습요구를 갖게 된다. 평생교육 프로그램은 이러한 개인적 학습요구를 충족시키는 데 있어서 매우 유용한 기제가 될 수 있다. 평생교육 프로그램은 그 교육 내용이나 형식에 있어서 제도화된 틀에서 벗어나 유연한 것이 특징이다. 따라서 평생교육 프로그램의 범위와 주제 및 내용은 상당한 융통성을 갖는다. 평생교육 프로그램이 제공되는 장소와 시간도 교수자와 학습자가 교육 현장에서 대면하여 실시하는 교육에서부터 사이버 공간에서 원하는 시간에 이루어지는 교육 등으로 더욱 자유로운 형식으로 진화하고 있다.

분(Boone, 1985)은 평생교육 프로그램 개발을 학습자 개인이나 학습자 집단 및 체제의 계획적인 행동변화를 모색하는 포괄적이고 기본적인 과정으로 보았다. 즉, 학습자 및 그가 속해 있는 환경의 바람직한 변화를 촉진하기 위해 평생교육 기관, 변화 매개자(change agent), 프로그램 개발가 및 학습자의 계획적 · 협력적인 노력을 총망라하는 종합적 · 체계적인 과정으로 인식하였다.

2) 평생교육 프로그램 개발의 의의

평생교육 프로그램 개발은 개인과 기관 및 조직과 사회적 차원으로 나누어 그 의의를 찾아볼 수 있다. 우선, 개인적 차원에서 학습자는 삶의 질 향상을 추구하며 프로그램에 참여한다. 스스로 삶에서 직면하는 문제나 어려움을 해결하거나, 성장과 발달에 대한 동기유발이 이루어진 것이다. 프로그램 참여로 인해 습득한 학습경험이 삶의 만족도를 높여 줄 뿐만 아니라 여러 가지 문제해결에도 도움을 얻게 됨을 말한다. 다음으로, 조직의 차원에서 프로그램 개발은 사회 변화에 따라 새롭게 대두되는 조직 발전의 목표를 달성하고, 조직이 당면한 여러 문제를 해결하는 것을 지원한다.

3) 평생교육 프로그램의 특징

평생교육 기관에서 제공되는 프로그램은 다양한 형태와 내용으로 수행되며, 대개 다음과 같은 특징을 갖는 것으로 인식된다.

첫째, 평생교육 프로그램의 대상에는 개인 학습자뿐 아니라 집단과 지역사회까지 광범위하게 포함된다.

둘째, 평생교육 프로그램 내용은 학문중심적인 내용보다는 실생활과 관련되어 있는 경향이 있다. 또한 단순한 지식의 전달에 그치지 않고 문제해결 능력을 향상시키는 교육 활동을 추구한다.

셋째, 평생교육 프로그램의 수준은 프로그램 목표, 기관의 특성 및 지원 체계 그리고 학습자 집단의 특성, 수준 및 요구에 따라서 다양하게 나타난다.

넷째, 평생교육 프로그램은 대개 장기 · 단기 프로그램으로 나뉘며, 단계적 순서를 따른다.

한편, 평생교육에서 프로그램과 조직의 관계는 매우 밀접하게 연관되어 있다. 슈뢰더나 보일을 비롯한 학자들은 프로그램과 조직 간의 관계를 중시하였다. 조직이 갖는 여러 가지 목적 중 학습을 지원하기 위한 활동은 프로그램으로 나타나게 된다. 조직은 주로 두 가지 목적을 가지고 프로그램을 실시하게 된다. 하나는 교육을 실현하기 위한 것이고, 다른 하나는 체제 유지를 위한 것이다.

4. 평생교육 프로그램의 유형 및 개념

1) 프로그램의 유형

평생교육 프로그램의 유형은 매우 다양하며, 학자에 따라 그 분류 방식이나 내용도 각기 다르게 제시되어 왔다. 평생교육 프로그램의 유형은 프로그램의 목적과 특성, 학습자 및 참여자가 추구하는 변화의 영역이나 활동 수준, 시간 등의 준거에 따라 달라진다. 보일(1981)은 평생교육 프로그램의 유형을 대부분의 프로그램이 지향하는 목적에 따라 개발 프로그램, 기관 프로그램 및 정보 프로그램의 세 가지로 분류하였다.

각 프로그램의 유형별 특징은 〈표 10-2〉에 제시되어 있다.

〈표 10-2〉 프로그램 유형

구분	개발 프로그램	기관 프로그램	정보 프로그램
프로그램 목표	개인·집단·지역사회 문제의 확인과 해결	개인의 기초 능력과 기술·지식의 향상	새롭고 유용한 정보의 교환과 전달
목표 설정의 원천	개인·집단·지역사회의 요구 및 문제	지식 분야 전문가 및 교수자	새로운 법과 제도, 연구결과 및 혁신적 정보
유용성	요구 충족 및 문제해결의 수단	기초 능력·지식·기술의 획득 및 숙달	즉시 사용가능한 정보의 전달
학습자 참여	요구 및 문제의 표출로 프로그램의 범위와 성격 규정에 참여	학습 기회를 통한 학습과정에 참여	정보의 수용자로서 참여
프로그램 개발가의 역할	요구 및 문제의 확인, 프로그램 운영과 촉진 및 프로그램의 합법화 추진	교수-학습 활동을 통한 지식 전수의 역할	정보 요구에 대한 해답 제공
효과성 평가 기준	문제해결의 수준과 정도	학습내용의 숙달 정도	정보 수용자의 숫자와 전달된 정보의 양

출처: 신용주(2017: 56).

(1) 개발 프로그램

개발 프로그램(developmental program)은 고객(client)이나 지역사회 또는 더 광범위한 사회가 가지고 있는 중요한 문제가 무엇인지 파악하고, 사람들이 이러한 문제를 해결하거나 이에 대처하는 데 도움을 주는 교육 프로그램을 개발하는 것을 목적으로 한다. 따라서 문제해결 프로그램으로 불리기도 한다. 근래 급속한 사회변동에 따른 적응기제로서 개발 프로그램의 의의가 강조되고 있다.

(2) 기관 프로그램

기관 프로그램(institutional program)은 평생교육 기관이 주체가 되어 개발하는 프로그램으로 개인의 기초 능력을 제고하는 역할을 강조한다. 프로그램의 목표가 고객의 요구와 관련되어 설정되는 개발 프로그램과는 달리, 기관 프로그램의 목표는 어떤 특정 분야의 전문가나 지식 영역으로부터 도출된다. 학습자는 프로그램 개발과정에 직접적으로 참여하기보다는 수업 상황에 참여함으로써 교수자가 제시하는 내용을 습득하게 되며, 프로그램 개발가 또는 교수자는 수업과정을 통하여 학습자에게 지식을 전달한다. 따라서 프로그램의 평가는 프로그램을 통해 교수자가 제시한 내용에 대해 학습자가 얼마나 충분히 숙달했는지를 파악하는 것이다.

(3) 정보 프로그램

정보 프로그램(informational program)은 새로운 지식이나 법과 제도의 변화 또는 새로운 연구결과에 대하여 알고 싶어 하는 정보 추구자와 정보 소유자 간의 정보 교환을 목표로 한다. 이러한 의미에서 정보 프로그램을 정보 교환 프로그램(informational exchange program)이라고도 한다. 따라서 필요한 정보를 얻기를 원하는 사람에게 그 정보를 제공하는 것이 이 프로그램의 주된 목표이다. 그러나 앞의 두 가지 프로그램과 달리 정보 프로그램은 피드백 메커니즘을 갖추고 있지 않아서 목표 달성 여부를 평가하기가 매우 어렵다.

2) 프로그램 개발과 관련된 제 개념

프로그램 개발에 있어서 고려해야 할 요소는 매우 많지만 보일(1981)은 프로그램 개발에 반드시 포함되어야 할 열다섯 가지의 주요 개념을 다음과 같이 제시하였다.

(1) 프로그램 개발에 대한 철학적 신념

평생교육 프로그램 개발가의 철학적 신념은 프로그램 개발에서 프로그램의 내용과 방향에 큰 영향을 미치는 요소이다.

(2) 상황 분석

상황 분석은 프로그램의 고객과 지역사회에 대한 정확한 분석과 판단을 강조한다. 프로그램 개발가는 참여자의 범위, 참여자들의 역할과 책임을 규정하고 이들의 구조화 방안을 제시해야 한다.

(3) 잠재적 학습자의 참여

다양한 수준의 사람들을 잠재적 참여자로 보고 이들이 프로그램 개발에 참여하도록 격려하는 과정이다.

(4) 잠재적 학습 참여자의 지적 수준 및 배경의 이해

프로그램 개발가는 학습자 또는 잠재적 참여자 간에는 많은 개인차가 존재하며 또 성인학습자는 아동학습자와는 다르다는 사실을 인식해야 한다. 잠재적 학습 참여자들이 가진 다양한 경험과 배경을 이해하는 것은 프로그램 개발과정에서 중요하다.

(5) 프로그램 목표 결정을 위한 자료 분석

프로그램의 목표를 설정하기 위하여 프로그램 개발가는 광범위한 자료를 수집하고 분석해야 한다. 타일러(Tyler, 1974)는 프로그램 목표를 결정하기 위하여 학습자 자신, 시대적 상황, 학습자의 사회경제적 배경이나 교과영역과 관련된 정보를 분석할 필요가 있다고 하였다.

(6) 프로그램의 장애요인에 대한 인식

프로그램 개발과정에서는 다음과 같은 장애요인이 발생할 수 있다는 사실을 인지하고 이에 미리 대비할 필요가 있다.

① 특정 참여자 집단이나 이슈와 관련된 프로그램 개발 기관의 이념 및 철학
② 자원의 부족
③ 외부의 재정 결정자들의 프로그램 우선순위에 대한 가치 및 신념
④ 조직 내 행정가들의 프로그램 우선순위에 대한 가치 및 신념
⑤ 프로그램 개발가의 프로그램 우선순위에 대한 가치 및 신념
⑥ 특정 프로그램에 대한 고객 및 지역사회의 가치 및 전제
⑦ 기관과 개발팀 간의 갈등

(7) 프로그램의 우선순위 설정

프로그램 개발을 할 때 무엇이 더 중요한지의 순위를 정하는 우선순위(priority)를 설정할 때 가장 중요한 과제는 의사결정의 기준을 채택하는 것이다. 명확한 기준은 합리적인 의사결정에 도움을 주며, 이때 잠재적인 참여자들을 참여시킴으로써 더 큰 효과를 얻을 수 있다.

(8) 프로그램의 경직성 및 융통성

프로그램 개발과 관련된 모든 절차를 일률적으로 통제하기는 쉽지 않다. 프로그램 목표를 설정하거나 실행 방법을 결정할 때, 또는 대안적 수단을 모색할 때는 더 많은 융통성을 발휘할 것이 요구된다.

(9) 공식적 · 비공식적 권력을 통한 정당성 및 지지의 확보

정당성(legitimation)의 개념은 프로그램 개발과정에서 적절한 시기에 다양한 수준을 고려하여 적용되어야 한다. 프로그램 개발 기관은 지역사회에 뿌리를 내리고 지역사회의 지지를 얻음으로써 프로그램 개발의 정당성을 확보하고 프로그램의 성공에 대한 지원을 얻을 수 있다.

(10) 학습경험의 선정과 조직

프로그램 개발가는 학습자의 학습이 효과적으로 일어나도록 촉진하기 위해 적절한 학습경험을 선정하고 조직할 책임이 있다. 특히 평생교육에서는 학습 효과에 관한 다음의 전제들에 기초하여 학습자의 적극적 참여를 격려한다.

① 학습자가 학습에 대한 강한 열망을 가지고 있을 때 학습효과가 가장 높다.
② 학습자가 명확한 학습목표를 가지고 학습에 임할 때 학습효과가 가장 높다.
③ 학습자가 학습내용을 실천할 때 학습효과가 가장 높다.
④ 학습자가 자신의 학습에 대하여 만족할 때 학습효과가 가장 높다.

(11) 수업설계

바람직한 수업을 설계하기 위해서는 가장 효과적인 교육 방법 및 기법, 그리고 교수매체를 검토하여 프로그램 개발에 반영하는 것이 중요하다. 각각에 대한 설명은 다음과 같다(신용주, 2012).

① 교육 방법: 프로그램에서 학습자에게 교육 내용을 효과적으로 전달하기 위해 활용되는 방법으로 보통 학습자 중심 방법, 교수자 중심 방법, 개인 중심 방법, 집단 중심 방법, 체험 중심 방법 및 모바일 테크놀로지를 사용한 방법 등으로 분류된다.
② 기법: 프로그램을 실시할 때 포함되는 학습활동을 이끌어 가는 데 활용되는 다양한 기법으로 강의법, 토의법, 브레인스토밍, 감수성 훈련 집단 등이 대

표적이다.

③ 교수매체: 학습내용을 전달하여 학습을 촉진하도록 돕는 모든 설비나 기계, 자료 및 시청각 기자재를 의미한다. 여기에는 TV나 VTR, 모바일 기기, 컴퓨터 및 컴퓨터의 소프트웨어 등도 모두 포함된다.

(12) 효과적인 홍보 매체의 활용

홍보란 뉴스나 광고, 마케팅 등 다양한 커뮤니케이션 채널과 기법을 활용하여 가능한 한 많은 잠재적 학습자가 프로그램에 참여하도록 촉진하는 것이다. 홍보의 목표와 대상을 파악하고 각 매체의 특성과 조건, 비용 등을 비교·분석하여 홍보를 진행하는 체계적인 계획이 필요하다.

(13) 프로그램 운영을 위한 자원의 획득

사람들이 평생교육기관을 찾는 이유는 자신들이 가지고 있는 문제를 해결하거나 요구를 충족시키기 위한 것이다. 프로그램 개발에 필요한 재정 및 기타 자원을 얻기 위하여 정당성을 확보하고 적극적 후원 활동이 이루어지도록 해야 한다.

(14) 효과성 평가

모든 프로그램은 대부분 종결 시에 전반적인 프로그램의 운영과 목표 달성 결과에 대한 평가를 받게 된다. 평생교육 프로그램 개발가는 다음의 준거에 기초하여 프로그램의 효과성을 체계적으로 평가할 방법을 개발한다.

① 효과성: 얼마나 충실히 프로그램 목표를 달성하였는가?
② 수월성(적합성): 프로그램 참여자에게 얼마나 훌륭하고 적절한 학습경험이 제공되었는가?
③ 접촉성: 얼마나 많은 사람이 프로그램에 참여하였는가?
④ 중요성: 프로그램에 참여한 고객과 지역사회에 얼마나 기여하였는가?

(15) 프로그램의 가치에 대한 피드백

평생교육 프로그램 개발가에게는 적절한 방법을 동원하여 관련된 여러 사람의 프로그램에 대한 의견을 교환하고 정확한 피드백을 얻는 것이 중요하다. 그러므로 다양한 피드백 경로를 통해 의사결정자들과 의견을 나누고 소통하는 노력이 필요하다.

5. 프로그램 개발 이론

프로그램 개발 담당자에게는 빠르게 변화하는 교육 현장의 상황 변화 추세를 파악하고 학습자의 요구를 충족시킬 수 있도록 전문적 지식과 기술을 익혀 프로그램 개발에 반영하는 노력이 요구된다. 프로그램 개발에 대한 중요한 기초 이론과 정보 및 실무와 관련된 역량을 갖추는 것은 숙달된 전문가로서의 자질을 함양하기 위한 우선적 과제라 할 수 있다. 특히 그동안 많은 학자에 의해 제시되어 온 이론을 숙지하여 프로그램 개발가로서 자신감을 가지고 성공적인 프로그램을 실행할 수 있다는 확신을 가질 수 있다.

이 절에서는 프로그램 개발의 기초가 되는 주요 이론 중 전통적 이론, 상호작용 이론, 체제 이론, 정치적 이론 등 네 가지 이론을 중심으로 알아보기로 한다.

1) 전통적 이론

전통적 이론(classical theory)은 프로그램 개발의 여러 이론 중에서 가장 먼저 소개되는 이론이다. 전통적 이론은 프로그램 개발이 이루어지면서 거치게 되는 일련의 순차적 과정에 대한 지식을 제공하는 것을 목표로 한다. 따라서 프로그램 개발의 절차와 관련된 지식을 제공하는 것에 그 초점을 둔다.

(1) 타일러의 모형

프로그램 개발 이론 중 가장 일찍부터 알려지기 시작한 것이 전통적 이론이며, 이 중 대표적인 학자는 타일러(1974)로, 고전적 이론은 대부분 그가 제시한 모형을 기초로 삼고 있다. 타일러의 모형은 성인학습자를 위한 프로그램 개발 모형 중에서 가장 처음 만들어진 것이며, 또 가장 오리지널한 것으로 인식된다. 타일러의 모형은 교육목표의 설정, 학습경험의 조직, 학습 과정 및 결과의 평가로 이어지는 큰 틀을 따르는 것이 특징이다.

[그림 10-1] 타일러의 프로그램 개발 모형

출처: 신용주(2017: 71).

[그림 10-1]에는 타일러의 교육과정 개발 모형이 제시되어 있다. [그림 10-1]의 과정을 간략히 요약하면 타일러가 제시한 모형의 절차는 다음과 같은 일련의 과정을 거친다.

① 학습목표의 설정
② 학습경험의 선정
③ 학습경험의 조직
④ 학습경험의 평가

타일러(1974)의 프로그램 개발 모형은 그의 저서 『교수-학습의 기본 원칙(Basic Principles of Curriculum and Instruction)』에서 제시한 네 가지 질문을 중심으로 구축되었다.

타일러가 제시한 네 가지 주요 질문은 다음과 같다.

첫째, 교육 기관이 달성하고자 추구해야 할 교육의 목적과 목표는 무엇인가?

둘째, 이러한 교육 목적과 목표를 달성하는 데 유용한 학습경험들을 어떻게 선정할 수 있는가?

셋째, 효과적 교수 활동을 위해 선정된 교육 경험들이 어떻게 조직될 수 있는가?

넷째, 이러한 학습경험들의 효과성은 어떻게 평가될 수 있는가?

타일러 모형은 교육 및 평생교육 분야에 적용할 수 있는 가장 기본적인 틀을 제시했다는 점에서 평생교육 프로그램 개발에서 중요한 학문적 의의를 갖는다. 타일러는 학습경험을 학습자의 행동과 학습환경 간의 상호작용으로 정의하였으며, 학습경험을 선정하기 위해 고려해야 할 다섯 가지 원칙을 제시하였다.

타일러가 제시한 학습경험을 선정하기 위한 다섯 가지 원칙은 다음과 같다(Boone, Safrit, & Jones, 2002).

① 원하는 행동을 실습해 보는 기회가 제공될 것

② 생성된 행동에 대해 만족을 얻을 수 있을 것

③ 기대하는 반응이 실현될 것

④ 많은 경험으로 교육 목표를 충족시킬 것

⑤ 하나의 경험이 다양한 결과로 이끌 것

이와 같은 학습경험과 관련해서 타일러는 앞서 설명한 그의 모형의 기초를 형성하는 네 가지 기본 질문 중 두 번째 질문인 교육 목적과 목표를 달성하는 데 유용한 학습경험들을 어떻게 조직하는지를 파악하기 위한 세 가지 준거를 제시하였다.

그 세 가지 준거는 다음과 같다.

① 지속성(continuity)

② 계열성(sequence)

③ 통합성(integration)

타일러 모형은 대부분의 교육 현장에서 프로그램 개발에 보편적으로 적용될 수 있으나, 환경 맥락에 대한 고려가 부족한 점, 그리고 프로그램 개발 담당자의 경험이나 가치관, 윤리와 관련된 요인들이 고려되지 않았다는 점에서 비판도 존재한다.

(2) 분의 모형

분(Boone, 1985)은 그의 개념적 프로그램 개발 모형(conceptual programming model)을 통해 프로그램 개발의 통합적 모형을 제시함으로써 프로그램 개발의 일반화에 공헌하였다. 분은 특히 여러 단계의 하위 체제에서 일어나는 상호작용과 피드백을 통해 조직의 재생을 추구하는 프로그램 개발과정을 중시하였다. [그림 3-2]에는 그 과정에서 발생하는 거시적 · 미시적 피드백의 관계도식이 제시되어 있다.

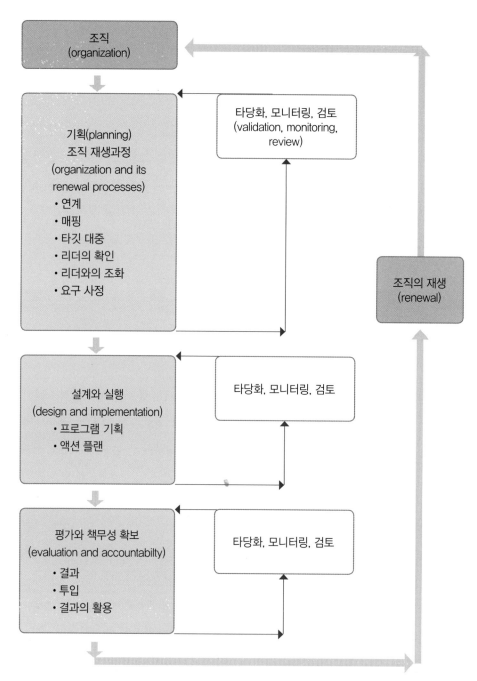

[그림 10-2] 분의 프로그램 개발과정에서 거시적·미시적 피드백의 관계도식

출처: 신용주(2017: 76).

분은 프로그램 개발과정을 크게 기획, 실행, 평가의 3단계로 분류하고 각 단계는 모두 타당화, 모니터링 및 검토의 과정을 거친다고 설명하였다. 각 단계의 특성을 살펴보면 다음과 같다.

첫째, 프로그램 기획(program planning) 단계이다.

둘째, 프로그램 실행(program implementation) 단계이다. 이 단계는 프로그램 참여자의 요구 충족을 위한 액션 플랜 및 활동 전략으로 나뉜다.

셋째, 프로그램 평가와 책무성(evaluation and accountability)의 확보이다. 프로그램 평가는 학습자가 프로그램 참여의 결과로 획득한 지식, 기술, 태도를 토대로 목표 달성 정도를 측정한다.

2) 상호작용 이론

상호작용 이론(interaction theory)은 프로그램 개발이 이루어지는 과정에서 일어나는 역동적인 상호작용에 초점을 맞추는 것이 특징이다. 프로그램이 개발되는 실천적 맥락과 무관하게 프로그램의 원리를 강조하던 것에서 벗어나 자연스럽게 프로그램 개발가의 영향을 받으면서 이른바 과정에 초점을 두는 이론이다. 따라서 프로그램 개발에 개입되는 다양한 요소의 유동적 상호작용을 중시한다. 또한 프로그램 개발을 선형적으로 진행되는 과정이 아니라 다양한 요인 간에 일어나는 상호작용의 결과물로 인식한다는 점이 특징이다. 프로그램 개발과정에서 발생하는 상호작용을 중시한다는 점에서 프로그램 개발의 절차나 순차적 과정을 중시하는 전통적 이론과는 차별화된다.

전통적 이론에서는 프로그램 개발을 일련의 단계적이며 직선적인 과정으로 파악하지만, 상호작용 이론에서는 실제로 많은 교육 현장에서 교육 프로그램의 성공적 실행에 큰 영향력을 미치는 것은 상황이라고 인식하고 상황을 중시한다. 상호작용 모형에서는 프로그램 개발이 표준화된 순서에 따라 수행되는 것은 아니라고 보며, 프로그램 개발에 개입되는 다양한 요인을 고려할 것을 강조한다. 교육기관이나 조직에서 프로그램 개발을 시도할 때 영향을 미치는 다양한 사람, 그리고 조직의 입장 및 이해관계 속에서 조화를 이끌어 내는 것이 상호작용 이론의 핵심이라 할 수 있다.

상호작용 모형을 제시한 대표적 학자로는 홀(Houle, 1996)과 카파렐라(Caffarella, 1994)가 있다. 이들의 모형을 각각 살펴보기로 한다.

(1) 홀의 모형

홀은 그의 저서 『교육의 설계(The Design of Education)』(1996)에서 상황 맥락에 알맞게 설계된 교육 프로그램을 기획할 것을 강조하였다. 그는 성인학습자를 위한 교육 프로그램을 계획할 때는 인간의 경험을 고려한 다양한 요소의 상호작용이 포함되어야 한다고 주장하였다. 홀은 자신의 프로그램 개발의 개념을 다음과 같은 일곱 가지 가정에 근거하여 제시하였다.

첫째, 학습은 구체적 상황에서 발생하며, 그 상황으로부터 영향을 받는다.

둘째, 교육 활동의 계획이나 분석은 인간의 경험과 지속적 변화에 기초해 이루어져야 한다.

셋째, 교육은 실천적 학문이다.

넷째, 교육은 협동적인 것이다.

다섯째, 교육 활동의 계획이나 분석에는 복잡한 현실의 관념화 기간이 필요하다.

여섯째, 교육 활동의 계획이나 분석은 교육자, 학습자, 분석가 및 이들의 협력으로 수행된다.

일곱째, 교육 설계는 관련 요소 간의 상호작용으로 가장 잘 이해된다.

[그림 10-3]에는 7단계에 걸친 홀의 프로그램 개발과정이 제시되어 있다. 홀의 모형은 학습자의 라이프 스타일과 삶의 경험을 학습유형의 설계에서 중요한 요소로 포함시켰으며, 프로그램에 참여하는 모든 사람의 관점을 고려하려 했다는 점에서 역동적이라 할 수 있다.

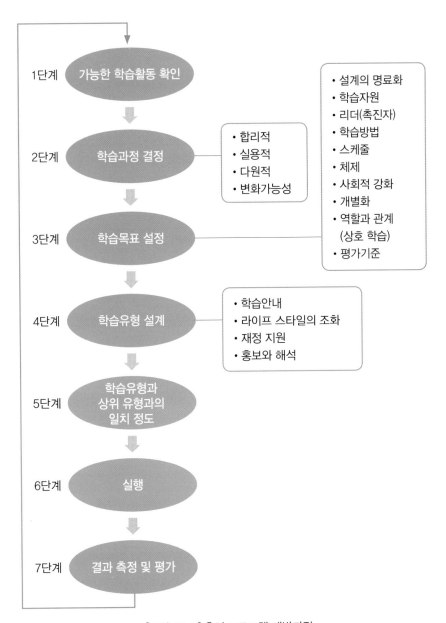

[그림 10-3] 훌의 프로그램 개발과정

출처: 신용주(2017: 79).

(2) 카파렐라의 모형

카파렐라는 그녀의 저서 『성인학습자를 위한 프로그램 개발(Planning Programs for Adult Learners)』(1994)에서 상호작용적인 프로그램 개발 모형은 서로 영향을 미치는 다양한 요소의 복합체로 인식할 수 있다고 주장하였다. 카파렐라는 프로그램의 목적은 기획 과정의 중요한 요소이며, 이 목적은 참여자들이 프로그램을 통한 학습으로 발생할 변화를 반영하도록 진술되어야 한다고 믿었다.

카파렐라(1994)의 프로그램 개발 모형은 다음과 같은 12개의 주요 활동을 거친다. 그러나 프로그램 개발이 이 순서대로 실시되지는 않으며, 프로그램 개발가는 원하는 단계부터 시작할 수 있다.

① 상황 분석
② 확고한 지원 체제 구축
③ 프로그램 아이디어 확인
④ 프로그램 아이디어의 분류 및 우선순위 설정
⑤ 프로그램 목표 수립
⑥ 교수 계획 설계
⑦ 학습 전이 계획 수립
⑧ 평가 계획 수립
⑨ 제언 및 프로그램 결과에 대한 의견 교환
⑩ 형식, 스케줄, 스태프 욕구 파악
⑪ 예산 및 마케팅 계획 수립
⑫ 시설 준비 및 현장 점검

카파렐라가 개발한 프로그램 개발 상호작용 모형의 12가지 구성요소는 [그림 3-4]와 같이 제시될 수 있다.

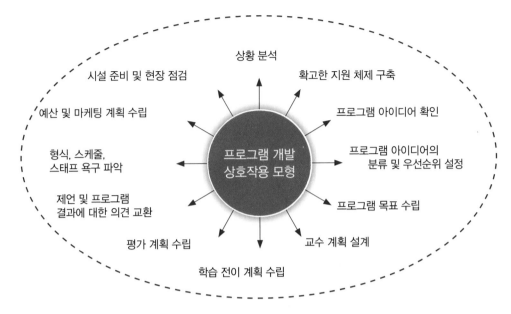

상황 분석

시설 준비 및 현장 점검　　　　　　확고한 지원 체제 구축

예산 및 마케팅 계획 수립　　　　　프로그램 아이디어 확인

형식, 스케줄,　　　　　　　프로그램 아이디어의
스태프 욕구 파악　　　　　　　분류 및 우선순위 설정

프로그램 개발
상호작용 모형

제언 및 프로그램　　　　　　　　프로그램 목표 수립
결과에 대한 의견 교환

평가 계획 수립　　　　　교수 계획 설계

학습 전이 계획 수립

[그림 10-4] 카피렐라의 프로그램 개발 상호작용 모형의 12개 구성 요소

출처: 신용주(2017: 83).

3) 체제 이론

체제란 정보, 에너지, 자원 등을 교환하며 역동적으로 존재하는 실체이며, 또한 여러 부분이 하나로 합쳐져 이루어진 전체이다. 프로그램 개발에 있어서도 환경과 조직의 관계 및 평생교육 기관, 학습자, 환경과의 상호작용을 중시하는 체제 이론(system theory)이 제시되어 왔다. 체제를 중시한 대표적 학자로는 분(1985)과 코왈스키(Kowalski, 1988)가 있다. 이 중에서 분은 평생교육 프로그램 개발에 있어서 기관에 영향을 미치는 사회기능적 맥락과 사회문화적 맥락의 역학관계를 강조하고 전체적 체제(holistic system)의 개념을 제시하였다. 여기서는 코왈스키(1988)의 모형을 중심으로 살펴보기로 한다.

(1) 코왈스키의 모형

코왈스키가 그의 저서 『성인교육의 조직과 계획(The Organi-zation and Planning

of Adult Education)』(1988)에서 제시한 프로그램 개발의 체제 모형은 '투입-과정-산출'에 이르는 틀을 기본으로 한다. 투입은 개인, 조직, 환경의 세 가지 요소로 분류되며, 이것은 다시 이 세 요소가 갖는 각각의 가치관 및 요구와 연계되어 프로그램 개발에 반영된다. 여기서 프로그램 개발가는 프로그램 개발의 맥락을 잘 파악하고 다양한 대안 중 가장 바람직한 대안을 선택해야 한다. 이 모형은 프로그램 개발가가 개발과정에서 도출되는 수많은 대안 중에서 가장 효과적인 의사결정을 내리도록 하는 데 그 핵심이 있다.

[그림 10-5]는 코왈스키가 제시한 체제 모형의 개념도이다. 이 그림은 코왈스키의 프로그램 개발 체제 모형에서 나타나는 다양한 요소 및 체제 간의 관계를 잘 보여 주고 있다.

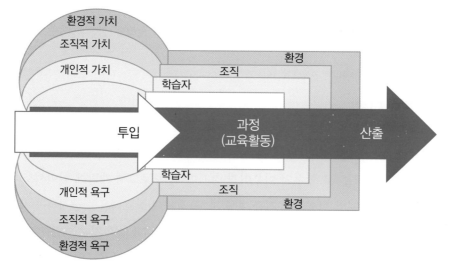

[그림 10-5] 코왈스키의 프로그램 개발 체제 모형

출처: 신용주(2017: 85).

4) 정치적 이론

정치적 이론은 프로그램 개발과정에 개입되는 인적 요소 간의 힘과 협상 과정에 초점을 두고 있다. 정치적 이론은 실천 이론(practical theory)이라고도 불린다.

이 이론은 앞서 소개된 전통적 이론이나 상호작용 이론이 제시하는 프로그램 개발과정이 지나치게 가치중립적이며, 또한 권력 관계나 정치적 요소가 고려되지 않았다는 비판에서 비롯되었다. 정치적 이론의 특징은 프로그램 개발에 있어서 작용하는 권력의 역할에 초점을 둔다는 점이다. 정치적 이론의 대표적인 학자로는 해방교육 모형(신용주, 2012)을 주창한 프레이리(Freire, 1970)와 협상 모형을 제시한 서베로와 윌슨(Cervero & Wilson, 1994)을 들 수 있다.

(1) 프레이리의 모형

프레이리(Freire, 1970)의 프로그램 개발 모형은 해방교육 모형 또는 비판적 모형이라 할 수 있다. 그는 프로그램 개발을 전통적 이론에서와 같은 합리적 절차를 중시하는 것이 아닌 총체적 과정으로 인식하였다. 그의 저서 『피억압자들을 위한 교육학(Pedagogy of the Oppressed)』에서 피억압자들의 문해교육에 대한 설명과 함께, 그의 비판적 모형의 기초가 제시되었다. 빈민과 가난한 농부들로 하여금 억압되어 있는 상황에서 벗어나 자유를 얻고 인간화될 것을 추구한 프레이리의 문해교육 경험은 그가 프로그램 개발과정에 대하여 비판적인 시각을 가지고 정치적으로 접근하는 계기가 되었다.

그의 모형에서 프로그램 개발은 미리 정해진 제3의 프로그램 개발가에 의해 수행되는 학습의 준비활동이 아니라 교육자와 학습자가 함께 참여하는 대화와 토론, 그리고 해방에 이르는 전 과정이 모두 포함되는 것이다. 프레이리의 해방교육 프로그램 개발 모형은 학습자의 인식 전환과 의식화, 자신의 상황에 대한 비판적 사고를 통한 성찰, 그리고 행동으로 사회적 변화를 이끄는 혁신적 교육 프로그램 모형이라 할 수 있다.

(2) 서베로와 윌슨의 모형

서베로와 윌슨(Cervero & Wilson, 1994)의 협상 모형에서는 프로그램 개발을 기관 및 사회적 맥락 속에서 협동과 타협을 통해 이루어 내는 사회적 활동으로 보았다. 그들은 프로그램 개발에 내재되어 있는 정치적 성격을 강조하였으며, 프로그램 개발과정에서 프로그램 개발가가 보여 주는 정치적 행동과 책임에 초점을 두는 협상 모형을 제시하였다. 서베로와 윌슨은 기존의 프로그램 개발 이론이 제시해 온 것과 같이 프로그램 개발을 기술적 과정으로만 보아서는 안 되며, 권력 및 파워 게임의 결과물로서 그 특성을 인식하는 것이 중요하다고 하였다.

서베로와 윌슨은 그들의 저서 『성인교육을 위한 책임의 기획(Planning Responsibility for Adult Education)』에서 프로그램 개발의 영역에 권력(power), 이해관계(interests), 책임성(responsibility) 및 협상(negotiation)의 개념을 가지고 접근하였다. 또한 프로그램 개발은 개인은 물론 조직 및 사회의 입장과 이익을 반영하게 되는 매우 정치적인 과정이라는 점을 강조하였다. 따라서 대부분의 프로그램 개발가는 개인, 조직 및 사회 간의 끊임없는 협상과 타협을 거친 후에 교육 프로그램이라는 결과물을 얻게 되며, 프로그램 개발가의 역할, 특히 정치적 협상 능력은 매우 중요하다고 강조하였다.

프로그램 개발가가 복잡한 권력관계 속에서 책임성을 가지고 다양한 이해관계와 요구를 협상 과정을 통해 조정함으로써 프로그램 개발에 이르는 과정은 [그림 10-6]과 같이 도식화하여 제시할 수 있다.

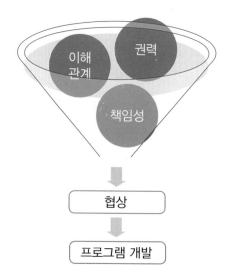

[그림 10-6] 서베로와 윌슨의 프로그램 개발과정

출처: 신용주(2017: 89).

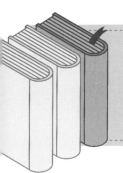

제11장
문해교육과 학부모평생교육

1. 문해교육

1) 개요

문해는 일상생활에 가장 기본이 되는 능력으로, 과거 문해의 개념인 읽기와 쓰기, 셈하기 능력을 넘어서는 것이다. 문해는 자신을 둘러싼 사회문화적 상황 맥락 속에서 개인이 효과적으로 기능하는 기초능력으로 그 의미가 더욱 확대되고 있다. 유네스코는 창설 이래 "교육하는 것이 해방시키는 것이다(To educate is to liberate)." 라는 선언으로 성인기초교육인 문해교육의 중요성을 강조하며 문맹 또는 비문해 퇴치를 비롯한 대중교육 등 관련 사업을 적극적으로 실시해 왔다. 황종건(1990)이 문해를 평등한 기회의 출발점이라고 했듯이, 문해는 모든 학습자가 자신의 삶을 인간답게 영위하고 자신의 역사를 만들어 가기 위한 가장 근본적 학습권이다.

지식정보화사회를 거치며 문해의 개념은 더욱 확장되어 왔으며, 세계 각국은 더욱 높은 수준의 문해 개념을 제시하며 문해교육에 노력을 기울여 왔다. 예를 들어, 유럽연합(European Union: EU)은 외우거나 이해하는 수준을 넘어 자료 분석 및 추론 능력도 문해의 개념에 포함시키고 있다. 이처럼 특히 4차 산업혁명시대를 살아가는 성인학습자는 생존을 위해 새로운 지식, 기술 및 필수역량을 익혀야 하며, 넘쳐나는 복잡하고 다양한 정보를 활용하여 소통하고 직무나 일상생활에 이를 적절히 적용하는 능력이 요구된다.

현대사회의 문해의 개념은 더욱 진화하고 있으며, 근래 청소년의 문해력 향상
이 필요하다는 사회적 인식도 증가하고 있다. 디지털 사회를 살아가는 데 필요
한 디지털 역량을 가리키는 디지털 문해, 디지털 리터러시(digital literacy)의 개념
도 많이 알려져 있다. 2016년 다보스포럼(WEF)에서 출간한 보고서 『직업의 미래
(The Future of Jobs)』는 디지털 리터러시를 미래 인재에게 가장 필요한 역량의 하
나로 제시하였다. 디지털 문해의 개념인 디지털 리터러시는 일반적으로 디지털
정보를 이해하며 사용할 수 있는 능력으로 인식되며, 디지털 미디어의 확대에 따
라 미디어 리터러시(media literacy)도 거의 유사한 의미로 사용된다. 디지털 사회
의 시민은 문제해결 과정에서 디지털 정보를 이해하고 활용하는 능력을 넘어, 새
로운 정보를 창출하고 문제해결 과정을 자동화할 수 있는 능력이 필요해진 것이
다(한국교육학술정보원, 2019). 원래 디지털 리터러시라는 용어는 길스터(Gilster)가
자신의 저서 『디지털 리터러시(Digital Literacy)』(1997)에서 컴퓨터를 통해 제시된
다양한 형태의 정보를 이해하고 활용하는 능력으로 처음 소개하였다. 디지털 리
터러시에는 정보처리, 거짓정보 판별, 의사소통 및 협업, 콘텐츠 창출, 문제해결

〈표 11-1〉 **4차 산업혁명시대 필수역량 및 미디어 리터러시 구성요소**

미국 미래연구소에서 제시한 4차 산업혁명시대 필수역량	미국교육공합협회에서 제시한 미디어 리터러시의 구성 요소
• 의미부여 능력 • 사회 지능 • 새로운 사고와 변화적응 능력 • 다문화 역량 • 컴퓨터 기반의 추론 능력 • 뉴미디어 리터러시 • 초학문적 개념 이해 능력 • 문제해결을 위한 과제 설계 능력 • 인지적 부하 관리 • 가상의 협업 능력	• 창의성과 혁신 • 커뮤니케이션과 협업 능력 • 연구 및 정보 • 비판적 사고, 문제해결 능력 • 디지털 시민성 • 기술활용 능력

출처: https://dadoc.or.kr/2512에서 재인용(신용주, 2021a: 45).

및 자료 제작 능력 등도 포함된다.

특히 코로나19 시대를 거치며 갑자기 확대된 원격학습 환경에 효과적으로 적응하기 위해 포스트 코로나 시대의 성인학습자에게는 4차 산업혁명시대에 필요한 역량 및 디지털 리터러시를 갖추는 것이 더욱 중요해졌다. 〈표 11-1〉에는 미국 미래연구소에서 발표한 4차 산업혁명시대의 필수역량과 미국교육공학협회에서 제시한 미디어 리터러시의 구성요소가 제시되어 있다.

2) 주요 현황

(1) 우리나라의 문해 현황

「평생교육법」 제2조에 따르면 문해교육이란 "일상생활을 영위하는 데 필요한 문자해득(文字解得) 능력을 포함한 사회적·문화적으로 요청되는 기초생활능력 등을 갖출 수 있도록 하는 조직화된 교육프로그램"을 말한다. 문해는 개인의 행복은 물론 국가 경쟁력 증진에도 영향을 미친다. 2020년 국가평생교육진흥원에서 실시한 '성인문해능력조사'에 따르면, 18세 이상 성인 중 일상생활에 필요한 기본적인 읽기, 쓰기, 셈하기가 불가능한 비문해 인구는 약 200만 명, 낮은 문해력으로 일상생활 활용이 미흡한 인구는 185만 명으로 추정한다(국가평생교육진흥원, 2020). 또한 20세 이상 성인 중 의무교육인 중학 학력 미만의 저학력 인구는 약 408만 명으로 전체 성인의 9.8%가 문해교육 대상자라고 할 수 있다(통계청, 2020).

교육부와 국가평생교육진흥원은 2006년부터 국민의 문해력을 향상시켜 국민 삶의 질을 높이기 위해 '성인문해교육 지원사업'을 추진하고 있다. 비문해 타파를 위한 핵심정책 중 하나인 '성인문해교육 지원사업'에는 비문해·저학력 성인의 교육 기회 확대를 위한 '성인문해교육 프로그램 지원', 저학력 학습자의 교육과정 이수를 통해 초등·중학 학력을 인정받는 '성인학습자 학력인정체제', 문해교육 인식 확산 및 참여 촉진을 위한 '성인문해교육 활성화 사업', 합리적이고 체계적인 문해교육 정책 수립을 위한 '성인문해교육 조사·연구'가 포함된다(교육부, 국가평생교육진흥원, 2023).

'성인문해교육 지원사업'은 교육부, 국가평생교육진흥원, 시 · 도평생교육진흥원(시 · 도문해교육센터)와 시 · 도교육청, 문해교육기관이 추진한다. 교육부는 사업 기본계획의 수립을, 국가평생교육진흥원은 세부 사업의 운영 · 지원을, 시 · 도평생교육진흥원(시 · 도문해교육센터)는 문해교육 활성화 사업을, 시 · 도교육청은 문해교육을 통한 학력인정제도를 각각 담당한다. 기초자치단체는 문해교육기관에 대한 지도와 점검을 실시한다.

(2) 성인문해교육 프로그램

'성인문해교육 지원사업'은 공모를 통해 문해교육 프로그램 운영기관을 선정하여 비문해 · 저학력 성인의 생활능력 향상 및 사회활동 참여를 지원한다. 공모사업은 '광역 단위 지원'과 '프로그램 단위 지원'으로 나뉜다. '광역 단위 지원'에는 광역시 · 도 단위 문해교육 지원체제 구축을 위한 기초문해 및 생활문해가 실시되고, '프로그램 단위 지원'은 찾아가는 문해교실 프로그램을 지원한다.

'광역 단위 지원' 사업은 '광역 문해교육 기반 구축' 사업과 '광역 문해교육 특성화' 사업으로 실시된다. '광역단위 지원' 사업은 시 · 도문해교육센터 지정의 기반 사업으로, 2022년까지 17개 시 · 도에 추진체제를 구축하였다. 연도별 시 · 도 문해교육센터 지정현황은 〈표 11-2〉와 같다.

〈표 11-2〉 **연도별 시 · 도문해교육센터 지정 현황**

2016	2017	2018	2019	2020	2021	2022
경기	대전, 충남	대구, 광주, 전남	서울, 울산	부산, 인천, 세종, 경북, 경남	전북, 제주	강원, 충북

출처: 교육부, 국가평생교육진흥원(2023: 369).

'프로그램 단위' 지원은 저학력 · 비문해 성인에게 제2의 교육 기회를 제공하기 위하여 '기초 문해교육 프로그램' '생활문해교육 프로그램' '찾아가는 문해교실'의 세 가지 프로그램을 지원한다. '기초 문해교육 프로그램'은 읽고, 쓰고, 셈하기에 해당하는 기초 문해력 향상을, '생활문해교육 프로그램'은 일상생활에 필요한 다양한 영역의 문해교육을 지원한다. '찾아가는 문해교실'은 경로당, 마을회관, 학습자 가정을 방문하여 지원한다. 문해교육 '프로그램 단위 지원'은 공공기관(기초자치단체, 국공립학교 등) 및 비영리기관(야학, 복지관 등)을 지원한다.

「평생교육법」 제39조는 '성인문해교육 지원사업'에 참여하는 기초자치단체는 지역 내 문해교육 기반 확대를 위해 국고 지원액의 100% 이상 대응투자액을 필수 확보할 것을 명시하고 있다. 기초 문해교육 프로그램은 기관 규모에 따라 최소 300만 원에서 1,000만 원을 지원한다.

〈표 11-3〉은 2022년 '성인문해교육 지원사업'의 유형별 지원기관을 보여 준다. 전국 170개 기초자치단체를 통해 456개 문해교육기관을 지원하였으며, 그중 복지관이 186개 기관으로 가장 많았고, 지방자치단체가 문해교육 프로그램을 직접 운영하는 '지자체 직영'이 99개, 문해교육 전담기관 및 야학이 90개의 순이었다.

〈표 11-3〉 2022년 성인문해교육 지원사업 지원기관(기관 유형별 현황)

국 · 공립			민간						총계
지자체 직영	교육청 등 유관기관	기타 (국공립)	민간단체	문해교육 전담기관 · 야학	복지관	(사립) 학교 및 학교형태 평생교육 시설	종교단체	기타 (사립 · 개인)	
99	14	5	34	90	186	18	2	8	456

출처: 교육부, 국가평생교육진흥원(2023: 370).

'2022년 성인문해교육 지원사업'의 지원으로 전국 170개 기초자치단체에서 주관하는 456개 문해교육기관에서 1,567개 프로그램이 개설되었다. 지역별 프로그램 개설은 〈표 11-4〉에서 볼 수 있듯이 경기가 13.3%로 가장 많았으며, 참여 학습자는 서울이 2,686명으로 전체의 13.6%로 가장 많았다.

〈표 11-4〉 2022년 성인문해교육 지역별 프로그램 및 학습자 　　　　　(단위: 개, 명, %)

광역	기관 수	프로그램 수	학습자 수
서울	73(16.0)	187(11.9)	2,686(13.6)
부산	69(15.1)	183(11.7)	2,306(11.7)
대구	35(7.7)	82(5.2)	1,048(5.3)
인천	17(3.7)	33(2.1)	445(2.3)
광주	16(3.5)	34(2.2)	421(2.1)
대전	16(3.5)	41(2.6)	520(2.6)
울산	5(1.1)	18(1.1)	206(1.0)
경기	64(14.0)	208(13.3)	2,367(12.0)
강원	17(3.7)	75(4.8)	643(3.3)
충북	16(3.5)	63(4.0)	767(3.9)
충남	22(4.8)	190(12.1)	1,868(9.5)
전북	22(4.8)	110(7.0)	1,355(6.9)
전남	36(7.9)	136(8.7)	2,036(10.3)
경북	18(3.9)	64(4.1)	831(4.2)
경남	26(5.7)	124(7.9)	1,933(9.8)
제주	4(0.9)	19(1.2)	267(1.4)
계	456(100.0)	1,567(100.0)	19,699(100.0)

출처: 교육부, 국가평생교육진흥원(2023: 371-372).

　〈표 11-5〉와 같이 프로그램 수준은 초등 1단계(초등 1~2학년 수준), 초등 2단계(초등 3~4학년 수준), 초등 3단계(초등 5~6학년 수준) 및 중학 단계(중학 1~3학년 수준)로 구분된다. 2022년에는 총 1,567개 프로그램 중 초등 1단계가 전체의 50.9%로 가장 많았고, 초등 2단계 24.9%, 초등 3단계 16.4% 순이었다.

〈표 11-5〉 2022년 성인문해교육 교육 수준별 프로그램 및 학습자   (단위: 개, 명, %)

구분		초등 1단계	초등 2단계	초등 3단계	중학 단계	계
프로그램		797	390	257	123	1,567
		(50.9)	(24.9)	(16.4)	(7.8)	(100.0)
학습자		14,564	3,204	1,584	347	19,699
		(7.39)	(16.3)	(8.0)	(1.8)	(100.0)

출처: 교육부, 국가평생교육진흥원(2023: 372).

〈표 11-6〉에 제시된 바와 같이 '2022년 성인문해교육 지원사업' 프로그램에 참여한 학습자의 성별·연령별 분석에 따르면, 여성은 전체의 94.8%인 18,669명으로 남성에 비해 참여 비율이 월등히 높았다. 연령별로는 70대가 44.2%(8,705명)로 가장 많았으며, 80대 이상(5,278명, 26.8%), 60대(4,133명, 21.0%) 순으로 나타났다.

〈표 11-6〉 2022년 성인문해교육 성별·연령별 참여 학습자   (단위: 명, %)

연령	남성	여성	계
20대	66(6.4)	155(0.8)	221(1.1)
30대	82(8.0)	231(1.2)	313(1.6)
40대	87(8.4)	214(1.1)	301(1.5)
50대	133(12.9)	615(3.3)	748(3.8)
60대	249(24.2)	3,884(20.8)	4,133(21.0)
70대	264(25.6)	8,441(45.2)	8,705(44.2)
80대 이상	149(14.5)	5,129(27.5)	5,278(26.8)
계	1,030(100.0)	18,669(100.0)	19,699(100.0)

출처: 교육부, 국가평생교육진흥원(2023: 374).

[그림 11-1]의 시는 2023년 충남 부여군의 성인문해교육 '찾아가는 부여한글학교', 수강생작품집 '청춘, 우리의 봄날②'에서 발췌한 김현수 님의 작품인 〈내 마음도 글자 따라 춤을 춰요〉이다(한겨레신문, 2024. 3. 26.). 늦은 나이에 비문해에서 벗어난 기쁨을 시로 표현한 것으로 보인다.

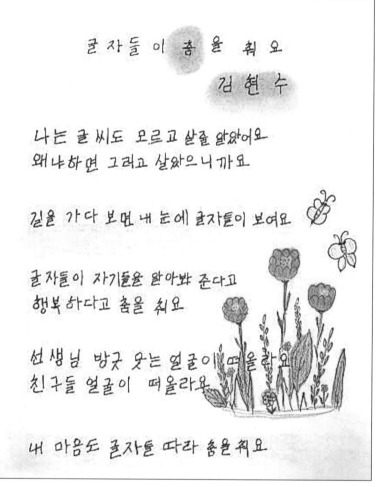

[그림 11-1] 〈글자들이 춤을 춰요〉

출처: 김현수(2024).

3) 성인학습자 학력인정체제

「평생교육법」제40조에 의거한 '성인학습자 학력인정체제'는 18세 이상의 성인 학습자가 시·도교육청이 설치 또는 지정한 문해교육 프로그램 이수 후, 학력 충족 여부 심사를 거쳐 초등·중학 학력을 인정받는 제도이다. '학력인정 문해교육 프로그램'은 교육부 고시(제 2018-157호)에 근거한 교육과정으로 초등과정과 중학 과정으로 분류한다. 이 프로그램을 통한 성인학습자 학력인정제도는 '성인문해교육 지원사업'의 일환으로 교육부, 국가평생교육진흥원, 전국 17개 시·도교육청과 연계하여 지원한다. 교육부와 국가평생교육진흥원은 「평생교육법 시행령」제76조에 의거하여 문해교육심의위원회를 운영하고, 맞춤형 성인문해교과서를 개발한다. 17개 시·도교육청은 문해교육 심사위원회를 구성·운영하고, 학습자의 초등·중학 학력을 인정한다. 〈표 11-7〉에는 성인학습자 학력인정체제 추진체제 별 주요 역할이 제시되어 있다.

〈표11-7〉 성인학습자 학력인정체제 추진체제

추진체제	주요 역할
교육부·국가평생교육진흥원	• 「평생교육법 시행령」제76조에 의거한 문해교육심의위원회 구성·운영 • 성인문해교과서 개발, 문해교육종합정보시스템 구축·운영 등
시·도교육청	• 「평생교육법 시행령」제76조에 의거한 문해교육심사위원회 구성·운영 • 학력인정 문해교육 프로그램 설치 및 지정 • 성인학습자 학력 충족 여부 심사 및 학력인정 실시
시·도평생교육진흥원	• 문해교육 교원연수과정 운영(시·도평생교육진흥원 등 운영)
학력인정 문해교육기관	• 학력인정 문해교육 프로그램 운영 • 학력인정 문해학습자 관리

출처: 교육부, 국가평생교육진흥원(2023: 374).

　　문해교육을 통한 성인학습자 학력인정체제는 2011년 전국 6개 시·도교육청, 42개 기관의 참여로 시작하여 2022년에는 전국 17개 시·도교육청, 267개 학력인정 문해교육기관에 학력인정 문해교육 프로그램이 설치·지정되었다. 2022년 학력인정 문해교육 프로그램 운영기관 중 '설치'가 총 24개, '지정'이 243개(91%)이다. 과정별로는 초등과정 운영기관이 176개로 다수를 차지하며, 중학과정 운영기관 13개, 초등·중학과정 동시 운영기관은 78개이다. 지역별로는 서울이 52개, 경기가 51개로 다수를 차지하고 있다(교육부, 국가평생교육진흥원, 2023).

　　시·도교육청에서 설치·지정한 문해교육 프로그램을 이수하면, 시·도교육청 문해교육심사위원회의 학력충족 여부 심사를 거쳐 학력인정이 이루어진다. 이러한 과정을 통해 〈표 11-8〉과 같이 2011년부터 2022년까지 전국에서 22,035명의 학습자가 초등·중학 학력을 인정받았다. 초등과정 학력인정자는 현재까지 총 17,832명이며, 서울 지역의 초등학력인정자가 5,686명으로 전체 초등학력인정자의 31.9%를 차지한다. 중학과정 학력인정자는 누적 4,203명이며, 역시 서울 지역의 학력인정자가 1,367명으로 전체 중학학력인정자의 32.5%를 차지하였다.

〈표 11-8〉 2011~2022년 문해교육 프로그램을 통한 누적 학력인정자 수　　　(단위: 명)

구분	서울	부산	대구	인천	광주	대전	울산	세종	경기
초등	5,868	1,270	873	276	564	466	302	19	3,028
중등	1,367	53	617	8	318	324	129	–	983
계	7,053	1,323	1,490	284	882	790	431	19	4,011
강원	충북	충남	전북	전남	경북	경남	제주	계	
375	210	1,425	599	1,442	400	825	72	17,823	
26	23	175	11	83	32	13	41	4,203	
40	233	1,600	610	1,525	432	838	113	22,035	

출처: 교육부, 국가평생교육진흥원(2023: 375).

4) 성과 및 과제

2006년부터 시작한 '성인문해교육 지원사업'은 약 64만 2천여 명에게 교육 기회를 제공하였다. 또한 2011년부터 성인학습자 학력인정체제를 도입하여 전국 17개 시·도교육청 협력을 통해 2022년 2,458명의 학력인정자를 배출하였으며, 누적 22,035명의 학습자가 초등·중학 학력을 인정받는 등 저학력 학습자의 학력 보완 기회가 확대되었다.

2017년부터는 '초등·중학 학력인정 문해교육 기반 구축 사업'으로 안정적인 학력인정체제가 마련되었다. '문해교육종합정보시스템'을 통해 학력인정 문해교육기관, 프로그램, 학습자, 교원 등을 종합 DB로 관리하여 학력인정체제의 체계적 운영을 지원한다. 2018~2020년 동안 문해교육종합정보시스템 체계를 구축하였고, 2022년에는 '성인문해교육 e-학습터'를 설립해 문해교육교과서의 전자책과 생활문해교재 및 영상 콘텐츠 다운로드 서비스를 지원하였다(교육부, 국가평생교육진흥원, 2023).

문해교육의 가장 큰 과제는 성인문해교육 지원을 통한 학습참여 기회를 확대하는 것이다. 성인문해교육 활성화 사업은 문해학습자의 교육참여 촉진과 문해교육에 대한 사회적 인식 확산을 목표로 한다. 1인당 최대 5권의 교과서가 지원되는 '성인문해교과서 무상 보급이 2015년부터 시작되었고, 고령 학습자나 교육소외지역의 학습자를 대상으로 하는 〈EBS 성인문해교육방송〉과 유튜브 등도 활용된다. 디지털 대전환 시대를 맞아 디지털 활용능력은 일상생활의 영위에 있어서 반드시 필요한 필수적인 능력이므로, 디지털 문해능력 향상을 위한 지원이 필요하다.

현재 성인문해교육은 기초 문해교육을 중심으로 이루어지고 있다. 정부에서 발표한 '제5차 평생교육진흥 기본계획(2023~2027)'에 따르면, 비문해자를 포함한 디지털성인문해교육 강화가 과제로 제시된다. 비문해 성인뿐만 아니라 낮은 디지털 문해력을 불편을 겪는 성인까지 수준별 맞춤형 교육 지원을 통한 국민 문해력 향상 지원이 요구된다.

2. 학부모평생교육

1) 개요

모든 부모는 자녀를 건강하게 양육하고 교육과 사회화를 통해 이 사회의 구성원으로 키워 낼 책임이 있다. 저출생의 문제를 갖고 있는 우리나라에서는 출산 장려 정책 및 부모 역할 지원 정책 개발에 사회적 관심이 집중되고 있다. 특히 자녀가 학교에 입학 한 이후의 학부모 역할이 더욱 중요하게 인식된다. 학부모는 자녀의 보호자이자 자녀양육의 책임자이다. 특히 「헌법」과 「교육기본법」에서 규정하고 있는 바와 같이 자녀교육에 대한 의사결정자이며, 학교운영 등에 권한을 갖는 교육당사자이다. 교육 당사자이자 교육 주체인 학부모를 위한 정부의 정책은 2009년 교육과학기술부 내 학부모 지원 전담 조직 '학부모정책팀'을 신설하고 학부모 학교참여 확대를 위한 '학부모정책 추진방향'을 발표함으로써 시작되었다. 이 정책은 학교교육의 질 관리, 학교–학부모 간 파트너십 구축, 가정과 지역사회를 포괄하는 데 목표를 두었다.

2010년에 전국학부모지원센터 운영기관으로 지정된 국가평생교육진흥원은 학부모정책 지원체계의 구축과 함께 자녀교육 역량 강화를 위한 학부모 교육 및 상담, 정보 서비스 등을 제공하기 시작하였다. 또한 전국학부모지원센터는 학부모 지원사업의관련 정책연구와 실태조사 등 학부모정책 지원기반 조성을 하는 등 담당자들의 업무 효율 개선과 업무역량 강화를 위한 컨트롤타워의 역할을 수행하며, 학부모가 자녀교육 역량을 강화를 돕는 온라인 교육과정과 다양한 교육자료를 제공해 왔다(교육부, 국가평생교육진흥원, 2023).

2) 주요 현황

2022년 현재 학부모정책 사업은 교육부와 국가평생교육진흥원 전국학부모지원센터가 전국 17개 시·도교육(지원)청 산하 103개 학부모지원센터와 연계하여 추진하고 있다. 시·도교육(지원)청에서는 교육부의 기본계획을 토대로 학부모회, 지역학부모지원센터와 함께 학교와 지역 중심의 학부모정책 사업을 추진하며, 전국학부모지원센터에서는 정책연구, 교육자료 개발 등 중앙 차원에서 수행 가능한 학부모정책 사업을 전개하고 있다.

[그림 11−2]에는 우리나라 학부모정책 추진체계가 제시되어 있다.

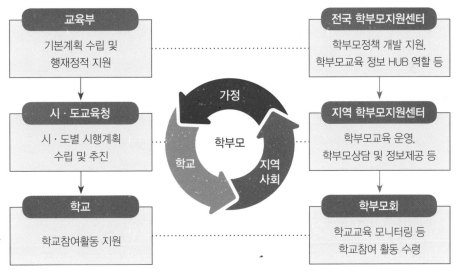

[그림 11−2] 학부모정책 추진체계

출처: 교육부, 국가평생교육진흥원(2023: 475).

교육부는 2022년 '학부모와 함께 만들어가는 미래 교육'을 비전으로 학부모 교육력 강화를 위한 맞춤형 지원 방안을 모색하였다. 학부모지원센터를 활성화하고 학교−학부모 간 협력문화를 조성하여 코로나19 이후 일상회복 지원을 위한 부모상담을 강화하였다. 또한 '생애주기별 부모(보호자) 교육과정 개발'과 함께 다국어 자막서비스를 확대하고 다문화가정과 조손가정 등 취약계층 학부모 지원을 확대하였다.

[그림 11−3]에는 '학부모와 함께 만들어 가는 미래교육'의 비전을 중심으로 한

2022년 학부모정책 중점 추진 방향이 제시되어 있다.

비전
학부모와 함께 만들어 가는 미래 교육 – 맞춤형 지원을 통한 학부모교육력 강화 –

중점 추진 방향
☐ 학교·가정 일상회복 지원을 위해 대상별 맞춤형 부모지원 강화 ☐ 생애주기별 학부모의 교육 수요를 반영한 부모교육 체계화 ☐ 학부모의 건전한 학교참여를 위한 학부모 협력·소통 활성화

중점 과제	세부 과제
01 학교–학부모 간 협력 문화 조성	① 센터 활성화를 통한 교육참여 지원 ② 학부모 지원 기반 마련 등 협력문화 조성
02 일상회복 지원을 위한 부모상담 강화	① 상담 모델 확산 등 센터의 부모상담 역할 강화 ② 전담인력의 상담 전문성 확보 ③ 공유·협력을 통한 범부처·지역 상담 역량 결집
03 자녀와 함께 성장하는 학부모교육 내실화	① 생애주기별 부모교육 체계화 ② 부모교육 다변화 및 활성화 지원 ③ 취약계층 학부모 지원 강화
04 참여·소통을 통한 현장 중심 교육실현	① 교육 기회 확대 위한 홍보 강화 ② 찾아가는 교육정책 등 소통방식의 다양화

[그림 11-3] 2022년 학부모정책 중점 추진 방향

출처: 교육부(2022c).

3) 주요 성과

(1) 학부모정책 지원기반 조성

전국학부모지원센터에서는 매년 학부모정책 연구를 추진하여, 2022년에는 「조손가정 조부모의 학부모 역량 강화를 위한 지원방안 연구」를 실시하여 조손가정의 조부모가 경험하는 학부모 역할 수행의 어려움을 파악하고 학부모로서의 역량 향상을 모색하였다. 2022년에는 '교육부-시·도교육(지원)청-학부모지원센터' 간의 협력적 거버넌스를 구축하고 사업 추진, 학부모 지원 법령 개발, 학부모교육 참여 확대 방안 등에 관해 논의하였다.

(2) 시·도 학부모지원센터 운영 지원

국가평생교육진흥원 전국학부모지원센터는 시·도(지역)학부모지원센터 운영 지원을 위해 학부모지원센터와 긴밀한 협업 관계를 갖고 있다. 학부모지원서비스의 지역 간 편차를 최소화하고자 2017년부터는 요람을 제작하여 지역별 학부모정책사업 추진 현황을 공유하고 있다. 2022년에는 오프라인 대면 직무연수를 개최하는 등 학부모 업무 담당자 업무 역량 강화를 위해 노력하고 있다.

'학부모교육 모델'은 학부모 및 지역학부모지원센터의 요구에 따른 학부모지원 업무 관련하여 개발하는 자료로 2022년에는 지역학부모지원센터 담당자의 학부모상담 업무를 지원하는 내용의 교육 모델을 제시하였다.

〈표 11-9〉에는 2013~2022년의 학부모교육 모델 개발 현황이 제시되어 있다.

〈표 11-9〉 학부모교육 모델 개발 현황(2013~2022)

연도	모델명	주제
2013	『학부모교육 업무 매뉴얼』 『학부모 상담업무 매뉴얼』	학부모교육, 학부모상담
2014	학부모교육 프로그램 운영모델	독서 · 인성교육, 초 · 중 · 고 예비학부모
2015	『놀이에서 답을 찾다』	부모-자녀 놀이교육
2016	『학부모 학교를 만나다』	학부모 학교참여, 청탁금지법
2017	『'4차 산업혁명시대' 우리아이 어떻게 키울까요?』	4차 산업혁명
2018	『준비되셨나요? 성교육』	청소년기 학부모 성교육
2019	아버지를 위한 자녀교육 가이드	아버지교육
2020	『책과 함께 놀며 크는 우리 아이 문해력』	문해교육
2021	『학부모, 상담이 필요해요!』	학부모상담
2022	시 · 도(지역)학부모지원센터 학부모상담 업무 안내서	학부모상담 업무

출처: 교육부, 국가평생교육진흥원(2023: 479).

(3) 학부모 자녀교육 역량 강화

전국학부모지원센터에서는 학부모의 자녀교육 역량 강화를 지원하기 위하여 학부모교육을 체계화하고 학부모교육 자료 및 콘텐츠를 다양한 형태로 개발 · 보급하고 있다. 2011년 다양한 교육정보서비스 제공을 위한 '학부모지원시스템(학부모On누리, www.parents.go.kr)'이 개통되었으며, 2013년 3월부터는 온라인 교육과정이 개설되어 학부모가 언제 어디서나 학부모교육을 수강할 수 있다. 주로 자녀발달과 학부모 역량에 관한 내용으로 2022년 12월 현재 총 94개 교육과정이 제공되고 있다. 또한 학부모교육 콘텐츠의 다양화를 위해 한국지능정보사회진흥원, 한국저작권위원회, 경상남도교육청, 초록우산어린이재단 등 유관기관과 협력으로 교육과정 및 교육자료 14종을 추가로 운영하였다(교육부, 국가평생교육진흥원, 2023).

〈표 11-10〉에는 학부모On누리 온라인 교육과정 개설 현황(2022) 중 일부가 제시되어 있다.

〈표 11-10〉 학부모On누리 온라인 교육과정 개설 현황(2022)

영역			과정명	개발 연도	차 시	비고 (타 기관 개발과정)
부모 역 량 강 화	부모 역량 강화 (15) 가족갈등 관리, 부모 행복, 학부모를 위한 인문 · 교양 등 민주시민교육 등	1	가족갈등, 어떻게 하면 좋을까요?	2016	5	
		2	나도 좋은 아버지가 되고 싶다	2016	5	
		3	부모를 위한 행복교육	2013	5	
		4	기후위기 대응해요 함께	2021	4	경상남도교육청
		5	학부모를 위한 인터넷 윤리교육	2020	4	한국지능정보사회진흥원
		6	자녀교육 전문가와 함께 하는 아동학대 예방교육*	2020	8	보건복지부
		7	우리 가족 10분 심리 에세이*	2019	5	경기도청
		8	훌륭한 아이는 부모로부터: 임영주 박사의 부모교육*	2018	6	경기도청
		9	교과서에 나오지 않는 착한 생각: 적정기술*	2017	8	경기도청
		10	생활속 저작권 Q&A(인터넷, 오락 편)	2020	15	한국저작권위원회
		11	생활속 저작권 Q&A(일상생활 편)	2020	15	한국저작권위원회
		12	생활속 저작권 Q&A(회사, 학교 편)	2020	15	한국저작권위원회
		13	저작권 왕초보, 처음부터 배워요	2020	3	한국저작권위원회
		14	저작권, 상담사례를 통해 배워요	2020	3	한국저작권위원회
		15	완벽한 가족	2021	4	초록우산어린이재단
	부모-자녀관계 역량 강화 (10) 자녀와 소통 및 대화법 등	1	우리아이를 위한 감정코칭	2021	5	
		2	학교폭력, 얼마나 아시나요	2021	5	
		3	부모-자녀 간의 대화와 소통을 통한 마음 안아주기	2019	5	
		4	자녀관계 개선을 위한 어울림 프로그램*	2018	5	
		5	아빠는 농리쟁이	2017	4	
		6	존중과 배려, 소통하는 우리가족	2015	5	
		7	자녀와 함께 성장하는 부모*	2019	4	한국청소년상담복지개발원
		8	학교폭력 소탕 대작전*	2017	8	경기도청
		9	화내지 않고 아이 잘 키우기*	2016	6	경기도청
		10	자녀와 함께하는 까르르 몸놀이	2021	4	경상남도교육청

교육정책및학교이해	교육 제도·정책 이해 (7) 새로운 교육정책 등	1	미래를 여는 선택, 고교학점제	2020	4	
		2	미래인재양성을 위한 초·중·고 교육과정	2019	5	
		3	꼼꼼하게 따져보면 역시, '직업계 고등학교'	2019	5	
		4	새로운 교육정책 바로알기	2018	5	
		5	혁신학교와 혁신교육지구 바르게 이해하기	2018	5	
		6	자유학기제, 학부모교육 매뉴얼	2013	5	
		7	한국교육제도와 진학정보	2017	6	한국방송통신대학교
	학부모참여 이해 (4) 학교운영위원회, 학부모회 등	1	학부모의 건강한 학교참여	2021	5	
		2	학부모 학교 참여 이해하기	2019	5	
		3	학교운영위원회 길잡이 보고·듣고·말하기	2017	15	
		4	학부모 학교 참여	2015	1	

※ 음영: 다국어자막서비스(한국어, 영어, 중국어, 일본어, 러시아어, 베트남어) 제공 교육과정(34개)
※ 별표(*): 수어(手語) 또는 한국어자막서비스 제공 교육과정
출처: 교육부, 국가평생교육진흥원(2023: 482).

〈표 11-11〉은 2018년부터 2022년까지 학부모On누리 온라인 교육과정 운영 실적을 보여 준다. 개설 교육과정의 증가와 함께 수강자의 숫자가 두 배 이상 증가하였음을 알 수 있다.

〈표 11-11〉 학부모On누리 온라인 교육과정 운영 실적(2018-2022)

	2018	2019	2020	2021	2022
회원 수	80,116명	83,347명	111,855명	120,126명	124,387명
온라인 교육과정	47개	55개	61개	78개	94개
수강자	45,970명	48,642명	90,326명	105,106명	112,076명
이수자	11,425명	12,427명	35,632명	44,934명	49,216명

출처: 교육부, 국가평생교육진흥원(2023: 483)

2018년부터는 '찾아가는 교육정책 서비스'로 학부모의 눈높이에 맞춘 교육정책 설명회를 개최하고 있으며, 2022년에는 미래교육, 진로·진학, 문해력, 자기주도

학습 등을 주제로 전국 각지에서 온·오프라인의 토크콘서트 등을 개최하였다. 그 밖에도 온라인 프로그램의 다양화가 이루어지고 있다. 예를 들면, 가족식사의 중요성과 식사예절, 바른 먹거리와 영양균형 식사법 등에 대해 배우는 '체험형 학부모-자녀교육'은 실습형 교육 프로그램이 있다. 이 프로그램은 학부모와 자녀가 함께하는 체험형 밥상머리교육 프로그램으로, 2022년에는 총 1,333팀이 참여하여 해당 가정에 식자재 키트를 발송하고 실시간 온라인교육 형태로 운영하였다. 또한 학부모 진로교육지원 콘텐츠 개발 사업은 2018년부터 시작된 자녀의 진로지도를 위한 학부모용 진로소식지 「드림레터」를 제공하고 있다. 2022년에는 한글판 36편을 제작하여 전국 초·중·고 단위학교에 보급하였고, 다국어판(중국어, 베트남어, 영어, 러시아어) 「드림레터」도 72편을 개발하여 다문화가정 자녀의 진로지도를 지원한다(교육부, 국가평생교육진흥원, 2023).

(4) 학부모교육 참여 활성화 지원 및 정책 홍보

교육부와 국가평생교육진흥원은 2009년 이래 학부모지원정책의 추진과 함께 학부모와 학생의 의견이 학교교육과정 및 정책 추진과정에 반영되도록 학부모교육 참여 확대를 모색해 왔다. 가정-학교-지역사회 간 파트너십 구축을 통해 학생과 학부모, 학교가 모두 행복한 교육공동체 실현을 추구하고 있다. 2009년 450명 규모로 시작한 '학부모정책 모니터단'은 2022년 총 4,468명(학부모 4,076명, 교사 392명) 규모로 성장하였으며, 2022년에는 생애주기별 부모 교육과정, 교육활동 침해, 고등학교 성취평가제 등 주요 교육정책 현안에 대한 의견을 수렴하고 있다.

특히 온라인으로 활발한 홍보가 이루어지고 있다. 전국학부모지원센터에서는 학부모On누리 및 전국학부모지원센터 SNS 플랫폼 등을 통한 활동을 확장하고 있다. 2012년 창간한 「학부모On누리 웹진」은 연 4회 학부모에게 유용한 자녀교육 정보 교육정책에 대해 온라인 매거진(E-Book) 형태로 제공된다. 2022년에는 취약학부모 맞춤형 정보 제공을 위해 조손가정 및 다문화가정을 대상으로 한 홍보활동도 이루어졌다(교육부, 국가평생교육진흥원, 2023).

4) 향후 과제

자녀를 양육하고 교육시키는 환경이 빠르게 변화하면서 보다 효과적인 학부모 정책 추진이 요구되고 있다. 근래 학부모 역할 지원에 대한 기대가 커짐에 따라 학부모의 자녀교육 역량 강화를 돕는 다양한 학부모 지원정책이 실시되어 왔다. 평생교육의 차원에서도 교육지원 주체 간의 네트워크 연계를 확대하고 학부모를 지원하는 정책 개발이 필요할 것으로 보인다. 미래의 학부모교육 발전을 위해서는 우선, 학부모정책 추진을 지원할 수 있는 근거가 되는 관련 법령의 정비가 필요하다. 또한 더 많은 학부모가 혜택을 받을 수 있도록 학부모지원에 대한 홍보가 강화될 필요가 있다. 아울러, 자녀의 발달단계별로 학부모에게 요구되는 역할 수행에 필요한 지식과 기술을 제공하기 위해 교육과정의 다양화와 함께 새로운 교육자료 개발이 요청된다.

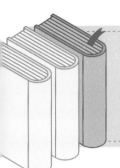

제12장
노인평생교육과 장애인평생교육

1. 노인평생교육

1) 노인인구의 증가와 초고령사회의 대두

경제성장에 따른 생활수준의 향상과 의학 기술의 발전과 보건 환경의 개선에 따라 인류의 수명이 계속 증가되어 왔다. 인구의 고령화는 전 세계적인 현상이 되었고, 특히 우리나라의 인구 고령화 속도는 세계에서 가장 빠른 것으로 나타나 저출생 문제와 함께 인구관련 정책 전반에 큰 과제를 안겨 주고 있다. 이미 지난 2000년에 65세 이상 인구비율이 7%를 넘어 고령화 사회에 접어든 우리나라는 2017년에는 노인인구 비율이 14%가 넘어 고령사회로 진입하였다. 이제 1955년부터 출생한 베이비부머들이 계속 고령층에 편입됨에 따라 인구 고령화는 더욱 가속화되고 있다(통계청, 2023).

2023년 현재 우리나라 65세 이상 고령인구는 950만 명으로, 전체 인구의 18.4%를 차지하여 이는 세계적 평균치보다 매우 빠르고 급격한 증가이다([그림 12-1] 참조). 향후 2025년에는 20.6%로 우리나라가 초고령사회로 진입할 것이 예상된다(통계청, 2023). 2021년 65세의 기대여명은 21.6년(남자 19.3년, 여자 23.7년)으로 경제협력개발기구(OECD) 평균 대비 남자는 1.5년, 여자는 2.5년 더 높은 수준이며, 75세의 기대여명은 13.4년이었다.

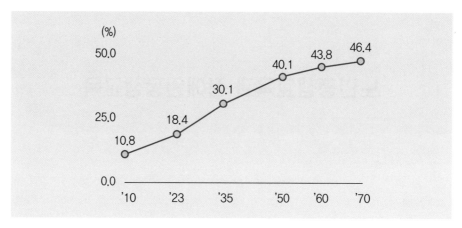

[그림 12-1] 고령인구(65세 이상) 비중

출처: 통계청(2021).

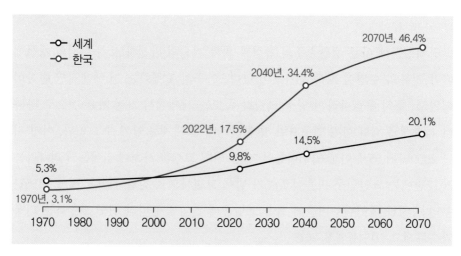

[그림 12-2] 고령인구 구성비 추이(세계와 한국 비교)

출처: 통계청(2022a).

  세계 최저수준인 우리나라의 합계출산율도 인구 고령화를 더욱 가속화시키고 있다. 2022년 12월 현재 우리나라 합계출산율은 0.78명(통계청, 2022b)으로 1970년 4.53명에 비해 3.72명(−82.2%) 감소하였다. 이에 사망률이 출생률을 넘어서는 '데드크로스(dead cross)' 현상과 함께 급격한 인구 감소로 인한 '인구절벽'에 직면하고 있다(통계청, 2022a). 하지만 우리나라 노인의 삶의 만족도는 매우 낮은 편이다. 노인자살률이 OECD 국가 중 가장 높았으며, 2020년 국가 행복지수는 OECD 37개 회원국 중 35위로 최하위권이었다. 이는 우리나라의 경제지표의 성장에도 불구하고 노인빈곤률이 매우 높은 것과도 관계있다고 할 수 있다.

2) 노인평생교육의 요청

인구 고령화 현상으로 인해 길어진 노년기의 삶을 더욱 풍요롭게 만들기 위한 평생교육의 필요성이 더욱 증가하고 있다. 인간은 평생에 걸쳐 성장과 발달을 계속하므로, 노년기에도 끊임없이 발달과정을 겪게 된다. 따라서 노인으로 하여금 노화에 적응하면서 동시에 빠르게 변하는 사회적 · 경제적 · 문화적 환경 속에서 효과적으로 대처할 수 있도록 다양한 평생교육을 통해 노인의 성장발달을 지원할 필요가 있다. 사회적 차원에서도 노인의 전 생애에 걸친 경험과 노하우를 인정하고 활용함으로써 전통의 계승과 사회발전에 기여할 수 있다.

다음은 디지털사회에서 정보화 약자가 된 노인으로서 느끼는 바를 기술한 글로서 노인의 디지털 리터러시 증진을 위한 평생교육의 필요성을 시사하고 있다.

디지털 시대, 노인은 '버그'가 아니다

정년퇴직 이후 어느 날 은행 한 곳을 들르게 되었는데 객장(客場) 풍경이 꽤 낯설었다. '금융 정보화' 시대를 맞아 대다수 국민이 온라인 거래 방식을 이용하는 줄 알던 터였다. …… 그런 나에게 아침부터 수많은 고객들로 북적거리는 은행 내부는 마치 딴 세상 같았다. 서민 밀집 지역의 여느 평범하고도 번라(煩羅)한 시장통에 위치한 그곳은 각종 '정보화 약자'로 그득했다. 그중에서도 특히 노인들이 눈에 많이 띄었다.

정보화 기기 이용에 서툴러 은행 직원들의 '자비로운' 과잉 친절에 의존할 수밖에 없는 노인이 생각보다 많았다. …… 노인들은 당당한 금융 고객으로서가 아니라, 각종 정보 시스템이나 자동화 프로그램에 과부하를 초래하거나 문제를 일으키는 일종의 '버그(bug)' 같은 느낌으로 존재하고 있었다. 문제는 이런 모습이 우리 사회 전반으로 확산되고 있다는 점이다.

나날이 늘어나는 키오스크 매장에서 기계 주문에 어려움을 호소하는 노인이 한둘이 아니다. 식당 테이블에 설치된 태블릿 메뉴판 오더 시스템 역시 어색해하는 노인들이 많다. 관리자 하나 없는 최첨단 전자동 주차장에서 진땀을 뺐다는 고령의 운전자 이야기도 있다.

…… 결국 문제는 한편으로는 정보화 시대에 적응하기가 귀찮거나 벅차고, 다른 한편으로는 디지털 사회를 외면할 만한 재력도 갖추지 못한, 보통 노인들의 사정이다.

젊은 세대가 '디지털 원주민'(Digital Natives)이라면 노인 세대는 '디지털 이주민'(Digital Immigrants)이다. 이들은 디지털 약자로 탄생한 게 아니라 후천적으로 그렇게 분류될 따름이다. 그런 만큼 생활방식을 아날로그에서 디지털 모드로 바꾸는 과정에서 이들이 감내할 수밖에 없는 수고와 고통은 각별히 이해되고 배려될 필요가 있다. 이들의 구겨진 자존심과 열등의식은 결코 스스로 책임질 사안이 아니다. …… 노인 세대의 디지털 지체가 엄존하는 현실 앞에서 누구를, 그리고 무엇을 위한 디지털 혁명인가를 국가적 차원에서 한 번쯤 짚고 넘어가면 어떨까.

출처: 전상인(2023. 9. 18.). 조선일보.

노인평생교육의 필요성을 정리해 보면 다음과 같다. 첫째, 고령화로 인한 노인 인구의 급격한 증가로 크게 연장된 노년기를 생산적 기간으로 활용하기 위해서이다. 둘째, 급속한 지식정보사회의 도래로 이에 적응을 돕기 위한 정보화 교육의 확대를 위해서이다. 셋째, 노년기의 심리사회적 역할 변화에 대한 지원을 위해서이다. 넷째, 가치관과 세대갈등을 융화시키기 위한 사회통합 차원의 교육 지원을 위해서 노인평생교육은 더욱 정교하게 설계되고 시행되어야 한다.

(1) 노인의 학습능력

노인의 학습능력에 대한 부정적 인식이 존재하지만 이는 잘못된 편견으로 노화를 겪으며 신체적 건강의 쇠퇴와 여러 기능의 상실 등의 어려움에도 불구하고 한 개인의 삶의 여정에서 축적된 경험과 지혜를 활용하여 배움을 계속할 수 있다. 인간의 인지능력은 나이가 들어갈수록 퇴화한다는 일반적인 인식에 대한 반대하여,

혼과 카텔(Horn & Cartell, 1966)은 인간의 생물학적·일반적 정신능력으로 설명
할 수 있는 유동적 지능(flulid intelligence)은 연령이 높아질수록 점점 쇠퇴하지만,
교육이나 경험을 통해 형성되는 지혜나 노하우 같은 결정체적 지능(crystallized
intelligence)은 연령과 함께 오히려 더 증가한다고 주장하였다(신용주, 2006). 따라
서 나이가 많아서 학습이 불가능하다거나 어렵다고 단정 짓기에는 노인의 학습의
가능성이 여전히 높다고 할 수 있다. 더 나아가 노인도 자기주도학습이 가능하며,
자기주도학습은 노인의 생활만족도 향상, 독립적 삶, 건강 증진 및 생산적 여가활
동을 지원해 노년기의 다양한 상실에 대처하는 효과적인 전략으로 보고된 바 있
어(신용주, 2013) 노인평생교육의 확대에 긍정적 시사점을 준다 하겠다.

(2) 노인평생교육의 잠재력

노인이 참여를 희망하는 평생교육의 분야는 점점 더 다양해지고 있다. 노인들이
평생교육에 참여하는 동기로는 우선, 배움에 대한 요구, 사회참여 요구, 건강에 대
한 요구, 그리고 직업과 경제적 자립을 위해서가 주를 이룬다. 지금까지 취미활동
을 위한 교육, 은퇴자 교육, 직업교육 및 재취업 교육, 인문교양 교육을 비롯해 정보
화 교육 등이 증가하고 있다. 최근에는 스마트폰 활용교육을 수강한 후 온라인 쇼
핑이나 은행업무 처리 등에 활용하게 된 사례도 늘고 있다. 또한 보다 전문성을 띤
소통 및 관계 향상 교육, 가족의 사별 이후 교육 등에 대한 필요성도 증가하고 있다.
최근 급증하고 있는 베이비부머 세대를 대상으로 한 연구에서 평생교육 참여 동기
는 성공적 노화에 직접적인 영향을 미치는 것으로 나타나(공경배, 모선희, 2023), 평
생교육 참여가 심리적 행복감을 증진시켜 성공적 노화를 지원한다고 할 수 있다.

한편, 우리나라의 높은 초고속 인터넷 보급률에도 불구하고 노인 정보화의 수
준은 젊은들에 비해 크게 뒤져 있다. 노인들의 정보 격차는 필연적으로 정보 접근
성의 제한과 사회변화에 대한 적응력의 약화를 가져오며 노년기의 소외현상을 더
욱 증가시킨다. 신용주 등(2010)의 정보화교육이 노인의 생활만족도에 미치는 영
향에 대한 연구에 따르면, 노인들은 사회 변화에 대한 적응 및 외로움의 극복을 목
적으로 정보화교육에 참여하고 있었으며, 컴퓨터 기초지식에 관한 교육을 가장

많이 받고 있었다. 정보화교육 수강 노인집단과 비수강 노인집단을 대상으로 생활만족도를 비교한 결과 정보화교육을 받은 노인집단의 생활만족도가 높게 나타나 노년기의 생활만족도 향상에 정보화교육이 갖는 잠재력을 알 수 있다.

노년기에는 노화를 겪으면서 신체적 · 인지적으로 여러 가지 퇴행이 일어나고, 사회적으로는 생산적 역할이 줄어들어 정서적으로 고립감을 느끼게 된다. 그러나 개인이 한 생애를 살아오면서 축적된 숙달됨, 지혜 등 인생경험을 효과적으로 활용함으로써 노인인구의 가치가 발현되고 노인 개인의 자립과 성장 요구 충족에 도움이 됨은 물론, 인류와 사회발전을 위한 중요한 자원이 될 수 있다. 따라서 노년기의 삶의 질을 높이고 노화 현상에 순조롭게 적응하면서 급격한 사회변화에 효과적으로 적응하기 위해서 반드시 노인평생교육이 필요하며, 이는 평생교육의 주 대상을 노인으로 하여 제공되는 교육이라 할 수 있다.

노년층이라고 해도 연령의 스펙트럼과 그 인구 규모가 상당히 크기 때문에 노인집단 내에서도 연령 차이가 있고, 또 교육수준이나 사회경제적 지위 면에서 그 특성이 다양해지고 있다. 따라서 노인층의 사회참여에 대한 관심이 높아지고 있으며, 평생교육에 대한 참여요구도 증가하고 있다. 지금까지 평생교육 정책의 주 대상으로 고려되지 않았던 노인에 대한 관심과 지원이 대폭 확대되어야 할 것이다.

3) 우리나라 노인평생교육의 현황

(1) 노년층의 평생학습 참여 실태

2022년 한국 성인의 평생학습 실태(교육부, 한국교육개발원, 2022b)에 따르면, 연령이 높을수록 형식교육과 비형식교육을 포함한 모든 평생학습 참여율이 낮았다. [그림 12-3]를 보면, 25~34세 집단의 평생학습 참여율이 39.9%로 가장 높은 반면, 65~79세 집단의 평생학습 참여율은 17.6%로 가장 낮았음을 알 수 있다. 생애에서 여가 시간이 가장 긴 노년층임에도 불구하고 평생학습 참여가 가장 저조하다는 사실은 지역사회 중심의 중장년 및 노인 대상의 평생교육에 대한 적극적인 정책적 지원이 미흡함을 보여 준다.

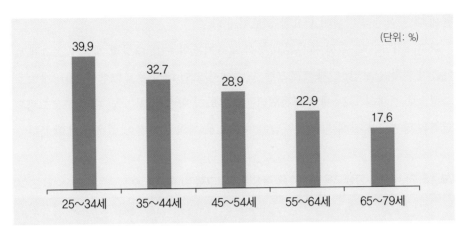

(단위: %)

[그림 12-3] 연령별 평생학습 참여율 비교

출처: 교육부, 국가평생교육진흥원(2023: 427).

　〈표 12-1〉에 제시된 기관별 평생교육 참여율을 연령별로 분석하면, 50대부터 평생교육기관 참여가 차츰 줄어들어 70대에는 급격히 감소하였다. 한편 평생학습관, 주민자치센터, 복지관, 종교시설에서의 평생학습 참여는 연령이 높을수록 증가하였다. 이는 연령대별로 선호하는 평생교육기관이 다르며, 연령과 무관하게 공평한 평생학습 참여기회를 보장하기 위해서는 지역사회의 다양한 평생교육기

〈표 12-1〉 **기관별 평생교육 참여율**　　　　　　　　　　　　　　　　　(단위: %)

구분	대학 부설	원격 교육 형태	사업장 부설	시민사회 단체 부설	지식 · 인력개발 형태	평생 학습관	주민 자치 센터	복지관	종교 시설	학원	기타
전체	0.8	5.5	2.5	0.3	39.5	5.7	5.8	2.3	5.2	28.7	3.1
25~34세	0.9	6.6	1.9	–	40.2	2.1	1.6	–	2.4	41.8	2.1
35~44세	0.6	8.1	1.5	–	44.1	3.3	1.8	1.3	3.2	33.5	2.1
45~54세	1.0	4.8	4.5	–	41.9	5.0	5.6	2.5	4.6	25.4	3.9
55~64세	0.7	2.9	2.4	1.0	40.3	8.8	9.4	3.4	7.7	18.2	4.2
65~79세	0.8	3.2	2.0	0.8	20.9	16.6	19.3	7.3	13.8	10.3	4.2

출처: 교육부, 국가평생교육진흥원(2023: 427).

관에 대한 적극적 지원이 필요함을 보여 준다.

한편, 〈표 12-2〉에서 제시된 비형식 교육기관의 수요 대상별 개설 프로그램 및 학습자 현황을 보면, 전체 프로그램 수 중에서 노인 대상 프로그램이 2,018개 프로그램으로 전체의 1.2%에 불과하였다. 이는 노인 학습자 및 노인 대상 프로그램의 영역은 평생교육 전체에서 매우 낮은 수준으로 거의 존재감이 없음을 보여 준다.

〈표 12-2〉 비형식 평생교육기관 수요 대상별 프로그램 및 학습자 수 　　　　　(단위: 개, 명, %)

구분		계	아동	청소년	성인	노인	통합
프로그램	개	157,413	13,342	6,797	139,761	2,018	13,495
	%	100.0	7.6	3.9	79.7	1.2	7.7
학습자	명	20,438,197	407,147	339,590	17,740,618	54,631	1,896,211
	%	100.0	2.0	1.7	86.8	0.3	9.3

출처: 교육부, 국가평생교육진흥원(2023: 428).

(2) 노인복지관의 노년사회화교육 사업 현황

노인복지관은 「노인복지법」에 규정된 '노인여가복지시설' 중 하나로 '노인의 교양·취미 생활 및 사회참여 활동 등에 대한 각종 정보와 서비스를 제공하고, 건강 증진 및 예방과 소득보장·재가복지 그 밖의 노인의 복지 증진에 필요한 서비스를 제공함을 목적으로 하는 기관'이다. 노인복지관은 노인의 기능 회복, 건강 증진, 급식, 요양서비스, 상담, 정서 지원 등 노인 대상 사업과 방문간호나 노인돌봄 서비스와 같이 가족 기능 및 상담 등 가족통합 지원과 같은 지역사회 노인들을 위한 종합적인 복지 서비스를 제공하는 기관이다. 노인평생교육은 노인복지관의 사업 중에서 중요한 비중을 차지하는 기본 사업으로, 2018년부터는 '노년사회화교육 사업'이라는 명칭으로 운영하고 있다. 그러나 이처럼 노인복지관 사업 중 노인평생교육 관련 사업의 비중이 커지고 있음에도 불구하고, 담당 전문인력은 주로 사회복지사로 구성되어 노인평생교육에 대한 전문성의 확보가 이루어지지 않는 문제점이 있다(교육부, 국가평생교육진흥원, 2023). 노인복지관 현황은 〈표 12-3〉과 같다.

〈표 12-3〉 **노인복지관 현황** (단위: 개)

서울	부산	대구	인천	광주	대전	울산	세종	경기
36	32	19	24	9	8	14	0	62
강원	충북	충남	전북	전남	경북	경남	제주	계
16	21	19	25	28	22	20	2	357

출처: 보건복지부(2022b)를 재구성.

3) 향후 과제 및 융합형 노인평생교육의 제안

(1) 향후 과제

앞으로 더욱 빠르게 진행되는 초고령사회 진입과 베이비부머의 노년기 편입으로 인해 고령층의 평생학습 및 사회참여에 대한 요구가 증가할 것으로 예상된다. 노인평생교육의 중요성에도 불구하고 아직까지 우리나라의 노인평생교육은 자기계발이나 역량 개발보다는 여가활용 및 복지의 차원에서 인식되는 경향이 있다. 또한 노인평생교육은 노인복지정책의 일부로 포함되어 있어 시설 대부분이 노인여가복지시설로 관리되는 문제가 있다. 그러나 저출생 고령화의 인구위기 현상에 대응하기 위해서는 긴 노년기 동안 대응력과 역량을 강화하고 적극적으로 사회에 참여할 수 있도록 돕기 위한 다양한 노인평생교육의 활성화가 시급하다. 인구 고령화에 따른 노인평생교육의 중요성에도 불구하고 이를 지원할 수 있는 법적 근거는 미약하고, 행정적·재정적 지원의 근거도 마련되어 있지 않다. 현재 법 조항 어디에서도 '노인평생교육' 관련 사항을 구체적으로 명시하고 있지 않기 때문이다. 즉, 「평생교육법」이나 「노인복지법」 등은 평생교육을 지원하는 법적 근거가 희박하다. 따라서 향후 노인평생교육의 활성화를 위해서는 우선 노인평생교육 지원을 위한 법 체제의 혁신이 이루어져야 한다. 즉, 노인평생교육의 법적 근거, 시설 및 인력 기준, 중앙정부 및 지방자치단체의 지원근거 등을 갖추는 것이 가장 시급한 과제이다(교육부, 국가평생교육진흥원, 2023).

(2) 융합형 노인평생교육의 제안

① 서드 에이지(Third Age): 마흔 이후 30년

미국의 사회학자 윌리엄 새들러(William Sadler)가 저술한 『서드 에이지, 마흔 이후 30년』(2006)에 따르면, 인생은 크게 4단계로 분류할 수 있다. 첫 단계인 퍼스트 에이지(first age)는 '배움의 단계(learning)'로 학습을 통해 인생의 1차 성장을 이루게 된다. 두 번째 단계인 세컨드 에이지(second age)는 '일과 가정을 이루는 단계(Doing)'로 배움을 통해 사회적 정착을 이루는 시기이다. 서드 에이지(third age)는 40세 이후부터 30년 동안의 '자기실현을 추구하는 단계(becoming)'로 인생의 2차 성장을 이루게 된다. 포스 에이지(fourth age)는 '노화'의 시기로 성공적인 나이 듦을 실현하다가 삶을 마감하는(integration) 단계이다(이창재, 2013에서 재인용). 평균 수명이 급격히 증가함에 따라 인생의 2차 성장을 통해 서드 에이지를 현명하게 보내면서 노년기를 체계적으로 대비할 필요성이 대두되었으며, 서드 에이지에 임하는 방식에 따라 우리의 최종적인 삶의 질이 결정된다 해도 과언이 아니다. 현대의 노인은 전반적으로 개선된 건강 상태와 연장된 평균 수명으로 인해, 중년에 버금가는 건강과 마인드를 지니고 신체적 · 심리적으로 활기차게 생활한다. 법적으로 노년기로 분류되는 65세를 넘어 노화는 진행되고 있으나 여전히 노인으로 인식되기에는 스스로 젊다고 인식하며 성공적 노화와 활력적 노화(active aging)를 추구한다.

② 융합형 노인평생교육

우리나라는 낮은 출산율과 빠른 고령화 진행으로 인하여 향후에는 노령화 지수가 세계 최고 수준에 도달할 것으로 전망된다. 100세 시대를 살아가는 현대 사회에서 평생학습은 개개인의 경험을 변화시키는 과정이라 할 수 있다. 융합형 평생학습(convergent lifelong learning)이란 평생교육의 내용이나 방법이 융합적 차원에서 이루어지는 것이다. 융합형 평생학습은 인간이 직면하고 있는 사회문화적 맥락, 규범, 일상생활, 일상 업무와 과제, 개인적 발달과 관련된 변화에 적응해 가는 연속적 과정인 평생학습을 구현함에 있어 그 내용이나 방법상 융합적 관점을 취한다. 융합형 평생학습은 한 인간이 발달해 가면서 점차 독립적인 자아개념을 지니게 되고, 학습자로서 자신의 학습요구 및 가능성에 대한 판단, 다양한 경험의 활용, 그리고 삶의 문제를 해결하기 위해 점차 자기주도적 학습을 수행하게 된다는 놀즈(1984)의 안드라고지에 근간을 둔다.

교육과 학습은 모든 기술과 지식을 포함해야 하고, 전 생애로 확대되어야 하며, 가능한 모든 수단을 사용하여 모든 사람의 완전한 인성 개발이 가능하도록 기회를 제공해야 한다(신용주 외, 2015). 노년기 삶에 있어서 핵심적 요소인 일, 건강, 여가, 스마트 소셜러닝(smart social learning) 및 관계의 다섯 영역에 걸쳐 노인을 위한 융합형평생교육의 가능성을 모색해 볼 수 있다. 이 모형은 초로기 신중년을 위한 평생교육 모형(신용주, 김혜수, 2015)으로 설계되었으나 노년기 전반에 적용 가능한 모형이라 할 수 있다.

2) 노인을 위한 융합형 평생학습모형

노년기 융합형 평생학습모형은 노년기 삶의 주요 영역인 일, 건강, 여가, 스마트 소셜 러닝 및 관계를 추출하였으며, 이 다섯 요인은 노년기 삶 전반에 걸쳐 상호 통합적으로 기능한다. 지식기반사회에서 평생학습을 실현하며 고령화에 대처하는 새로운 패러다임으로 제시된 융합형 평생학습모델의 세부 내용은 〈표 12-4〉와 같다.

우선, 일과 관련된 영역은 주로 일자리 연계' 중심의 평생학습이며, 건강 영역은 삶을 건강하게 통제하기 위한 건강관리 능력 및 건강정보 이해 능력(Health Literacy)의 향상하는 것이다. 여가 영역은 여가시간을 생산적으로 활용하여 삶을 재창조(Recreating Life)하는 것이며, 스마트 소셜 러닝을 활용한 평생학습은 디지털 리터러시 증진을 모색한다. 관계 영역에서는 가족관계의 재정립과 사회적 재적응을 위한 대인관계 형성에 주력한다.

[그림 12-4]에는 노년기 융합형 평생교육모형이 제시되어 있다.

〈표 12-4〉 **노인평생교육을 위한 융합형 학습모형의 개요**

영역	세부 내용
일	• 인적자원개발 위주의 평생학습 • '일자리 연계' 중심의 평생학습
건강	• 건강정보 이해 능력의 향상 • 삶을 건강하게 통제하기 위한 건강관리 능력의 증진
여가	• 여가시간의 생산적 활용 • 삶의 재창조 기제로서 여가활동
스마트 소셜 러닝	• 디지털 리터러시의 향상 • 스마트 소셜 러닝을 활용한 평생학습
관계	• 가족관계 증진을 위한 평생학습 • 사회적 재적응을 위한 대인관계 형성

출처: 신용주, 김혜수(2015: 163)를 재구성.

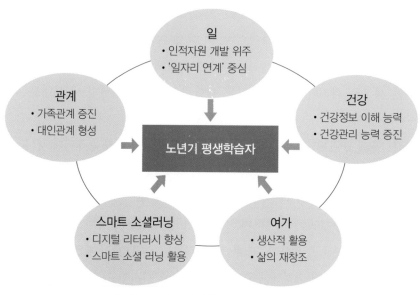

[그림 12-4] 노년기 융합형 평생교육모형

출처: 신용주, 김혜수(2015: 164)를 재구성.

2. 장애인평생교육

1) 개요

누구나 언제 어디서나 배울 수 있다는 평생교육의 이념을 실현함에 있어서 장애인은 기회와 결과가 모두 불평등하다고 느낄 수 있는 집단일 것이다.「장애인복지법」에 따르면, 장애인을 "신체적·정신적 장애로 오랫동안 일상생활이나 사회생활에서 상당한 제약을 받는 자"로 규정하고 있다. 신체적 장애란 주요 외부 신체기능이나 내부기관의 장애 등을 의미한다. 정신적 장애에는 발달장애 또는 정신질환으로 발생하는 장애가 포함된다.

평생학습사회는 누구에게나 평등한 학습권의 보장을 그 기본 토대로 하고 있다. 사회의 모든 구성원이 시간과 공간에 구애받지 않고 학습할 수 있는 평생교육 기회 제공과 함께, 평생에 걸친 교육권 보장이 매우 중요한 이슈이다. 장애인에게도 생애주기에 따른 적절한 교육적 지원이 이루어져야 하며, 특히 성인기 삶을 풍요롭게 영위하기 위해 학령기 이후 성인기로의 순조로운 전환이 매우 중요하다. 장애인의 평생교육은 장애인 삶의 질 향상에 중요한 역할을 한다고 볼 수 있다. 장애인의 사회 구성원으로서의 역할을 지원함으로써 사회통합을 이끌 수 있기 때문이다. 이에 학령기 이후의 성인 장애인에 대한 평생교육적 지원을 통한 삶의 질 향상에 대한 관심이 증가하고 있다.

장애인평생교육은 그 목적을 장애인의 사회참여 확대 및 삶의 질 향상에 두고 있으며, 장애인평생교육 지원사업을 통한 국가의 책무성 강화를 추구한다. 2022년 주요 성과로 제도적 기반 구축과 함께 지역 중심의 장애인 평생학습 환경을 조성하고 장애특성을 반영한 맞춤형 평생교육의 개발을 추진하고 있다. 또한 장애인 평생학습도시 운영 확대를 통해 지역 기반의 장애인의 역량 개발 기회를 제공하고 있다.

2) 주요 현황

그러나 평등한 교육 기회 제공이라는 당위성에도 불구하고 평생교육 현장에서 장애인과 비장애인 간에는 커다란 교육격차와 불평등이 존재하는 것으로 나타난다. 우리 사회에서 장애인과 같은 교육적 소외계층에 대한 교육정책은 줄곧 관심 밖이었다. 2020년 장애인실태조사(보건복지부, 한국보건사회연구원, 2020)에 따르면, 장애인과 비장애인의 평생교육에 대한 요구에는 큰 차이가 없었으나 실제로 학습에 참여하는 비율에는 큰 차이가 있었다. 만 18세 이상 성인 장애인 대상으로 평생교육 참여 현황 및 이용 프로그램을 묻는 질문에, 평생교육 프로그램인 학력보완교육, 성인기초 및 문자해독교육, 직업능력 향상교육, 인문교양 교육, 문화 · 체육 · 예술 교육, 시민참여 교육 등에 대해 참여 경험이 없다는 응답 비율이 거의 전부에 가까운 99.1% 이상으로 나타났다. 이처럼 장애인 응답자의 거의 대부분이 평생교육 프로그램에 참여한 경험이 없다고 답했다는 사실은 우리나라 장애인의 평생교육 참여 기회와 참여 경험이 절대적으로 부족하다는 사실을 보여 준다. 이러한 결과는 장애를 가진 성인학습자에 대한 사회의 무관심과 전반적인 장애인 복지수준의 미흡함에서 비롯된 것으로 보인다.

국가장애인평생교육진흥센터에서는 「평생교육법」 제19조의2(장애인평생교육

〈표 12-5〉 **장애인평생교육 운영기관 현황**

구분	기관 수	프로그램 수	학습자 수	교강사 수	행정사무직원 수
전체	284	2,705	11,921	3,041	1,051
장애인평생교육시설	118	1,460	3,744	1,438	189
일반 평생교육기관	26	203	1,677	493	182
장애인 복지시설	37	595	4,214	642	377
장애인 직업 · 고용시설	89	382	2,028	377	216
기타(특수학교)	14	65	266	92	89

출처: 국립특수교육원(2022b).

진흥을 위한 지원 및 조사 업무)에 근거하여 장애인평생교육 운영 현황과 장애성인의 평생교육 참여 실태 및 요구조사를 위한 장애인평생교육 현황조사를 실시하고 있다. 2020년을 기점으로 3년 주기 전국단위 심층조사가 이루어졌고, 2021년과 2022년은 기초 통계 자료 수집을 위한 장애인평생교육기관 현황조사가 실시되었다. 〈표 12-5〉에는 장애인평생교육시설과 일반 평생교육기관을 비롯한 장애인평생교육운영기관의 현황이 제시되어 있다.

2022 장애인평생교육 현황조사 결과에 따른 기관별, 프로그램 주제별 운영 현황을 살펴보면 〈표 12-6〉에서 제시된 바와 같이 문화예술교육과 직업능력향상교육 등이 높게 나타났다.

〈표 12-6〉 **기관별 프로그램 주제별 운영 현황**   (단위: %)

구분	학력보완	성인문자 해독	직업능력 향상	인문교양	문화예술	시민참여
장애인평생교육시설	10.6	10.9	10.3	20.7	37.8	9.6
일반 평생교육기관	5.0	0.0	18.8	21.8	50.0	4.5
장애인 복지시설	3.7	4.7	3.4	7.4	80.3	0.7
장애인 직업 · 고용시설	6.3	1.8	62.3	8.9	14.4	6.3

출처: 국립특수교육원(2022b).

3) 관련 법 제정

2016년 「평생교육법」의 개정(2016. 5. 29.)과 함께 국가 차원의 장애인평생교육 지원 기반을 구축하기 위해 장애인평생교육진흥을 위한 전담기관으로 교육부에는 '장애학생진로평생교육팀(2018. 1. 1.)'을, 국립특수교육원에는 '국가장애인평생교육진흥센터(2018. 4. 3.)'를 설치하였다. 이후 「평생교육법 시행령」 및 같은 법 시행규칙을 개정(2019. 10. 24. 시행)하여 장애인평생교육종사자에 대한 장애인권교육 내용과 방법을 제시하고, 교육실시기관 지정을 위해 「발달장애인 권리

보장 및 지원에 관한 법률」 제26조제2항에 따라 「발달장애인평생교육기관 지정 기준 등 고시」의 제정(2019. 9. 17.)이 이루어졌다. 또한 발달장애인평생교육기관의 지정 기준, 절차, 교육과정, 교육제공인력 요건을 제시하여 장애인평생교육 지원을 위한 법적 근거를 마련하였다.

우리나라에서 장애인평생교육에 대한 관심이 본격적으로 시작된 것은 2017년 개정 「평생교육법」이 공포된 이후라 할 수 있다. 그 이전에는 장애인평생교육 관련법이나 정책이 매우 미흡하였다. 특수교육의 주 대상은 학교에 다니고 있는 장애학생이었으며, 학교 졸업 이후에 참여할 수 있는 평생교육에 대한 교육적 지원은 거의 이루어지지 않은 상황이었기 때문이다. 따라서 장애인평생교육에 대한 국가의 책임을 규정하는 법적 체제가 「장애인 등에 대한 특수교육법」에서 「평생교육법」으로 변경된 이후 장애인평생교육에 대한 관심과 지원이 증가하는 추세이다.

아울러 장애인평생교육 활성화를 위해 국가 주도로 제시된 장애인평생교육 관련 정책은 '제5차 특수교육발전 5개년 계획(2018~2022)' '제5차 장애인정책 종합계획(2018~2022)' '발달장애인 평생케어종합대책(2018. 9. 국무회의 보고)' '국정과제(51. 교육의 희망사다리 복원)' 등이 있다. 특히, 2020년 관계부처 교육부와 보건복지부, 고용노동부가 합동으로 '장애인평생교육 활성화 방안(2020~2022)'을 발표하고, 법령에서 제시하는 장애인평생교육에 대한 국가 책무 이행과 포용복지국가의 실현을 모색하였다.

〈표 12-7〉과 같이 개정 「평생교육법」 제19조의2 제1항은 국가장애인평생교육진흥센터를 설치할 것을 명시하여 장애인의 평생교육과 관련된 업무를 시행하도록 하고 있다. 또한 제19조의3은 장애인평생교육종사자가 인권교육을 받을 것을 명시하고 있으며, 제20조의2 제2항은 국가, 지방자치단체, 시·도교육감 등이 장애인평생교육시설을 설치·운영을 할 수 있음을 명시한다. 2023년 4월에 개정된 제20조의2 제3항은 제20조의2 제2항에서 규정한 설치·운영 시 대통령령으로 정하는 바에 따라 청각장애 등 장애 유형별 맞춤형 평생교육 프로그램을 운영하여야 한다는 내용과 함께, 국가 및 지방자치단체는 장애인평생교육시설의 운영에 필요한 경비를 예산의 범위에서 지원할 수 있다는 내용이 추가되었다.

〈표 12-7〉「평생교육법」제19조의2, 3 및 제20조의2 장애인평생교육 관련 내용

평생교육법 [시행 2024. 4. 19.] [법률 제19345호, 2023. 4. 18., 일부개정]

제19조의2(국가장애인평생교육진흥센터)
① 국가는 장애인의 평생교육진흥과 관련된 업무를 지원하기 위하여 국가장애인평생교육
진흥센터(이하 "장애인평생교육진흥센터"라 한다)를 둔다.
② 장애인평생교육진흥센터는 다음 각 호의 업무를 수행한다. 〈개정 2019. 4. 23.〉
1. 장애인평생교육진흥을 위한 지원 및 조사 업무
2. 진흥위원회가 심의하는 기본계획에 관한 사항 중 장애인평생교육진흥에 관한 사항
3. 장애 유형별 평생교육 프로그램 개발의 지원
4. 장애인평생교육 종사자의 양성 · 교육 및 연수와 공무원의 장애인 의사소통 교육
5. 장애인평생교육기관 간의 연계체제 구축
6. 발달장애인의 평생교육과정의 개발
7. 발달장애인의 의사소통 도구의 개발과 보급
8. 장애인평생교육 프로그램을 운영하는 각급학교와 평생교육기관 양성을 위한 지원
9. 장애 유형별 평생교육 교재 · 교구의 개발과 보급
10. 그 밖에 장애인평생교육진흥센터의 목적수행을 위하여 필요한 사업
③ 장애인평생교육진흥센터의 설립 · 운영에 필요한 사항은 대통령령으로 정한다.
[본조신설 2016. 5. 29.]

제19조의3(장애인평생교육 종사자에 대한 인권교육) ① 장애인평생교육 종사자는 장애인
인권에 관한 교육을 받아야 한다.
② 제1항에 따른 장애인 인권에 관한 교육은 교육부령으로 정하는 인권교육을 실시하는 기
관, 시설, 법인 및 단체가 실시한다.
③ 그 밖에 교육의 내용, 방법 등에 필요한 사항은 대통령령으로 정한다.
[본조신설 2019. 4. 23.]

제20조의2(장애인평생교육시설 등의 설치) ① 국가 · 지방자치단체 및 시 · 도교육감은 관
할 구역 안의 장애인을 대상으로 평생교육 프로그램 운영과 평생교육 기회를 제공하기
위하여 장애인평생교육시설을 설치 또는 지정 · 운영할 수 있다.
② 국가 · 지방자치단체 및 시 · 도교육감 외의 자가 제1항에 따른 장애인평생교육시설을
설치하고자 하는 때에는 대통령령으로 정하는 시설과 설비를 갖추어 교육감에게 등록하
여야 한다.

③ 국가 및 지방자치단체는 장애인평생교육시설의 운영에 필요한 경비를 예산의 범위에서 지원할 수 있다.

[본조신설 2016. 5. 29.]

제20조의2(장애인평생교육시설 등의 설치) ① 국가 · 지방자치단체 및 시 · 도교육감은 관할 구역 안의 장애인을 대상으로 평생교육 프로그램 운영과 평생교육 기회를 제공하기 위하여 장애인평생교육시설을 설치 또는 지정 · 운영할 수 있다. 이 경우 대통령령으로 정하는 바에 따라 청각장애 등 장애 유형별 맞춤형 평생교육 프로그램을 운영하여야 한다. 〈개정 2023. 4. 18.〉

② 국가 · 지방자치단체 및 시 · 도교육감 외의 자가 제1항에 따른 장애인평생교육시설을 설치하고자 하는 때에는 대통령령으로 정하는 시설과 설비를 갖추어 교육감에게 등록하여야 한다.

③ 제2항에 따라 장애인평생교육시설을 등록한 자가 그 시설을 폐쇄하고자 하는 때에는 대통령령으로 정하는사항을 갖추어 교육감에게 신고하여야 한다. 〈신설 2023. 4. 18.〉

④ 국가 및 지방자치단체는 장애인평생교육시설의 운영에 필요한 경비를 예산의 범위에서 지원할 수 있다. 〈개정 2023. 4. 18.〉

[본조신설 2016. 5. 29.]

[시행일: 2024. 4. 19.] 제20조의2

출처: 국가법령정보센터(https://www.law.go.kr/).

4) 주요 성과 및 과제

2022년에는 장애인평생교육 관련 정책 중 '제5차 특수교육발전 5개년 계획(2018~2022)' '제5차 장애인정책 종합계획(2018~2022)' '장애인평생교육 활성화 방안(2000~2022)' 등의 정책이 마무리되어 그 성과를 다음과 같이 요약할 수 있다 (교육부, 국가평생교육진흥원, 2023).

우선, 장애인 평생학습도시가 3년만인 2022년에 32개로 증가하여 장애친화적 평생학습 환경이 조성되었다. 2019년부터 추진된 장애인 평생학습도시는 학령기 이후 장애인의 평생교육 기반 확충을 위해 추진되었다. 지역의 공공 및 민간 기관, 장애인 복지시설, 교육기관 간 장애인평생교육 지원 협의체를 구성하여 장애친화적 평생학습 환경 구축에 기여한다.

　그다음으로는 장애인의 특성과 요구를 반영한 전문화된 평생교육과정 온라인 콘텐츠 개발이 진행되었다. 발달장애인의 문해교육 및 2019년 개발된 발달장애인 의사소통 보조도구 앱 '위톡'의 개발로 사용자 접근성이 확대되었다. 아울러 2021년에는 초등 국어 1, 2단계를 활용한 발달장애인평생교육과정 온라인 콘텐츠 2종을 보급하였다. 또한 2021년에 직업능력향상교육영역의 시각장애, 청각장애, 뇌병변장애용 콘텐츠를 제작하였다. [그림 12-5]~[그림 12-9]에는 각각 장애유형별 평생교육 프로그램, 장애인평생교육 온라인 콘텐츠, 발달장애인평생교육과정 운영 자료, 발달장애인평생교육과정 온라인 콘텐츠, 발달장애인 의사소통 지원 '위톡'의 홍보물 사진이 제시되어 있다.

[그림 12-5] **장애유형별 평생교육 프로그램**

출처: 국립특수교육원(2023).

[그림 12-6] 장애인평생교육 온라인 콘텐츠

출처: 국립특수교육원(2023).

[그림 12-7] 발달장애인평생교육과정 운영 자료

출처: 국립특수교육원(2023).

[그림 12-8] 발달장애인평생교육과정 온라인 콘텐츠

출처: 국립특수교육원(2023).

[그림 12-9] 발달장애인 의사소통 지원 '위톡'

출처: 국립특수교육원(2023).

　아울러 국가장애인평생교육진흥센터 누리집 「평생배움세상」을 통해 장애인평생교육 정보 제공이 가능해졌다. 이러한 국가의 장애인평생교육 진흥을 위한 정책으로 인해 과거보다 인식이 향상되고 정책적 지원이 증가했음에도 불구하고, 장애인평생교육의 분야는 여전히 많은 과제를 안고 있다. 장애인 대상 교육은 주로 학령기에 초점이 맞춰져 있었으며, 학교교육은 특수교육의 내실화로 성장을 이루었다. 그러나 학교 이후의 성인 장애인에 대한 평생교육에 있어서는 관심과 지원이 부족하다. 이에 장애인평생교육에 대한 국가의 책무성과 당위성이 강조되며 장애인의 사회적 통합을 위한 장애인평생교육에 대한 제도적·정책적 지원 방안 마련이 요구되고 있다.

　아울러 학문적으로 특수교육과의 협조적 연계를 구축하는 접근이 필요하며, 전문인력 양성 및 배치의 문제도 효율적으로 진행되어야 할 것이다. 구체적으로 특수교사 및 평생교육사의 자격 및 역할의 재정립도 현장의 요구를 반영하는 것이 중요하다. 또한 장애인에 대한 비장애인의 편견 없는 인식을 고양하는 교육이 확대되어야 한다. 특히 성인기 장애인은 다양한 교육요구를 가지고 있으며, 전 생애에 걸친 장애인평생교육의 지원으로 독립된 사회 구성원으로 사회참여가 증가할 수 있다. 또한 장애의 유형과 특성에 따른 맞춤형 평생교육의 개발과 지원, 장애인평생교육의 전문성 확보, 교육기관 확대와 프로그램 다양화, 전문인력의 양성이 요구된다. 그리하여 평생교육 이념을 장애인평생교육을 통해 실현하여 장애인의 자아실현과 진정한 사회통합을 이룰 수 있도록 해야 할 것이다.

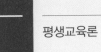

평생교육론

부록

「평생교육법」

「평생교육법」 신구조문대비표

평생교육법

[시행 2024. 5. 17.] [법률 제19588호, 2023. 8. 8., 타법개정]

교육부[평생직업교육기획과(평생교육진흥기본계획, 평생교육진흥위원회)] 044-203-6364
교육부[평생직업교육기획과(성인 진로개발역량 향상교육)] 044-203-6367
교육부[평생직업교육기획과(장애인 평생학습도시)] 044-203-6376
교육부[평생학습지원과(평생교육이용권)] 044-203-6396
교육부[평생학습지원과(평생교육시설, 성인문해교육)] 044-203-6384
교육부[평생학습지원과(평생교육사, 평생학습도시, 학습계좌제, 평생교육 통계조사)] 044-203-6388
교육부[산학협력취창업지원과(사내대학형태의 평생교육시설)] 044-203-6265

제1장 총칙

제1조(목적) 이 법은 「헌법」과 「교육기본법」에 규정된 평생교육의 진흥에 대한 국가 및 지방자치단체의 책임과 평생교육제도와 그 운영에 관한 기본적인 사항을 정하고, 모든 국민이 평생에 걸쳐 학습하고 교육받을 수 있는 권리를 보장함으로써 모든 국민의 삶의 질 향상 및 행복 추구에 이바지함을 목적으로 한다. 〈개정 2021. 6. 8.〉

제2조(정의) 이 법에서 사용하는 용어의 정의는 다음과 같다. 〈개정 2014. 1. 28., 2021. 6. 8., 2023. 4. 18., 2023. 6. 13.〉

1. "평생교육"이란 학교의 정규교육과정을 제외한 학력보완교육, 성인 문해교육, 직업능력 향상교육, 성인 진로개발역량 향상교육, 인문교양교육, 문화예술교육, 시민참여교육 등을 포함하는 모든 형태의 조직적인 교육활동을 말한다.

2. "평생교육기관"이란 다음 각 목의 어느 하나에 해당하는 시설 · 법인 또는 단체를 말한다.

   가. 이 법에 따라 인가 · 등록 · 신고된 시설 · 법인 또는 단체

   나. 「학원의 설립 · 운영 및 과외교습에 관한 법률」에 따른 학원 중 학교교과교습학원을 제외한 평생직업교육을 실시하는 학원

   다. 그 밖에 다른 법령에 따라 평생교육을 주된 목적으로 하는 시설 · 법인 또는 단체

3. "문해교육"이란 일상생활을 영위하는데 필요한 문자해득(文字解得)능력을 포함한 사회적 · 문화적으로 요청되는 기초생활능력 등을 갖출 수 있도록 하는 조직화된 교육프로그램을 말한다.

4. "평생교육사업"이란 국가 및 지방자치단체가 국민과 주민의 평생교육을 위하여 예

산 또는 기금으로 조직적인 교육활동을 직·간접적으로 지원하는 사업을 말한다.

5. "평생교육이용권"이란 평생교육프로그램을 이용할 수 있도록 금액이 기재(전자적 또는 자기적 방법에 따른 기록을 포함한다)된 증표를 말한다.

6. "성인 진로개발역량 향상교육"(이하 "성인 진로교육"이라 한다)이란 성인이 자신에게 적합한 직업을 찾고 진로를 인식·탐색·준비·결정 및 관리할 수 있도록 진로수업·진로심리검사·진로상담·진로정보·진로체험 및 취업지원 등을 제공하는 활동을 말한다.

제3조(다른 법률과의 관계) ① 평생교육에 관하여 다른 법률에 특별한 규정이 있는 경우를 제외하고는 이 법을 적용한다.

② 평생교육에 관한 법률을 제정하거나 개정할 때에는 이 법의 목적 및 이념에 부합되도록 하여야 한다.

[전문개정 2023. 4. 18.]

제4조(평생교육의 이념) ① 모든 국민은 평생교육의 기회를 균등하게 보장받는다.

② 평생교육은 학습자의 자유로운 참여와 자발적인 학습을 기초로 이루어져야 한다.

③ 평생교육은 정치적·개인적 편견의 선전을 위한 방편으로 이용되어서는 아니 된다.

④ 일정한 평생교육과정을 이수한 자에게는 그에 상응하는 자격 및 학력인정 등 사회적 대우를 부여하여야 한다.

제5조(국가 및 지방자치단체의 임무) ① 국가 및 지방자치단체는 모든 국민에게 평생교육 기회가 부여될 수 있도록 평생교육진흥정책과 평생교육사업을 수립·추진하여야 한다. 〈개정 2021. 6. 8.〉

② 국가와 지방자치단체는 장애인이 평생교육의 기회를 부여받을 수 있도록 장애인 평생교육에 대한 정책을 수립·시행하여야 한다. 〈신설 2016. 5. 29.〉

③ 국가와 지방자치단체는 장애인 평생교육을 체계적이고 지속적으로 실시하기 위하여 유기적인 협조체제를 구축하여야 한다. 〈신설 2019. 4. 23.〉

④ 국가 및 지방자치단체는 그 소관에 속하는 단체·시설·사업장 등의 설치자에 대하여 평생교육의 실시를 적극 권장하여야 한다. 〈개정 2016. 5. 29., 2019. 4. 23.〉

⑤ 국가 및 지방자치단체는 모든 국민이 여건과 수요에 적합한 평생교육을 선택하고 참여할 수 있도록 관련 정보를 제공하고 상담 등 지원 활동을 하여야 한다. 〈신설 2021. 6. 8.〉

제6조(교육과정 등) 평생교육의 교육과정·방법·시간 등에 관하여 이 법과 다른 법령에 특별한 규정이 있는 경우를 제외하고는 평생교육을 실시하는 자가 정하되, 학습자의

필요와 실용성을 존중하여야 한다.

제7조(공공시설의 이용) ① 평생교육을 실시하는 자는 평생교육을 위하여 공공시설을 그 본래의 용도에 지장이 없는 범위 안에서 관련 법령으로 정하는 바에 따라 이용할 수 있다.

② 제1항의 경우 공공시설의 관리자는 특별한 사유가 없으면 그 이용을 허용하여야 한다. 〈개정 2021. 3. 23.〉

제8조(학습휴가 및 학습비 지원) 국가·지방자치단체와 공공기관의 장 또는 각종 사업의 경영자는 소속 직원의 평생학습기회를 확대하기 위하여 유급 또는 무급의 학습휴가를 실시하거나 도서비·교육비·연구비 등 학습비를 지원할 수 있다.

제2장 평생교육진흥기본계획 등

제9조(평생교육진흥기본계획의 수립) ① 교육부장관은 5년마다 평생교육진흥기본계획(이하 "기본계획"이라 한다)을 수립하여야 한다. 〈개정 2008. 2. 29., 2013. 3. 23.〉

② 기본계획에는 다음 각 호의 사항이 포함되어야 한다. 〈개정 2016. 5. 29.〉

  1. 평생교육진흥의 중·장기 정책목표 및 기본방향에 관한 사항
  2. 평생교육의 기반구축 및 활성화에 관한 사항
  3. 평생교육진흥을 위한 투자확대 및 소요재원에 관한 사항
  4. 평생교육진흥정책에 대한 분석 및 평가에 관한 사항
  5. 장애인의 평생교육진흥에 관한 사항
  6. 장애인평생교육진흥정책의 평가 및 제도개선에 관한 사항
  7. 그 밖에 평생교육진흥을 위하여 필요한 사항

③ 교육부장관은 기본계획을 관계 중앙행정기관의 장, 특별시장·광역시장·특별자치시장·도지사·특별자치도지사(이하 "시·도지사"라 한다), 시·도교육감 및 시장·군수·자치구의 구청장에게 통보하여야 한다. 〈개정 2008. 2. 29., 2013. 3. 23., 2021. 6. 8.〉

제9조의2(평생교육사업에 대한 조사·분석 등) ① 교육부장관은 매년 국가 및 지방자치단체에서 추진하는 평생교육사업에 대한 조사·분석(이하 "분석등"이라 한다)을 하여야 한다.

② 교육부장관은 평생교육사업의 분석등을 하기 위하여 관계 중앙행정기관, 지방자치단체, 관련 교육·훈련기관 및 평생교육사업에 참여하는 법인이나 단체에 필요한 자료의 제출을 요구할 수 있다. 이 경우 자료 제출을 요구받은 기관·법인 또는 단체는 특별한 사유가 없으면 이에 따라야 한다.

③ 교육부장관은 제1항에 따른 분석등의 결과를 관계 중앙행정기관의 장과 지방자치단

체의 장에게 통보하고, 제10조의 평생교육진흥위원회에 제출하여야 한다.

[본조신설 2021. 6. 8.]

제10조(평생교육진흥위원회의 설치) ① 평생교육진흥정책에 관한 주요사항을 심의하기 위하여 교육부장관 소속으로 평생교육진흥위원회(이하 "진흥위원회"라 한다)를 둔다. 〈개정 2008. 2. 29., 2013. 3. 23.〉

② 진흥위원회는 다음 각 호의 사항을 심의한다. 〈개정 2023. 4. 18.〉

1. 기본계획에 관한 사항

2. 제11조제2항에 따른 추진실적 평가에 관한 사항

3. 평생교육진흥정책의 평가 및 제도개선에 관한 사항

4. 평생교육지원 업무의 협력과 조정에 관한 사항

5. 그 밖에 평생교육진흥정책을 위하여 대통령령으로 정하는 사항

③ 진흥위원회는 위원장을 포함하여 20인 이내의 위원으로 구성한다.

④ 진흥위원회의 위원장은 교육부장관으로 하고, 위원은 평생교육과 관련된 관계 부처 차관, 평생교육 · 장애인교육과 관련된 전문가 등 평생교육에 관한 전문지식 및 경험이 풍부한 사람 중에서 위원장이 위촉한다. 〈개정 2008. 2. 29., 2013. 3. 23., 2016. 5. 29., 2021. 3. 23.〉

⑤ 진흥위원회의 구성 · 운영에 필요한 사항은 대통령령으로 정한다.

제11조(연도별 평생교육진흥시행계획의 수립 · 시행) ① 관계 중앙행정기관의 장 및 시 · 도지사는 기본계획에 따라 연도별 평생교육진흥시행계획(이하 "시행계획"이라 한다)을 수립 · 시행하여야 한다. 이 경우 시 · 도지사는 시 · 도교육감과 협의하여야 한다. 〈개정 2023. 4. 18.〉

② 관계 중앙행정기관의 장 및 시 · 도지사는 제1항에 따른 시행계획 및 그 추진실적을 대통령령으로 정하는 바에 따라 매년 교육부장관에게 제출하고, 교육부장관은 진흥위원회의 심의를 거쳐 매년 제출된 추진실적을 평가하여야 한다. 〈신설 2023. 4. 18.〉

③ 교육부장관은 제2항에 따른 평가 결과를 관계 중앙행정기관의 장 및 시 · 도지사에게 통보하여야 한다. 〈신설 2023. 4. 18.〉

④ 시행계획의 수립 · 시행 및 그 추진실적의 평가 등에 필요한 사항은 대통령령으로 정한다. 〈신설 2023. 4. 18.〉

제12조(시 · 도평생교육협의회) ① 시행계획의 수립 · 시행에 필요한 사항을 심의하기 위하여 시 · 도지사 소속으로 시 · 도평생교육협의회(이하 "시 · 도협의회"라 한다)를 둔다.

② 시 · 도협의회는 의장 · 부의장을 포함하여 20인 이내의 위원으로 구성한다.

③ 시 · 도협의회의 의장은 시 · 도지사로 하고, 부의장은 시 · 도의 부교육감으로 한다.

④ 시 · 도협의회 위원은 관계 공무원, 평생교육과 관련된 전문가, 장애인 평생교육 전문가, 평생교육 관계 기관의 운영자 등 평생교육에 관한 전문지식 및 경험이 풍부한 사람 중에서 해당 시 · 도의 교육감과 협의하여 의장이 위촉한다. 〈개정 2016. 5. 29., 2021. 3. 23.〉

⑤ 시 · 도협의회의 구성 · 운영에 필요한 사항은 해당 지방자치단체의 조례로 정한다.

제13조(관계 행정기관의 장 등의 협조) ① 교육부장관은 기본계획을 수립하기 위하여 필요하다고 인정하는 때에는 관계 행정기관이나 그 밖의 기관 또는 단체의 장에게 관련 자료를 요청할 수 있다. 〈개정 2008. 2. 29., 2013. 3. 23.〉

② 시 · 도지사는 시행계획을 수립하기 위하여 필요하다고 인정하는 때에는 관계 행정기관이나 그 밖의 기관 또는 단체의 장에게 관련 자료를 요청할 수 있다.

③ 제1항 및 제2항에 따라 자료를 요청 받은 기관 또는 단체의 장은 특별한 사정이 없으면 협조하여야 한다. 〈개정 2021. 3. 23.〉

제14조(시 · 군 · 자치구평생교육협의회) ① 시 · 군 및 자치구에는 지역주민을 위한 평생교육의 실시와 관련되는 사업간 조정 및 유관기관 간 협력 증진을 위하여 시 · 군 · 자치구평생교육협의회(이하 "시 · 군 · 구협의회"라 한다)를 둔다.

② 시 · 군 · 구협의회는 의장 1인과 부의장 1인을 포함하여 12인 이내의 위원으로 구성한다.

③ 시 · 군 · 구협의회의 의장은 시장 · 군수 또는 자치구의 구청장으로 하고, 위원은 시 · 군 · 자치구 및 지역교육청의 관계 공무원, 평생교육 전문가, 장애인 평생교육 관계자, 관할 지역 내 평생교육 관계 기관의 운영자 중에서 의장이 위촉한다. 〈개정 2016. 5. 29.〉

④ 시 · 군 · 구협의회의 구성 · 운영 등에 필요한 사항은 지방자치단체의 조례로 정한다.

제15조(평생학습도시) ① 국가는 지역사회의 평생교육 활성화를 위하여 특별자치시, 시(「제주특별자치도 설치 및 국제자유도시 조성을 위한 특별법」 제10조제2항에 따른 행정시를 포함한다. 이하 이 조 및 제15조의2에서 같다) · 군 및 자치구를 대상으로 평생학습도시를 지정 및 지원할 수 있다. 이 경우 이미 지정된 평생학습도시에 대하여 평가를 거쳐 재지정 여부를 결정할 수 있다. 〈개정 2021. 6. 8., 2023. 4. 18.〉

② 제1항에 따른 평생학습도시 간의 연계 · 협력 및 정보교류의 증진을 위하여 전국평생학습도시협의회를 둘 수 있다.

③ 제2항에 따른 전국평생학습도시협의회의 구성 · 운영에 필요한 사항은 대통령령으

로 정한다.

④ 제1항에 따른 평생학습도시의 지정, 지원 및 평가 등에 필요한 사항은 교육부장관이 정한다. 〈개정 2008. 2. 29., 2013. 3. 23., 2023. 4. 18.〉

제15조의2(장애인 평생학습도시) ① 국가는 장애인의 평생교육 활성화를 위하여 특별자치시, 시·군 및 자치구를 대상으로 장애인 평생학습도시를 지정 및 지원할 수 있다.

② 제1항에 따른 장애인 평생학습도시 간의 연계·협력 및 정보교류의 증진을 위하여 전국장애인평생학습도시협의회를 둘 수 있다.

③ 제2항에 따른 전국장애인평생학습도시협의회의 구성·운영에 필요한 사항은 대통령령으로 정한다.

④ 제1항에 따른 장애인 평생학습도시의 지정 및 지원에 필요한 사항은 교육부장관이 정한다.

⑤ 국가는 장애인 평생학습도시의 활성화를 위하여 관계 중앙행정기관 및 유관기관 등이 참여하는 협의체를 구성·운영할 수 있으며, 협의체의 구성 및 운영에 필요한 사항은 대통령령으로 정한다.

[본조신설 2021. 6. 8.]

제16조(경비보조 및 지원) ① 국가 및 지방자치단체는 이 법과 다른 법령으로 정하는 바에 따라 다음 각 호의 어느 하나에 해당하는 평생교육진흥사업을 실시 또는 지원할 수 있다. 〈개정 2021. 6. 8., 2023. 4. 18.〉

1. 평생교육기관의 설치·운영

2. 제24조에 따른 평생교육사의 양성 및 배치

3. 평생교육프로그램의 개발(온라인 기반의 평생교육프로그램의 개발을 포함한다)

4. 「초·중등교육법」 및 「고등교육법」에 따른 각급학교의 장의 평생교육과정의 운영

5. 제16조의2에 따른 평생교육이용권의 발급 등 국민의 평생교육의 참여에 따른 비용의 지원

6. 그 밖에 국민의 평생교육 참여를 촉진하기 위하여 수행하는 사업 등

② 지방자치단체의 장은 해당 지방자치단체의 조례로 정하는 바에 따라 주민을 위한 평생교육진흥사업을 실시하거나 지원할 수 있다. 이 경우 교육감 또는 지역교육장과 협의하여야 한다.

제16조의2(평생교육이용권의 발급 등) ① 국가 및 지방자치단체는 모든 국민에게 평생교육의 기회를 제공할 수 있도록 신청을 받아 평생교육이용권을 발급할 수 있다.

② 교육부장관은 평생교육소외계층에게 우선적으로 평생교육이용권을 발급할 수 있도

록 대통령령으로 신청자의 요건을 정할 수 있다.

③ 국가 및 지방자치단체는 평생교육이용권의 수급자 선정 및 수급자격 유지에 관한 사항을 확인하기 위하여 가족관계 증명·국세 및 지방세 등에 관한 자료 등 대통령령으로 정하는 자료의 제공을 당사자의 동의를 받아 관계 중앙행정기관의 장 또는 지방자치단체의 장에게 요청할 수 있다. 이 경우 요청을 받은 자는 특별한 사유가 없으면 이에 따라야 한다.

④ 국가 및 지방자치단체는 제3항에 따른 자료의 확인을 위하여 「사회보장기본법」 제37조에 따른 사회보장정보시스템을 연계하여 사용할 수 있다.

⑤ 지방자치단체는 평생교육이용권의 발급, 정보시스템의 구축·운영 등 평생교육이용권 업무의 효율적 수행을 위하여 대통령령으로 정하는 바에 따라 전담기관을 지정할 수 있다.

⑥ 그 밖에 평생교육이용권 발급에 필요한 사항은 대통령령으로 정한다.

[본조신설 2021. 6. 8.]

제16조의3(평생교육이용권의 사용 등) ① 평생교육이용권을 발급받은 사람(이하 이 조에서 "이용자"라 한다)은 평생교육프로그램을 제공하는 자에게 평생교육이용권을 제시하고 평생교육을 제공받을 수 있다.

② 제1항에 따라 평생교육이용권을 제시받은 자는 정당한 사유 없이 평생교육프로그램의 제공을 거부할 수 없다.

③ 누구든지 평생교육이용권을 판매·대여하거나 부정한 방법으로 사용하여서는 아니 된다.

④ 국가 및 지방자치단체는 이용자가 평생교육이용권을 판매·대여하거나 부정한 방법으로 사용한 경우에는 그 평생교육이용권을 회수하거나 평생교육이용권 기재금액에 상당하는 금액의 전부 또는 일부를 환수할 수 있다.

⑤ 그 밖에 평생교육이용권의 사용, 회수 및 환수 등에 필요한 사항은 대통령령으로 정한다.

[본조신설 2021. 6. 8.]

제17조(지도 및 지원) ① 국가 및 지방자치단체는 평생교육기관의 요청이 있는 때에는 그 기관의 평생교육활동을 지도 또는 지원할 수 있다.

② 국가 및 지방자치단체는 평생교육기관의 요청이 있는 때에는 그 기관에서 평생교육활동에 종사하는 사람의 능력향상에 필요한 연수를 실시할 수 있다. 〈개정 2021. 3. 23.〉

제18조(평생교육 통계조사 등) ① 교육부장관 및 시·도지사는 평생교육의 실시 및 지원에 관한 현황 등 기초자료를 조사하고 이와 관련된 통계를 공개하여야 한다. 〈개정 2008. 2. 29., 2013. 3. 23.〉

② 평생교육과 관련된 업무 담당자 및 평생교육기관 운영자 등은 제1항의 조사에 협조 하여야 한다.

③ 교육부장관은 평생교육 통계조사의 정확성 제고 및 조사업무 경감을 위하여 관련 자료를 보유한 중앙행정기관의 장, 지방자치단체의 장 및 「공공기관의 운영에 관한 법률」에 따른 공공기관의 장 등 관계 기관의 장(이하 "관계 행정기관등의 장"이라 한다)에게 자료 간 연계를 요청할 수 있다. 이 경우 자료 간 연계를 요청받은 관계 행정기관등의 장은 특별한 사유가 없으면 이에 따라야 한다. 〈신설 2021. 6. 8.〉

④ 교육부장관은 평생교육 통계조사에 의하여 수집된 자료를 이용하고자 하는 자에게 이를 제공할 수 있다. 이 경우 특정의 개인이나 법인 또는 단체를 식별할 수 없는 형태로 자료를 제공하여야 한다. 〈신설 2021. 6. 8.〉

⑤ 교육부장관은 평생교육 통계조사 등의 업무를 위하여 대통령령으로 정하는 바에 따라 국가평생교육통계센터를 지정하여 그 업무를 위탁할 수 있다. 이 경우 교육부장 관은 위탁받은 업무 수행에 필요한 경비를 지원할 수 있다. 〈신설 2021. 6. 8.〉

제18조의2(평생교육 종합정보시스템의 구축·운영 등) ① 교육부장관은 평생교육 관련 정보를 체계적·효율적으로 관리하고 국민의 평생교육 참여 확대를 위하여 평생교육 종합 정보시스템을 구축·운영할 수 있다.

② 교육부장관은 평생교육 종합정보시스템의 구축·운영을 위하여 필요한 경우에는 관계 행정기관등의 장에게 필요한 자료의 제공을 요청할 수 있다. 이 경우 자료의 제 공을 요청받은 관계 행정기관등의 장은 특별한 사유가 없으면 이에 따라야 한다.

③ 제1항 및 제2항에 따른 정보의 범위와 내용, 평생교육종합정보시스템의 구축·운영 에 필요한 사항은 대통령령으로 정한다.

[본조신설 2021. 6. 8.]

제3장 국가평생교육진흥원 등 〈개정 2013. 12. 30.〉

제19조(국가평생교육진흥원) ① 국가는 평생교육진흥과 관련된 업무를 지원하기 위하여 국 가평생교육진흥원(이하 "진흥원"이라 한다)을 설립한다. 〈개정 2013. 12. 30.〉

② 진흥원은 법인으로 한다.

③ 진흥원은 주된 사무소의 소재지에서 설립등기를 함으로써 성립한다.

④ 진흥원은 다음 각 호의 업무를 수행한다. 〈개정 2013. 5. 22., 2016. 2. 3., 2023. 4. 18.〉

    1. 평생교육진흥을 위한 지원 및 조사 업무

    2. 진흥위원회가 심의하는 기본계획 수립의 지원

    2의2. 평생교육진흥정책의 개발 · 발전을 위하여 필요한 연구

    3. 평생교육프로그램 개발(온라인 기반의 평생교육프로그램의 개발을 포함한다)의 지원

    4. 제24조에 따른 평생교육사를 포함한 평생교육 종사자의 양성 · 연수

    5. 국내외 평생교육기관 · 단체 간 연계 및 협력체제의 구축

    6. 제20조에 따른 시 · 도평생교육진흥원에 대한 지원 및 시 · 도평생교육진흥원과의 협력

    7. 삭제 〈2021. 6. 8.〉

    8. 「학점인정 등에 관한 법률」 및 「독학에 의한 학위취득에 관한 법률」에 따른 학점 또는 학력인정에 관한 사항

    9. 제23조에 따른 학습계좌의 통합 관리 · 운영

    10. 문해교육의 관리 · 운영에 관한 사항

    11. 정보화 및 온라인 기반 관련 평생교육의 관리 · 운영에 관한 사항

    12. 이 법 또는 다른 법령에 따라 위탁받은 업무

    13. 그 밖에 진흥원의 목적수행을 위하여 필요한 사업

⑤ 진흥원의 정관에는 다음 각 호의 사항을 기재하여야 한다.

    1. 목적

    2. 명칭

    3. 주된 사무소의 소재지

    4. 사업에 관한 사항

    5. 임원 및 직원에 관한 주요 사항

    6. 이사회에 관한 사항

    7. 재산 및 회계에 관한 사항

    8. 정관의 변경에 관한 사항

⑥ 제5항에 따른 정관의 내용을 변경하고자 하는 때에는 교육부장관의 인가를 받아야 한다. 〈개정 2008. 2. 29., 2013. 3. 23.〉

⑦ 국가는 예산의 범위 내에서 진흥원의 설립 · 운영에 필요한 경비를 출연할 수 있다.

⑧ 진흥원에 관하여 이 법에서 정하는 것을 제외하고는 「민법」 중 재단법인에 관한 규

정을 준용한다.

[제목개정 2013. 12. 30.]

제19조의2(국가장애인평생교육진흥센터) ① 국가는 장애인의 평생교육진흥과 관련된 업무를 지원하기 위하여 국가장애인평생교육진흥센터(이하 "장애인평생교육진흥센터"라 한다)를 둔다.

② 장애인평생교육진흥센터는 다음 각 호의 업무를 수행한다. 〈개정 2019. 4. 23.〉

1. 장애인 평생교육진흥을 위한 지원 및 조사 업무

2. 진흥위원회가 심의하는 기본계획에 관한 사항 중 장애인 평생교육진흥에 관한 사항

3. 장애 유형별 평생교육프로그램 개발의 지원

4. 장애인 평생교육 종사자의 양성·교육 및 연수와 공무원의 장애인 의사소통 교육

5. 장애인 평생교육기관 간의 연계체제 구축

6. 발달장애인의 평생교육과정의 개발

7. 발달장애인의 의사소통 도구의 개발과 보급

8. 장애인 평생교육프로그램을 운영하는 각급학교와 평생교육기관 양성을 위한 지원

9. 장애 유형별 평생교육 교재·교구의 개발과 보급

10. 그 밖에 장애인평생교육진흥센터의 목적수행을 위하여 필요한 사업

③ 장애인평생교육진흥센터의 설립·운영에 필요한 사항은 대통령령으로 정한다.

[본조신설 2016. 5. 29.]

제19조의3(장애인 평생교육 종사자에 대한 인권교육) ① 장애인 평생교육 종사자는 장애인 인권에 관한 교육을 받아야 한다.

② 제1항에 따른 장애인 인권에 관한 교육은 교육부령으로 정하는 인권교육을 실시하는 기관, 시설, 법인 및 단체가 실시한다.

③ 그 밖에 교육의 내용, 방법 등에 필요한 사항은 대통령령으로 정한다.

[본조신설 2019. 4. 23.]

제20조(시·도평생교육진흥원의 운영 등) ① 시·도지사는 대통령령으로 정하는 바에 따라 시·도평생교육진흥원을 설치 또는 지정·운영하여야 한다. 〈개정 2023. 4. 18.〉

② 시·도평생교육진흥원은 다음 각 호의 업무를 수행한다. 〈개정 2019. 4. 23., 2021. 6. 8., 2023. 4. 18.〉

1. 해당 지역의 평생교육기회 및 정보의 제공

2. 평생교육 상담 및 컨설팅 지원

3. 평생교육프로그램 운영 및 지원

3의2. 장애인 대상 평생교육프로그램 운영 및 지원

4. 해당 지역의 평생교육기관간 연계체제 구축

5. 국가 및 시·군·구 간 협력·연계

6. 해당 지역의 평생교육 진흥을 위한 조사·연구

7. 시행계획 수립의 지원

8. 평생교육 관계자의 역량강화 지원

9. 그 밖에 평생교육진흥을 위하여 시·도지사가 필요하다고 인정하는 사항

③ 제1항에 따른 시·도평생교육진흥원 간의 연계·정보교류 및 사업의 공동 추진을 위하여 전국시·도평생교육진흥원협의회를 둘 수 있다. 〈신설 2023. 4. 18.〉

④ 제3항에 따른 전국시·도평생교육진흥원협의회의 구성·운영에 필요한 사항은 대통령령으로 정한다. 〈신설 2023. 4. 18.〉

[제목개정 2023. 4. 18.]

제20조의2(장애인평생교육시설 등의 설치) ① 국가·지방자치단체 및 시·도교육감은 관할 구역 안의 장애인을 대상으로 평생교육프로그램 운영과 평생교육 기회를 제공하기 위하여 장애인평생교육시설을 설치 또는 지정·운영할 수 있다. 이 경우 대통령령으로 정하는 바에 따라 청각장애 등 장애 유형별 맞춤형 평생교육프로그램을 운영하여야 한다. 〈개정 2023. 4. 18.〉

② 국가·지방자치단체 및 시·도교육감 외의 자가 제1항에 따른 장애인평생교육시설을 설치하고자 하는 때에는 대통령령으로 정하는 시설과 설비를 갖추어 교육감에게 등록하여야 한다.

③ 제2항에 따라 장애인평생교육시설을 등록한 자가 그 시설을 폐쇄하고자 하는 때에는 대통령령으로 정하는 사항을 갖추어 교육감에게 신고하여야 한다. 〈신설 2023. 4. 18.〉

④ 국가 및 지방자치단체는 장애인평생교육시설의 운영에 필요한 경비를 예산의 범위에서 지원할 수 있다. 〈개정 2023. 4. 18.〉

[본조신설 2016. 5. 29.]

제20조의3(노인평생교육시설 설치 등) ① 국가·지방자치단체 및 시·도교육감은 관할 구역 안의 노인을 대상으로 평생교육프로그램 운영과 평생교육 기회를 제공하기 위하여 노인평생교육시설을 설치 또는 지정·운영할 수 있다.

② 평생교육기관은 노인의 평생교육 기회의 확대를 위하여 별도의 노인 평생교육과정을 설치·운영할 수 있다.

③ 지방자치단체는 노인평생교육시설의 운영에 필요한 경비를 예산의 범위에서 지원할 수 있다.

[본조신설 2023. 4. 18.]

제21조(시ㆍ군ㆍ구평생학습관 등의 설치ㆍ운영 등) ① 시ㆍ도교육감 및 시장ㆍ군수ㆍ자치구의 구청장은 관할 구역 안의 주민을 대상으로 평생교육프로그램 운영과 평생교육 기회를 제공하기 위하여 평생학습관을 설치 또는 지정ㆍ운영하여야 한다. 〈개정 2023. 4. 18.〉

② 시ㆍ도교육감 및 시장ㆍ군수ㆍ자치구의 구청장은 평생학습관에 대한 재정적 지원 등 해당 지방자치단체의 평생교육을 진흥하기 위하여 필요한 사업을 실시할 수 있다. 〈개정 2023. 4. 18.〉

③ 평생학습관은 다음 각 호의 사업을 수행한다. 〈신설 2014. 1. 28., 2016. 5. 29.〉

1. 평생교육프로그램의 개발ㆍ운영

1의2. 장애인 대상 평생교육프로그램의 개발ㆍ운영

2. 평생교육 상담

3. 평생교육 종사자에 대한 교육ㆍ훈련

4. 평생교육 관련 정보의 수집ㆍ제공

5. 제21조의3에 따른 읍ㆍ면ㆍ동 평생학습센터에 대한 운영 지원 및 관리

6. 그 밖에 평생교육 진흥을 위하여 필요하다고 인정되는 사업

④ 제1항 및 제2항에 따른 평생학습관의 설치ㆍ운영 등에 필요한 사항은 해당 지방자치단체의 조례로 정한다. 〈개정 2014. 1. 28.〉

제21조의2(장애인 평생교육과정) ① 「유아교육법」 제2조제2호에 따른 유치원 및 「초ㆍ중등교육법」 제2조에 따른 학교의 장은 해당 학교의 교육환경을 고려하여 「장애인복지법」 제2조에 따른 장애인의 계속교육을 위한 장애인 평생교육과정을 설치ㆍ운영할 수 있다.

② 평생교육기관은 장애인의 평생교육 기회의 확대를 위하여 별도의 장애인 평생교육과정을 설치ㆍ운영할 수 있다.

③ 진흥원은 장애인의 평생교육기회 확대 방안 및 장애인 평생교육프로그램을 개발하여야 한다.

④ 제20조에 따른 시ㆍ도평생교육진흥원은 평생교육기관이 장애인 평생교육과정을 설치ㆍ운영할 수 있도록 지원하여야 한다.

[본조신설 2016. 5. 29.]

[종전 제21조의2는 제21조의3으로 이동 〈2016. 5. 29.〉]

제21조의3(읍ㆍ면ㆍ동 평생학습센터의 운영) ① 시장ㆍ군수ㆍ자치구의 구청장은 읍ㆍ면ㆍ

동별로 주민을 대상으로 하여 평생교육프로그램을 운영하고 상담을 제공하는 평생학습센터를 설치하거나 지정하여 운영하여야 한다. 〈개정 2023. 4. 18.〉

② 제1항에 따른 읍·면·동 평생학습센터의 설치 또는 지정 및 운영에 관한 사항은 해당 지방자치단체의 조례로 정한다.

[본조신설 2014. 1. 28.]

[제21조의2에서 이동 〈2016. 5. 29.〉]

제21조의4(자발적 학습모임의 지원 등) ① 지방자치단체는 지역사회 주민이 평생학습을 주된 목적으로 자발적으로 참여하는 모임(이하 "자발적 학습모임"이라 한다)의 활동을 지원할 수 있다.

② 지방자치단체는 자발적 학습모임이 창출한 성과를 활용하여 사회적 가치를 창출할 수 있도록 노력하여야 하고, 자발적 학습모임이 지역사회의 문제 해결에 참여할 수 있도록 지원하여야 한다.

[본조신설 2023. 4. 18.]

제22조(정보화 관련 평생교육의 진흥) ① 국가 및 지방자치단체는 각급학교·민간단체·기업 등과 연계하여 교육의 정보화와 이와 관련된 평생교육과정의 개발을 위하여 노력하여야 한다.

② 국가 및 지방자치단체는 각급학교·평생교육기관 등이 필요한 인적자원을 활용할 수 있도록 하기 위하여 대통령령으로 정하는 바에 따라 강사에 관한 정보를 수집·제공하는 제도를 운영할 수 있다.

제23조(학습계좌) ① 교육부장관은 국민의 평생교육을 촉진하고 인적자원의 개발·관리를 위하여 학습계좌(국민의 개인적 학습경험을 종합적으로 집중 관리하는 제도를 말한다)를 도입·운영할 수 있도록 노력하여야 한다. 〈개정 2009. 5. 8., 2013. 3. 23.〉

② 교육부장관은 제1항의 학습계좌에서 관리할 학습과정을 대통령령으로 정하는 바에 따라 평가인정할 수 있다. 〈신설 2009. 5. 8., 2013. 3. 23.〉

③ 교육부장관은 제2항에 따라 평가인정을 받은 학습과정의 이수결과를 학점이나 학력 또는 자격으로 인정할 수 있다. 이 경우 그 인정 절차 및 방식 등에 필요한 사항은 대통령령으로 정한다. 〈신설 2023. 4. 18.〉

④ 교육부장관은 제2항에 따라 평가인정을 받은 학습과정을 설치·운영하는 평생교육기관이 다음 각 호의 어느 하나에 해당하면 그 평가인정을 취소할 수 있다. 다만, 제1호에 해당하는 경우에는 평가인정을 취소하여야 한다. 〈신설 2009. 5. 8., 2013. 3. 23., 2023. 4. 18.〉

1. 거짓이나 그 밖의 부정한 방법으로 평가인정을 받은 경우

2. 제2항에 따라 평가인정 받은 내용을 위반하여 학습과정을 운영한 경우

3. 제2항에 따른 평가인정의 기준에 이르지 못하게 된 경우

⑤ 교육부장관은 제4항제2호 및 제3호에 따라 평가인정을 취소하고자 할 경우에는 대통령령으로 정하는 기간과 절차에 따라 평생교육기관의 장에게 시정을 명하여야 한다. 〈신설 2009. 5. 8., 2013. 3. 23., 2023. 4. 18.〉

⑥ 교육부장관은 제5항에 따라 시정명령을 하는 경우에는 평생교육기관의 장에게 시정명령을 받은 사실을 공표할 것을 명할 수 있다. 〈신설 2013. 12. 30., 2023. 4. 18.〉

⑦ 교육부장관 및 지방자치단체의 장은 제16조의2에 따른 평생교육이용권으로 수강한 교육이력을 학습계좌를 통해 관리할 수 있다. 〈신설 2021. 6. 8., 2023. 4. 18.〉

⑧ 교육부장관은 학습계좌의 운영을 위하여 필요한 경우에는 관계 행정기관등의 장에게 필요한 자료의 제공을 요청할 수 있다. 이 경우 자료의 제공을 요청받은 관계 행정기관등의 장은 특별한 사유가 없으면 이에 따라야 한다. 〈신설 2021. 6. 8., 2023. 4. 18.〉

제4장 평생교육사

제24조(평생교육사) ① 교육부장관은 평생교육 전문인력을 양성하기 위하여 다음 각 호의 어느 하나에 해당하는 사람에게 평생교육사의 자격을 부여하며, 자격을 부여받은 사람에게는 자격증을 발급하여야 한다. 〈개정 2008. 2. 29., 2009. 5. 8., 2013. 3. 23., 2019. 12. 3., 2021. 3. 23.〉

1. 「고등교육법」 제2조에 따른 학교(이하 "대학"이라 한다) 또는 이와 같은 수준 이상의 학력이 있다고 인정되는 기관에서 교육부령으로 정하는 평생교육 관련 교과목을 일정 학점 이상 이수하고 학위를 취득한 사람

2. 「학점인정 등에 관한 법률」 제3조제1항에 따라 평가인정을 받은 학습과정을 운영하는 교육훈련기관(이하 "학점은행기관"이라 한다)에서 교육부령으로 정하는 평생교육 관련 교과목을 일정 학점 이상 이수하고 학위를 취득한 사람

3. 대학을 졸업한 사람 또는 이와 같은 수준 이상의 학력이 있다고 인정되는 사람으로서 대학 또는 이와 같은 수준 이상의 학력이 있다고 인정되는 기관, 제25조에 따른 평생교육사 양성기관, 학점은행기관에서 교육부령으로 정하는 평생교육 관련 교과목을 일정 학점 이상 이수한 사람

4. 그 밖에 대통령령으로 정하는 자격요건을 갖춘 사람

② 평생교육사는 평생교육의 기획 · 진행 · 분석 · 평가 및 교수업무를 수행한다.

③ 다음 각 호의 어느 하나에 해당하는 사람은 평생교육사가 될 수 없다. 〈개정 2016.
　5. 29., 2021. 3. 23.〉

　1. 제24조의2에 따라 자격이 취소된 후 그 자격이 취소된 날부터 3년이 지나지 아니
　　한 사람(제28조제2항제1호에 해당하여 자격이 취소된 경우는 제외한다)

　2. 제28조제2항제1호부터 제5호까지의 어느 하나에 해당하는 사람

④ 평생교육사의 등급, 직무범위, 이수과정, 연수 및 자격증의 교부절차 등에 필요한 사
　항은 대통령령으로 정한다.

⑤ 제1항에 따라 발급받은 자격증은 다른 사람에게 빌려주거나 빌려서는 아니 되며, 이
　를 알선하여서도 아니 된다. 〈신설 2019. 12. 3.〉

⑥ 교육부장관은 제1항에 따른 평생교육사의 자격증을 교부 또는 재교부 받으려는 사
　람에게 교육부령으로 정하는 바에 따라 수수료를 받을 수 있다. 〈신설 2009. 5. 8.,
　2013. 3. 23., 2019. 12. 3., 2021. 3. 23.〉

제24조의2(평생교육사의 자격취소) 교육부장관은 평생교육사가 다음 각 호의 어느 하나에
　해당하는 경우에는 그 자격을 취소하여야 한다. 〈개정 2019. 12. 3.〉

　1. 거짓이나 그 밖의 부정한 방법으로 평생교육사의 자격을 취득한 경우

　2. 다른 사람에게 평생교육사의 명의를 사용하게 한 경우

　3. 제24조제3항제2호의 결격사유에 해당하게 된 경우

　4. 제24조제5항을 위반하여 자격증을 빌려준 경우

[본조신설 2016. 5. 29.]

제25조(평생교육사 양성기관) ① 교육부장관은 평생교육사의 양성과 연수에 필요한 시설 ·
　교육과정 · 교원 등을 고려하여 대통령령으로 정하는 바에 따라 평생교육기관을 평생
　교육사 양성기관으로 지정할 수 있다. 〈개정 2008. 2. 29., 2013. 3. 23.〉

② 삭제 〈2013. 5. 22.〉

제26조(평생교육사의 배치 및 채용) ① 평생교육기관에는 제24조제1항에 따른 평생교육사
　를 배치하여야 한다.

②「유아교육법」, 「초 · 중등교육법」 및 「고등교육법」에 따른 유치원 및 학교의 장은
　평생교육프로그램 운영에 필요할 때에는 평생교육사를 채용할 수 있다. 〈개정 2021.
　3. 23.〉

③ 제20조에 따른 시 · 도평생교육진흥원, 제20조의2에 따른 장애인평생교육시설 및
　제21조에 따른 시 · 군 · 구평생학습관에 평생교육사를 배치하여야 한다. 〈개정

2016. 5. 29.〉

④ 제1항부터 제3항까지의 규정에 따른 평생교육사의 배치대상기관 및 배치기준은 대통령령으로 정한다.

제26조의2(실태조사) ① 교육부장관은 평생교육사의 배치 현황, 보수 수준 및 지급 실태 등에 관하여 3년마다 조사하여야 한다.

② 제1항에 따른 조사의 방법과 내용 등에 필요한 사항은 대통령령으로 정한다.

[본조신설 2023. 4. 18.]

제27조(평생교육사 채용에 대한 경비보조) 국가 및 지방자치단체는 제26조제2항에 따른 평생교육 프로그램 운영 및 평생교육사 채용에 사용되는 경비 등을 보조할 수 있다.

제5장 평생교육기관

제28조(평생교육기관의 설치자) ① 평생교육기관의 설치자는 다양한 평생교육프로그램을 실시하여 지역사회 주민을 위한 평생교육에 기여하여야 한다.

② 다음 각 호의 어느 하나에 해당하는 자는 평생교육기관의 설치자가 될 수 없다. 〈개정 2016. 5. 29., 2021. 3. 23.〉

　1. 피성년후견인 또는 피한정후견인

　2. 금고 이상의 실형을 선고받고 그 집행이 종료(집행이 종료된 것으로 보는 경우를 포함한다)되거나 집행이 면제된 날부터 3년이 지나지 아니한 자

　3. 금고 이상의 형의 집행유예를 선고받고 그 유예기간 중에 있는 자

　4. 법원의 판결 또는 다른 법률에 따라 자격이 정지 또는 상실된 자

　5. 제42조에 따라 인가 또는 등록이 취소되거나 평생교육과정이 폐쇄된 후 3년이 지나지 아니한 자

　6. 임원 중 제1호부터 제5호까지의 어느 하나에 해당하는 자가 있는 법인

③ 제2조제2호가목에 따른 평생교육기관의 설치자는 특별시 · 광역시 · 특별자치시 · 도 · 특별자치도(이하 "시 · 도"라 한다)의 조례로 정하는 바에 따라 평생교육시설의 운영과 관련하여 그 시설의 이용자에게 발생한 생명 · 신체상의 손해를 배상할 것을 내용으로 하는 보험가입 또는 공제사업에의 가입 등 필요한 안전조치를 하여야 한다. 〈개정 2021. 6. 8.〉

④ 평생교육기관의 설치 · 운영자는 학습자의 보호를 위하여 다음 각 호의 어느 하나에 해당하는 경우에는 대통령령으로 정하는 바에 따라 학습비 반환 등의 조치를 하여야 한다. 〈개정 2016. 2. 3.〉

1. 제42조에 따라 평생교육시설의 설치인가 또는 등록이 취소되거나 평생교육과정이 폐쇄 또는 운영정지된 경우
2. 평생교육기관의 설치 · 운영자가 교습을 할 수 없게 된 경우
3. 학습자가 본인의 의사로 학습을 포기한 경우
4. 그 밖에 학습자 보호를 위하여 대통령령으로 정하는 경우

⑤ 제31조제2항에 따른 학력인정 평생교육시설의 설립 주체는 「사립학교법」에 따른 학교법인 또는 「공익법인의 설립 · 운영에 관한 법률」에 따른 재단법인으로 한다.

제28조의2(평생교육기관의 평가 및 인증) ① 교육부장관은 평생교육기관의 신청에 따라 기관 및 교육과정의 운영을 평가하거나 인증할 수 있다.

② 교육부장관은 제1항에 따른 평가 또는 인증의 운영 · 관리에 관한 업무를 관련 전문기관에 위탁할 수 있다.

③ 교육부장관은 제2항에 따라 평가 또는 인증의 운영 · 관리를 위탁하였을 때에는 그에 드는 비용을 예산의 범위에서 지원할 수 있다.

④ 국가 또는 지방자치단체가 평생교육기관에 행정적 또는 재정적 지원을 하려는 경우에는 제1항에 따른 평가 또는 인증 결과를 활용할 수 있다.

⑤ 제1항부터 제4항까지에 따른 평가 또는 인증의 시행, 전문기관에의 위탁, 평가 또는 인증 결과의 활용 등에 필요한 사항은 대통령령으로 정한다.

[본조신설 2023. 4. 18.]

제29조(학교의 평생교육) ① 「초 · 중등교육법」 및 「고등교육법」에 따른 각급학교의 장은 평생교육을 실시하는 경우 평생교육의 이념에 따라 교육과정과 방법을 수요자 관점으로 개발 · 시행하도록 하며, 학교를 중심으로 공동체 및 지역문화 개발에 노력하여야 한다. 〈개정 2021. 3. 23.〉

② 각급학교의 장은 해당 학교의 교육여건을 고려하여 학생 · 학부모와 지역 주민의 요구에 부합하는 평생교육을 직접 실시하거나 지방자치단체 또는 민간에 위탁하여 실시할 수 있다. 다만, 영리를 목적으로 하는 법인 및 단체는 제외한다.

③ 제2항에 따른 학교의 평생교육을 실시하기 위하여 각급학교의 교실 · 도서관 · 체육관, 그 밖의 시설을 활용하여야 한다.

④ 제2항 및 제3항에 따라 학교의 장이 학교를 개방할 경우 개방시간 동안의 해당 시설의 관리 · 운영에 필요한 사항은 해당 지방자치단체의 조례로 정한다.

제29조의2(학점은행기관의 평생교육) ① 학점은행기관의 장은 교육부장관의 평가인정을 받은 학습과정 운영을 통하여 평생교육을 실시한다.

② 학점은행기관의 장은 제1항에 따른 학습과정을 운영함에 있어 그 질을 유지하거나 개선하기 위하여 노력하여야 한다.

[본조신설 2019. 12. 3.]

제30조(학교 부설 평생교육시설) ① 각급학교의 장은 학생·학부모와 지역 주민을 대상으로 교양의 증진 또는 직업교육을 위한 평생교육시설을 설치·운영할 수 있다. 평생교육시설을 설치하는 경우 각급학교의 장은 관할청에 보고하여야 한다.

② 대학의 장은 대학생 또는 대학생 외의 사람을 대상으로 자격취득을 위한 직업교육과정 등 다양한 평생교육과정을 운영할 수 있다. 〈개정 2021. 3. 23.〉

③ 각급학교의 시설은 다양한 평생교육을 실시하기에 편리한 형태의 구조와 설비를 갖추어야 한다.

제31조(학교형태의 평생교육시설) ① 학교형태의 평생교육시설을 설치·운영하고자 하는 자는 대통령령으로 정하는 시설·설비를 갖추어 교육감에게 등록하여야 한다.

② 교육감은 제1항에 따른 학교형태의 평생교육시설 중 일정 기준 이상의 요건을 갖춘 평생교육시설에 대하여는 이를 고등학교졸업 이하의 학력이 인정되는 시설로 지정할 수 있다. 다만, 제6항에 따라 지방자치단체로부터 지원받은 보조금을 목적 외 사용, 부당집행하였을 경우에는 그 지정을 취소할 수 있다. 〈개정 2015. 3. 27.〉

③ 제2항에 따른 학력인정 평생교육시설에는「초·중등교육법」제19조제1항의 교원을 둘 수 있다. 이 경우 교원의 복무·국내연수와 재교육에 관하여는 국·공립학교의 교원에 관한 규정을 준용한다.

④「초·중등교육법」제54조제4항에 따라 전공과를 설치·운영하는 고등기술학교는 교육부장관의 인가를 받아 전문대학졸업자와 동등한 학력·학위가 인정되는 평생교육시설로 전환·운영할 수 있다. 이 경우 전공대학의 명칭을 사용할 수 있다. 〈개정 2013. 3. 23.〉

⑤ 제2항에 따른 학력인정 평생교육시설의 지정 및 지정취소 기준·절차, 입학자격, 교원자격 등과 제4항에 따른 평생교육시설의 인가 기준·절차, 학사관리 등의 운영 방법 등에 필요한 사항은 대통령령으로 정한다. 〈개정 2015. 3. 27.〉

⑥ 지방자치단체는 해당 지방자치단체의 조례로 정하는 바에 따라 예산의 범위 내에서「초·중등교육법」제2조의 학교에 준하여 제2항에 따른 학력인정 평생교육시설에 필요한 보조금을 교부하거나 그 밖의 지원을 할 수 있다. 〈개정 2015. 3. 27.〉

⑦ 제2항 또는 제4항에 따라 학력인정 평생교육시설로 지정 또는 인가를 받은 자가 그 시설을 폐쇄하고자 하는 때에는 재학생 보호방안 등 대통령령으로 정하는 사항을 갖

추어 교육부장관 또는 시 · 도교육감의 인가를 받아야 한다. 〈개정 2023. 4. 18.〉

⑧ 제2항에 따른 학력인정 평생교육시설의 재산관리, 회계 및 교원 등의 신규채용에 관한 사항은 각각 「사립학교법」 제28조, 제29조 및 제53조의2제10항을 준용하고, 장학지도 및 학생의 학교생활기록 관리는 각각 「초 · 중등교육법」 제7조 및 제25조제1항을 준용하며, 보건 · 위생 · 학습환경 등에 관한 사항은 각각 「학교보건법」 제4조, 제9조, 제9조의2 및 제12조를 준용한다. 다만, 교비회계에 속하는 예산 · 결산 및 회계 업무는 교육부령으로 정하는 방식으로 처리하여야 한다. 〈신설 2015. 3. 27., 2023. 4. 18.〉

제32조(사내대학형태의 평생교육시설) ① 다음 각 호의 어느 하나에 해당하는 자는 교육부장관의 인가를 받아 전문대학 또는 대학졸업자와 동등한 학력 · 학위가 인정되는 평생교육시설을 설치 · 운영하거나 「고등교육법」 제2조에 따른 학교에 위탁하여 운영할 수 있다. 〈개정 2008. 2. 29., 2009. 5. 8., 2013. 3. 23., 2023. 4. 18.〉

1. 대통령령으로 정하는 규모 이상의 사업장(공동으로 참여하는 사업장도 포함한다)의 경영자

2. 「산업입지 및 개발에 관한 법률」에 따라 설립된 산업단지 입주기업의 연합체(이하 "산업단지 기업연합체"라 한다). 이 경우 산업단지 기업연합체는 제1호에서 대통령령으로 정하는 규모 이상이어야 한다.

3. 「산업발전법」 제12조제2항에 따라 구성된 산업부문별 인적자원개발협의체(이하 "산업별 협의체"라 한다). 이 경우 산업별 협의체는 제1호에서 대통령령으로 정하는 규모 이상이어야 한다.

② 제1항에 따른 사내대학형태의 평생교육시설은 다음 각 호의 어느 하나에 해당하는 사람을 대상으로 한다. 〈개정 2013. 12. 30., 2023. 4. 18.〉

1. 해당 사업장 또는 산업단지 기업연합체에 속한 사업장에 고용된 종업원

2. 해당 사업장 또는 산업단지 기업연합체에 속한 사업장에서 일하는 다른 업체의 종업원

3. 해당 사업장 또는 산업단지 기업연합체에 속한 사업장과 하도급 관계에 있는 업체 또는 부품 · 재료 공급 등을 통하여 해당 사업장 또는 산업단지 기업연합체에 속한 사업장과 협력관계에 있는 업체의 종업원

4. 해당 사업장 또는 산업단지 기업연합체에 속한 사업장과 동종 업종 또는 관련 분야에 속하는 업체의 종업원

5. 산업별 협의체의 해당 업종 또는 관련 분야에 속하는 업체의 종업원

③ 제1항에 따른 사내대학형태의 평생교육시설에서의 교육에 필요한 비용은 제2항 각 호에 해당하는 사람을 고용한 고용주가 부담하는 것을 원칙으로 한다. 〈신설 2013. 12. 30.〉

④ 제1항에 따른 사내대학형태의 평생교육시설의 설치기준·학점제등 운영에 필요한 사항은 대통령령으로 정한다. 〈개정 2013. 12. 30.〉

⑤ 제1항에 따른 사내대학형태의 평생교육시설을 폐쇄하고자 하는 경우에는 재학생 보호방안 등 대통령령으로 정하는 사항을 갖추어 교육부장관에게 신고하여야 한다. 〈개정 2008. 2. 29., 2013. 3. 23., 2013. 12. 30., 2023. 4. 18.〉

제33조(원격대학형태의 평생교육시설) ① 누구든지 정보통신매체를 이용하여 특정 또는 불특정 다수인에게 원격교육을 실시하거나 다양한 정보를 제공하는 등의 평생교육을 실시할 수 있다.

② 제1항에 따라 불특정 다수인을 대상으로 학습비를 받고 교육을 실시하고자 하는 경우(「학원의 설립·운영 및 과외교습에 관한 법률」 제2조의2제1항제1호의 학교교과교습학원에 해당하는 경우는 제외한다)에는 대통령령으로 정하는 바에 따라 교육감에게 신고하여야 한다. 이를 폐쇄하고자 하는 경우에는 그 사실을 교육감에게 통보하여야 한다. 〈개정 2008. 2. 29., 2011. 7. 25., 2013. 3. 23., 2013. 12. 30.〉

③ 제1항에 따라 전문대학 또는 대학졸업자와 동등한 학력·학위가 인정되는 원격대학형태의 평생교육시설을 설치하고자 하는 경우에는 대통령령으로 정하는 바에 따라 교육부장관의 인가를 받아야 한다. 이를 폐쇄하고자 하는 경우에는 교육부장관에게 신고하여야 한다. 〈개정 2008. 2. 29., 2013. 3. 23.〉

④ 교육부장관은 제3항에 따라 인가한 원격대학형태의 평생교육시설에 대하여는 평가를 실시하고 그 결과를 공개하여야 한다. 〈개정 2008. 2. 29., 2013. 3. 23.〉

⑤ 제3항에 따른 원격대학형태의 평생교육시설의 설치기준, 학사관리 등 운영방법과 제4항에 따른 평가에 필요한 사항은 대통령령으로 정한다.

⑥ 제28조제2항 각 호의 어느 하나에 해당하는 자는 원격대학형태의 평생교육시설의 설치자가 될 수 없다.

제34조(준용 규정) 제33조제3항에 따른 원격대학형태의 평생교육시설을 설치·운영하는 자와 그 시설에 대하여는 「사립학교법」 제28조·제29조·제31조·제70조를 준용한다.

제34조의2(평생교육시설의 공시대상정보 등) ① 제31조제2항에 따라 고등학교졸업 이하의 학력이 인정되는 시설로 지정된 평생교육시설의 장은 그 시설이 보유·관리하고 있는 다음 각 호의 정보를 매년 1회 이상 공시하여야 한다. 이 경우 그 평생교육시설의 장은

공시된 정보(이하 "공시정보"라 한다)를 시·도교육감에게 제출하여야 한다.

　1. 학교운영에 관한 규정

　2. 교육과정 편성 및 운영 등에 관한 사항

　3. 학년·학급당 학생 수 및 전·출입, 학업중단 등 학생변동 상황

　4. 교지(校地), 학교 건물 등 시설 현황에 관한 사항

　5. 직위·자격별 교원현황에 관한 사항

　6. 예·결산 내역 등 평생교육시설의 회계에 관한 사항

　7. 급식에 관한 사항

　8. 보건관리·환경위생 및 안전관리에 관한 사항

　9. 학생의 입학상황 및 졸업생의 진로에 관한 사항

　10. 제42조, 제42조의2, 제45조의2 및 제46조에 따른 행정처분, 지도·감독, 벌칙, 과태료 등에 관한 사항

　11. 그 밖에 교육여건 및 운영상태 등에 관한 사항

② 제31조제4항, 제32조, 제33조제3항에 따라 전문대학 또는 대학졸업자와 동등한 학력·학위가 인정되는 시설로 교육부장관의 인가를 받은 평생교육시설의 장은 그 시설이 보유·관리하고 있는 다음 각 호의 정보를 매년 1회 이상 공시하여야 한다. 이 경우 그 평생교육시설의 장은 공시정보를 교육부장관에게 제출하여야 한다.

　1. 학교운영에 관한 규정

　2. 교육과정 편성 및 운영 등에 관한 사항

　3. 학생의 선발방법 및 일정에 관한 사항

　4. 충원율, 재학생 수 등 학생현황에 관한 사항

　5. 졸업 후 진학 및 취업현황 등 학생의 진로에 관한 사항

　6. 전임교원 현황에 관한 사항

　7. 전임교원의 연구성과에 관한 사항

　8. 예·결산 내역 등 평생교육시설의 회계에 관한 사항

　9. 등록금 및 학생 1인당 교육비의 산정근거에 관한 사항

　10. 제42조, 제42조의2, 제45조의2 및 제46조에 따른 행정처분, 지도·감독, 벌칙, 과태료 등에 관한 사항

　11. 평생교육시설의 발전계획 및 특성화 계획

　12. 교원의 연구, 학생에 대한 교육 및 산학협력 현황

　13. 도서관 및 연구에 대한 지원 현황

14. 그 밖에 교육여건 및 운영상태 등에 관한 사항

③ 제1항 및 제2항에 따른 평생교육시설 외의 평생교육시설의 장은 그 시설이 보유·관리하고 있는 다음 각 호의 정보를 매년 1회 이상 공시하여야 한다. 이 경우 그 평생교육시설의 장은 공시정보를 교육부장관 또는 시·도교육감에게 제출하여야 한다.

1. 평생교육시설의 명칭

2. 평생교육시설의 주소 및 대표 전화번호

3. 교육과정

4. 교육과정별 정원

5. 교육과정별 교육기간 및 총 교육시간

6. 학습비

7. 평생교육시설 설립·운영자 명단, 강사 명단

④ 교육부장관 또는 시·도교육감은 제1항부터 제3항까지에 따른 공시정보의 확인을 위하여 해당 평생교육시설의 장에게 관련 자료의 제출을 요청할 수 있다. 이 경우 자료의 제출을 요청받은 평생교육시설의 장은 특별한 사유가 없으면 이에 따라야 한다.

⑤ 교육부장관 또는 시·도교육감은 이 법에서 공시하도록 정한 정보를 공시하지 아니하거나 거짓으로 공시하는 평생교육시설의 장에게 기간을 정하여 시정이나 변경을 명할 수 있다.

⑥ 교육부장관은 제1항부터 제3항까지에 따른 공시에 필요한 양식을 마련·보급하고, 공시정보를 수집 및 관리하여야 한다.

⑦ 교육부장관은 제6항의 공시정보를 수집·관리하기 위한 총괄 관리기관과 항목별 관리기관을 지정할 수 있다.

⑧ 그 밖에 공시정보의 구체적인 범위, 공시횟수, 그 시기 및 관련 자료의 제출 등에 필요한 사항은 대통령령으로 정한다.

[본조신설 2023. 4. 18.]

제35조(사업장 부설 평생교육시설) ① 대통령령으로 정하는 규모 이상 사업장의 경영자는 해당 사업장의 고객 등을 대상으로 하는 평생교육시설을 설치·운영할 수 있다.

② 제1항에 따른 사업장 부설 평생교육시설을 설치하고자 하는 자는 대통령령으로 정하는 바에 따라 교육감에게 신고하여야 한다. 이를 폐쇄하고자 하는 경우에는 그 사실을 교육감에게 통보하여야 한다.

제36조(시민사회단체 부설 평생교육시설) ① 시민사회단체는 상호 유기적인 협조체제를 구축하고 공공시설 및 민간시설 등 유휴시설을 활용하여 해당 시민사회단체의 목적에 부

합하는 평생교육과정을 운영하도록 노력하여야 한다.

② 대통령령으로 정하는 시민사회단체는 일반 시민을 대상으로 하는 평생교육시설을 설치·운영할 수 있다.

③ 제2항에 따른 시민사회단체 부설 평생교육시설을 설치하고자 하는 자는 대통령령으로 정하는 바에 따라 교육감에게 신고하여야 한다. 이를 폐쇄하고자 하는 경우에는 그 사실을 교육감에게 통보하여야 한다.

제37조(언론기관 부설 평생교육시설) ① 신문·방송 등 언론기관을 경영하는 자는 해당 언론 매체를 통하여 다양한 평생교육프로그램을 방영하는 등 국민의 평생교육진흥에 기여 하여야 한다.

② 대통령령으로 정하는 언론기관을 경영하는 자는 일반 국민을 대상으로 교양의 증진 과 능력향상을 위한 평생교육시설을 설치·운영할 수 있다.

③ 제2항에 따른 언론기관 부설 평생교육시설을 설치하고자 하는 자는 대통령령으로 정하는 바에 따라 교육감에게 신고하여야 한다. 이를 폐쇄하고자 하는 경우에는 그 사실을 교육감에게 통보하여야 한다.

제38조(지식·인력개발 관련 평생교육시설) ① 국가 및 지방자치단체는 지식정보의 제공과 교육훈련을 통한 인력개발을 주된 내용으로 하는 지식·인력개발사업을 진흥·육성하 여야 한다.

② 제1항에 따른 지식·인력개발사업을 경영하는 자 중 대통령령으로 정하는 자는 평 생교육시설을 설치·운영할 수 있다.

③ 제2항에 따른 지식·인력개발사업과 관련하여 평생교육시설을 설치하고자 하는 자 는 대통령령으로 정하는 바에 따라 교육감에게 신고하여야 한다. 이를 폐쇄하고자 하는 경우에는 그 사실을 교육감에게 통보하여야 한다.

제38조의2(평생교육시설의 변경인가·변경등록 등) ① 제20조의2, 제31조부터 제33조까지, 제35조부터 제38조까지의 규정에 따라 평생교육시설 인가를 받거나 등록·신고를 한 자가 인가 또는 등록·신고한 사항을 변경하고자 하는 때에는 대통령령으로 정하는 바 에 따라 변경인가를 받거나 변경등록·변경신고를 하여야 한다. 〈개정 2023. 4. 18.〉

② 제1항에 따른 변경인가 및 변경등록·변경신고의 방법·절차 등에 필요한 사항은 교육부령으로 정한다.

[본조신설 2013. 12. 30.]

제38조의3(신고 등의 처리절차) ① 교육부장관은 제32조제5항, 제33조제3항 후단에 따른 신 고를 받은 날부터 20일 이내에 신고수리 여부를 신고인에게 통지하여야 한다.

② 교육감은 제33조제2항 전단, 제35조제2항 전단, 제36조제3항 전단, 제37조제3항 전단 또는 제38조제3항 전단에 따른 신고를 받은 날부터 10일 이내에 신고수리 여부를 신고인에게 통지하여야 한다. 제38조의2제1항에 따라 제33조제2항 전단, 제35조제2항 전단, 제36조제3항 전단, 제37조제3항 전단 또는 제38조제3항 전단에 따른 신고사항에 관한 변경신고를 받은 경우에도 또한 같다.

③ 교육부장관 또는 교육감이 제1항 또는 제2항에서 정한 기간 내에 신고수리 여부 또는 민원 처리 관련 법령에 따른 처리기간의 연장 여부를 신고인에게 통지하지 아니하면 그 기간(민원 처리 관련 법령에 따라 처리기간이 연장 또는 재연장된 경우에는 해당 처리기간을 말한다)이 끝난 날의 다음 날에 신고를 수리한 것으로 본다.

[본조신설 2018. 12. 18.]

제6장 문해교육 〈개정 2014. 1. 28.〉

제39조(문해교육의 실시 등) ① 국가 및 지방자치단체는 성인의 사회생활에 필요한 문해능력 등 기초능력을 높이기 위하여 노력하여야 한다. 〈개정 2023. 4. 18.〉

② 교육감은 대통령령으로 정하는 바에 따라 관할 구역 안에 있는 초·중학교에 성인을 위한 문해교육 프로그램을 설치·운영하거나 지방자치단체·법인 등이 운영하는 문해교육 프로그램을 지정할 수 있다. 〈개정 2014. 1. 28.〉

③ 국가 및 지방자치단체는 문해교육 프로그램을 위하여 대통령령으로 정하는 바에 따라 우선하여 재정적 지원을 할 수 있다. 〈개정 2014. 1. 28.〉

[제목개정 2014. 1. 28.]

제39조의2(문해교육센터 설치 등) ① 국가는 문해교육의 활성화를 위하여 진흥원에 국가문해교육센터를 둔다.

② 시·도교육감 및 시·도지사는 시·도문해교육센터를 설치하거나 지정·운영할 수 있다.

③ 국가문해교육센터 및 시·도문해교육센터의 구성, 기능 및 운영, 그 밖에 필요한 사항은 대통령령으로 정한다.

[본조신설 2016. 2. 3.]

제40조(문해교육 프로그램의 교육과정 등) 제39조에 따라 설치 또는 지정된 문해교육 프로그램을 이수한 자에 대하여는 그에 상응하는 학력을 인정하되, 교육과정 편성 및 학력인정 절차 등에 필요한 사항은 대통령령으로 정한다. 〈개정 2014. 1. 28.〉

[제목개정 2014. 1. 28.]

제40조의2(문해교육종합정보시스템 구축·운영 등) ① 교육부장관은 문해교육의 효율적 지원을 위하여 문해교육종합정보시스템을 구축·운영할 수 있다.

② 교육부장관은 문해교육종합정보시스템 운영업무를 국가문해교육센터에 위탁할 수 있다.

③ 제1항에 따른 문해교육정보시스템의 구축·운영과 제2항에 따른 문해교육정보시스템 운영업무의 위탁 등에 필요한 사항은 대통령령으로 정한다.

[본조신설 2016. 2. 3.]

제7장 성인 진로교육 〈신설 2023. 6. 13.〉

제40조의3(성인 진로교육의 실시) 평생교육기관, 대학, 「진로교육법」 제15조에 따른 국가진로교육센터 및 같은 법 제16조에 따른 지역진로교육센터는 성인 진로교육을 실시할 수 있다.

[본조신설 2023. 6. 13.]

제8장 평생학습 결과의 관리·인정 〈개정 2023. 6. 13.〉

제41조(학점, 학력 등의 인정) ① 이 법에 따라 학력이 인정되는 평생교육과정 외에 이 법 또는 다른 법령의 규정에 따른 평생교육과정을 이수한 사람은 「학점인정 등에 관한 법률」로 정하는 바에 따라 학점 또는 학력을 인정받을 수 있다. 〈개정 2021. 3. 23.〉

② 다음 각 호의 어느 하나에 해당하는 사람은 「학점인정 등에 관한 법률」로 정하는 바에 따라 그에 상응하는 학점 또는 학력을 인정받을 수 있다. 〈개정 2015. 3. 27., 2021. 3. 23., 2023. 8. 8.〉

1. 각급학교 또는 평생교육시설에서 각종 교양과정 또는 자격취득에 필요한 과정을 이수한 사람

2. 산업체 등에서 일정한 교육을 받은 후 사내인정자격을 취득한 사람

3. 국가·지방자치단체·각급학교·산업체 또는 민간단체 등이 실시하는 능력측정검사를 통하여 자격을 인정받은 사람

4. 「무형유산의 보전 및 진흥에 관한 법률」에 따라 인정된 국가무형유산의 보유자와 그 전수교육을 받은 사람

5. 대통령령으로 정하는 시험에 합격한 사람

③ 각급학교 및 평생교육시설의 장은 학습자가 제31조에 따라 국내외의 각급학교·평생교육시설 및 평생교육기관으로부터 취득한 학점·학력 및 학위를 상호 인정할 수 있다.

제9장 보칙 〈개정 2023. 6. 13.〉

제42조(행정처분) ①교육부장관 또는 교육감은 평생교육시설의 설치자가 다음 각 호의 어느 하나에 해당하는 경우에는 그 시설의 설치인가 또는 등록을 취소하거나 평생교육과정을 폐쇄할 수 있고, 1년 이내의 기간을 정하여 평생교육과정의 전부 또는 일부에 대한 운영의 정지를 명할 수 있다. 다만, 제1호 및 제4호의 경우에는 그 인가 또는 등록을 취소하여야 한다. 〈개정 2008. 2. 29., 2013. 3. 23., 2013. 12. 30., 2015. 3. 27., 2023. 4. 18.〉

1. 거짓이나 그 밖의 부정한 방법으로 인가를 받거나 등록 또는 신고한 경우
2. 인가 또는 등록 시의 기준에 미달하게 된 경우
3. 평생교육시설을 부정한 방법으로 관리 · 운영한 경우
4. 제28조제2항 각 호의 어느 하나의 결격사유에 해당하는 경우
5. 제34조의2제5항에 따른 시정 또는 변경 명령을 받고도 정당한 사유 없이 지정된 기간 내에 이행하지 아니한 경우
6. 제38조의2를 위반하여 변경인가를 받지 아니하거나 변경등록 · 변경신고를 하지 아니하고 평생교육시설을 변경하여 운영한 경우

② 교육부장관 또는 교육감은 제1항에 따라 평생교육과정의 전부 또는 일부에 대한 운영의 정지를 명하기 전에 1개월 이상의 기간을 정하여 위반사항의 시정 및 개선을 명할 수 있다. 〈신설 2015. 3. 27.〉

③ 교육부장관이 제1항에 따라 전문대학 또는 대학졸업자와 동등한 학력 · 학위가 인정되는 평생교육시설의 인가를 취소하는 경우에 해당 시설의 장은 재학생 보호방안 등 대통령령으로 정하는 사항을 갖추어 교육부장관에게 제출하여야 한다. 〈신설 2023. 4. 18.〉

제42조의2(지도 · 감독) ① 교육부장관 또는 교육감은 이 법에 따라 설치 인가 · 지정을 하거나 등록 또는 신고를 받은 평생교육시설의 회계 관리 및 운영 실태 등을 지도 · 감독할 수 있다.

② 교육부장관 또는 교육감은 제1항에 따른 지도 · 감독을 위하여 필요하면 대통령령으로 정하는 바에 따라 해당 평생교육시설의 장에게 자료의 제출을 요구하거나 그 밖에 필요한 지시를 할 수 있다.

③ 교육부장관 및 지방자치단체의 장은 다음 각 호의 어느 하나에 해당하는 경우에는 소속 공무원으로 하여금 평생교육프로그램의 제공자 또는 관계인에게 장부 등 서류를 조사하게 할 수 있다. 〈신설 2021. 6. 8.〉

1. 평생교육이용권의 발급 및 사용의 적정성 여부 확인을 위하여 필요한 경우

2. 그 밖에 평생교육이용권 사업 수행을 위하여 필요한 경우로서 대통령령으로 정하는 경우

④ 제3항에 따라 조사를 하는 자는 그 권한을 표시하는 증표 및 조사기간, 조사범위, 조사담당자, 관계 법령 등 교육부령으로 정하는 사항이 기재된 서류를 지니고 이를 관계인에게 내보여야 한다. 〈신설 2021. 6. 8.〉

[본조신설 2015. 3. 27.]

제43조(청문) 교육부장관 또는 교육감은 다음 각 호의 어느 하나에 해당하는 처분을 하려는 경우에는 청문을 실시하여야 한다. 〈개정 2008. 2. 29., 2013. 3. 23., 2015. 3. 27., 2016. 5. 29.〉

1. 제24조의2에 따른 평생교육사 자격의 취소

2. 제42조제1항에 따른 인가 또는 등록의 취소

제44조(권한의 위임 및 위탁) ① 교육부장관은 이 법에 따른 권한의 일부를 대통령령으로 정하는 바에 따라 교육감에게 위임할 수 있다. 〈개정 2008. 2. 29., 2013. 3. 23., 2013. 5. 22.〉

② 교육부장관은 다음 각 호에 따른 업무의 전부 또는 일부를 대통령령으로 정하는 바에 따라 진흥원에 위탁할 수 있다. 〈신설 2013. 5. 22., 2021. 6. 8., 2023. 4. 18.〉

1. 제24조에 따른 평생교육사의 양성 및 평생교육사 자격증의 교부·재교부

2. 제25조에 따른 평생교육사 양성기관의 지정

3. 제16조의2 및 제16조의3에 따른 평생교육이용권의 발급 및 사용 관리

4. 제18조의2에 따른 평생교육 종합정보시스템의 구축·운영

5. 제30조제1항에 따라 「고등교육법」 제2조에 따른 학교의 장이 설치한 평생교육시설의 현황 관리

③ 교육감은 이 법에 따른 권한의 일부를 대통령령으로 정하는 바에 따라 소관 교육장에게 위임할 수 있다. 〈신설 2013. 5. 22.〉

[제목개정 2013. 5. 22.]

제45조(유사 명칭의 사용 금지) 이 법에 따른 진흥위원회·진흥원·평생교육협의회·평생학습관·평생학습센터·국가문해교육센터 및 시·도문해교육센터가 아니면 이와 비슷한 명칭을 사용하지 못한다. 〈개정 2014. 1. 28., 2016. 2. 3.〉

제45조의2(벌칙) 제31조제2항에 따른 학력인정 평생교육시설을 설치·운영하는 자가 다음 각 호의 어느 하나에 해당하는 경우에는 2년 이하의 징역 또는 2천만 원 이하의 벌금에 처한다.

1. 제31조제8항에 따라 준용되는 「사립학교법」 제28조를 위반한 경우

2. 제31조제8항에 따라 준용되는 「사립학교법」 제29조제6항을 위반한 경우

[본조신설 2015. 3. 27.]

제45조의3(벌칙) 다음 각 호의 어느 하나에 해당하는 자는 1년 이하의 징역 또는 1천만 원 이하의 벌금에 처한다. 〈개정 2021. 6. 8.〉

1. 거짓 또는 그 밖의 부정한 방법으로 평생교육이용권을 발급받거나 다른 사람으로 하여금 평생교육이용권을 발급받게 한 자

2. 제16조의3제3항을 위반하여 평생교육이용권을 판매·대여하거나 부정한 방법으로 사용한 자

3. 제24조제5항을 위반하여 자격증을 빌려주거나 빌린 사람 또는 이를 알선한 사람

[본조신설 2019. 12. 3.]

제46조(과태료) ① 다음 각 호의 어느 하나에 해당하는 자에게는 500만 원 이하의 과태료를 부과한다. 〈개정 2013. 12. 30., 2015. 3. 27., 2016. 2. 3., 2021. 3. 23., 2021. 6. 8.〉

1. 제16조의3제2항을 위반하여 정당한 사유 없이 평생교육 프로그램의 제공을 거부한 자

2. 제18조제2항을 위반하여 자료를 제출하지 아니하거나 거짓의 자료를 제출한 자

3. 제28조제4항을 위반하여 학습비 반환 등의 조치를 하지 아니한 자

4. 제32조제5항, 제33조제2항·제3항, 제35조제2항, 제36조제3항, 제37조제3항 및 제38조제3항에 따른 신고를 게을리한 자

5. 제42조제2항에 따른 명령을 위반한 평생교육시설 또는 설치자

6. 제45조를 위반하여 유사 명칭을 사용한 자

② 제1항에 따른 과태료는 대통령령으로 정하는 바에 따라 관할청이 부과·징수한다.

③ 삭제 〈2018. 12. 18.〉

④ 삭제 〈2018. 12. 18.〉

⑤ 삭제 〈2018. 12. 18.〉

부칙 〈제19588호, 2023. 8. 8.〉 (무형유산의 보전 및 진흥에 관한 법률)

제1조(시행일) 이 법은 2024년 5월 17일부터 시행한다.

제2조 부터 제6조까지 생략

제7조(다른 법률의 개정) ①부터 ⑤까지 생략

⑥ 평생교육법 일부를 다음과 같이 개정한다.

제41조제2항제4호 중 "「무형문화재 보전 및 진흥에 관한 법률」"을 "「무형유산의 보전 및 진흥에 관한 법률」"로, "국가무형문화재"를 "국가무형유산"으로 한다.

⑦ 생략

제8조 생략

「평생교육법」

신구조문대비표

「평생교육법」 [법률 제19431호, 2023. 6. 13., 일부개정]	「평생교육법」 [법률 제19588호, 2023. 8. 8., 타법개정]
제41조(학점, 학력 등의 인정) ① (생 략)	제41조(학점, 학력 등의 인정) ① (현행과 같음)
② 다음 각 호의 어느 하나에 해당하는 사람은 「학점인정 등에 관한 법률」로 정하는 바에 따라 그에 상응하는 학점 또는 학력을 인정받을 수 있다.	② 다음 각 호의 어느 하나에 해당하는 사람은 「학점인정 등에 관한 법률」로 정하는 바에 따라 그에 상응하는 학점 또는 학력을 인정받을 수 있다.
1. ~ 3. (생 략)	1. ~ 3. (현행과 같음)
4. 「무형문화재 보전 및 진흥에 관한 법률」에 따라 인정된 국가무형문화재의 보유자와 그 전수교육을 받은 사람	4. 「무형유산의 보전 및 진흥에 관한 법률」에 따라 인정된 국가무형유산의 보유자와 그 전수교육을 받은 사람
5. (생 략)	5. (현행과 같음)
③ (생 략)	③ (현행과 같음)

「평생교육법」 [법률 제19345호, 2023. 4. 18., 일부개정]	「평생교육법」 [법률 제19431호, 2023. 6. 13., 일부개정]
제2조(정의) 이 법에서 사용하는 용어의 정의는 다음과 같다.	제2조(정의) 이 법에서 사용하는 용어의 정의는 다음과 같다.
1. "평생교육"이란 학교의 정규교육과정을 제외한 학력보완교육, 성인 문해교육, 직업능력 향상교육, 인문교양교육, 문화예술교육, 시민참여교육 등을 포함하는 모든 형태의 조직적인 교육활동을 말한다.	1. "평생교육"이란 학교의 정규교육과정을 제외한 학력보완교육, 성인 문해교육, 직업능력 향상교육, 성인 진로개발역량 향상교육, 인문교양교육, 문화예술교육, 시민참여교육 등을 포함하는 모든 형태의 조직적인 교육활동을 말한다.
2. ~ 5. (생 략)	2. ~ 5. (현행과 같음)
〈신 설〉	6. "성인 진로개발역량 향상교육"(이하 "성인 진로교육"이라 한다)이란 성인이 자신에게 적합한 직업을 찾고 진로를 인식·탐색·준비·결정 및 관리할 수 있도록 진로수업·진로심리검사·진로상담·진로정보·진로체험 및 취업지원 등을 제공하는 활동을 말한다.

〈신 설〉	제40조의3(성인 진로교육의 실시) 평생교육기관, 대학, 「진로교육법」 제15조에 따른 국가진로교육센터 및 같은 법 제16조에 따른 지역진로교육센터는 성인 진로교육을 실시할 수 있다.

「평생교육법」 [법률 제18195호, 2021. 6. 8., 일부개정]	「평생교육법」 [법률 제19345호, 2023. 4. 18., 일부개정]
제2조(정의) 이 법에서 사용하는 용어의 정의는 다음과 같다.	**제2조(정의)** 이 법에서 사용하는 용어의 정의는 다음과 같다.
1. "평생교육"이란 학교의 정규교육과정을 제외한 학력보완교육, 성인 문자해득교육, 직업능력향상교육, 인문교양교육, 문화예술교육, 시민참여교육 등을 포함하는 모든 형태의 조직적인 교육활동을 말한다.	1. "평생교육"이란 학교의 정규교육과정을 제외한 학력보완교육, 성인 문해교육, 직업능력 향상교육, 인문교양교육, 문화예술교육, 시민참여교육 등을 포함하는 모든 형태의 조직적인 교육활동을 말한다.
2. (생 략)	2. (현행과 같음)
3. "문자해득교육"(이하 "문해교육"이라 한다)이란 일상생활을 영위하는 데 필요한 문자해득(文字解得)능력을 포함한 사회적 · 문화적으로 요청되는 기초생활능력 등을 갖출 수 있도록 하는 조직화된 교육프로그램을 말한다.	3. "문해교육"이란 일상생활을 영위하는 데 필요한 문자해득(文字解得) 능력을 포함한 사회적 · 문화적으로 요청되는 기초생활능력 등을 갖출 수 있도록 하는 조직화된 교육프로그램을 말한다.
4.·5. (생 략)	4.·5. (현행과 같음)
제3조(다른 법률과의 관계) (생 략) 〈신 설〉	**제3조(다른 법률과의 관계)** ① (현행과 같음) ② 평생교육에 관한 법률을 제정하거나 개정할 때에는 이 법의 목적 및 이념에 부합되도록 하여야 한다.
제10조(평생교육진흥위원회의 설치) ① (생 략)	**제10조(평생교육진흥위원회의 설치)** ① (현행과 같음)
② 진흥위원회는 다음 각 호의 사항을 심의한다.	② 진흥위원회는 다음 각 호의 사항을 심의한다.
1. (생 략)	1. (현행과 같음)
2. 평생교육진흥정책의 평가 및 제도개선에 관한 사항	2. 제11조제2항에 따른 추진실적 평가에 관한 사항
3. 평생교육지원 업무의 협력과 조정에 관한 사항	3. 평생교육진흥정책의 평가 및 제도개선에 관한 사항

4. 그 밖에 평생교육진흥정책을 위하여 대통령령으로 정하는 사항 〈신 설〉 ③ ~ ⑤ (생 략)	4. 평생교육지원 업무의 협력과 조정에 관한 사항 5. 그 밖에 평생교육진흥정책을 위하여 대통령령으로 정하는 사항 ③ ~ ⑤ (현행과 같음)
제11조(연도별 평생교육진흥시행계획의 수립ㆍ시행) 시ㆍ도지사는 기본계획에 따라 연도별 평생교육진흥시행계획(이하 "시행계획"이라 한다)을 수립ㆍ시행하여야 한다. 이 경우 시ㆍ도교육감과 협의하여야 한다.	제11조(연도별 평생교육진흥시행계획의 수립ㆍ시행) ① 관계 중앙행정기관의 장 및 시ㆍ도지사는 기본계획에 따라 연도별 평생교육진흥시행계획(이하 "시행계획"이라 한다)을 수립ㆍ시행하여야 한다. 이 경우 시ㆍ도지사는 시ㆍ도교육감과 협의하여야 한다. ② 관계 중앙행정기관의 장 및 시ㆍ도지사는 제1항에 따른 시행계획 및 그 추진실적을 대통령령으로 정하는 바에 따라 매년 교육부장관에게 제출하고, 교육부장관은 진흥위원회의 심의를 거쳐 매년 제출된 추진실적을 평가하여야 한다. ③ 교육부장관은 제2항에 따른 평가 결과를 관계 중앙행정기관의 장 및 시ㆍ도지사에게 통보하여야 한다. ④ 시행계획의 수립ㆍ시행 및 그 추진실적의 평가 등에 필요한 사항은 대통령령으로 정한다.
제15조(평생학습도시) ① 국가는 지역사회의 평생교육 활성화를 위하여 특별자치시, 시(「제주특별자치도 설치 및 국제자유도시 조성을 위한 특별법」 제10조제2항에 따른 행정시를 포함한다. 이하 이 조 및 제15조의2에서 같다)ㆍ군 및 자치구를 대상으로 평생학습도시를 지정 및 지원할 수 있다. 〈후단 신설〉 ②ㆍ③ (생 략) ④ 제1항에 따른 평생학습도시의 지정 및 지원에 필요한 사항은 교육부장관이 정한다.	**제15조(평생학습도시)** ① 국가는 지역사회의 평생교육 활성화를 위하여 특별자치시, 시(「제주특별자치도 설치 및 국제자유도시 조성을 위한 특별법」 제10조제2항에 따른 행정시를 포함한다. 이하 이 조 및 제15조의2에서 같다)ㆍ군 및 자치구를 대상으로 평생학습도시를 지정 및 지원할 수 있다. 이 경우 이미 지정된 평생학습도시에 대하여 평가를 거쳐 재지정 여부를 결정할 수 있다. ②ㆍ③ (현행과 같음) ④ 제1항에 따른 평생학습도시의 지정, 지원 및 평가 등에 필요한 사항은 교육부장관이 정한다.
제16조(경비보조 및 지원) ① 국가 및 지방자치단체는 이 법과 다른 법령으로 정하는 바에 따라 다음 각 호의 어느 하나에 해당하는 평생교육진흥사업을 실시 또는 지원할 수 있다.	**제16조(경비보조 및 지원)** ① 국가 및 지방자치단체는 이 법과 다른 법령으로 정하는 바에 따라 다음 각 호의 어느 하나에 해당하는 평생교육진흥사업을 실시 또는 지원할 수 있다.

1.·2. (생 략)	1.·2. (현행과 같음)
3. 평생교육프로그램의 개발	3. 평생교육프로그램의 개발(온라인 기반의 평생교육프로그램의 개발을 포함한다)
4. 제16조의2에 따른 평생교육이용권의 발급 등 국민의 평생교육의 참여에 따른 비용의 지원	4. 「초·중등교육법」 및 「고등교육법」에 따른 각급학교의 장의 평생교육과정의 운영
5. 그 밖에 국민의 평생교육 참여를 촉진하기 위하여 수행하는 사업 등	5. 제16조의2에 따른 평생교육이용권의 발급 등 국민의 평생교육의 참여에 따른 비용의 지원
〈신 설〉	6. 그 밖에 국민의 평생교육 참여를 촉진하기 위하여 수행하는 사업 등
② (생 략)	② (현행과 같음)
제19조(국가평생교육진흥원) ① ~ ③ (생 략)	**제19조(국가평생교육진흥원)** ① ~ ③ (현행과 같음)
④ 진흥원은 다음 각 호의 업무를 수행한다.	④ 진흥원은 다음 각 호의 업무를 수행한다.
1.·2. (생 략)	1.·2. (현행과 같음)
〈신 설〉	2의2. 평생교육진흥정책의 개발·발전을 위하여 필요한 연구
3. 평생교육프로그램 개발의 지원	3. 평생교육프로그램 개발(온라인 기반의 평생교육프로그램의 개발을 포함한다)의 지원
4. (생 략)	4. (현행과 같음)
5. 평생교육기관간 연계체제의 구축	5. 국내외 평생교육기관·단체 간 연계 및 협력체제의 구축
6. 제20조에 따른 시·도평생교육진흥원에 대한 지원	6. 제20조에 따른 시·도평생교육진흥원에 대한 지원 및 시·도평생교육진흥원과의 협력
7. ~ 9. (생 략)	7. ~ 9. (현행과 같음)
10. 그 밖에 진흥원의 목적수행을 위하여 필요한 사업	10. 문해교육의 관리·운영에 관한 사항
〈신 설〉	11. 정보화 및 온라인 기반 관련 평생교육의 관리·운영에 관한 사항
〈신 설〉	12. 이 법 또는 다른 법령에 따라 위탁받은 업무
〈신 설〉	13. 그 밖에 진흥원의 목적수행을 위하여 필요한 사업
⑤ ~ ⑧ (생 략)	⑤ ~ ⑧ (현행과 같음)

제20조(시·도평생교육진흥원의 운영) ① 시·도지사는 대통령령으로 정하는 바에 따라 시·노평생교육진흥원을 설치 또는 지정·운영할 수 있다.	**제20조**(시·도평생교육진흥원의 운영 등) ① 시·도지사는 대통령령으로 정하는 바에 따라 시·도평생교육진흥원을 설치 또는 지정·운영하여야 한다.
②시·도평생교육진흥원은 다음 각 호의 업무를 수행한다.	②시·도평생교육진흥원은 다음 각 호의 업무를 수행한다.
1. (생 략)	1. (현행과 같음)
2. 평생교육 상담	2. 평생교육 상담 및 컨설팅 지원
3. 평생교육프로그램 운영	3. 평생교육프로그램 운영 및 지원
3의2. 장애인 대상 평생교육프로그램 운영	3의2. 장애인 대상 평생교육프로그램 운영 및 지원
4.·5. (생 략)	4.·5. (현행과 같음)
6. 그 밖에 평생교육진흥을 위하여 시·도지사가 필요하다고 인정하는 사항	6. 해당 지역의 평생교육 진흥을 위한 조사·연구
〈신 설〉	7. 시행계획 수립의 지원
〈신 설〉	8. 평생교육 관계자의 역량강화 지원
〈신 설〉	9. 그 밖에 평생교육진흥을 위하여 시·도지사가 필요하다고 인정하는 사항
〈신 설〉	③ 제1항에 따른 시·도평생교육진흥원 간의 연계·정보교류 및 사업의 공동 추진을 위하여 전국시·도평생교육진흥원협의회를 둘 수 있다.
〈신 설〉	④ 제3항에 따른 전국시·도평생교육진흥원협의회의 구성·운영에 필요한 사항은 대통령령으로 정한다.
제20조의2(장애인평생교육시설 등의 설치) ① 국가·지방자치단체 및 시·도교육감은 관할 구역 안의 장애인을 대상으로 평생교육프로그램 운영과 평생교육 기회를 제공하기 위하여 장애인평생교육시설을 설치 또는 지정·운영할 수 있다. 〈후단 신설〉	**제20조의2(장애인평생교육시설 등의 설치)** ① 국가·지방자치단체 및 시·도교육감은 관할 구역 안의 장애인을 대상으로 평생교육프로그램 운영과 평생교육 기회를 제공하기 위하여 장애인평생교육시설을 설치 또는 지정·운영할 수 있다. 이 경우 대통령령으로 정하는 바에 따라 청각장애 등 장애 유형별 맞춤형 평생교육프로그램을 운영하여야 한다.
② (생 략)	② (현행과 같음)

③ 국가 및 지방자치단체는 장애인평생교육시설의 운영에 필요한 경비를 예산의 범위에서 지원할 수 있다.

〈신 설〉

〈신 설〉

③ 제2항에 따라 장애인평생교육시설을 등록한 자가 그 시설을 폐쇄하고자 하는 때에는 대통령령으로 정하는 사항을 갖추어 교육감에게 신고하여야 한다.

④ 국가 및 지방자치단체는 장애인평생교육시설의 운영에 필요한 경비를 예산의 범위에서 지원할 수 있다.

제20조의3(노인평생교육시설 설치 등) ① 국가 · 지방자치단체 및 시 · 도교육감은 관할 구역 안의 노인을 대상으로 평생교육프로그램 운영과 평생교육 기회를 제공하기 위하여 노인평생교육시설을 설치 또는 지정 · 운영할 수 있다.
② 평생교육기관은 노인의 평생교육 기회의 확대를 위하여 별도의 노인 평생교육과정을 설치 · 운영할 수 있다.
③ 지방자치단체는 노인평생교육시설의 운영에 필요한 경비를 예산의 범위에서 지원할 수 있다.

제21조(시 · 군 · 구평생학습관 등의 설치 · 운영 등) ① 시 · 도교육감은 관할 구역 안의 주민을 대상으로 평생교육프로그램 운영과 평생교육 기회를 제공하기 위하여 평생학습관을 설치 또는 지정 · 운영하여야 한다.

② 시장 · 군수 · 자치구의 구청장은 평생학습관의 설치 또는 재정적 지원 등 해당 지방자치단체의 평생교육을 진흥하기 위하여 필요한 사업을 실시할 수 있다.
③ · ④ (생 략)

제21조(시 · 군 · 구평생학습관 등의 설치 · 운영 등) ① 시 · 도교육감 및 시장 · 군수 · 자치구의 구청장은 관할 구역 안의 주민을 대상으로 평생교육프로그램 운영과 평생교육 기회를 제공하기 위하여 평생학습관을 설치 또는 지정 · 운영하여야 한다.

② 시 · 도교육감 및 시장 · 군수 · 자치구의 구청장은 평생학습관에 대한 재정적 지원 등 해당 지방자치단체의 평생교육을 진흥하기 위하여 필요한 사업을 실시할 수 있다.
③ · ④ (현행과 같음)

제21조의3(읍 · 면 · 동 평생학습센터의 운영) ① 시장 · 군수 · 자치구의 구청장은 읍 · 면 · 동별로 주민을 대상으로 하여 평생교육프로그램을 운영하고 상담을 제공하는 평생학습센터를 설치하거나 지정하여 운영할 수 있다.

② (생 략)

제21조의3(읍 · 면 · 동 평생학습센터의 운영) ① 시장 · 군수 · 자치구의 구청장은 읍 · 면 · 동별로 주민을 대상으로 하여 평생교육프로그램을 운영하고 상담을 제공하는 평생학습센터를 설치하거나 지정하여 운영하여야 한다.

② (현행과 같음)

〈신 설〉	제21조의4(자발적 학습모임의 지원 등) ① 지방자치단체는 지역사회 주민이 평생학습을 주된 목적으로 자발적으로 참여하는 모임(이하 "자발적 학습모임"이라 한다)의 활동을 지원할 수 있다. ② 지방자치단체는 자발적 학습모임이 창출한 성과를 활용하여 사회적 가치를 창출할 수 있도록 노력하여야 하고, 자발적 학습모임이 지역사회의 문제 해결에 참여할 수 있도록 지원하여야 한다.
제23조(학습계좌) ① · ② (생 략) ③ 교육부장관은 제2항에 따라 평가인정을 받은 학습과정을 설치 · 운영하는 평생교육기관이 다음 각 호의 어느 하나에 해당하면 그 평가인정을 취소할 수 있다. 다만, 제1호에 해당하는 경우에는 평가인정을 취소하여야 한다. ④ 교육부장관은 제3항제2호 및 제3호에 따라 평가인정을 취소하고자 할 경우에는 대통령령으로 정하는 기간과 절차에 따라 평생교육기관의 장에게 시정을 명하여야 한다. ⑤ 교육부장관은 제4항에 따라 시정명령을 하는 경우에는 평생교육기관의 장에게 시정명령을 받은 사실을 공표할 것을 명할 수 있다. ⑥ 교육부장관 및 지방자치단체의 장은 제16조의2에 따른 평생교육이용권으로 수강한 교육이력을 학습계좌를 통해 관리할 수 있다.	**제23조(학습계좌)** ① · ② (현행과 같음) ③ 교육부장관은 제2항에 따라 평가인정을 받은 학습과정의 이수결과를 학점이나 학력 또는 자격으로 인정할 수 있다. 이 경우 그 인정 절차 및 방식 등에 필요한 사항은 대통령령으로 정한다. ④ 교육부장관은 제2항에 따라 평가인정을 받은 학습과정을 설치 · 운영하는 평생교육기관이 다음 각 호의 어느 하나에 해당하면 그 평가인정을 취소할 수 있다. 다만, 제1호에 해당하는 경우에는 평가인정을 취소하여야 한다. 1. 거짓이나 그 밖의 부정한 방법으로 평가인정을 받은 경우 2. 제2항에 따라 평가인정 받은 내용을 위반하여 학습과정을 운영한 경우 3. 제2항에 따른 평가인정의 기준에 이르지 못하게 된 경우 ⑤ 교육부장관은 제4항제2호 및 제3호에 따라 평가인정을 취소하고자 할 경우에는 대통령령으로 정하는 기간과 절차에 따라 평생교육기관의 장에게 시정을 명하여야 한다. ⑥ 교육부장관은 제5항에 따라 시정명령을 하는 경우에는 평생교육기관의 장에게 시정명령을 받은 사실을 공표할 것을 명할 수 있다.

⑦ 교육부장관은 학습계좌의 운영을 위하여 필요한 경우에는 관계 행정기관등의 장에게 필요한 자료의 제공을 요청할 수 있다. 이 경우 자료의 제공을 요청받은 관계 행정기관등의 장은 특별한 사유가 없으면 이에 따라야 한다.	⑦ 교육부장관 및 지방자치단체의 장은 제16조의2에 따른 평생교육이용권으로 수강한 교육이력을 학습계좌를 통해 관리할 수 있다.
〈신 설〉	⑧ 교육부장관은 학습계좌의 운영을 위하여 필요한 경우에는 관계 행정기관등의 장에게 필요한 자료의 제공을 요청할 수 있다. 이 경우 자료의 제공을 요청받은 관계 행정기관등의 장은 특별한 사유가 없으면 이에 따라야 한다.
〈신 설〉	제26조의2(실태조사) ① 교육부장관은 평생교육사의 배치 현황, 보수 수준 및 지급 실태 등에 관하여 3년마다 조사하여야 한다. ② 제1항에 따른 조사의 방법과 내용 등에 필요한 사항은 대통령령으로 정한다.
〈신 설〉	제28조의2(평생교육기관의 평가 및 인증) ① 교육부장관은 평생교육기관의 신청에 따라 기관 및 교육과정의 운영을 평가하거나 인증할 수 있다. ② 교육부장관은 제1항에 따른 평가 또는 인증의 운영·관리에 관한 업무를 관련 전문기관에 위탁할 수 있다. ③ 교육부장관은 제2항에 따라 평가 또는 인증의 운영·관리를 위탁하였을 때에는 그에 드는 비용을 예산의 범위에서 지원할 수 있다. ④ 국가 또는 지방자치단체가 평생교육기관에 행정적 또는 재정적 지원을 하려는 경우에는 제1항에 따른 평가 또는 인증 결과를 활용할 수 있다. ⑤ 제1항부터 제4항까지에 따른 평가 또는 인증의 시행, 전문기관에의 위탁, 평가 또는 인증 결과의 활용 등에 필요한 사항은 대통령령으로 정한다.
제31조(학교형태의 평생교육시설) ① ~ ⑥ (생략)	**제31조(학교형태의 평생교육시설)** ① ~ ⑥ (현행과 같음)

⑦ 제2항에 따른 학력인정 평생교육시설로 지정을 받은 자가 그 시설을 폐쇄하고자 하는 때에는 재학생 처리방안 등 대통령령으로 정하는 사항을 갖추어 관할 교육감의 인가를 받아야 한다.

⑧ 제2항에 따른 학력인정 평생교육시설의 재산관리, 회계 및 교원 등의 신규채용에 관한 사항은 각각 「사립학교법」 제28조, 제29조 및 제53조의2제9항을 준용하고, 장학지도 및 학생의 학교생활기록 관리는 각각 「초·중등교육법」 제7조 및 제25조제1항을 준용한다. 다만, 교비회계에 속하는 예산·결산 및 회계 업무는 교육부령으로 정하는 방식으로 처리하여야 한다.

제32조(사내대학형태의 평생교육시설) ① 대통령령으로 정하는 규모 이상의 사업장(공동으로 참여하는 사업장도 포함한다)의 경영자는 교육부장관의 인가를 받아 전문대학 또는 대학졸업자와 동등한 학력·학위가 인정되는 평생교육시설을 설치·운영할 수 있다.

〈신 설〉

〈신 설〉

〈신 설〉

② 제1항에 따른 사내대학형태의 평생교육시설은 다음 각 호의 어느 하나에 해당하는 사람을 대상으로 한다.

---

⑦ 제2항 또는 제4항에 따라 학력인정 평생교육시설로 지정 또는 인가를 받은 자가 그 시설을 폐쇄하고자 하는 때에는 재학생 보호방안 등 대통령령으로 정하는 사항을 갖추어 교육부장관 또는 시·도교육감의 인가를 받아야 한다.

⑧ 제2항에 따른 학력인정 평생교육시설의 재산관리, 회계 및 교원 등의 신규채용에 관한 사항은 각각 「사립학교법」 제28조, 제29조 및 제53조의2제10항을 준용하고, 장학지도 및 학생의 학교생활기록 관리는 각각 「초·중등교육법」 제7조 및 제25조제1항을 준용하며, 보건·위생·학습환경 등에 관한 사항은 각각 「학교보건법」 제4조, 제9조, 제9조의2 및 제12조를 준용한다. 다만, 교비회계에 속하는 예산·결산 및 회계 업무는 교육부령으로 정하는 방식으로 처리하여야 한다.

제32조(사내대학형태의 평생교육시설) ① 다음 각 호의 어느 하나에 해당하는 자는 교육부장관의 인가를 받아 전문대학 또는 대학졸업자와 동등한 학력·학위가 인정되는 평생교육시설을 설치·운영하거나 「고등교육법」 제2조에 따른 학교에 위탁하여 운영할 수 있다.

1. 대통령령으로 정하는 규모 이상의 사업장(공동으로 참여하는 사업장도 포함한다)의 경영자

2. 「산업입지 및 개발에 관한 법률」에 따라 설립된 산업단지 입주기업의 연합체(이하 "산업단지 기업연합체"라 한다). 이 경우 산업단지 기업연합체는 제1호에서 대통령령으로 정하는 규모 이상이어야 한다.

3. 「산업발전법」 제12조제2항에 따라 구성된 산업부문별 인적자원개발협의체(이하 "산업별 협의체"라 한다). 이 경우 산업별 협의체는 제1호에서 대통령령으로 정하는 규모 이상이어야 한다.

② 제1항에 따른 사내대학형태의 평생교육시설은 다음 각 호의 어느 하나에 해당하는 사람을 대상으로 한다.

1. 해당 사업장에 고용된 종업원	1. 해당 사업장 또는 산업단지 기업연합체에 속한 사업장에 고용된 종업원
2. 해당 사업장에서 일하는 다른 업체의 종업원	2. 해당 사업장 또는 산업단지 기업연합체에 속한 사업장에서 일하는 다른 업체의 종업원
3. 해당 사업장과 하도급 관계에 있는 업체 또는 부품·재료 공급 등을 통하여 해당 사업장과 협력관계에 있는 업체의 종업원	3. 해당 사업장 또는 산업단지 기업연합체에 속한 사업장과 하도급 관계에 있는 업체 또는 부품·재료 공급 등을 통하여 해당 사업장 또는 산업단지 기업연합체에 속한 사업장과 협력관계에 있는 업체의 종업원
〈신 설〉	4. 해당 사업장 또는 산업단지 기업연합체에 속한 사업장과 동종 업종 또는 관련 분야에 속하는 업체의 종업원
〈신 설〉	5. 산업별 협의체의 해당 업종 또는 관련 분야에 속하는 업체의 종업원
③·④ (생 략)	③·④ (현행과 같음)
⑤ 제1항에 따른 사내대학형태의 평생교육시설을 폐쇄하고자 하는 경우에는 교육부장관에게 신고하여야 한다.	⑤ 제1항에 따른 사내대학형태의 평생교육시설을 폐쇄하고자 하는 경우에는 재학생 보호방안 등 대통령령으로 정하는 사항을 갖추어 교육부장관에게 신고하여야 한다.
〈신 설〉	제34조의2(평생교육시설의 공시대상정보 등) ① 제31조제2항에 따라 고등학교졸업 이하의 학력이 인정되는 시설로 지정된 평생교육시설의 장은 그 시설이 보유·관리하고 있는 다음 각 호의 정보를 매년 1회 이상 공시하여야 한다. 이 경우 그 평생교육시설의 장은 공시된 정보(이하 "공시정보"라 한다)를 시·도교육감에게 제출하여야 한다. 1. 학교운영에 관한 규정 2. 교육과정 편성 및 운영 등에 관한 사항 3. 학년·학급당 학생 수 및 전·출입, 학업중단 등 학생변동 상황 4. 교지(校地), 학교 건물 등 시설 현황에 관한 사항 5. 직위·자격별 교원현황에 관한 사항 6. 예·결산 내역 등 평생교육시설의 회계에 관한 사항

7. 급식에 관한 사항

8. 보건관리 · 환경위생 및 안전관리에 관한 사항

9. 학생의 입학상황 및 졸업생의 진로에 관한 사항

10. 제42조, 제42조의2, 제45조의2 및 제46조에 따른 행정처분, 지도 · 감독, 벌칙, 과태료 등에 관한 사항

11. 그 밖에 교육여건 및 운영상태 등에 관한 사항

② 제31조제4항, 제32조, 제33조제3항에 따라 전문대학 또는 대학졸업자와 동등한 학력 · 학위가 인정되는 시설로 교육부장관의 인가를 받은 평생교육시설의 장은 그 시설이 보유 · 관리하고 있는 다음 각 호의 정보를 매년 1회 이상 공시하여야 한다. 이 경우 그 평생교육시설의 장은 공시정보를 교육부장관에게 제출하여야 한다.

1. 학교운영에 관한 규정

2. 교육과정 편성 및 운영 등에 관한 사항

3. 학생의 선발방법 및 일정에 관한 사항

4. 충원율, 재학생 수 등 학생현황에 관한 사항

5. 졸업 후 진학 및 취업현황 등 학생의 진로에 관한 사항

6. 전임교원 현황에 관한 사항

7. 전임교원의 연구성과에 관한 사항

8. 예 · 결산 내역 등 평생교육시설의 회계에 관한 사항

9. 등록금 및 학생 1인당 교육비의 산정근거에 관한 사항

10. 제42조, 제42조의2, 제45조의2 및 제46조에 따른 행정처분, 지도 · 감독, 벌칙, 과태료 등에 관한 사항

11. 평생교육시설의 발전계획 및 특성화 계획

12. 교원의 연구, 학생에 대한 교육 및 산학협력 현황

13. 도서관 및 연구에 대한 지원 현황

14. 그 밖에 교육여건 및 운영상태 등에 관한 사항

③ 제1항 및 제2항에 따른 평생교육시설 외의 평생교육시설의 장은 그 시설이 보유 · 관리하고 있는 다음 각 호의 정보를 매년 1회 이상 공시하

여야 한다. 이 경우 그 평생교육시설의 장은 공시정보를 교육부장관 또는 시·도교육감에게 제출하여야 한다.

1. 평생교육시설의 명칭
2. 평생교육시설의 주소 및 대표 전화번호
3. 교육과정
4. 교육과정별 정원
5. 교육과정별 교육기간 및 총 교육시간
6. 학습비
7. 평생교육시설 설립·운영자 명단, 강사 명단

④ 교육부장관 또는 시·도교육감은 제1항부터 제3항까지에 따른 공시정보의 확인을 위하여 해당 평생교육시설의 장에게 관련 자료의 제출을 요청할 수 있다. 이 경우 자료의 제출을 요청받은 평생교육시설의 장은 특별한 사유가 없으면 이에 따라야 한다.

⑤ 교육부장관 또는 시·도교육감은 이 법에서 공시하도록 정한 정보를 공시하지 아니하거나 거짓으로 공시하는 평생교육시설의 장에게 기간을 정하여 시정이나 변경을 명할 수 있다.

⑥ 교육부장관은 제1항부터 제3항까지에 따른 공시에 필요한 양식을 마련·보급하고, 공시정보를 수집 및 관리하여야 한다.

⑦ 교육부장관은 제6항의 공시정보를 수집·관리하기 위한 총괄 관리기관과 항목별 관리기관을 지정할 수 있다.

⑧ 그 밖에 공시정보의 구체적인 범위, 공시횟수, 그 시기 및 관련 자료의 제출 등에 필요한 사항은 대통령령으로 정한다.

제38조의2(평생교육시설의 변경인가·변경등록 등) ① 제31조부터 제33조까지, 제35조부터 제38조까지의 규정에 따라 평생교육시설 인가를 받거나 등록·신고를 한 자가 인가 또는 등록·신고한 사항을 변경하고자 하는 때에는 대통령령으로 정하는 바에 따라 변경인가를 받거나 변경등록·변경신고를 하여야 한다. ② (생 략)	**제38조의2(평생교육시설의 변경인가·변경등록 등)** ① 제20조의2, 제31조부터 제33조까지, 제35조부터 제38조까지의 규정에 따라 평생교육시설 인가를 받거나 등록·신고를 한 자가 인가 또는 등록·신고한 사항을 변경하고자 하는 때에는 대통령령으로 정하는 바에 따라 변경인가를 받거나 변경등록·변경신고를 하여야 한다. ② (현행과 같음)

제39조(문해교육의 실시 등) ① 국가 및 지방자치단체는 성인의 사회생활에 필요한 문자해득능력 등 기초능력을 높이기 위하여 노력하여야 한다. ② · ③ (생 략)	**제39조(문해교육의 실시 등)** ① 국가 및 지방자치단체는 성인의 사회생활에 필요한 문해능력 등 기초능력을 높이기 위하여 노력하여야 한다. ② · ③ (현행과 같음)
제42조(행정처분) ①교육부장관 또는 교육감은 평생교육시설의 설치자가 다음 각 호의 어느 하나에 해당하는 경우에는 그 시설의 설치인가 또는 등록을 취소하거나 평생교육과정을 폐쇄할 수 있고, 1년 이내의 기간을 정하여 평생교육과정의 전부 또는 일부에 대한 운영의 정지를 명할 수 있다. 다만, 제1호 및 제4호의 경우에는 그 인가 또는 등록을 취소하여야 한다. 1. ~ 4. (생 략) 5. 제38조의2를 위반하여 변경인가를 받지 아니하거나 변경등록 · 변경신고를 하지 아니하고 평생교육시설을 변경하여 운영한 경우 〈신 설〉 ② (생 략) 〈신 설〉	**제42조(행정처분)** ①교육부장관 또는 교육감은 평생교육시설의 설치자가 다음 각 호의 어느 하나에 해당하는 경우에는 그 시설의 설치인가 또는 등록을 취소하거나 평생교육과정을 폐쇄할 수 있고, 1년 이내의 기간을 정하여 평생교육과정의 전부 또는 일부에 대한 운영의 정지를 명할 수 있다. 다만, 제1호 및 제4호의 경우에는 그 인가 또는 등록을 취소하여야 한다. 1. ~ 4. (현행과 같음) 5. 제34조의2제5항에 따른 시정 또는 변경 명령을 받고도 정당한 사유 없이 지정된 기간 내에 이행하지 아니한 경우 6. 제38조의2를 위반하여 변경인가를 받지 아니하거나 변경등록 · 변경신고를 하지 아니하고 평생교육시설을 변경하여 운영한 경우 ② (현행과 같음) ③ 교육부장관이 제1항에 따라 전문대학 또는 대학졸업자와 동등한 학력 · 학위가 인정되는 평생교육시설의 인가를 취소하는 경우에 해당 시설의 장은 재학생 보호방안 등 대통령령으로 정하는 사항을 갖추어 교육부장관에게 제출하여야 한다.
제44조(권한의 위임 및 위탁) ① (생 략) ② 교육부장관은 다음 각 호에 따른 업무의 전부 또는 일부를 대통령령으로 정하는 바에 따라 진흥원에 위탁할 수 있다. 1. ~ 4. (생 략) 〈신 설〉 ③ (생 략)	**제44조(권한의 위임 및 위탁)** ① (현행과 같음) ② 교육부장관은 다음 각 호에 따른 업무의 전부 또는 일부를 대통령령으로 정하는 바에 따라 진흥원에 위탁할 수 있다. 1. ~ 4. (현행과 같음) 5. 제30조제1항에 따라 「고등교육법」 제2조에 따른 학교의 장이 설치한 평생교육시설의 현황 관리 ③ (현행과 같음)

「평생교육법」 [법률 제17954호, 2021. 3. 23., 타법개정]	「평생교육법」 [법률 제18195호, 2021. 6. 8., 일부개정]
제1조(목적) 이 법은 「헌법」과 「교육기본법」에 규정된 평생교육의 진흥에 대한 국가 및 지방자치단체의 책임과 평생교육제도와 그 운영에 관한 기본적인 사항을 정함을 목적으로 한다.	**제1조(목적)** 이 법은 「헌법」과 「교육기본법」에 규정된 평생교육의 진흥에 대한 국가 및 지방자치단체의 책임과 평생교육제도와 그 운영에 관한 기본적인 사항을 정하고, 모든 국민이 평생에 걸쳐 학습하고 교육받을 수 있는 권리를 보장함으로써 모든 국민의 삶의 질 향상 및 행복 추구에 이바지함을 목적으로 한다.
제2조(정의) 이 법에서 사용하는 용어의 정의는 다음과 같다. 1. ～ 3. (생 략) 〈신 설〉 〈신 설〉	**제2조(정의)** 이 법에서 사용하는 용어의 정의는 다음과 같다. 1. ～ 3. (현행과 같음) 4. "평생교육사업"이란 국가 및 지방자치단체가 국민과 주민의 평생교육을 위하여 예산 또는 기금으로 조직적인 교육활동을 직·간접적으로 지원하는 사업을 말한다. 5. "평생교육이용권"이란 평생교육프로그램을 이용할 수 있도록 금액이 기재(전자적 또는 자기적 방법에 따른 기록을 포함한다)된 증표를 말한다.
제5조(국가 및 지방자치단체의 임무) ① 국가 및 지방자치단체는 모든 국민에게 평생교육 기회가 부여될 수 있도록 평생교육진흥정책을 수립·추진하여야 한다. ② ～ ④ (생 략) 〈신 설〉	**제5조(국가 및 지방자치단체의 임무)** ① 국가 및 지방자치단체는 모든 국민에게 평생교육 기회가 부여될 수 있도록 평생교육진흥정책과 평생교육사업을 수립·추진하여야 한다. ② ～ ④ (현행과 같음) ⑤ 국가 및 지방자치단체는 모든 국민이 여건과 수요에 적합한 평생교육을 선택하고 참여할 수 있도록 관련 정보를 제공하고 상담 등 지원 활동을 하여야 한다.
제9조(평생교육진흥기본계획의 수립) ①·② (생략) ③ 교육부장관은 기본계획을 관계 중앙행정기관의 장, 특별시장·광역시장·도지사·특별자치도지사(이하 "시·도지사"라 한다), 시·도교육감 및 시장·군수·자치구의 구청장에게 통보하여야 한다.	**제9조(평생교육진흥기본계획의 수립)** ①·② (현행과 같음) ③ 교육부장관은 기본계획을 관계 중앙행정기관의 장, 특별시장·광역시장·특별자치시장·도지사·특별자치도지사(이하 "시·도지사"라 한다), 시·도교육감 및 시장·군수·자치구의 구청장에게 통보하여야 한다.

〈신 설〉	제9조의2(평생교육사업에 대한 조사·분석 등) ① 교육부장관은 매년 국가 및 지방자치단체에서 추진하는 평생교육사업에 대한 조사·분석(이하 "분석등"이라 한다)을 하여야 한다. ② 교육부장관은 평생교육사업의 분석등을 하기 위하여 관계 중앙행정기관, 지방자치단체, 관련 교육·훈련기관 및 평생교육사업에 참여하는 법인이나 단체에 필요한 자료의 제출을 요구할 수 있다. 이 경우 자료 제출을 요구받은 기관·법인 또는 단체는 특별한 사유가 없으면 이에 따라야 한다. ③ 교육부장관은 제1항에 따른 분석등의 결과를 관계 중앙행정기관의 장과 지방자치단체의 장에게 통보하고, 제10조의 평생교육진흥위원회에 제출하여야 한다.
제15조(평생학습도시) ① 국가는 지역사회의 평생교육 활성화를 위하여 시·군 및 자치구를 대상으로 평생학습도시를 지정 및 지원할 수 있다.	**제15조(평생학습도시)** ① 국가는 지역사회의 평생교육 활성화를 위하여 특별자치시, 시(「제주특별자치도 설치 및 국제자유도시 조성을 위한 특별법」 제10조제2항에 따른 행정시를 포함한다. 이하 이 조 및 제15조의2에서 같다)·군 및 자치구를 대상으로 평생학습도시를 지정 및 지원할 수 있다.
② ~ ④ (생 략)	② ~ ④ (현행과 같음)
〈신 설〉	제15조의2(장애인 평생학습도시) ① 국가는 장애인의 평생교육 활성화를 위하여 특별자치시, 시·군 및 자치구를 대상으로 장애인 평생학습도시를 지정 및 지원할 수 있다. ② 제1항에 따른 장애인 평생학습도시 간의 연계·협력 및 정보교류의 증진을 위하여 전국장애인평생학습도시협의회를 둘 수 있다. ③ 제2항에 따른 전국장애인평생학습도시협의회의 구성·운영에 필요한 사항은 대통령령으로 정한다. ④ 제1항에 따른 장애인 평생학습도시의 지정 및 지원에 필요한 사항은 교육부장관이 정한다. ⑤ 국가는 장애인 평생학습도시의 활성화를 위하여 관계 중앙행정기관 및 유관기관 등이 참여하는 협의체를 구성·운영할 수 있으며, 협의체의 구성 및 운영에 필요한 사항은 대통령령으로 정한다.

제16조(경비보조 및 지원) ① 국가 및 지방자치단체는 이 법과 다른 법령으로 정하는 바에 따라 다음 각 호의 어느 하나에 해당하는 평생교육진흥사업을 실시 또는 지원할 수 있다.	**제16조(경비보조 및 지원)** ① 국가 및 지방자치단체는 이 법과 다른 법령으로 정하는 바에 따라 다음 각 호의 어느 하나에 해당하는 평생교육진흥사업을 실시 또는 지원할 수 있다.
1. ~ 3. (생 략)	1. ~ 3. (현행과 같음)
4. 그 밖에 국민의 평생교육 참여를 촉진하기 위하여 수행하는 사업 등	4. 제16조의2에 따른 평생교육이용권의 발급 등 국민의 평생교육의 참여에 따른 비용의 지원
〈신 설〉	5. 그 밖에 국민의 평생교육 참여를 촉진하기 위하여 수행하는 사업 등
② (생 략)	② (현행과 같음)
〈신 설〉	제16조의2(평생교육이용권의 발급 등) ① 국가 및 지방자치단체는 모든 국민에게 평생교육의 기회를 제공할 수 있도록 신청을 받아 평생교육이용권을 발급할 수 있다. ② 교육부장관은 평생교육소외계층에게 우선적으로 평생교육이용권을 발급할 수 있도록 대통령령으로 신청자의 요건을 정할 수 있다. ③ 국가 및 지방자치단체는 평생교육이용권의 수급자 선정 및 수급자격 유지에 관한 사항을 확인하기 위하여 가족관계 증명·국세 및 지방세 등에 관한 자료 등 대통령령으로 정하는 자료의 제공을 당사자의 동의를 받아 관계 중앙행정기관의 장 또는 지방자치단체의 장에게 요청할 수 있다. 이 경우 요청을 받은 자는 특별한 사유가 없으면 이에 따라야 한다. ④ 국가 및 지방자치단체는 제3항에 따른 자료의 확인을 위하여 「사회보장기본법」 제37조에 따른 사회보장정보시스템을 연계하여 사용할 수 있다. ⑤ 지방자치단체는 평생교육이용권의 발급, 정보시스템의 구축·운영 등 평생교육이용권 업무의 효율적 수행을 위하여 대통령령으로 정하는 바에 따라 전담기관을 지정할 수 있다. ⑥ 그 밖에 평생교육이용권 발급에 필요한 사항은 대통령령으로 정한다.

〈신 설〉	제16조의3(평생교육이용권의 사용 등) ① 평생교육이용권을 발급받은 사람(이하 이 조에서 "이용자"라 한다)은 평생교육프로그램을 제공하는 자에게 평생교육이용권을 제시하고 평생교육을 제공받을 수 있다. ② 제1항에 따라 평생교육이용권을 제시받은 자는 정당한 사유 없이 평생교육프로그램의 제공을 거부할 수 없다. ③ 누구든지 평생교육이용권을 판매·대여하거나 부정한 방법으로 사용하여서는 아니 된다. ④ 국가 및 지방자치단체는 이용자가 평생교육이용권을 판매·대여하거나 부정한 방법으로 사용한 경우에는 그 평생교육이용권을 회수하거나 평생교육이용권 기재금액에 상당하는 금액의 전부 또는 일부를 환수할 수 있다. ⑤ 그 밖에 평생교육이용권의 사용, 회수 및 환수 등에 필요한 사항은 대통령령으로 정한다.
제18조(평생교육 통계조사 등) ① · ② (생 략)	**제18조(평생교육 통계조사 등)** ① · ② (현행과 같음)
〈신 설〉	③ 교육부장관은 평생교육 통계조사의 정확성 제고 및 조사업무 경감을 위하여 관련 자료를 보유한 중앙행정기관의 장, 지방자치단체의 장 및 「공공기관의 운영에 관한 법률」에 따른 공공기관의 장 등 관계 기관의 장(이하 "관계 행정기관 등의 장"이라 한다)에게 자료 간 연계를 요청할 수 있다. 이 경우 자료 간 연계를 요청받은 관계 행정기관등의 장은 특별한 사유가 없으면 이에 따라야 한다.
〈신 설〉	④ 교육부장관은 평생교육 통계조사에 의하여 수집된 자료를 이용하고자 하는 자에게 이를 제공할 수 있다. 이 경우 특정의 개인이나 법인 또는 단체를 식별할 수 없는 형태로 자료를 제공하여야 한다.
〈신 설〉	⑤ 교육부장관은 평생교육 통계조사 등의 업무를 위하여 대통령령으로 정하는 바에 따라 국가평생교육통계센터를 지정하여 그 업무를 위탁할 수 있다. 이 경우 교육부장관은 위탁받은 업무 수행에 필요한 경비를 지원할 수 있다.

〈신 설〉	제18조의2(평생교육 종합정보시스템의 구축·운영 등) ① 교육부장관은 평생교육 관련 정보를 체계적·효율적으로 관리하고 국민의 평생교육 참여 확대를 위하여 평생교육 종합정보시스템을 구축·운영할 수 있다. ② 교육부장관은 평생교육 종합정보시스템의 구축·운영을 위하여 필요한 경우에는 관계 행정기관등의 장에게 필요한 자료의 제공을 요청할 수 있다. 이 경우 자료의 제공을 요청받은 관계 행정기관등의 장은 특별한 사유가 없으면 이에 따라야 한다. ③ 제1항 및 제2항에 따른 정보의 범위와 내용, 평생교육종합정보시스템의 구축·운영에 필요한 사항은 대통령령으로 정한다.
제19조(국가평생교육진흥원) ① ~ ③ (생 략) ④ 진흥원은 다음 각 호의 업무를 수행한다. 1. ~ 6. (생 략) 7. 평생교육 종합정보시스템 구축·운영 8. ~ 10. (생 략) ⑤ ~ ⑧ (생 략)	**제19조(국가평생교육진흥원)** ① ~ ③ (현행과 같음) ④ 진흥원은 다음 각 호의 업무를 수행한다. 1. ~ 6. (현행과 같음) 〈삭 제〉 8. ~ 10. (현행과 같음) ⑤ ~ ⑧ (현행과 같음)
제20조(시·도평생교육진흥원의 운영) ① (생 략) ②시·도평생교육진흥원은 다음 각 호의 업무를 수행한다. 1. ~ 4. (생 략) 5. 그 밖에 평생교육진흥을 위하여 시·도지사가 필요하다고 인정하는 사항 〈신 설〉	**제20조(시·도평생교육진흥원의 운영)** ① (현행과 같음) ②시·도평생교육진흥원은 다음 각 호의 업무를 수행한다. 1. ~ 4. (현행과 같음) 5. 국가 및 시·군·구 간 협력·연계 6. 그 밖에 평생교육진흥을 위하여 시·도지사가 필요하다고 인정하는 사항
제23조(학습계좌) ① ~ ⑤ (생 략) 〈신 설〉	**제23조(학습계좌)** ① ~ ⑤ (현행과 같음) ⑥ 교육부장관 및 지방자치단체의 장은 제16조의2에 따른 평생교육이용권으로 수강한 교육이력을 학습계좌를 통해 관리할 수 있다.

〈신 설〉	⑦ 교육부장관은 학습계좌의 운영을 위하여 필요한 경우에는 관계 행정기관등의 장에게 필요한 자료의 제공을 요청할 수 있다. 이 경우 자료의 제공을 요청받은 관계 행정기관등의 장은 특별한 사유가 없으면 이에 따라야 한다.
제28조(평생교육기관의 설치자) ① · ② (생 략) ③ 제2조제2호가목에 따른 평생교육기관의 설치자는 특별시 · 광역시 · 도 · 특별자치도(이하 "시 · 도"라 한다)의 조례로 정하는 바에 따라 평생교육시설의 운영과 관련하여 그 시설의 이용자에게 발생한 생명 · 신체상의 손해를 배상할 것을 내용으로 하는 보험가입 또는 공제사업에의 가입 등 필요한 안전조치를 하여야 한다. ④ · ⑤ (생 략)	**제28조(평생교육기관의 설치자)** ① · ② (현행과 같음) ③ 제2조제2호가목에 따른 평생교육기관의 설치자는 특별시 · 광역시 · 특별자치시 · 도 · 특별자치도(이하 "시 · 도"라 한다)의 조례로 정하는 바에 따라 평생교육시설의 운영과 관련하여 그 시설의 이용자에게 발생한 생명 · 신체상의 손해를 배상할 것을 내용으로 하는 보험가입 또는 공제사업에의 가입 등 필요한 안전조치를 하여야 한다. ④ · ⑤ (현행과 같음)
제42조의2(지도 · 감독) ① · ② (생 략) 〈신 설〉 〈신 설〉	**제42조의2(지도 · 감독)** ① · ② (현행과 같음) ③ 교육부장관 및 지방자치단체의 장은 다음 각 호의 어느 하나에 해당하는 경우에는 소속 공무원으로 하여금 평생교육프로그램의 제공자 또는 관계인에게 장부 등 서류를 조사하게 할 수 있다. 1. 평생교육이용권의 발급 및 사용의 적정성 여부 확인을 위하여 필요한 경우 2. 그 밖에 평생교육이용권 사업 수행을 위하여 필요한 경우로서 대통령령으로 정하는 경우 ④ 제3항에 따라 조사를 하는 자는 그 권한을 표시하는 증표 및 조사기간, 조사범위, 조사담당자, 관계 법령 등 교육부령으로 정하는 사항이 기재된 서류를 지니고 이를 관계인에게 내보여야 한다.
제44조(권한의 위임 및 위탁) ① (생 략) ② 교육부장관은 다음 각 호에 따른 업무의 전부 또는 일부를 대통령령으로 정하는 바에 따라 진흥원에 위탁할 수 있다.	**제44조(권한의 위임 및 위탁)** ① (현행과 같음) ② 교육부장관은 다음 각 호에 따른 업무의 전부 또는 일부를 대통령령으로 정하는 바에 따라 진흥원에 위탁할 수 있다.

1. · 2. (생 략)	1. · 2. (현행과 같음)
〈신 설〉	3. 제16조의2 및 제16조의3에 따른 평생교육이용권의 발급 및 사용 관리
〈신 설〉	4. 제18조의2에 따른 평생교육 종합정보시스템의 구축 · 운영
③ (생 략)	③ (현행과 같음)
제45조의3(벌칙) 제24조제5항을 위반하여 자격증을 빌려주거나 빌린 사람 또는 이를 알선한 사람은 1년 이하의 징역 또는 1천만원 이하의 벌금에 처한다.	**제45조의3(벌칙)** 다음 각 호의 어느 하나에 해당하는 자는 1년 이하의 징역 또는 1천만원 이하의 벌금에 처한다.
〈신 설〉	1. 거짓 또는 그 밖의 부정한 방법으로 평생교육이용권을 발급받거나 다른 사람으로 하여금 평생교육이용권을 발급받게 한 자
〈신 설〉	2. 제16조의3제3항을 위반하여 평생교육이용권을 판매 · 대여하거나 부정한 방법으로 사용한 자
〈신 설〉	3. 제24조제5항을 위반하여 자격증을 빌려주거나 빌린 사람 또는 이를 알선한 사람
제46조(과태료) ① 다음 각 호의 어느 하나에 해당하는 자에게는 500만원 이하의 과태료를 부과한다.	**제46조(과태료)** ① 다음 각 호의 어느 하나에 해당하는 자에게는 500만원 이하의 과태료를 부과한다.
1. 제18조제2항을 위반하여 자료를 제출하지 아니하거나 거짓의 자료를 제출한 자	1. 제16조의3제2항을 위반하여 정당한 사유 없이 평생교육 프로그램의 제공을 거부한 자
2. 제32조제5항, 제33조제2항 · 제3항, 제35조제2항, 제36조제3항, 제37조제3항 및 제38조제3항에 따른 신고를 게을리한 자	2. 제18조제2항을 위반하여 자료를 제출하지 아니하거나 거짓의 자료를 제출한 자
3. 제42조제2항에 따른 명령을 위반한 평생교육시설 또는 설치자	3. 제28조제4항을 위반하여 학습비 반환 등의 조치를 하지 아니한 자
4. 제45조를 위반하여 유사 명칭을 사용한 자	4. 제32조제5항, 제33조제2항 · 제3항, 제35조제2항, 제36조제3항, 제37조제3항 및 제38조제3항에 따른 신고를 게을리한 자
〈신 설〉	5. 제42조제2항에 따른 명령을 위반한 평생교육시설 또는 설치자
〈신 설〉	6. 제45조를 위반하여 유사 명칭을 사용한 자
② ~ ⑤ (생 략)	② ~ ⑤ (현행과 같음)

「평생교육법」 [법률 제16677호, 2019. 12. 3., 일부개정]	「평생교육법」 [법률 제17954호, 2021. 3. 23., 타법개정]
제7조(공공시설의 이용) ① (생 략)	**제7조(공공시설의 이용)** ① (현행과 같음)
② 제1항의 경우 공공시설의 관리자는 특별한 사유가 없는 한 그 이용을 허용하여야 한다.	② 제1항의 경우 공공시설의 관리자는 특별한 사유가 없으면 그 이용을 허용하여야 한다.
제10조(평생교육진흥위원회의 설치) ① ~ ③ (생 략)	**제10조(평생교육진흥위원회의 설치)** ① ~ ③ (현행과 같음)
④ 진흥위원회의 위원장은 교육부장관으로 하고, 위원은 평생교육과 관련된 관계 부처 차관, 평생교육·장애인교육과 관련된 전문가 등 평생교육에 관한 전문지식 및 경험이 풍부한 자 중에서 위원장이 위촉한다.	④ 진흥위원회의 위원장은 교육부장관으로 하고, 위원은 평생교육과 관련된 관계 부처 차관, 평생교육·장애인교육과 관련된 전문가 등 평생교육에 관한 전문지식 및 경험이 풍부한 사람 중에서 위원장이 위촉한다.
⑤ (생 략)	⑤ (현행과 같음)
제12조(시·도평생교육협의회) ① ~ ③ (생 략)	**제12조(시·도평생교육협의회)** ① ~ ③ (현행과 같음)
④ 시·도협의회 위원은 관계 공무원, 평생교육과 관련된 전문가, 장애인 평생교육 전문가, 평생교육 관계 기관의 운영자 등 평생교육에 관한 전문지식 및 경험이 풍부한 자 중에서 해당 시·도의 교육감과 협의하여 의장이 위촉한다.	④ 시·도협의회 위원은 관계 공무원, 평생교육과 관련된 전문가, 장애인 평생교육 전문가, 평생교육 관계 기관의 운영자 등 평생교육에 관한 전문지식 및 경험이 풍부한 사람 중에서 해당 시·도의 교육감과 협의하여 의장이 위촉한다.
⑤ (생 략)	⑤ (현행과 같음)
제13조(관계 행정기관의 장 등의 협조) ①·② (생 략)	**제13조(관계 행정기관의 장 등의 협조)** ①·② (현행과 같음)
③ 제1항 및 제2항에 따라 자료를 요청 받은 기관 또는 단체의 장은 특별한 사정이 없는 한 협조하여야 한다.	③ 제1항 및 제2항에 따라 자료를 요청 받은 기관 또는 단체의 장은 특별한 사정이 없으면 협조하여야 한다.
제17조(지도 및 지원) ① (생 략)	**제17조(지도 및 지원)** ① (현행과 같음)
② 국가 및 지방자치단체는 평생교육기관의 요청이 있는 때에는 그 기관에서 평생교육활동에 종사하는 자의 능력향상에 필요한 연수를 실시할 수 있다.	② 국가 및 지방자치단체는 평생교육기관의 요청이 있는 때에는 그 기관에서 평생교육활동에 종사하는 사람의 능력향상에 필요한 연수를 실시할 수 있다.
제24조(평생교육사) ① 교육부장관은 평생교육 전문인력을 양성하기 위하여 다음 각 호의 어느 하나에 해당하는 자에게 평생교육사의 자격을 부여하며, 자격을 부여받은 사람에게는 자격증을 발급하여야 한다.	**제24조(평생교육사)** ① 교육부장관은 평생교육 전문인력을 양성하기 위하여 다음 각 호의 어느 하나에 해당하는 사람에게 평생교육사의 자격을 부여하며, 자격을 부여받은 사람에게는 자격증을 발급하여야 한다.

1. 「고등교육법」 제2조에 따른 학교(이하 "대학"이라 한다) 또는 이와 동등 이상의 학력이 있다고 인정되는 기관에서 교육부령으로 정하는 평생교육 관련 교과목을 일정 학점 이상 이수하고 학위를 취득한 자

2. 「학점인정 등에 관한 법률」 제3조제1항에 따라 평가인정을 받은 학습과정을 운영하는 교육훈련기관(이하 "학점은행기관"이라 한다)에서 교육부령으로 정하는 평생교육 관련 교과목을 일정 학점 이상 이수하고 학위를 취득한 자

3. 대학을 졸업한 자 또는 이와 동등 이상의 학력이 있다고 인정되는 자로서 대학 또는 이와 동등 이상의 학력이 있다고 인정되는 기관, 제25조에 따른 평생교육사 양성기관, 학점은행기관에서 교육부령으로 정하는 평생교육 관련 교과목을 일정 학점 이상 이수한 자

4. 그 밖에 대통령령으로 정하는 자격요건을 갖춘 자

② (생 략)

③ 다음 각 호의 어느 하나에 해당하는 자는 평생교육사가 될 수 없다.

1. · 2. (생 략)

④ · ⑤ (생 략)

⑥ 교육부장관은 제1항에 따른 평생교육사의 자격증을 교부 또는 재교부 받으려는 자에게 교육부령으로 정하는 바에 따라 수수료를 받을 수 있다.

제26조(평생교육사의 배치 및 채용) ① (생 략)

② 「유아교육법」, 「초·중등교육법」 및 「고등교육법」에 따른 유치원 및 학교의 장은 평생교육 프로그램을 운영함에 있어서 필요한 경우에 평생교육사를 채용할 수 있다.

③ · ④ (생 략)

---

1. 「고등교육법」 제2조에 따른 학교(이하 "대학"이라 한다) 또는 이와 같은 수준 이상의 학력이 있다고 인정되는 기관에서 교육부령으로 정하는 평생교육 관련 교과목을 일정 학점 이상 이수하고 학위를 취득한 사람

2. 「학점인정 등에 관한 법률」 제3조제1항에 따라 평가인정을 받은 학습과정을 운영하는 교육훈련기관(이하 "학점은행기관"이라 한다)에서 교육부령으로 정하는 평생교육 관련 교과목을 일정 학점 이상 이수하고 학위를 취득한 사람

3. 대학을 졸업한 사람 또는 이와 같은 수준 이상의 학력이 있다고 인정되는 사람으로서 대학 또는 이와 같은 수준 이상의 학력이 있다고 인정되는 기관, 제25조에 따른 평생교육사 양성기관, 학점은행기관에서 교육부령으로 정하는 평생교육 관련 교과목을 일정 학점 이상 이수한 사람

4. 그 밖에 대통령령으로 정하는 자격요건을 갖춘 사람

② (현행과 같음)

③ 다음 각 호의 어느 하나에 해당하는 사람은 평생교육사가 될 수 없다.

1. · 2. (현행과 같음)

④ · ⑤ (현행과 같음)

⑥ 교육부장관은 제1항에 따른 평생교육사의 자격증을 교부 또는 재교부 받으려는 사람에게 교육부령으로 정하는 바에 따라 수수료를 받을 수 있다.

제26조(평생교육사의 배치 및 채용) ① (현행과 같음)

② 「유아교육법」, 「초·중등교육법」 및 「고등교육법」에 따른 유치원 및 학교의 장은 평생교육 프로그램 운영에 필요할 때에는 평생교육사를 채용할 수 있다.

③ · ④ (현행과 같음)

제28조(평생교육기관의 설치자) ① (생 략)	**제28조(평생교육기관의 설치자)** ① (현행과 같음)
② 다음 각 호의 어느 하나에 해당하는 자는 평생교육기관의 설치자가 될 수 없다.	② 다음 각 호의 어느 하나에 해당하는 자는 평생교육기관의 설치자가 될 수 없다.
1. (생 략)	1. (현행과 같음)
2. 금고 이상의 실형을 선고받고 그 집행이 종료(집행이 종료된 것으로 보는 경우를 포함한다)되거나 집행이 면제된 날부터 3년이 경과되지 아니한 자	2. 금고 이상의 실형을 선고받고 그 집행이 종료(집행이 종료된 것으로 보는 경우를 포함한다)되거나 집행이 면제된 날부터 3년이 지나지 아니한 자
3.·4. (생 략)	3.·4. (현행과 같음)
5. 제42조에 따라 인가 또는 등록이 취소되거나 평생교육과정이 폐쇄된 후 3년이 경과되지 아니한 자	5. 제42조에 따라 인가 또는 등록이 취소되거나 평생교육과정이 폐쇄된 후 3년이 지나지 아니한 자
6. (생 략)	6. (현행과 같음)
③ ~ ⑤ (생 략)	③ ~ ⑤ (현행과 같음)
제29조(학교의 평생교육) ①「초·중등교육법」및「고등교육법」에 따른 각급학교의 장은 평생교육을 실시함에 있어서 평생교육의 이념에 따라 교육과정과 방법을 수요자 관점으로 개발·시행하도록 하며, 학교를 중심으로 공동체 및 지역문화 개발에 노력하여야 한다.	**제29조(학교의 평생교육)** ①「초·중등교육법」및「고등교육법」에 따른 각급학교의 장은 평생교육을 실시하는 경우 평생교육의 이념에 따라 교육과정과 방법을 수요자 관점으로 개발·시행하도록 하며, 학교를 중심으로 공동체 및 지역문화 개발에 노력하여야 한다.
② ~ ④ (생 략)	② ~ ④ (현행과 같음)
제30조(학교 부설 평생교육시설) ① (생 략)	**제30조(학교 부설 평생교육시설)** ① (현행과 같음)
② 대학의 장은 대학생 또는 대학생 외의 자를 대상으로 자격취득을 위한 직업교육과정 등 다양한 평생교육과정을 운영할 수 있다.	② 대학의 장은 대학생 또는 대학생 외의 사람을 대상으로 자격취득을 위한 직업교육과정 등 다양한 평생교육과정을 운영할 수 있다.
③ (생 략)	③ (현행과 같음)
제41조(학점, 학력 등의 인정) ① 이 법에 따라 학력이 인정되는 평생교육과정 외에 이 법 또는 다른 법령의 규정에 따른 평생교육과정을 이수한 자는「학점인정 등에 관한 법률」로 정하는 바에 따라 학점 또는 학력을 인정받을 수 있다.	**제41조(학점, 학력 등의 인정)** ① 이 법에 따라 학력이 인정되는 평생교육과정 외에 이 법 또는 다른 법령의 규정에 따른 평생교육과정을 이수한 사람은「학점인정 등에 관한 법률」로 정하는 바에 따라 학점 또는 학력을 인정받을 수 있다.
② 다음 각 호의 어느 하나에 해당하는 자는「학점인정 등에 관한 법률」로 정하는 바에 따라 그에 상응하는 학점 또는 학력을 인정받을 수 있다.	② 다음 각 호의 어느 하나에 해당하는 사람은「학점인정 등에 관한 법률」로 정하는 바에 따라 그에 상응하는 학점 또는 학력을 인정받을 수 있다.

1. 각급학교 또는 평생교육시설에서 각종 교양과정 또는 자격취득에 필요한 과정을 이수한 자	1. 각급학교 또는 평생교육시설에서 각종 교양과정 또는 자격취득에 필요한 과정을 이수한 사람
2. 산업체 등에서 일정한 교육을 받은 후 사내인정자격을 취득한 자	2. 산업체 등에서 일정한 교육을 받은 후 사내인정자격을 취득한 사람
3. 국가 · 지방자치단체 · 각급학교 · 산업체 또는 민간단체 등이 실시하는 능력측정검사를 통하여 자격을 인정받은 자	3. 국가 · 지방자치단체 · 각급학교 · 산업체 또는 민간단체 등이 실시하는 능력측정검사를 통하여 자격을 인정받은 사람
4. (생 략)	4. (현행과 같음)
5. 대통령령으로 정하는 시험에 합격한 자	5. 대통령령으로 정하는 시험에 합격한 사람
③ (생 략)	③ (현행과 같음)
제46조(과태료) ① 다음 각 호의 어느 하나에 해당하는 자에게는 500만원 이하의 과태료를 부과한다.	**제46조(과태료)** ① 다음 각 호의 어느 하나에 해당하는 자에게는 500만원 이하의 과태료를 부과한다.
1. · 1의2. (생 략)	1. · 1의2. (현행과 같음)
2. 제32조제5항, 제33조제2항 · 제3항, 제35조제2항, 제36조제3항, 제37조제3항 및 제38조제3항에 따른 신고를 태만히 한 자	2. 제32조제5항, 제33조제2항 · 제3항, 제35조제2항, 제36조제3항, 제37조제3항 및 제38조제3항에 따른 신고를 게을리한 자
3. · 4. (생 략)	3. · 4. (현행과 같음)
② ~ ⑤ (생 략)	② ~ ⑤ (현행과 같음)

「평생교육법」 [법률 제16337호, 2019. 4. 23., 일부개정]	「평생교육법」 [법률 제16677호, 2019. 12. 3., 일부개정]
제24조(평생교육사) ① 교육부장관은 평생교육 전문인력을 양성하기 위하여 다음 각 호의 어느 하나에 해당하는 자에게 평생교육사의 자격을 부여한다.	**제24조(평생교육사)** ① 교육부장관은 평생교육 전문인력을 양성하기 위하여 다음 각 호의 어느 하나에 해당하는 자에게 평생교육사의 자격을 부여하며, 자격을 부여받은 사람에게는 자격증을 발급하여야 한다.
1. ~ 4. (생 략)	1. ~ 4. (현행과 같음)
② ~ ④ (생 략)	② ~ ④ (현행과 같음)
⑤ 교육부장관은 제1항에 따른 평생교육사의 자격증을 교부 또는 재교부 받으려는 자에게 교육부령으로 정하는 바에 따라 수수료를 받을 수 있다.	⑤ 제1항에 따라 발급받은 자격증은 다른 사람에게 빌려주거나 빌려서는 아니 되며, 이를 알선하여서도 아니 된다.

〈신 설〉	⑥ 교육부장관은 제1항에 따른 평생교육사의 자격증을 교부 또는 재교부 받으려는 자에게 교육부령으로 정하는 바에 따라 수수료를 받을 수 있다.
제24조의2(평생교육사의 자격취소) 교육부장관은 평생교육사가 다음 각 호의 어느 하나에 해당하는 경우에는 그 자격을 취소하여야 한다. 1. (생 략) 2. 다른 사람에게 평생교육사의 명의를 사용하게 하거나 자격증을 빌려준 경우 3. (생 략) 〈신 설〉	**제24조의2(평생교육사의 자격취소)** 교육부장관은 평생교육사가 다음 각 호의 어느 하나에 해당하는 경우에는 그 자격을 취소하여야 한다. 1. (현행과 같음) 2. 다른 사람에게 평생교육사의 명의를 사용하게 한 경우 3. (현행과 같음) 4. 제24조제5항을 위반하여 자격증을 빌려준 경우
〈신 설〉	**제29조의2(학점은행기관의 평생교육)** ① 학점은행기관의 장은 교육부장관의 평가인정을 받은 학습과정 운영을 통하여 평생교육을 실시한다. ② 학점은행기관의 장은 제1항에 따른 학습과정을 운영함에 있어 그 질을 유지하거나 개선하기 위하여 노력하여야 한다.
〈신 설〉	**제45조의3(벌칙)** 제24조제5항을 위반하여 자격증을 빌려주거나 빌린 사람 또는 이를 알선한 사람은 1년 이하의 징역 또는 1천만원 이하의 벌금에 처한다.

「평생교육법」 [법률 제15964호, 2018. 12. 18., 일부개정]	「평생교육법」 [법률 제16337호, 2019. 4. 23., 일부개정]
제5조(국가 및 지방자치단체의 임무) ① · ② (생략) ③ 국가 및 지방자치단체는 그 소관에 속하는 단체 · 시설 · 사업장 등의 설치자에 대하여 평생교육의 실시를 적극 권장하여야 한다. 〈신 설〉	**제5조(국가 및 지방자치단체의 임무)** ① · ② (현행과 같음) ③ 국가와 지방자치단체는 장애인 평생교육을 체계적이고 지속적으로 실시하기 위하여 유기적인 협조체제를 구축하여야 한다. ④ 국가 및 지방자치단체는 그 소관에 속하는 단체 · 시설 · 사업장 등의 설치자에 대하여 평생교육의 실시를 적극 권장하여야 한다.

제19조의2(국가장애인평생교육진흥센터) ① (생 략)	**제19조의2(국가장애인평생교육진흥센터)** ① (현행과 같음)
② 장애인평생교육진흥센터는 다음 각 호의 업무를 수행한다.	② 장애인평생교육진흥센터는 다음 각 호의 업무를 수행한다.
1. ~ 3. (생 략)	1. ~ 3. (현행과 같음)
4. 장애인 평생교육 종사자의 양성 · 연수와 공무원의 장애인 의사소통 교육	4. 장애인 평생교육 종사자의 양성 · 교육 및 연수와 공무원의 장애인 의사소통 교육
5. ~ 10. (생 략)	5. ~ 10. (현행과 같음)
③ (생 략)	③ (현행과 같음)
〈신 설〉	제19조의3(장애인 평생교육 종사자에 대한 인권교육) ① 장애인 평생교육 종사자는 장애인 인권에 관한 교육을 받아야 한다. ② 제1항에 따른 장애인 인권에 관한 교육은 교육부령으로 정하는 인권교육을 실시하는 기관, 시설, 법인 및 단체가 실시한다. ③ 그 밖에 교육의 내용, 방법 등에 필요한 사항은 대통령령으로 정한다.
제20조(시 · 도평생교육진흥원의 운영) ① (생 략)	**제20조(시 · 도평생교육진흥원의 운영)** ① (현행과 같음)
②시 · 도평생교육진흥원은 다음 각 호의 업무를 수행한다.	②시 · 도평생교육진흥원은 다음 각 호의 업무를 수행한다.
1. ~ 3. (생 략)	1. ~ 3. (현행과 같음)
〈신 설〉	3의2. 장애인 대상 평생교육프로그램 운영
4. · 5. (생 략)	4. · 5. (현행과 같음)

평생교육론

참고문헌

강유정, 신연희, 장기덕, 최성열(2023). **평생교육론**. 창지사.

강인애(1998). 성인학습에 대한 구성주의적 처방전과 진단. 한준상(편), 앤드라고지: 현실
　　과 가능성. 학지사.

공경배, 모선희(2023). 베이비부머 세대의 평생교육 참여동기가 성공적 노화에 미치는 영
　　향. 한국콘텐츠학회논문지, 23(7),465-477.

관계부처 합동(2019). 장애인 평생교육 활성화 방안(2020~2022). 교육부.

관계부처 합동(2022a). 제5차 평생교육진흥 기본계획.

관계부처 합동(2022b). 제5차 평생교육진흥 기본계획('23~'27년) 평생학습 진흥방안. 교
　　육부.

교육과학기술부(2008). 평생교육법, 평생교육법시행령, 평생교육법시행규칙 해설자료.
　　교육과학기술부.

교육과학기술부(2009). 학부모정책 추진방향.

교육과학기술부, 한국교육개발원(2007). **평생교육백서**. 서울: 대한인쇄사.

교육부 (1998). **평생교육백서**(제2호). 교육부

교육부(2022a). 「제18차 평생학습계좌제 학습과정 평가인정」 공고. 교육부.

교육부(2022b). 「학점인정법」에 따른 제27차 표준교육과정(교육부고시 제2022-10호). 교
　　육부.

교육부(2022c). 2022년 성인문해교육 활성화 지원 기본계획. 교육부.

교육부(2022d). 2022년 평생학습계좌제 운영 기본계획. 교육부.

교육부(2022e). 2022년 학부모정책지원 활성화 방안.

교육부(2022f). 2022년 학점은행제 학습과정 평가인정 및 변경인정 기본계획. 교육부.

교육부(2023). 2023년 성인문해교육 지원 사업 기본계획. 교육부.

교육부, 국가평생교육진흥원(2020). 평생교육백서(제19호). 국가평생교육진흥원.

교육부, 국가평생교육진흥원(2021). 평생교육백서(제20호). 국가평생교육진흥원.

교육부, 국가평생교육진흥원(2022). 평생교육백서(제21호). 국가평생교육진흥원.

교육부, 국가평생교육진흥원(2022). 학점은행제 내부 자료. 국가평생교육진흥원.

교육부, 국가평생교육진흥원(2023). 평생교육백서(제22호). 국가평생교육진흥원.

교육부, 한국교육개발원(2019~2022). 연도별 평생교육통계자료집.

교육부, 한국교육개발원(2022a). 2022 교육통계 분석자료집: 평생교육통계편. 한국교육
    개발원.

교육부, 한국교육개발원(2022b). 2022 한국 성인의 평생학습실태. 한국교육개발원.

교육통계서비스(2023). 2022년 간추린 교육통계. https://kess.kedi.re.kr/index

국가평생교육진흥원(2015). 전국학부모지원센터 운영사업백서

국가평생교육진흥원(2020). 2020년 성인문해능력조사.

국가평생교육진흥원(2022). 학점은행제 내부자료.

국립특수교육원(2018). 발달장애인 평생교육과정 개발 기초 연구. 국립특수교육원.

국립특수교육원(2022a). 2022 국립특수교육원 운영결과 분석. 국립특수교육원.

국립특수교육원(2022b). 2022 장애인 평생교육 현황조사 통계자료집. 국립특수교육원.

권대봉(1999). 성인교육방법론. 학지사.

권대봉(2001). 평생교육의 다섯마당. 학지사.

권두승(2000). 성인학습 지도방법의 이론과 실제. 교육과학사.

권이종, 이상오(2001). 평생교육: 이론편. 교육과학사.

기영화(2001). 평생교육 프로그램 개발. 학지사.

기영화(2007). 노인교육의 실제. 학지사

김대욱, 손화정(2020). 평생교육법 관련 제도 개선. 한국지방행정연구원.

김미경(2020). 김미경의 리부트. 웅진지식하우스.

김은호(2022). 공대아빠와 함께하는 디지털 문해력 수업. 슬로디미지어그룹.

김종서, 황종건, 김신일, 한숭희(2002). 평생교육개론. 교육과학사.

김진화(2001). 평생교육 프로그램개발론. 교육과학사.

김한별(2010). 평생교육론. 학지사.

매일경제(1999. 7. 5.). G8정상회담 '평생학습에 관한 쾰른헌장' 채택. https://www.
    mk.co.kr/news/all/2200031

보건복지부(2022a). 2022 노인보건복지 사업안내(II). 보건복지부.

보건복지부(2022b). 2022 노인복지시설 현황. 보건복지부.

보건복지부, 한국보건사회연구원(2020). 2020년 장애인실태조사

서울대학교 교육연구소(1995). 교육학용어사전. 하우.

서울시교육청(2022). 부서안내. http://buseo.sen.go.kr/web/services/staff/
    BueseoStaffList.action?searchBean.searchVal=140

신용주(1996a). 비판적 사고: 포스트모던시대의 성인교육전략. 한준상(편), 앤드라고지:
    현실과 가능성. 학지사.

신용주(1996b). 성인교육적 관점에서 본 비판적 사고의 이해. 교육학 연구, 34(1), 169-
    187.

신용주(2006). 평생교육의 이론과 방법. 형설출판사.

신용주(2006). 평생교육의 이론과 방법. 형설출판사.

신용주(2012). 평생교육방법론. 학지사.

신용주(2013). 노인의 자기주도학습 가능성과 노인복지에의 시사점. *Andragogy Today,*
    16(4), 61-84.

신용주(2017). 평생교육프로그램개발론. 학지사.

신용주(2021a). 미래를 여는 부모교육. 학지사.

신용주(2021b). 평생교육 방법론(제2판). 학지사.

신용주, 구민정(2010). 노인 정보화교육과 노인의 생활만족도에 관한 탐색적 연구.
    Andragogy Today, 13(4), 119-147

신용주, 김혜수(2015). 초로기 신중년을 위한 융합형 평생학습모델의 탐색. *Andragogy*
    Today, 18(2). 151-168.

신용주, 김혜수(2016). 노인복지론. 공동체.

유네스코한국위원회(2015). 2015 세계교육회의. 유네스코한국위원회.

유네스코한국위원회(2023). 2023 세계 교육 현황 보고서 요약본—교육 분야에서의 기술: 누
    구를 위한 도구인가? 한국어판. 유네스코한국위원회.

이규환(1982). 지역사회와 교육. 삼일당.

이연숙(1998). 성인을 위한 가족생활교육론. 학지사.

이인수(2001). 노인복지론. 양서원.

이창재(2013). 새로운 이류을 준비하는 '서드 에이지(Third Age)'. 2013년 제13차 평생교육
    정책포럼. 국가평생교육진흥원, 한국방송통신대학교.

이현상(2023). SDGs #4 교육 및 평생학습 기회 보장. 트렌드리더.

자치법규정보시스템(2023). 광주광역시 서구 평생교육 진흥 조례. https://www.elis. go.kr/allalr/selectAlrBdtOne

장강명(2022. 9. 27.). 희생자가 되지 않기 위해. 조선일보.

전상인(2023. 9. 18.). 디지털 시대, 노인은 '버그'가 아니다. 조선일보.

정지웅, 김지자(2000). 사회교육학개론. 서울대학교 출판부

차갑부(1999). 사회교육방법의 탐구. 양서원.

차갑부(2002). 사회교육방법의 탐구: 성인교육방법의 새로운 지평. 양서원.

차갑부(2016). 평생교육론: 모든 이를 위한 평생학습. 교육과학사.

통계청(2020). 인구주택총조사. 통계청.

통계청(2021). 2021 고령자 통계.

통계청(2022. 9. 5.). 보도자료. 2021년 장래인구추계를 반영한 세계와 한국의 인구현황 및 전망(장래인구추계).

통계청(2022a). 2021년 장래인구추계를 반영한 세계와 한국의 인구현황 및 전망.

통계청(2022b). 2022년 12월 인구동향.

통계청(2023). 2023 고령자통계. http://kostat.go.kr/

평생교육진흥원(2008). 국제기구 평생교육 정책동향: 유럽연합(EU) 유네스코(UNESCO) 를 중심으로. 평생교육진흥원.

한겨레신문(2024. 3. 26.). "내 마음도 글자 따라 춤을 춰요".

한국교육학술정보원(2019). 2019년 국가수준 초 중학생 디지털 리터러시 수준 측정 연구.

한상길(2001). 성인평생교육. 양서원.

한준상(2000). 모든 이를 위한 안드라고지. 학지사.

한준상(2001). 학습학. 학지사.

한준상(2003). 한국 평생교육론의 위상과 방향. 유네스코한국위원회 평생학습사회 정책 포럼, pp. 21-57. 유네스코한국위원회.

황종건(1980). 사회교육법 진흥을 위한 과제. 1979년도 문교부정책연구과제보고서.

황종건(1983). 평생교육의 기초와 체제. 법문사.

황종건(1990). 문해교육의 역사와 전망. 문해교육연구(1). 한국문해교육연구협회

EBS (2022. 9. 30.). 당신의 문해력 문해력+. "AI 시대에 살아남는 힘, 인간의 문해력".

Atchley, R. (1980). *The social forces in later life: An introduction to social gerontology*

(Lifetime series in aging). Wadsworth.

Boone, E. J. (1985). *Developing programs in adult education*. Prentice-Hall.

Boone,E. J., Safrit, R. D. & Jones, J. (2002). *Developing Programs in Adult Education: A Conceptual Programming Model*. (2nd Ed.).Waveland Pr Inc.

Boshier, R. (1977). Motivational orientations re-visited: Life-space motives and the education participation scale. *Adult Education Quarterly, 27*(2), 79-101.

Boshier, R. et al. (1980) *Towards a learning society: New zealand adult education in transition*. Learning Press.

Boshier, R. W. (1973). *Educational participation and dropout: A theoretical model. Adult Education, 23*, 255-282

Boyle, P. G. (1981). *Planning better programs*. McGraw-Hill book company.

Brockett R. C., & Hiemstra, R. (1991). *Self-direction in adult learning*. Routledge.

Brookfield, S. (1985). Self-directed learning: A critical review of research. In S. Brookfield (Ed.), *Self-directed learning. From theory to practice: New directions for continuing education, no. 25*. Jossey-Bass.

Brookfield, S. (1986). *Understanding and facilitating adult learning.*Jossey-Bass.

Brookfield, S. (1988). *Training Educators of Adults: The Theory and Practice of Graduate Adult Education* (Theory and Practice of Adult Education in North America Series). Routledge

Brookfield, S. (1991). *Developing critical thinkers*. Jossey-Bass.

Brookfield, S. (1995). *Becoming a critically reflective reacher*. Jossey-Bass.

Caffarella, R. S. (1994). *Planning programs for adult learners*. Jossey-Bass publishers.

Candy, P. C. (1991). *Self-direction for lifelong learning*. Jossey-Bass.

Cattell, R. B. (1957). *Personality and motivation structure and measurement*. World Book. Google Scholar

Cattell, R. B. (1963). *Theory of fluid and crystallized intelligence: A critical experiment. Journal of educational psychology, 54*(1), 1.

CERI (1973). Recurrent Education: *A Strategy for Lifelong Learning*. OECD.

Cevero, R., & Wilson, A. (1994). *Planning responsibility for adult education*. Jossey-Bass.

Chene, A. (1983). The concept of autonomy: *A philosophical discussion. Adult education quartely, 34*, 38–47.

Clark, M. C. (1993). Transformational learning. In S. B. Merriam (Ed.), *An update on adult learning theory. New directions for adult and continuing education, 57*. Jossey-Bass.

Confessore, G. J., & Confessore, S. J. (2002). *Guideposts to self-directed learning*. 정지웅, 김지자 역(2000). 교육과학사.

Cross, P. (1981). *Adults as learners*. Jossey-Bass.

Darkenwald, G. G. & Merriam, S. B. (1982). *Adult education: Foundations of practice*. Harper & Row.

Darkenwald, G. G., & Merriam, S. B. (1982). *Adult Education: Foundations of Practice*. Harper Collins.

Dave, R. H. (Ed.). (1976). *Foundations of lifelong education*. UNESCO Institute for education by Pergamon Press.

Davies, I. (1976). *Objectives In curriculum design*. McGraw-Hill Books Company.

Dennis, W. (1966). Creative productivity between the ages of 20 and 80 Years. *Journal of Gerontology, 21*, 1–8.

Dewey, J. (1968). *Democracy and education*. Free Press.

Elias, D. (1997). It's time to change our mind: An introduction to transformative learning.*ReVision, 20*(1), 26.

Elias, J, L., & Merriam S. B. (1995). *Philosophical foundations of adult education* (2nd ed.).Frieger.

Elias, J. L., & Merriam, S. B. (1997). *Philosophical foundations of adult education*. 기영화 역(2000). 성인교육의 철학적 기초. 학지사.

Erikson, E. H. (1968). *Identity: youth and crisis*. Norton & Co..

Faure, E., et al.(1972). *Learning to be: The world of education today and tomorrow*. UNESCO press.

Freire, P. (1970). *Pedagogy of the oppressed*. Seabury.

Friedenberg, E. (1955). Liberal Education and the Fear of Failure. *Adult Leadership, 3*(7), 13.

Fry, H., Ketteridge, S., & Marshall, S. (2003). *A Handbook for teaching and learning in higher education*. Kogan Page.

Gagn□, R. M. (1971). *Learning hierarchies.* Prentice Hall.

Garrison, D. R. (1991). Critical thinking and adult education: A conceptual model for developing critical thinking in adult learners. *International journal of lifelong learning, 10*(4), 287-303.

Garrison, D. R.(1997). Self-directed learning: Towerd a comprehensive model. *Adult education quarterly, 48*(1), 18-33.

Gelpi, E. (1979). *A future for lifelong education: Lifelong education, principles, policies and practices, Department of Adult and Higher Education.* University of Manchester.

Gilster, P. (1997). *Digital Literacy.* John Wiley & Sons.

Gordon, T. (2001). *Leader effectiveness training: L. E. T.* (Revised). TarcherPerigee.

Grow, G. O. (1991). Teaching learners to be self-directed. *Adult education quartely, 41*(3), 125-149.

Gugliemino, L. M. & Gugliemino, P. J. (1988). Self-directed learning in business and industry: An information age imperative. In H. B. Long et al. (Eds.) *Self-directed learning application and theory.* University of Georgia, adult education department.

Gugliemino, L. M. (1977). Development of delf-directed learning readiness scale (Doctorial dissertation, university of Georgia, 1977). *Dissertation abstracts international, 38,* 6467A.

Guilford, J. P. (1981). Higher-order structure-of-intellect abilities. *Multivariate Behavioral Research, 16*(4), 411-435. https://doi.org/10.1207/s15327906mbr1604_1

Guillén, M. F. (2023). *The Perennials: The Megatrends Creating a Postgenerational Society.* 이충호 역(2000). 마우로 기엔, 멀티제너레이션, 대전환의 시작. 인구 충격과 맞바꿀 새로운 부의 공식. 리더스북.

Havighurst, R. J. (1972). *Developmental tasks and education.* David McKay.

Horn, J. L. (1965). *Fluid and crystallized intelligence: A factor analytic and developmental study of the structure among primary mental abilities. Unpublished doctoral dissertation*, University of Illinois, Champaign.

Horn, J. L. (1978). *Human ability systems. In P. B. Baltes (Ed.), Life-span development and behavior.* Academic Press.

Horn, J. L., & Cattell, R. B.(1966). Integration of structual and developmental concepts of the theory of fluid and crystallied intelligence. In L. Horn & R. B. Cattell (Eds.), *Handbook of multivariate experimental psychology*. Rand McNalley.

Houle, C. D. (1961). *The inquiring mind*. University of Wisconsin press.

Houle, C. D. (1996). *The design of education* (2nd ed.). Jossey-Bass.

Hutchins, R. M.(1968). *The Learning Society*. Frederick A. Praeger.

Jarvis, P. (1990). *International dictionary of adult and continuing education*. Kogan Page.

Jarvis, P. (2004). *Adult Education and Lifelong Learning: Theory and Practice* (3rd ed.). Routledge Falmer.

Johnston, J. C. & Rivera, R. J. (1965). *Volunteers for learning: A study of the educational pursuits of American adults*. Aldine.

Jones, H. E., & Conrad, H. S. (1933). The growth and decline of intelligence: a study of a homogeneous group between the ages of ten and sixty. *Genetic Psychology Monographs, 13*, 223-298.

Keller, J. M., & Kopp, T. (1987). Application of the ARCS model of motivational design. In C. M. Reigeluth (Ed.), *Instructional theories in action: lessons illustrating selected theories and models*. Lawrence Erlbaum publisher.

Kidd, J. R. (1973). *How adults learn*. Follett.

Knowles, M. S. (1973). *The adult learner: A neglected species*. Gulf.

Knowles, M. S. (1975). *Self-derected leaning: A guide for learners and teachers*. Cambridge book company.

Knowles, M. S. (1980). *The modern practice of adult education: From pedagogy to andragogy* (2nd ed.). Cambridge books.

Knowles, M. S. (1984). *Andragogy in action*. Jossey-Bass.

Knowles, M. S. (1989). *The marking of an adult educator*. Jossey-Bass Inc.

Knowles, M. S.(1970). *The modern practice of adult education: Andragogy versus pedagogy*. Association press.

Knox, A. B. (Ed.). (1979). *Assessing the impact of continuing education*. Jossey-Bass.

Kolb, D. A. (1984). *Experiential learning: Experience as the source of learning and development*. Prentice Hall.

Kowalski, T. J. (1988). *The organization and planning of adult education.* New Your Press.

Krajnc, A. (1985). Andragogy. *The international encyclopedia of education, 1,* 266–269.

Lengrand, P. (1975). *An introduction to lifelong education.* The UNESCO press.

Levinson, D. J. (1986). A Conception of Adult Development. *American Psychologist, 41*(1), 3–13.

Lindeman, E. (1926). *The meaning of adult education.* New Republic, Inc.

Long, H. B. (1983). *Adult learning: Research and practice.* Cambridge.

Long, H. B. et al. (1997). *Expanding horizons in self-directed learning.* Public managers center, University of Oklahma.

Manniche, E. & Falk, G. (1957). Age and the Nobel prize, Syst. *Res., 2,* 301–307.

Maslow, A. H. (1970a). *Motivation and personality* (2nd ed.). Harper Collins.

Maslow, A. H. (1970b). *Toward a psychology of being* (2nd ed.). Harper Collins.

Mayer, S. E.(1984). *Gudelines for effective adult literacy programs.* Rainbow Research, Inc.

McGregor, D. (1960). *The human side of enterprise.* McGraw-Hill.

Merriam, S. B. & Brockett, R. G. (1997) *The Profession and Practice of Adult Education: An Introduction.* Jossey-Bass.

Merriam, S. B. & Brockett, R. G. (1997). *The profession and practice of adult education: An introduction.* Jossey-Bass.

Merriam, S. B. (1994). Learning and life experience: The connection in adulthood. In J. D. Sinnott (Ed.), *Interdisciplinary handbook of adult lifespan Learning.* Greenwood press.

Merriam, S. B., & Caffarella, R. (1999). *Learning in adulthood.* Jossey-Bass

Mezirow, J. (1991). *Transformative dimensions of adult learning.* Jossey-Bass.

Mezirow, J. (1995). Transformation theory of adult learning. In M. R. Welton (Ed.), *In defense of the lifeworld* (pp. 39–70). State university of New york press.

Mezirow, J. (1997). *Transformative learning: Theory to practice.* In P. Cranton (Ed.), *Transformative learning in action: Insights from practice.* New directions for adult and continuing education, no. 74. Jossy-Bass.

Miller, R. (1996). *Measuring What People Know*. OECD.

Morstain, B. R., & Smart, J. C. (1974). Reasons for participation in adult education courses: A multivariate analysis of group differences. *Adult Education, 24*(2), 83-98.

OECD (1973). *Recurrent education: A strategy for lifelong learning*. OECD.

OECD (1996). *Lifelong learning for all. Meeting of the education committe at ministerial level*, 16-17. Organisation for economic co-operation and development publishing.

OECD (1996a). *Measuring What People Know: Human Capital Accounting for the Knowledge Economy*. OECD.

OECD (1996b). *Lifelong Learning for All*. OECD.

OECD (2007). *Lifelong learning and Human Capital. Policy Brief*. OECD.

OECD (2023). *Education at a Glance 2023 OECD INDICATORS*.

OECD (2023). Education at a Glance 2023 Sources, Methodologies and Technical Notes. OECD Publishing.

OECD (2024). https://www.oecd.org/about/ (2024년 3월 7일 검색). OECD Publishing.

Pavlov, I. P. (1928). *Lectures on conditioned reflexes*. Liveright Publishing Corporation.

Phillips, J. J. (1991). *Handbook of training evaluation and measurement method*. Gulf publishing company.

Resnick, L. B. (1989). Introduction. In L. B. Resnick (Ed.). *Knowing, learning, and instruction*. Lawrence Erlbaum Associates.

Rogers, A. (1977). *The Spirit and the Form: Essays by and in honour of Harold Wiltshire*. University of Nottingham.

Rogers, A. (1998). *Teaching adults* (2nd ed.). Open University Press.

Rogers, C. R. (1961). *On becoming a person: A therapist's view of psychotherapy*. Houghton Mifflin.

Rogers, C. R. (1969). *Freedom to learn*. Charles E. Merrill.

Rudd, J. B., & Hall, O. A. (1974). *Adult education for home and family life*. John Wiley & Sons.

Schaie, K. W. (1977). Quasi-experimental designs ni the psychology of aging. In J E. Birren & K. W. Schaie (Eds.), *Handbook of the psychology of aging* (pp. 39-58).

Van Nostrand Reinhold.

Schroeder, W. L. (1980). Typology and adult learning systems., In J. M. Peters & Associates (Eds.). *Building and effective adult education enterprise*. Jossey-Bass.

Senge, P. M. (1990), *The Fifth Discipline: The Art and Practice of the Learning Organization*. Doubleday/Currency.

Skinner, B. F. (1953). *Science and humanbehavior*. Macmillan.

Spear, G. E. (1988). Beyond the organizing circumstance: A search for methology for the study of self-directed learning. In H. B. Long et al.(Eds.), *Self-directed learning: Application and theory*. Department of adult education, University of Georgia.

Spear, G. E., & Mocker, D. W. (1984). The organizing circumstance: Environmental development in self-directed learning. *Adult education quarterly, 35*(1), 1-10.

Tennant, M. C. (1993). Perspective transformation and adult development. *Adult education quarterly, 44*(1), 34-42.

Thompson, J. L. (1980). *Adult education for a change*. Routledge.

Thorndike, E. L., Bregman, E. O., J. Tilton, J. W., & Woodyard, E. (1928). Adult Learning. Macmillan Co.

Tough, A. (1967). *Learning without a teacher. Educational research series*, No. 3. Ontario institute for studies in education.

Tough, A. (1971). *The adult's learning project: A fresh approach to theory and practice in adult learning*. Ontario institute for studies in education.

Tough, A. (1979). *The Adult's learning projects: A fresh approach to theory and practice in adult learning*(2nd ed.). *Ontario institute for studied in education*.

Tyler, R. W. (1974). *Basic principles of curriculum and insstuction*. The university of Chicago press.

UNESCO (1976). *General conference, 19th session report*. UNESCO.

UNESCO (1985). *The development of adult education: Aspects and trends*. Fourth international conference on adult education.

UNESCO (1997). *Adult education: the Hamburg Declaration; the agenda for the future*. UNESCO

UNESCO (2001). *The open file on inclusive education*. UNESCO

UNESCO (2002). *Learning throughout life: Challenges for the twenty-first century*. UNESCO.

UNESCO (2023). 2023 GEM Report. www.unesco.org/gemreport

UNESCO (2023). Global education monitoring report summary, 2023: Technology in education: A tool on whose terms?. UNESCO.

UNESCO (2024). https://www.unesco.org/en/brief (2024년 3월 3일 검색).

Wechsler, D. (1958). *The measure and appraisal of adult intelligence*. William & Wilkins.

York, R. O. (1983). *Human service planning: Concepts, tools and methods*. Universitiy of North Carolina Press.

교육부 홈페이지. www.moe.go.kr

교육통계서비스홈페이지. https://kess.kedi.re.kr

국가법령정보센터. https://www.law.go.kr/

국가장애인평생교육진흥센터. www. nise.go.kr/lifelong

국민참여예산. https://www.mybudget.go.kr/

서울시교육청 홈페이지. https://www.sen.go.kr/

외교부 대한민국 공식 전자정부 누리집. https://www.mofa.go.kr/www/wpge/m_3887/contents.do

평생학습계좌제 홈페이지. www.all.go.kr

한국교육방송공사 홈페이지. http://ebs.co.kr

평생교육론

찾아보기

인명

내용

저자 소개

신용주(Shin Yong Joo, Ph.D.)

이화여자대학교 문학사
미국 Texas A&M University 성인 및 평생교육학 석사/박사
영국 University of Birmingham, School of Public Policy 방문교수
미국 University of Texas at Austin, School of Social Work 방문교수
동덕여자대학교 사회과학대학장, 평생교육원장
한국성인교육학회 회장
한국지역사회교육협의회 이사
서울 송파구 지역사회복지협의체 위원장
현 동덕여자대학교 명예교수

〈주요 저서〉
평생교육의 이론과 방법(형설출판사, 2004)
노인복지론(공저, 공동체, 2016)
평생교육 프로그램 개발론(학지사, 2017)
평생교육 방법론(2판, 학지사, 2021)
미래를 여는 부모교육(공저, 학지사, 2021) 외 다수

평생교육론
Lifelong Education

2024년 9월 20일 1판 1쇄 인쇄
2024년 9월 25일 1판 1쇄 발행

지은이 • 신용주
펴낸이 • 김진환
펴낸곳 • ㈜ **학지사**
　　　　04031 서울특별시 마포구 양화로 15길 20 마인드월드빌딩
대표전화 • 02-330-5114　　팩스 • 02-324-2345
등록번호 • 제313-2006-000265호

홈페이지 • http://www.hakjisa.co.kr
인스타그램 • https://www.instagram.com/hakjisabook

ISBN 978-89-997-3233-1　93370

정가 24,000원

출판미디어기업 학지사
간호보건의학출판 **학지사메디컬** www.hakjisamd.co.kr
심리검사연구소 **인싸이트** www.inpsyt.co.kr
학술논문서비스 **뉴논문** www.newnonmun.com
교육연수원 **카운피아** www.counpia.com
대학교재전자책플랫폼 **캠퍼스북** www.campusbook.co.kr